國家古籍整理出版專項經費資助項目

浙江大學「二一一工程」三期建設項目：

「古代文化典籍整理保護與研究」

歐陽脩詞校注

〔宋〕歐陽修 著
胡可先 徐邁 校注

上海古籍出版社

圖書在版編目（CIP）數據

歐陽修詞校注 /（宋）歐陽修著；胡可先，徐邁校注.
—上海：上海古籍出版社，2015.7（2023.9重印）
（中國古典文學叢書）
ISBN 978-7-5325-7590-9

Ⅰ.①歐… Ⅱ.①歐… ②胡… ③徐… Ⅲ.①宋詞—注釋 Ⅳ.①I222.844

中國版本圖書館CIP數據核字（2015）第067029號

中國古典文學叢書
歐陽修詞校注
[宋] 歐陽修　著
胡可先　徐邁　校注
上海古籍出版社出版發行
(上海市閔行區號景路159弄1-5號A座5F　郵政編碼201101)
(1) 網址：www.guji.com.cn
(2) E-mail：gujil@guji.com.cn
(3) 易文網網址：www.ewen.co
上海展強印刷有限公司印刷
開本 850×1168　1/32　印張 21.25　插頁 6　字數 350,000
2015 年 7 月第 1 版　2023 年 9 月第 5 次印刷
印數：4,501–5,100
ISBN 978-7-5325-7590-9

I·2911　平裝定價：78.00 元

如發生質量問題，請與承印公司聯系
電話：021-66366565

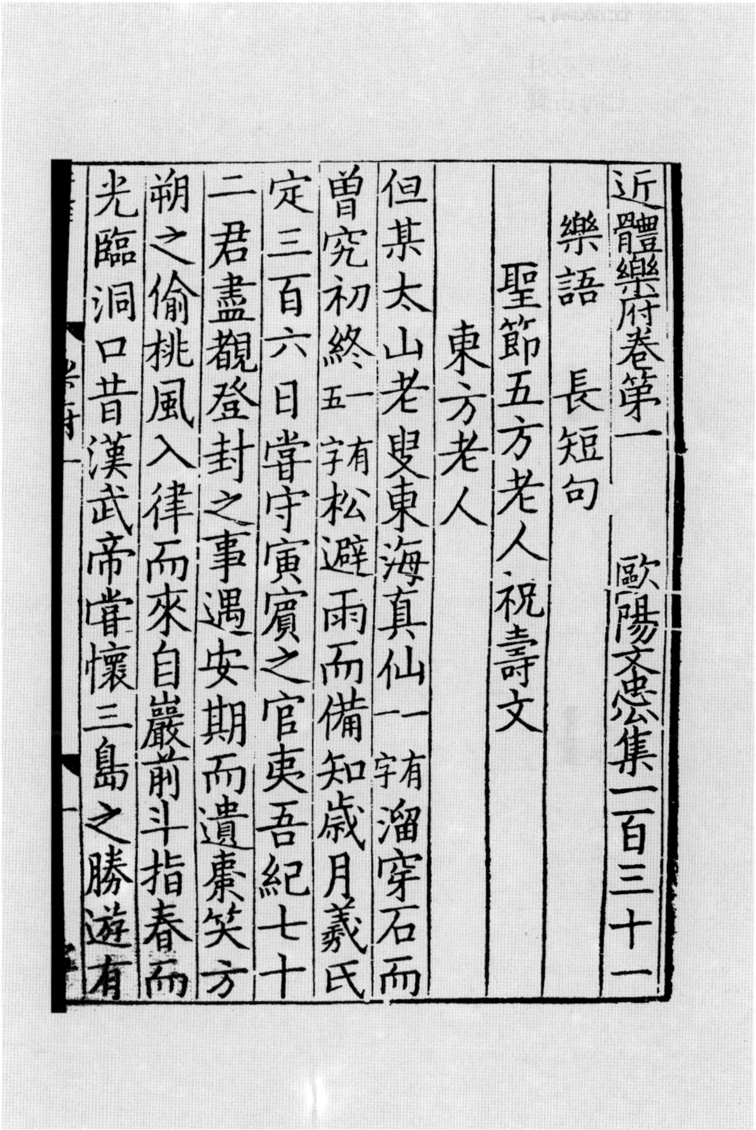

近體樂府卷第一　　歐陽文忠公集一百三十一

樂語　長短句

聖節五方老人祝壽文

東方老人

但其太山老叟東海真仙（一有字）溜穿石而曾究初終（一有五字）松避雨而備知歲月羲氏定三百六日嘗守寅賓之官吏吾紀七十二君盡覩登封之事遇安期而遺棗笑方朔之偷桃風入律而來自巖前斗指春而光臨洞口昔漢武帝嘗懷三島之勝遊有

中華再造善本《歐陽文忠公集》之《近體樂府》書影

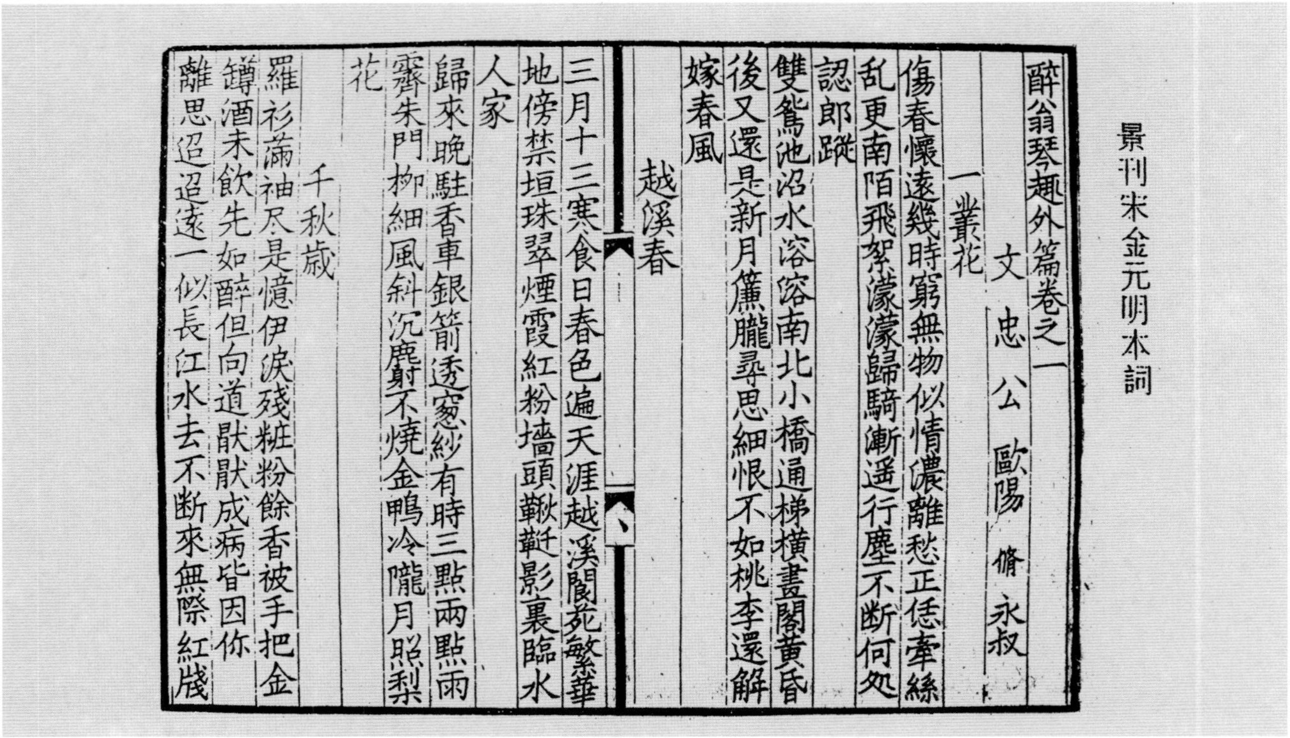

景刊宋金元明本詞

醉翁琴趣外篇卷之一

文忠公歐陽　脩　永叔

一叢花

傷春懷遠幾時窮無物似情濃離愁正恁牽絲
乱更南陌飛絮濛濛歸騎漸遥行塵不断何処
認郎蹤
雙鴛池沼水溶溶南北小橋通梯横畫閣黄昏
後又還是新月簾朧尋思細恨不如桃李還解
嫁春風

越溪春

三月十三寒食日春色遍天涯越溪閬苑繁華
地傍禁垣珠翠煙霞紅粉墻頭鞦韆影裏臨水
人家
歸來晚駐香車銀箭透窻紗有時三點兩點雨
霽朱門柳細風斜沉麝不燒金鴨冷隴月照梨
花

千秋歲

羅衫滿袖尽是憶伊淚残粧粉餘香被手把金
罇酒未飲先如醉但向道猒猒成病皆因你
離思迢迢遠一似長江水去不断來無際紅箋

《景刊宋金元明本詞》之《醉翁琴趣外篇》書影

前言

詞是中國文學的一個獨特形態，源起於中唐，發展於晚唐五代，極盛於兩宋。在詞的發展歷史上，歐陽修堪稱一位繼往開來的領袖人物。他雖以餘事作詞，却取得了很高的成就〔一〕。顧隨駝庵詞話卷五云：「宋代之文、詩、詞，皆奠自六一，文改駢爲散，詩清新，詞開蘇、辛。……歐則奠定宋詞之基礎。蓋以文學不朽論之，歐之作在詞，不在詩文。」〔二〕

歐陽修（一〇〇七—一〇七二），字永叔，號醉翁，又號六一居士，吉州永豐人。他是北宋集政治家、文學家與學者於一身的傑出人物。從政治上説，北宋前期諸多重大的政治活動，都與他有著密切的聯繫；從文學上説，他對詩文詞賦等各種體裁都有所開拓；從學術上説，他在經學、史學、金石學、目録學等諸多方面都有卓著的貢獻。他的詩文與其政治活動緊密相連，而詞則有所不同，往往是其個人生活與情感的流露。

一

歐陽修晚年取其平生所作詩文自編居士集五十卷，馬端臨文獻通考引葉夢得語謂其「往往一篇至數十過，有累日去取不能決者」〔三〕。這部抉擇審慎的文集捨棄了他致仕以後的詩文作品，也捨棄了他的全部詞作〔四〕。歐陽修以傳統士大夫的立場精選了他留給後世的文學與思想成果，正統的定位在他的學生蘇軾那裏産生了强烈的迴響，在歐陽修離世的十餘年後，蘇軾作六一居士集敘評價他的老師有挽救斯文之功。總之，閑適縱樂、沉迷個人情感的寫作被歐陽修隔離在他的政治形象之外。對詞作的捨棄給以後歐詞的流傳帶來相當不利的影響，但也不能不承認，歐陽修在編集上的良苦用心爲我們理解他的詞提供了契機。歐陽修在六一居士傳中説：「吾家藏書一萬卷，集録三代以來金石遺文一千卷，有琴一張，有棋一局，而常置酒一壺。……以吾一翁，老於此五物之間，是豈不爲六一乎。」〔五〕他的政治生活是規則的，而他的日常生活則是藝術的，也是豐富多彩的。他的不少詞作，就是其日常生活的記録和隨性而發的情感抒寫。

首先，歐陽修將寫詞作爲閑暇之餘的遊樂活動。他最著名的組詞採桑子就是這樣的典型，這組詞吟詠潁州西湖，篇首有西湖念語交代作詞的緣起：「況西湖之勝概，擅東潁之佳名。雖美景良辰，固多於高會；而清風明月，幸屬於閑人。並遊或結於良朋，乘興有時而獨往。……因翻舊闋之辭，寫以新聲之調。敢陳薄伎，聊佐清歡。」這裏的「薄伎」是指寫作詞和演奏詞，「聊佐清歡」則説明了詞的演唱功用和效果。詞所表現的是歐陽修官場以外的一種生活狀態。這組採桑子詞，並非一時所作，但可以連綴起來，作爲聯章歌唱，以「聊佐清歡」。如其中兩首：

天容水色西湖好，雲物俱鮮。鷗鷺閑眠。應慣尋常聽管絃。風清月白偏宜夜，一片瓊田。誰羡驂鸞。人在舟中便是仙。

平生爲愛西湖好，來擁朱輪。富貴浮雲。俯仰流年二十春。歸來恰似遼東鶴，城郭人民。觸目皆新。誰識當年舊主人。

前一首描寫西湖風光，表現遊覽西湖時心與物遊的精神境界。後一首抒發二十年後重歸西湖的感受，既有富貴如雲之歎，又有物是人非之感，更有家國鄉園之思。這些詞是歐陽修生活的表現，也是情感的流露，並在友朋聚會時讓歌伎們配樂歌唱，以增添遊賞的興致與歡樂的氛圍，這是以歐陽修爲代表的北宋士大夫日常生活情態的一種展現。

北宋時的宴會種類較多，有朝廷的宴會，有朋友的聚會，也有家宴。宴席上遣興作詞是文人士大夫喜用的方式〔六〕。河南白沙宋墓第一號墓出土的宋代家宴演唱圖的壁畫，就再現了宋詞産生和繁盛的特定背景〔七〕。因爲演唱的因素，宋代詞人與歌伎的關係也就非常複雜，由詞而産生的有關歐陽修的詩酒風流之事也就常見於文獻記載。宋錢世昭錢氏私志載：

歐文忠任河南推官，親一妓。時先文僖（錢惟演）罷政，爲西京留守，梅聖俞、謝希深、尹師魯同在幕下，惜歐有才無行，共白於公，屢微諷而不之恤。一日宴於後圃，客集，而歐與妓俱不至，移時方來，在坐相視以目。公責妓曰：「末至何也？」妓云：「中暑往涼堂睡著，覺失金釵，猶未見。」公曰：「若得歐陽推官一詞，當爲償汝。」歐即席云：……（即臨江仙）坐皆稱善。遂命妓滿酌賞歐，而令公庫償釵。戒歐當少戢。〔八〕

又宋趙令畤侯鯖録卷一載：

歐公閑居汝陰時，一妓甚韻文，公歌詞盡記之。筵上戲約他年當來作守。後數年，公自維揚果移汝陰，其人已不復見矣。視事之明日，飲同官湖上，種黄楊樹子，有詩留纈芳亭云：「柳絮已將春去遠，海棠應恨我來遲。」後三十年東坡作守，見詩笑曰：「杜牧之緑葉成陰之句耶！」〔九〕

這些記載説明，北宋詞産生的背景是筵席上的輕歌曼舞。酒筵上的氣氛是自由放浪的，爲了娛樂效果，宋初的文人詞往往摻雜著樽酒娛賓的成分，並以豔詞作爲重要的内容。歐陽修在政治生活之外，醉心於此種歡暢熱鬧的娛樂，他也毫不辜負這類信筆騁才的場合，以致爲其政敵所利用而作爲政治攻擊的口實。北宋詞史上很少有士大夫出身的詞人像歐陽修一樣因爲寫作豔詞而遭受詬病與調侃，也很少有詞人能像歐陽修一樣擁有爲數衆多的辯護者。後世的研究者認爲歐陽修作爲政治領袖和文學宗師不太可能撰寫豔詞，故而爲之竭力辯誣，這是没有必要的。曾慥選輯樂府雅詞時意圖凸顯歐陽修詞的雅正，羅泌整理近體樂府時删去了平山集中「甚淺近者」，宋代的詞籍整理者滿懷對一代文儒的尊崇，預設了詞的内容與風格，又以之爲判斷詞作真僞的標準（醉翁琴趣外篇則是個例外），多少誤導了後人對歐陽修詞的認識與評價，這些也許未必真得歐陽修之本意。

歐陽修常常留戀於聲色娛樂場所，自然也是出於對聲樂的愛好。蘇軾的水調歌頭小序曾記載有這樣一件事：「歐陽文忠公嘗問余：『琴詩何者最善？』答以退之聽穎師琴詩最善。公曰：『此詩最奇麗，然非聽琴，乃聽琵琶詩也。』余深然之。」〔一〇〕説明歐陽修對於音樂是非常精通的，正因如此，他在詞中經常極寫音樂之美妙，如減字木蘭花「天上仙音心下事，留住行雲，滿坐迷魂酒半醺」，木蘭花「貪看六么花十八」、「春葱指甲輕攏撚」，玉樓春「從頭歌韻響錚鏦，入破舞腰紅亂旋」等，生動刻劃了賞樂時聽者與歌者的動作和心理，也呈現出催發詞作的既活潑又封閉的音樂世界。

其次，歐陽修的詞是其真實情感的表現。「人生自是有情癡，此恨不關風與月」，將别洛陽時在離筵之上撰寫的這首玉樓春詞，正是歐陽修心聲的迸發。王國維稱：「於豪放之中有沉著之致，所以尤高。」〔二〕顧隨稱：「『恨』是由於『情癡』，於『風月』無關，即使無風月也一樣恨。」〔三〕歐陽修的詞，無論是寫人，還是寫蟲鳥、寫山水，都一樣的用情，情的蘊涵，情的流露，是其詞的生命力所在。他没有故弄技巧爲作詞而作詞，也没有無病呻吟爲言情而言情，他以風流自命，甘爲「情癡」，這是歐詞情感底蘊最爲真切，也是最爲生動的表現。且看下列詞句：

青門柳色隨人遠。望欲斷時腸已斷。洛城春色待君來，莫到落花飛似霰。（玉樓春）

候館梅殘，溪橋柳細，草薰風暖摇征轡。離愁漸遠漸無窮，迢迢不斷如春水。（踏莎行）

文章太守，揮毫萬字，一飲千鍾。行樂直須年少，樽前看取衰翁。（朝中措）

記得金鑾同唱第，春風上國繁華。如今薄宦老天涯。十年歧路，空負曲江花。（臨江仙）

誰道閑情拋擲久。每到春來，惆悵還依舊。日日花前常病酒，不辭鏡裏朱顔瘦。

（蝶戀花）

玉樓春見柳色而思歸故土，是寫鄉情；踏莎行在春色中却遠別佳人，是寫離情；朝中措揮灑爲文，盡情飲酒，人至暮年而思及時行樂，是寫豪情；臨江仙憶及當年進士及第，意氣風發，而今天涯遠隔，沉淪下僚，人生慨歎，莫過於此，是寫愁情；蝶戀花則見春而惆悵，故以酒遣悶，以至玉顔瘦損，是寫閑情。歐陽修的詞，無論何種題材，何種格調，無一例外地都有著「情癡」的表現。新發現的歐陽修九十六篇散佚書簡中，有一篇記載其飲酒的文字，非常生動：「前日飲酒殊歡，遂至過量，醉中不能相別，還家遽已頹然。小兒生六七歲者，未識乃翁醉，皆驚呼戲咲之。凌晨食肝生，頗覺當年情味猶在，但老不任酒力矣。」〔二三〕這是歐陽修詩酒生活的寫照，也是「揮毫萬字，一飲千鍾」，「日日花前常病酒」的最好注腳。

二

歐陽修詞在中國詞學發展史上具有重要的地位，他在唐五代詞的基礎上，推陳出新，以其獨有的風格雄居於北宋詞壇，開啓了此後詞史發展的風氣。

（一）繼往開來

顧隨在駝庵詞話卷五中，專門列有「六一繼往開來」之條目，認爲：「六一，繼往開來。此四字是整個功夫。一種文學到了只能繼往不能開來，便到了衰老時期了。」〔一四〕歐陽修有繼往開來的勇氣，也有繼往開來的力量，更有繼往開來的實績。北宋詞壇晏、歐齊名，從繼往開來的層面上説，晏殊在傳承文士典雅詞風的路向上有所貢獻，而歐陽修則在詞創作的許多方面表現出他的多才多藝，他的技巧與風格並不單一，這本身就是對詞體的一種突破。

有關歐詞的淵源，後人多以爲南唐詞，特别是馮延巳詞對歐陽修的影響最爲重要且直接。如清人劉熙載藝概卷四：「馮延巳詞，晏同叔得其俊，歐陽永叔得其深。」〔一五〕近人王國維人間詞話評馮延巳：「馮正中詞雖不失五代風格而堂廡特大，開北宋一代風氣。」「歐九浣溪沙詞：『緑楊樓外出秋千。』晁補之謂：只一『出』字，便後人所不能道。余謂：此本於正中上行杯詞『柳外秋千出畫牆』，但歐語尤工耳。」〔一六〕

但現在的問題是，我們檢閲馮延巳詞，多與他人重出，而與歐陽修重出者最多，達十八首。前人論歐詞受馮延巳詞的影響，所舉的作品也大體不出重出詞的範圍，這樣得出的結論並不一定符合詞史發展的實際，因爲這些重出詞極有可能是歐陽修所作，如果不是馮作而是歐作，則是以歐詞作爲歐詞的淵源，更不符合詞史發展的實際。這一方面，業師吴熊和先生在唐宋詞通論中有一段論述：馮延巳陽春集和歐陽修近體樂府之詞作，常多相混。「其中蝶戀花『庭院深深』、『誰道閑情』、『幾日行雲』、『六曲闌干』諸闋，向稱名作。歷來詞選、詞評大多據爲馮延巳詞，對之揄揚備至。這些詞歸馮、歸歐，就顯得特别重要。若非歐作，歐陽修另有佳篇，對他無大損害；若非馮作，陽春集本以此壓卷，失之將大爲減色。……評馮延巳詞，若據上述諸詞立論，就宜審慎。」〔一七〕有關馮、歐重出之詞，近年也頗引起學者們的注意，木齋先生的馮延巳陽春集真僞論考，則認爲陽春集就其寫作數量、藝術水準、藝術風格三個方面來説，都是超越南唐時代的，它應該是柳永之後、晏歐之前時代的産物。若是將摭拾他人的篇章剔除，則所謂的陽春集已形同虚設，事實上，從馮延巳六言體壽山曲來推論，馮延巳的寫作水平和風格，如同其人爲奸佞小人一樣，是這種阿諛頌贊之作〔一八〕。則進一步將馮延巳的著作權徹底否定。即使退一步説，歐詞也很難説是淵源於馮延巳的，顧隨在駝庵詞話卷五中説：「詞原不可分豪放、婉約，即使可分，六一也絶非婉約一派。大晏與歐比較，與其説歐近於五代，不如説大晏更近於五代，歐則奠定宋詞之基礎。」〔一九〕

確切地説，歐詞淵源於「花間詞」爲代表的唐五代文人詞。清人陳廷焯詞壇叢話云：

「歐陽公詞，飛卿之流亞也。其香豔之作，大率皆年少時筆墨，亦非盡後人僞作也。但家數近小，未盡脱五代風氣。」〔二〇〕如歐詞阮郎歸「塞鴻無限欲驚飛。城烏休夜啼」，即化用温庭筠更漏子詞：「驚塞雁，起城烏，畫屏金鷓鴣。」歐詞蝶戀花「芳草芊綿，尚憶江南岸」，本於温庭筠菩薩蠻詞：「畫樓音信斷，芳草江南岸。」温庭筠詞以用女性相關的物事擅長，歐詞襲用與化用之處也頗多，無論是妝飾還是服飾都是如此。但温詞用女性物事在貌，歐詞則是通過寫貌傳神。温庭筠菩薩蠻：

小山重疊金明滅。鬢雲欲度香腮雪。懶起畫蛾眉，弄妝梳洗遲。照花前後鏡。花面交相映。新貼繡羅襦。雙雙金鷓鴣。〔二一〕

歐陽修訴衷情：

清晨簾幕卷輕霜。呵手試梅粧。都緣自有離恨，故畫作遠山長。思往事，惜流芳。易成傷。擬歌先斂，欲笑還顰，最斷人腸。

這兩首詞寫的都是獨居孤處的女子早起畫妝的情狀。温詞將畫妝的過程表現得淋漓盡致，涉及的女性物事密集繁複。歐詞也是描寫畫妝，而專詠畫眉。又由畫眉轉入下片離情别緒和自傷流年的描寫。流年易過，芳華漸逝，易於成傷，這種情懷也容易在眉頭上表現。因爲離別而獨居孤處，故而想要唱歌時先斂眉，想要歡笑時先顰眉，最使人愁腸欲斷的情懷，都在眉頭上流露出來。

但比之「花間詞」，歐詞又以其通脱瀟灑的姿態以及對各種文體寫作的天才大大拓展了詞的境域，並爲詞風的扭轉提供了先機。如：

平山欄檻倚晴空。山色有無中。手種堂前垂柳，別來幾度春風。文章太守，揮毫萬字，一飲千鍾。行樂直須年少，樽前看取衰翁。（朝中措）

世路風波險，十年一別須臾。人生聚散長如此，相見且懽娛。好酒能消光景，春風不染髭鬚。爲公一醉花前倒，紅袖莫來扶。（聖無憂）

而這些境界開闊之詞，正開啓了北宋以後的諸多名家。他的詞，不僅描寫女性的篇章爲婉約詞家所承繼，而這些自抒感慨、流連光景的作品，也爲蘇軾、辛棄疾的出現導夫先路。清人馮煦蒿庵論詞稱歐陽修：「即以詞言，亦疏雋開子瞻，深婉開少游。」〔二二〕顧隨駝庵詞話卷五稼軒得六一詞衣鉢條：「六一詞能得其衣鉢者，僅稼軒一人耳。無論色彩濃淡、事情先後、音節高下，皆有關。六一詞調子由低至高，只稼軒似之。」〔二三〕卷八晏歐蘇詩詞有感覺有感情又云：「大晏、歐陽修、蘇東坡詞皆好，如詩之盛唐。」〔二四〕蘇軾水調歌頭黄州快哉亭贈張偓佺詞：「長記平山堂上，攲枕江南煙雨，渺渺没孤鴻。認得醉翁語，山色有無中。辛棄疾鷓鴣天詞：「追往事，歎今吾。春風不染白髭鬚。」都本於歐詞。

歐陽修對詞體形式的開拓，也深深影響了後世詞人，這突出地表現在兩個方面：一是鼓子詞聯章組詞的寫作；二是慢詞的寫作。

先從第一方面來説。上文所引的採桑子就是鼓子詞典型的篇章，此外還有十二月鼓子詞漁家傲二十四首，這些是現存宋詞中最早的鼓子詞形式之一。業師吴熊和先生以爲另一組漁家傲自「妾本錢塘蘇小妹」至「楚國細腰元自瘦」八首皆詠荷，亦爲一套漁家傲鼓子詞，北宋時大曲的繁盛，可以於歐詞中窺見一斑〔二五〕。這些詞的寫作需要聯章的形式，而且需要配樂演唱，同時需要在歌筵宴會上由專門的歌伎演出。鼓子詞的形式，往往是前有小序，稱「念語」或「致語」，以説明其由來。採桑子前的西湖念語就是非常典型的鼓子詞形式：

昔者王子猷之愛竹，造門不問於主人；陶淵明之卧輿，遇酒便留於道上。況西湖之勝概，擅東潁之佳名。雖美景良辰，固多於高會；而清風明月，幸屬於閑人。並遊或結於良朋，乘興有時而獨往。鳴蛙暫聽，安問屬官而屬私；曲水臨流，自可一觴而一詠。至歡然而會意，亦傍若於無人。乃知偶來常勝於特來，前言可信；所有雖非於己有，其得已多。因飜舊闋之辭，寫以新聲之調，敢陳薄伎，聊佐清歡。

歐陽修詠十二月時令的漁家傲詞，在當時也具有很大影響，王安石即曾詠其全篇，而温、韋之後，雖有李煜之出，增添了詞壇新氣象。但李煜前期之詞，仍以宮廷宴樂、男女戀情和離愁別恨爲主，與「花間詞」無異；後期由一代帝王淪爲亡國賤俘，國破家亡之痛融於詞中，遂境界大開，但這種個人遭遇不可複製，故其風格並非宋代詞人所應追求者。歐陽修詞儘管以表現日常生活居多，目的是「聊佐清歡」，但已做到變化開闔，其臻於詞壇領袖之地位，未始不由於此。

歐陽修詞，同一題材、同一詞調寫作多首者甚衆。這些詞最能體現歐詞開闔變化之能事。如採桑子十三首，前面十首都是寫潁州西湖：

輕舟短棹西湖好，緑水逶迤。芳草長堤。隱隱笙歌處處隨。無風水面琉璃滑，
不覺船移。微動漣漪。驚起沙禽掠岸飛。

春深雨過西湖好，百卉爭妍。蝶亂蜂喧。晴日催花暖欲然。蘭橈畫舸悠悠去，
疑是神仙。返照波間。水闊風高颺管絃。

畫船載酒西湖好，急管繁絃。玉盞催傳。穩泛平波任醉眠。行雲却在行舟下，
空水澄鮮。俯仰留連。疑是湖中别有天。

群芳過後西湖好，狼籍殘紅。飛絮濛濛。垂柳闌干盡日風。笙歌散盡遊人去，
始覺春空。垂下簾櫳。雙燕歸來細雨中。

何人解賞西湖好，佳景無時。飛蓋相追。貪向花間醉玉卮。誰知閑凭欄干處，芳草斜暉。水遠煙微。一點滄洲白鷺飛。

清明上巳西湖好，滿目繁華。爭道誰家。緑柳朱輪走鈿車。遊人日暮相將去，醒醉諠譁。路轉堤斜。直到城頭總是花。

荷花開後西湖好，載酒來時。不用旌旗。前後紅幢緑蓋隨。畫船撑入花深處，香泛金卮。煙雨微微。一片笙歌醉裏歸。

天容水色西湖好，雲物俱鮮。鷗鷺閑眠。應慣尋常聽管絃。風清月白偏宜夜，一片瓊田。誰羨驂鸞。人在舟中便是仙。

殘霞夕照西湖好，花塢蘋汀。十頃波平。野岸無人舟自横。西南月上浮雲散，軒檻涼生。蓮芰香清。水面風來酒面醒。

平生爲愛西湖好，來擁朱輪。富貴浮雲。俯仰流年二十春。歸來恰似遼東鶴，城郭人民。觸目皆新。誰識當年舊主人。

歐陽修的過人之處，即是創作組詞時在前後連貫的基礎上富於變化。這組詞描寫潁州西湖的四時景色，每首都以「西湖好」領起，通篇連貫。第一首描寫湖面幽静之景；第二首描寫春深雨後之景；第三首描寫載酒遊湖之景；第四首描寫群芳凋零之景；第五首描寫四時熱烈之景；第六首描寫春遊繁華之景；第七首描寫荷花盛開之景；第八首描寫清夜月下之景；第九首描寫殘霞夕照之景；第十首抒寫面對西湖美景而感慨萬千，是全組詞的總結。夏敬觀評六一詞云：「此潁州西湖詞。公昔知潁，此晚居潁州所作也。十詞無一重複之筆。」〔三〇〕不僅是全組詞如此，就是每一首也是富於變化的。如「平生爲愛西湖好」一首，首句表現出對於西湖美景的留戀。作者二十年前曾知潁州，現在退居潁州，更是摯愛彌篤。二十年風雨，二千乘太守，如此富貴，也只是過眼煙雲。二十年前的西湖與二十年後的西湖，風景一樣美好，而對於作者來說，則有知潁和歸潁的變化，舊主人變成了新主人，人物没有改變，只是年齡大爲增長，而認識這位當年的舊主人和而今的新主人者却寥寥無幾了。無論景物的描寫，還是情感的抒發，抑或年代的跨越，都大開大闔，變化多端，無疑是唐宋詞的絕唱。

（三）渾成熱烈

歷代論者對於宋初詞史，多以晏殊與歐陽修並稱，以作爲婉約派的代表。我們認爲，晏、歐同爲宋初詞人，又有師生的關係，自有相通之處，但在總體上歐陽修與晏殊風格並不相同，晏殊洵稱婉約派的代表，而歐陽修並不是婉約風格所能囊括的。歐詞有兩個突出的特點，卓立特出於北宋詞壇。

首先是渾成。

渾成是指天然生成、不見雕鑿的痕迹。晉葛洪抱朴子暢玄稱：「恢恢蕩蕩，與渾成等其自然；浩浩茫茫，與造化鈞其符契。」〔三一〕明胡應麟詩藪稱：「漢人詩不可句摘者，章法渾成，句意聯屬，通篇高妙，無一蕪蔓，不著浮靡故耳。」〔三二〕歐陽修詞意境層深，章法渾成，情景融爲一體，天然成章，這在宋詞中是相當突出的。清人毛先舒詞辯坻闡釋渾成：「詞家意欲層深，語欲渾成。然意層深，語便刻畫；語渾成，意便膚淺，兩難兼也。」他特地拈出歐陽修蝶戀花詞中「淚眼問花花不語，亂紅飛過秋千去」二句，認爲是天然渾成之作：「此可謂層深而渾成，何也？因花而有淚，此一層意也；因淚而問花，此一層也；花竟不語，此一層也；不但不語，且又亂落飛過秋千，此一層也。人愈傷心，花愈惱人。語愈淺而意愈入，而絶無刻畫之迹。謂非層深而渾成耶？然作者初非措意，直如化工生物，筍未出土而苞節已具，非寸寸爲之也。若先措意，便刻畫愈深愈墮惡境矣。」即此等解一經拈出後便當掃去。〔三三〕觀整篇詞作，寫景由外到内，由早到晚，情感由景物的變换一層層展開，詞意也一層層深入，並不刻意雕鑿。全詞一意轉折，圓渾而跌宕，尤其是過片幾句，如俞平伯的點評：「『三月暮』點季節，『風雨』點氣候，『黄昏』點時刻，三層渲染，纔逼出『無計』句來。」〔三四〕同時，用語愈是淺顯，感情愈是深摯，且感情層次逐次展開，堪稱渾然天成的化工之作。

歐陽修詞的渾成還表現在典故的運用和前人成句的化用方面。其朝中措「山色有無中」就是典型的例子。沈祥龍論詞隨筆：「用成語，貴渾成，脱化如出諸己。……歐陽永叔『平山欄檻倚晴空。山色有無中』，用王摩詰句，均妙。」〔三五〕「山色有無中」本於王維漢江臨眺詩：「江流天地外，山色有無中。」徐柚子詞範第二編云：「按『山色有無中』，有無即隱隱之意，與杜牧寄揚州韓綽判官『青山隱隱水迢迢』意似。蓋平山堂上望江南諸山，水陸阻隔，並非一目了然也。歐句仍是。」〔三六〕蘇軾水調歌頭黄州快哉亭贈張偓佺詞：「長記平山堂上，攲枕江南煙雨，渺渺没孤鴻。認得醉翁語，山色有無中。」可以比照。歐陽修詞這様襲用唐詩成句的現象不下十餘處，都是化用時幾乎不著痕迹的。如減字木蘭花詞：「傷懷離抱。天若有情天亦老。」用唐代李賀金銅仙人辭漢歌原句。南鄉子詞：「鳳髻金泥帶，龍紋玉掌梳。走來窗下笑相扶。愛道畫眉深淺、入時無。」語本朱慶餘近試上張水部詩：「洞房昨夜停紅燭，待曉堂前拜舅姑。粧罷低聲問夫婿，畫眉深淺入時無。」

其次是熱烈。

較詩而言，詞是鋭感靈心的細膩表達，因而總體上以傷感爲基調。詞人要凸顯自己的個性，就不能僅局限於傷感方面，而要力求在傷感的基調上創新。顧隨駝庵詞話卷五歐陽修詞非承五代云：「馮延巳、大晏、六一，三人作風極相似，而又個性極强，絶不相同。如大晏多蘊藉，馮便絶無此種詞。惟三人傷感詞相近。其實其傷感亦各不同：馮之傷感沉著

（傷感易輕浮）；大晏的傷感是淒絕，如秋天紅葉；六一的傷感是熱烈（傷感原是淒涼，而歐是熱烈）。」〔二七〕臺靜農中國文學史説歐詞的特點是剛峻豪放，「而其剛峻的另一面，則是熱烈的情感，因之不免與物有情，却又不能輕於發泄，只有偶於詞中透露出來。又因其生性豪放，即使沉重的情感，往往表現得極自然而無寒酸之態。乍一讀過，似乎無甚悲苦之感，可是稍一玩味，其悲苦之情頗能動人心魄。……他那熱烈的情感，人生哀樂的體會，更是擴大了五代後詞的境界。」〔二八〕這裏點出了歐陽修詞的最大特點是熱烈加傷感，確實抓住了歐詞的精髓。傷感和熱烈本是兩個範疇的情感，却在歐陽修詞中得到了完美的統一，這在中國詞史上是較爲獨特的現象。

對酒追歡莫負春。春光歸去可饒人。昨日紅芳今緑樹。已暮。殘花飛絮兩紛紛。粉面麗姝歌窈窕。清妙。樽前信任醉醺醺。不是狂心貪燕樂。自覺。年來白髮滿頭新。（定風波）

堤上遊人逐畫船。拍堤春水四垂天。緑楊樓外出鞦韆。白髮戴花君莫笑，六么催拍盞頻傳。人生何處似樽前。（浣溪沙）

清明上巳西湖好，滿目繁華。争道誰家。緑柳朱輪走鈿車。遊人日暮相將去，醒醉諠譁。路轉堤斜。直到城頭總是花。（採桑子）

前面兩首的總體基調是夠傷感的了。定風波一首，昨日紅芳今日變爲緑樹，只有殘花飛絮伴隨著將逝的殘春，作者驚呼，不要辜負青春，而須對酒追歡，他一面欣賞「粉面麗姝歌窈窕」，一面「樽前信任醉醺醺」，無論是景物還是情感都是動態的，都是熱烈的。浣溪沙一首，寫垂暮之年而遊覽西湖，面對美景也非常傷感，但作者既目擊拍堤春水，又觀賞岸上鞦韆，由此激發童真之趣、行樂之思，故而「白髮戴花」、「六么催拍」、頻繁傳盞，這樣的情懷仍然是熱烈的。采桑子一首則基調與情懷都是熱烈的，熱烈到了「滿目繁華」、「醒醉諠譁」。

歐陽修詞的好處，就在於傷感而熱烈。傷感似秋天，而熱烈既不似秋天，又不似春天，而似夏天，但歐詞却又能給人以春天的清新。其主流似夏天，而又融合了春天和秋天的情懷。故而歐詞在北宋初期詞壇最爲傑出，與晏殊相比，晏殊僅有傷感而無熱烈，故顯得衰颯，其於宋詞的推進，遠不如歐陽修。顯示歐詞熱烈的句子頗多：

春深雨過西湖好，百卉爭妍。蝶亂蜂喧。晴日催花暖欲然。（採桑子）

雨霽風光，春分天氣。千花百卉爭明媚。（踏莎行）

紅粉佳人翻麗唱。驚起鴛鴦，兩兩飛相向。（蝶戀花）

酒美賓嘉真勝賞。紅粉唱。山深分外歌聲響。（漁家傲）

直須看盡洛城花，始共春風容易别。（玉樓春）

紅粉佳人白玉杯。木蘭船穩棹歌催。緑荷風裏笑聲來。（浣溪沙）

這些詞句景中含情，靜中寓動，是其表現熱烈情懷的主要手段。這種熱烈又自然地流露，天然渾成。故而歐詞的成功在於層深的意境與渾成的章法完美結合，感傷的基調和熱烈的情懷融合無間，因而千百年後讀之，仍覺耳目一新。人在憂愁時，往往會以酒澆愁，歐陽修愁時飲酒，仍能借酒的濃烈表現熱烈的情懷：「櫻脣玉齒。天上仙音心下事。留住行雲。滿座迷魂酒半醺。」（減字木蘭花）「勸君滿滿酌金甌。縱使花時常病酒，也是風流。」（浪淘沙）「戴花持酒祝東風，千萬莫匆匆。」（鶴沖天）「便須豪飲敵青春，莫對新花羞白髮。」（玉樓春）「浮世歌歡真易失，宦途離合信難期。樽前莫惜醉如泥。」（浣溪沙）

三

閱讀和研究歐陽修詞，一個難以回避的問題就是真僞情況。對於歐詞真僞的處理，一般採取兩種手段：一種是將歐集中的疑僞詞悉數删棄，以毛晉汲古閣刻六一詞爲代表；一種是對歐詞進行梳理，根據不同情況分別對待，以唐圭璋全宋詞爲代表。毛晉的做法過於武斷，他刪棄了很多歐詞，並將近體樂府三卷和醉翁琴趣外篇六卷改編爲六一詞一卷，這些都爲後人所詬病〔三九〕。唐圭璋的做法較爲審慎，他將近體樂府和醉翁琴趣外篇中的大多數作品編入全宋詞，而將確定爲僞作者編入附録，並詳細注明出處。學術界考證歐集和歐詞真僞者，主要通過兩種途徑：一是考察與他人重出的情況，二是就歐陽修近體樂府和醉翁琴趣外篇的不同風格進行比較〔四〇〕。

其實，歐陽修作詞和編集的過程是非常複雜的。詞在宋初是以歌唱爲主，因爲文人的創作，既是自身情感的抒發和個人生活的表現，也要適合歌女們演唱的需要。與這種風氣相關，歐詞在三個方面較爲突出：一是聯章組詞往往非一時所作，而是特定時期根據演唱的需要，將舊作和新作組合在一起以成聯章，這以採桑子十三首最具代表性。二是個別作品看上去並不是歐陽修詞，而是前人的成詩，實則是歐陽修改詩爲詞以適合演唱的需要。瑞鷓鴣一首就是如此，清錢大昕十駕齋養新録卷一六「詩詞蹈襲」條列舉此詞謂：「歐公非竊人句爲己作者，偶寫古人句，編次公集者，誤以爲公作而收入之。」〔四一〕而以此詞與吴融詩比較，字句改動者頗多。如「楚王臺」，吴融詩浙東筵上有寄作「襄王席」，實寫宴飲之所。歐詞此處虚化了歌舞宴飲的場景，代之以縹緲幻夢的形容。又如「眼色相看意已傳」，吴融詩作「眼色相當語不傳」，相較之下，歐陽修改動之後，更加情意纏綿，適合詞之情調。故該詞應爲歐陽修改動吴融之詩爲詞，以應歌女演唱之作，不應視爲吴融詩而誤入歐集。三是歐詞很多是宴會歌筵之上的應歌之作。陳師道後山談叢記載：「文元賈公居守北都，歐陽永叔使北還，公預戒官妓辦詞以勸酒，妓唯唯。復使都廳召而喻之，妓亦唯唯。公怪歎，以爲山野。既燕，妓奉觴歌以爲壽，永叔把盞側聽，每爲引滿。公復怪之，召問，所歌皆其詞也。」〔四二〕可見歐詞是非常適合歌舞演唱需要的。這樣的環境和氛圍，使得同一作者的詞和詩文在思想境界上有所區别，有些作品所表現的只是在這一特定氛圍下的情境或情感，不必一定要繩以作者的生活。也正因爲如此，我們也就不必苛責歐陽修的豔冶之作。

即使是歐詞的重出之作，我們的取捨也比較審慎。比如，歐陽修詞與馮延巳陽春集重出最多，不僅毛晉汲古閣刻六一詞歸入删汰之列，即使唐圭璋編纂全宋詞也以爲陽春集成書早於近體樂府而論定這些詞爲馮作。但實際上，宋人不僅大多將這些詞歸爲歐陽修所作，如蝶戀花「庭院深深深幾許」一首，李清照就確認爲歐作，而且從陽春集編纂的過程考察，也不能確定這些詞就是馮延巳所作，因爲宋人陳世修所編的陽春集，距馮延巳之卒已近百年，這與歐陽修及其家人所編之集相比，當然以後者更爲可信。但鑒於現存歐陽修詞集也不是手編原貌，而是經過羅泌的删訂改編，其真相也有待於進一步探索。故而有關歐詞與馮詞重出的問題，陳尚君先生的態度較爲可取：「歐、馮互見詞，在别無確證情況下，只能存疑，不應輕易否定歐的著作權。」〔四三〕也正因爲如此，我們在論述歐陽修詞的淵源時，也就不將馮延巳詞作爲其源頭，因爲這些詞如果不是馮延巳而是歐陽修所作，那麽這種比較就毫無意義。反之，歐陽修詞如果没有近代學者所論證的馮延巳詞這個源頭，其地位則會更高。

最後，我們再談一下近體樂府和醉翁琴趣外篇風格不一致的問題。羅泌六一詞跋云：「公性至剛，而與物有情，蓋嘗致意於詩，爲之本義，温柔寬厚，所得深矣。吟詠之餘，溢爲歌詞，有平山集盛傳於世，曾慥雅詞不盡收也。今定爲四卷，且載樂語於首，其甚淺近者，前輩多謂劉煇僞作，故削之。」〔四四〕是知羅泌校刻歐詞時，已將所謂「淺近之作」削之，所保留者主要是「温柔敦厚」之篇。由此看來，歐陽修諸子所編的詞集，是保留這些「淺近之作」的，相傳劉煇所作的醉蓬萊等詞，是典型的豔冶之作，由此推測，歐詞的原本風貌與醉翁琴趣外篇並不一定有很大的距離。同時北宋人的詞作，是不避豔冶的，我們不僅從柳永的詞中讀到大量的豔冶之篇，即使是正統士大夫如范仲淹、晏殊、司馬光、蘇軾、黄庭堅，也不乏豔冶之篇。北宋時的這些豔冶之作，甚至傳入鄰國高麗，被其正統史書高麗史樂志所載録〔四五〕，可見北宋有適合豔詞流行的環境。歐陽修的一些詞是在特定的時代環境下，爲娱樂生活的需要而作的，並不代表他的行爲就是如此，正如夏承燾先生所言：「詞人綺語，攻擊之者乃資爲口實；醉翁琴趣外篇中豔體若江南柳者尚多，吾人讀歐詞，固不致信以爲真也。」〔四六〕對於豔冶之詞，南宋與北宋的論家因爲時代環境和思想思潮的不同，有著截然不同的取向：北宋人能够容納，南宋人盡力拒斥。無論如何，「現有的種種理由，似均不足以動摇歐陽修對此書（醉翁琴趣外篇）的主名地位」〔四七〕。

由於歐詞真僞的複雜情況，諸如前面引用吴熊和先生的唐宋詞通論、陳尚君先生的歐陽修著述考和木齋先生的馮延巳陽春集真僞論考，或以爲不應輕易否定歐的著作權，或進一步將馮延巳的著作權徹底否定，如果我們按照古籍整理的一般方式，將歐詞重出與疑僞之作單列以附於書後，似乎就遮蔽了歐詞很多有價值的信息。基於此，我們則以歐詞版本爲主要依據進行處理：遵從中華再造善本和日本天理大學圖書館藏本近體樂府，以及日本宫内廳書陵部藏本歐陽文忠公集之近體樂府部分，在每首的解題之後，將相關真僞的原始資料和研究資料進行排比參證，間或提出自己的看法，並揭示進一步研究的空間。醉翁琴趣外篇因歐氏全集未收，且其詞作多與近體樂府所載重複，故而我們就删去重複，與其他數首輯佚詞另編一卷。我們覺得，這種處理方式很難説是最好的，但根據目前的情況，應該是較爲適合的。現將歐陽修近體樂府中與他人重出詞作列之於後，以祈盼方家對於歐詞真僞研究的進一步重視。

詞牌	首句	互見作者
歸自謠	何處笛	馮延巳
歸自謠	春艷艷	馮延巳
歸自謠	寒水碧	馮延巳
長相思	蘋滿溪	張先
長相思	深畫眉	白居易
阮郎歸	東風臨水日銜山	馮延巳、李煜、晏殊
阮郎歸	南園春早踏青時	馮延巳、李煜、晏殊
阮郎歸	角聲吹斷隴梅枝	馮延巳、李煜、晏殊
蝶戀花	六曲欄干偎碧樹	馮延巳、張泌、晏殊
蝶戀花	簾幕風輕雙語燕	晏殊
蝶戀花	遥夜亭皋閑信步	李冠
蝶戀花	庭院深深深幾許	馮延巳
蝶戀花	獨倚危樓風細細	柳永
蝶戀花	簾下清歌簾外宴	柳永
蝶戀花	誰道閑情抛棄久	馮延巳

詞牌	首句	互見作者
蝶戀花	幾日行雲何處去	馮延巳
漁家傲	粉蘂丹青描不得	晏殊、晏幾道
漁家傲	幽鷺謾來窺品格	晏殊
漁家傲	楚國細腰元自瘦	晏殊
玉樓春	池塘水緑春微暖	晏殊
玉樓春	雪雲乍變春雲簇	馮延巳
一叢花	傷春懷遠幾時窮	張先
千秋歲	數聲鶗鴂	張先
清平樂	雨晴煙晚	馮延巳
應天長	一彎初月臨鸞鏡	馮延巳、李璟、李煜
應天長	石城山下桃花綻	馮延巳
應天長	緑槐陰裏黄鶯語	韋莊、温庭筠、皇甫松
芳草渡	梧桐落	馮延巳
更漏子	風帶寒	馮延巳
行香子	舞雪歌雲	張先

四

這裏對歐陽修詞的版本和本書校注的體例作必要的交代。

歐陽修詞，歐陽文忠公集收有近體樂府三卷，通常簡稱「集本」，又單刻有醉翁琴趣外篇六卷，後人或加删訂，或加合併，以成六一詞。集本編纂最早，故今以集本三卷編次，而將醉翁琴趣外篇及他書中集本未收之詞，編爲第四卷。唯近體樂府第一卷所録樂語，雖非詞作，但與詞聯繫緊密，故移置於附録。西湖念語一篇，内容實爲採桑子組詞之總敘，故仍列於卷首。本書的每一首詞，一般都進行詳盡的校勘、注釋和輯評。並將與歐陽修詞相關的重要資料附録於書後，附録列以下數種：樂語，存目詞，傳記，序跋與著録，總評，互見詞輯評。

（一）校勘

本書以整理者認爲最精的兩種本子作爲底本：

歐陽文忠公集一百五十三卷之近體樂府三卷，中華再造善本據中國國家圖書館藏周必大刻本影印本。（本書卷一至卷三）

景宋本醉翁琴趣外篇六卷，景刊宋金元明本詞，上海古籍出版社一九八九年影印本。（簡稱「琴本」）（本書卷四）

按，現存較爲完整的歐陽文忠公集諸宋本，各藏書機構多著録爲周必大慶元二年吉州刻本，然據我們觀察，這些藏本應均爲周必大紹熙至慶元年間刻本之遞修本，非周氏原刻。中華再造善本之歐集當爲諸遞修本中年代最早者。

本書校勘尊重底本，盡量不改動原文（底本之異體字、俗字等，亦多保留），異文列於校記，校記亦參考近人校勘成果，擇善而從。歐詞與他人詞相混者頗多，相關考辨文字亦列入校記當中。

本書據以校勘者有以下諸本：

歐陽文忠公近體樂府三卷，吳昌綬雙照樓影印宋吉州本，景刊宋金元明本詞，上海古籍出版社一九八九年影印本。（簡稱「吉州本」）

歐陽文忠公集一百五十三卷附録五卷，其卷一三一至卷一三三爲近體樂府，南宋慶元（一一九五—一二〇〇）、嘉泰（一二〇一—一二〇四）年間刊本，日本國寶，天理大學圖書館藏本。（簡稱「天理本」）

歐陽文忠公集（殘卷）存六十八卷，其卷一三二、卷一三三爲近體樂府，宋紹熙年間（一一九〇—一一九四）刊本，日本宮内廳書陵部藏本。（簡稱「宮内廳本」）

歐陽文忠公全集一百五十三卷，其卷一三一至卷一三三近體樂府，四部叢刊影印元刊本。（簡稱「叢刊本」）

六一詞，毛晉汲古閣刊本。（簡稱「毛本」）（按，四庫全書本六一詞，因據毛本載録，故而不作參校本。）

同時參校了宋人所編詞之總集、選集等〔四八〕：

花庵詞選，宋黄昇編，中華書局上海編輯所一九五八年排印本。

唐宋諸賢絶妙詞選，宋黄昇編，四部叢刊影印明舒氏刻本。

群英詩餘，宋何士信編選，日本同朋舍昭和五十五年影印元刊本。（按，此書全稱增修箋注妙選群英草堂詩餘，亦通稱草堂詩餘。景刊宋金元明本詞所刊之景明洪武本草堂詩餘，爲其重要異本，可以參閲。）

樂府雅詞，宋曾慥編，四部叢刊據黄丕烈藏明鈔本影印。

全芳備祖，宋陳景沂編，農業出版社一九八二年影印本。

還參考了近代以來有關歐詞的校勘注釋本：

歐陽文忠近體樂府三卷，林大椿校，一九二六年排印本。（簡稱「林本」）

六一詞，文學古籍刊行社一九五五年版。（簡稱「文本」）

全宋詞所收歐陽修詞，唐圭璋編，中華書局一九六五年版。

六一詞校記，冒廣生校，載冒鶴亭詞曲論文集，上海古籍出版社一九九二年版。（簡稱「冒校」）

歐陽修詞箋注，黄畬箋注，中華書局一九八六年版。（簡稱「黄本」）

六一詞校注，蔡茂雄校注，臺灣文津出版社一九七八年版。（簡稱「蔡本」）

歐陽修詞研究及其校注，李栖著，臺灣文史哲出版社一九八二年版。（簡稱「李栖本」）

歐陽修全集，李逸安點校，中華書局二〇〇一年版。（簡稱「李本」）

歐陽修詞集校釋，歐陽明亮校釋，華東師範大學二〇一二年博士學位論文歐陽修詞論稿附録。（簡稱「歐本」）

（二）注釋

別集注釋，貴在精深，歐詞的注釋，前人已有不少成果，本書擬在充分吸納這些成果的基礎上，注意以下幾個方面：一是以詞證詞，以探尋詞體文學的淵源和特點；二是以歐證歐，以體現歐陽修各體文學之間的相互關聯，進而探尋歐陽修要眇之詞心；三是詳釋名物，自花間集後，詞家所用名物往往與詞之表現渾融一體，歐詞尤爲如此，前人注詞多重典故而輕名物，故本書於此多爲致力；四是考訂年代，本書對相關作品的寫作年代，詳加考訂；五是考訂真僞，歐詞或爲抒懷之作，或爲酬贈之作，或爲應歌而作，真僞考訂是一大難題，本書對於歐詞真僞，綜合前人成果而加以自己的推測與判斷。注釋採用各家舊注，加以説明。然徵引典籍，則直接採用原典，不再標明原注者之名。

（三）輯評

輯評部分選擇前人對歐陽修詞的代表性評論，以便於讀者了解作品之背景和價值。各篇作品之評論録於相應詞作之後，歐詞之總評輯爲附録置於書後。評論之選擇偏重古人，健在學者雖有精義，亦大多不在收録之列。

本書在撰寫過程中，得到了各方面的幫助：日本九州大學教授東英壽和專門研究員陳翀提供了日本天理大學圖書館藏歐集所收近體樂府三卷、日本宮内廳書陵部藏歐集殘卷所收近體樂府二卷的全部複印件；北京大學中文系博士生馬勤勤、南京大學文學院碩士生張璐提供了臺灣版兩種箋注本的複印件；浙江大學將本書列入「古代文化典籍整理保护和研究」項目之中，項目總負責人浙江大學古籍研究所張涌泉教授給予精心指導並一直關心進展情況，作者對他們的幫助表示衷心的感謝。

二〇一二年十一月於浙江大學中文系

【注釋】

〔一〕歐陽修六一詩話：「退之筆力，無施不可，而嘗以詩爲文章末事，故其詩曰『多情懷酒伴，餘事作詩人』也。」羅泌近體樂府跋謂歐陽修：「蓋嘗致意於詩，爲之本義，温柔寬厚，所得深矣。吟詠之餘，溢爲歌詞。」是知歐陽修於政事之餘以作詩，作詩之餘以作詞。

〔二〕顧隨駝庵詞話卷五，詞話叢編續編本，人民文學出版社二〇一〇年版，第三一九八頁。

〔三〕元馬端臨文獻通考卷二三四，中華書局一九八六年版，第一八七〇頁。

〔四〕羅泌依據平山集整理的近體樂府中録有七篇歌舞表演時使用的樂語，也同樣没有入選居士集。

〔五〕歐陽修歐陽修全集卷四四，中華書局二〇〇一年版，第六三四—六三五頁。

〔六〕參謝桃坊宋詞演唱考略，載宋詞辨，上海古籍出版社一九九九年版，第三三二—三四七頁；又參張鳴宋代詞的演唱形式考述，載文學遺產二〇一〇年第二期，第一六—二七頁。

〔七〕宿白白沙宋墓圖版玖，文物出版社二〇〇二年版。

〔八〕宋錢世昭錢氏私志，全宋筆記第二編，大象出版社二〇〇六年版，第六五—六六頁。

〔九〕宋趙令時侯鯖録，中華書局二〇〇二年版，第四八頁。
〔一〇〕唐圭璋編全宋詞，中華書局一九六五年版，第一八〇頁。
〔一一〕王國維人間詞話卷上，人民文學出版社一九九八年版，第六—七頁。
〔一二〕顧隨駝庵詞話卷五，詞話叢編續編本，第三二〇一頁。
〔一三〕東英壽新見九十六篇歐陽修散佚書簡輯存稿，中華文史論叢二〇〇二年第一期，第二六頁。
〔一四〕顧隨駝庵詞話卷五，詞話叢編續編本，第三一九九頁。
〔一五〕清劉熙載藝概卷四，上海古籍出版社一九七八年版，第一〇七頁。
〔一六〕王國維人間詞話卷上，上海古籍出版社一九九八年版，第五頁。
〔一七〕吴熊和唐宋詞通論，商務印書館二〇〇三年版，第一八一頁。按，施蟄存北山樓詞話卷二以爲「近體樂府編定時，歐陽修尚生存，極可能爲親自編定而假名於其子者。且其中有數首見於樂府雅詞及花庵詞選，皆以爲歐陽修作。此兩家選本皆精審。……故余以爲此十六首亦當剔出，非馮延巳作也。」（上海古籍出版社二〇一二年版，第一九一頁）
〔一八〕木齋馮延巳陽春集真僞論考，社會科學研究二〇〇八年第三期，第一六二—一七二頁。

〔一九〕顧隨駝庵詞話卷五，詞話叢編續編本，第三一九九頁。

〔二〇〕清陳廷焯詞壇叢話，詞話叢編本，第三七二一頁。

〔二一〕後蜀趙崇祚輯、李一氓校花間集校，人民文學出版社一九五八年版，第一頁。

〔二二〕馮煦蒿庵論詞，詞話叢編本，第三五八五頁。

〔二三〕顧隨駝庵詞話卷五，詞話叢編續編本，第三三〇二頁。

〔二四〕顧隨駝庵詞話卷八，詞話叢編續編本，第三三六五頁。

〔二五〕參吳熊和編唐宋詞匯評兩宋卷第一册，浙江教育出版社二〇〇四年版，第二四一頁。

〔二六〕見再造善本歐陽文忠公集所載近體樂府卷二闕名歐陽文忠公近體樂府跋。

〔二七〕見景刊宋金元明本詞所載近體樂府卷二漁家傲詞續添注。

〔二八〕唐圭璋編全宋詞，第八一八、九九六頁。

〔二九〕此外，晏殊尚有漁家傲十二首，亦爲荷花曲鼓子詞，但其中「幽鷺慢來窺品格」、「楚國細腰元自瘦」、「粉筆丹青描難就」三首，與歐詞重出，蓋爲演奏家演唱時就詠荷同一主題相互組合。（參吳熊和編唐宋詞匯評兩宋卷第一册，第二一四頁。）晏殊爲歐陽修之師，此組詞又部分與歐詞重出，可見歐陽修時代，鼓子詞演奏乃時尚之事。但晏殊是有意寫作鼓子詞，還是因爲詠荷題材集中爲時人組合成鼓子詞，則尚需詳考。

〔三〇〕轉引自龍榆生唐宋名家詞選，上海古籍出版社一九八九年版，第七〇頁。

〔三一〕晉葛洪抱朴子内篇卷一，上海古籍出版社一九九〇年版，第三頁。

〔三二〕明胡應麟詩藪卷二，上海古籍出版社一九七九年版，第三三頁。

〔三三〕清毛先舒詞辯坻，詞學第十七輯，第二九一頁。

〔三四〕俞平伯唐宋詞選釋，人民文學出版社一九七九年版，第三二頁。

〔三五〕清沈祥龍論詞隨筆，詞話叢編本，第四〇五九頁。

〔三六〕徐柚子詞範第二編，華東師範大學出版社一九九三年版，第一五六頁。

〔三七〕顧隨駝庵詞話卷五，詞話叢編續編本，第三一九八—三一九九頁。

〔三八〕臺静農中國文學史，上海古籍出版社二〇一二年版，第五六七頁。

〔三九〕清鄭文焯六一詞跋批評毛氏「所見非宋本，抑徑情去取，以自行其是耶」（大鶴山人詞話卷三，南開大學出版社二〇〇九年版，第三〇八頁）。冒廣生六一詞校刊記則云：「毛刻與近體樂府同出一源，但多删汰。兹重補定，並加校勘。」饒宗頤詞集考亦稱：「毛氏傳詞之功雖可佩，而其播弄痼癖，亦不可不察。」文學古籍刊行社本六一詞依汲古閣本刊刻，然將毛晉所删之詞悉數補入。

〔四〇〕有關歐陽修詞集的來源，學術界取得諸多成果，其要者有：陳尚君歐陽修著述考，載復旦學報一九八五年第三期；謝桃坊歐陽修詞集考，載文獻一九八六年第二期；羅弘基歐陽修詞集斠疑，載求是學刊一九九〇年第三期。

〔四一〕清錢大昕十駕齋養新録卷一六，上海書店一九八三年版，第三八七頁。

〔四二〕宋陳師道後山談叢卷三，上海古籍出版社一九八九年版，第二七頁。

〔四三〕陳尚君歐陽修著述考，載復旦學報一九八五年第三期。

〔四四〕宋羅泌六一詞跋，見景宋吉州本歐陽文忠公近體樂府卷三。曾慥删削之事，見其樂府雅詞序：「歐公一代儒宗，風流自命，詞章幼眇，世所矜式，當時小人或作豔曲，謬爲公詞，今悉删除。」按，曾慥爲南宋初年的道學人物，其否定俗豔之詞自在情理之中。

〔四五〕高麗史樂志在載録柳永臨江仙慢之後，收有無名氏解佩令詞：「臉兒端正，心兒峭俊。眉兒長，眼兒入鬢。鼻兒隆隆，口兒小，舌兒香軟，耳朵兒，就中紅潤。項如瓊玉，髮如雲鬢。眉如削，手如春筍。奶兒甘甜，腰兒細，脚兒去緊。那些兒，更休要問。」

〔四六〕夏承燾四庫全書詞籍提要校議，唐宋詞論叢，夏承燾集，浙江古籍出版社一九九七年版，第一八六頁。

〔四七〕王水照王水照自選集，上海教育出版社二〇〇〇年版，第六五二頁。按，王水照先生對於醉翁琴趣外篇有著精深的研究，撰有醉翁琴趣外篇僞作説質疑，載王水照自選集第六四六—六五二頁；醉翁琴趣外篇的真僞與歐詞的歷史定位，載詞學第十三輯，第四四—五四四頁。

〔四八〕宋以後總集、選集因時代較遲，除特别情況外一般不作參校本。明陳耀文花草粹編、清王奕清詞譜等，與中華再造善本歐集相校，雖然頗有異文，然終遜於宋代典籍，故仍割愛不取。

目録

歐陽修詞校注卷一

近體樂府一

西湖念語㊀〔一〕

昔者王子猷之愛竹，造門不問於主人〔二〕；陶淵明之卧輿，遇酒便留於道上㊁〔三〕。況西湖之勝概〔四〕，擅東潁之佳名〔五〕。雖美景良辰，固多於高會〔六〕；而清風明月，幸屬於閑人〔七〕。並遊或結於良朋，乘興有時而獨往〔八〕。鳴蛙暫聽，安問屬官而屬私〔九〕；曲水臨流，自可一觴而一詠〔一〇〕。至歡然而會意〔一一〕，亦傍若於無人〔一二〕。乃知偶來常勝於特來，前言可信；所有雖非於己有〔一三〕，其得已多。因翻舊闋之辭〔一四〕，寫以新聲之調〔一五〕，敢陳薄伎，聊佐清歡〔一六〕。

【校記】

㈠林本校記：「以上樂語，毛晉汲古閣六十一家詞均不載。」

㈡道上：原作「道士」。冒廣生六一詞校記：「樂府雅詞作『道上』，應依改。」按，「道士」於意不通，今據改，參下注釋。

【注釋】

〔一〕西湖：指潁州西湖。正德潁州志卷一山川：「西湖，在州西北二里，外湖長十里，廣三里，相傳古時水深莫測，廣袤相齊。胡金之後，黄河沖蕩，湮湖之半，然而四時佳景尚在。前代明賢達士往往泛舟遊玩於是。湖南有歐陽文忠公書院基。」潁州西湖，自唐以來爲歷代名勝，今址在安徽阜陽縣西北。念語：又稱樂語、致語，即歌舞表演開場前的致辭或説白。宋施元之注東坡先生詩陪歐陽公燕西湖：「歐陽文忠公，廬陵人，仁宗擢爲參知政事，事英宗、神宗，堅求退，除觀文殿學士，出典亳、青二州，擢宣徽使，判太原，遣内侍賜告，諭赴闕，欲留共政，力辭，乞守蔡。在亳六請致仕，至蔡復請，乃許。公年未及謝，天下高之，舊號醉翁，晚又號六一居士。昔守潁上，樂其風土，因卜居焉。郡有西湖，公尤愛之，作念語及十詞歌之。」按，此篇有「況西湖之勝概，擅東潁之佳名」語，則爲潁州之西湖。施氏謂歐陽修知潁州時作念語及詞詠唱西湖，此篇當在其中。歐陽修曾數度居潁，皇祐元年正月，歐陽修移知潁州，二月丙子至郡。二年七月丙戌改知應天府。四年三月壬戌，歐陽修丁母憂歸潁州，時四十六歲。至和元年，歐陽修復舊職，時四十八歲。熙寧四年六月甲子，歐陽修以觀文殿學士、太子少師致仕，七月歸潁州，時六十五歲。五年閏七月卒。見清華孳亨增訂歐陽文忠公年譜。此篇念語後繫採桑子詞十三首，皆詠西湖，或非一時之作。歐陽修幾度歸潁，情懷都有所不同。如新發現歐陽修佚簡載其皇祐中與孫威敏公言其丁母憂時歸潁：「昨於哀迷中，就近來潁。其實四海無所歸，欲只就潁，趁明年卜葬。汲汲如此，欲於自己生前了之耳，豈復有意人間邪？」

〔二〕王子猷二句：王徽之（？—三八八），字子猷，世説新語簡傲：「王子猷嘗行過吴中，見一士大夫家極有好竹。主已知子猷當往，乃灑埽施設，在聽事坐相待。王肩輿徑造竹下，諷嘯良久。主已失望，猶冀還當通，遂直欲出門。主人大不堪，便令左右閉門不聽出。王更以此賞主人，乃留坐，盡歡而去。」造門，猶登門，上門。

〔三〕陶淵明二句：蕭統陶淵明傳：「江州刺史王弘欲識之，不能致也。淵明嘗往廬山，弘命淵明故人龐通之齎酒具，於半道栗里之間邀之。淵明有腳疾，使一門生二兒舁籃輿，既至，欣然便共飲酌。俄頃弘至，亦無迕也。」卧輿，可以躺卧的車子。這裏的卧輿即指「籃輿」，是古人代步的工具，一般爲雙人擡的竹篼，類似後世的轎子。可參明陳洪綬陶淵明故事圖之解印所繪陶淵明卧輿情狀。道上，即半道，途中意。又蘇軾惠守詹君見和復次韻：「刺史不須要半道，籃輿未暇走山村。」傳本歐集作「道士」，意甚不通。

〔四〕勝概：勝景，美景。李白夏日陪司馬武公與群賢宴姑熟亭序：「此亭跨姑熟之水，可稱爲姑熟亭焉。嘉名勝概，自我作也。」

〔五〕東潁：相對於西湖而言，這裏指潁州府。歐陽修聞潁州通判國博與知郡學士唱和頗多因以奉寄知郡陸經通判楊褒詩：「一自蘇梅閉九泉，始聞東潁播新篇。」蘇軾沐浴啓聖僧舍與趙德麟邂逅詩：「南山北闕兩非真，東潁西湖迹已陳。」

〔六〕雖美景二句：指美好的時光和景物。謝靈運擬魏太子鄴中集詩序：「天下良辰、美景、賞心、樂事，四者難並。」北齊書段榮傳：「美景良辰，未嘗虛棄，賦詩奏伎，畢盡歡洽。」高會，盛大的宴會。

〔七〕而清風二句：清風明月，示意高人雅士的風致。南史謝譓傳：「（謝譓）曰：『入吾室者，但有清風；對吾飲者，惟當明月。』」歐陽修會老堂致語：「金馬玉堂三學士，清風明月兩閑人。」

〔八〕乘興句：世説新語任誕：「王子猷居山陰，夜大雪，眠覺，開室命酌酒，四望皎然。因起彷徨，詠左思招隱詩，忽憶戴安道，時戴在剡，即便夜乘小船就之。經宿方至，造門不前而返。人問其故，王曰：『吾本乘興而行，興盡而返，何必見戴！』」

〔九〕鳴蛙暫聽二句：北魏酈道元水經注穀水引晉中州記曰：「惠帝爲太子，出聞蝦蟇聲，問人爲是官蝦蟇私蝦蟇？侍臣賈胤對曰：『在官地爲官蝦蟇，在私地爲私蝦蟇。』令曰：『若官蝦蟇，可給廩。』先是有讖云：『蝦蟇當貴。』」唐楊收詠蛙詩：「會當同鼓吹，不復問官私。」

〔一〇〕曲水臨流二句：漢以前以農曆三月上旬巳日爲「上巳」，魏晉以後，定爲三月三日，不必取巳日。後漢書禮儀志上：「是月上巳，官民皆絜於東流水上，曰洗濯祓除，去宿垢疢爲大絜。絜者，言陽氣布暢，萬物訖出，始絜之矣。」宋書禮志二引韓詩曰：「鄭國之俗，三月上巳，之溱洧兩水之上，招魂續魄。秉蘭草，拂不祥。」後人於此日引水環曲成渠，流觴取飲，相與爲樂，稱爲曲水流觴。晉王羲之蘭亭集序：「又有清流激湍，映帶左右，引以爲流觴曲水，列坐其次。」元稹代曲江老人詩：「曲水流觴日，倡優醉度旬。」

〔一一〕歡然：歐陽修釋秘演詩集序：「浮屠秘演者，與曼卿交最久，亦能遺外世俗，以氣節相高。二人歡然無所間。」會意：合意，中意。周書姚僧垣傳：「梁武帝性又好之，每召菩提討論方術，言多會意，由是頗禮之。」舊唐書田遊巖傳：「游於太白山，每遇林泉會意，輒留連不能去。」

〔二〕傍若句：史記刺客列傳：「高漸離擊筑，荆軻和而歌於市中，相樂也，已而相泣，旁若無人者。」晉書王猛傳：「桓温入關，猛被褐而詣之，一面談當世之事，捫虱而言，旁若無人。」

〔三〕所有：此指西湖景物。

〔四〕翻：同翻，重新譜寫。劉禹錫楊柳枝詞：「請君莫奏前朝曲，聽取新翻楊柳枝。」舊闋之辭：指過去填的詞。

〔五〕新聲之調：新穎的曲調。王昌齡從軍行詩：「琵琶起舞換新聲，總是關山舊別情。」李煜菩薩蠻：「銅簧韻脆鏘寒竹，新聲慢奏移纖玉。」歐陽修答通判吕太傅：「舞踏落暉留醉客，歌遲檀板換新聲。」

〔六〕敢：謙詞，猶冒昧。清歡：清雅恬適之樂。唐馮贄雲仙雜記少延清歡條：「陶淵明得太守送酒，多以春秫水雜投之，曰：『少延清歡數日。』」歐陽修雙桂樓詩：「愛客東阿宴，清歡北海觴。」

【輯評】

王國維人間詞話删稿：「宋人遇令節、朝賀、宴會、落成等事，有『致語』一種。宋子京、歐陽永叔、蘇子瞻、陳後山、文宋瑞集中皆有之。」

採桑子〔一〕〔二〕

輕舟短棹西湖好，綠水逶迤〔三〕。芳草長堤。隱隱笙歌處處隨〔三〕。無風水面琉璃滑〔四〕，不覺船移。微動漣漪〔五〕。驚起沙禽掠岸飛〔六〕。

【校記】

㈠林本校記：「採桑子曾慥樂府雅詞注：『中吕宫。』」冒校：「採桑子，宋本接西湖念語後。醉翁琴趣外篇僅載『十年一别』、『十年前事』二首。按，此即宴趙康靖公是日所歌。前十一首公舊作，所謂『舊闋之辭』也。後二首公新作，所謂『新聲之調』也，詞不作於一時，歌則同於一日。琴趣僅載新作，故衹二首。」

【注釋】

〔一〕採桑子：唐教坊曲有楊下採桑，唐南卓羯鼓録作涼下採桑，詞調名本此。又名醜奴兒、醜奴兒令、羅敷媚歌、羅敷媚、忍淚吟。雙調，小令，就大曲中截取一段爲之。尊前集注

「羽調」。全詞四十四字，前後闋各四句，均二、三、四句用平聲韻。歐詞十首首句皆以「西湖好」出之，爲聯章體。清華茲亨增訂歐陽文忠公年譜：「熙寧四年，公六十五歲。公在蔡，累章告老。六月甲子，以觀文殿學士、太子少師致仕。……七月，歸潁，賦採桑子詞十首，述西湖風物之美。趙康靖概與公同在政府，相得甚歡，公被誣，密申辯理，至欲納誥敕以保公，而不使公知，聞公歸潁，自睢陽單車來訪，年八十矣。吕正獻公著守潁，爲設宴於西湖，賓主稱一時之盛，因題其堂曰『會老堂』。」按，據宋胡柯廬陵歐陽文忠公年譜，熙寧元年九月後，歐陽修築第於潁，以備退居。又四年六月甲子致仕，閑居於潁，次年閏七月庚午卒。唯歐陽修數次居潁，施元之謂：「昔守潁上，樂其風土，因卜居焉。郡有西湖，公尤愛之，作念語及十詞歌之。」現存採桑子組詞十三首，前十首均以「西湖好」起首，當屬施元之所謂歐陽修知潁時作的「念語及十詞」。後三首未明寫西湖景色，且多有年華老去之傷嘆，故此十三首詞非必一時所作，或經歐陽修閑居潁上時統一改定。增訂歐陽文忠公年譜繫採桑子十首於熙寧四年，恐未確。歐陽修這種以組詞歌詠一地的創作方式，後世亦有嗣響，如南宋陳宓有和六一居士採桑子詞六首，均以「月湖依約西湖好」開篇，陳氏此組和詞爲全宋詞所失收，可參見陳宓復齋先生龍圖陳公文集卷五。

〔二〕逶迤：曲折綿延貌。盧綸與從弟瑾同下第後出關言别詩：「雜花飛盡柳陰陰，官路逶迤緑草深。」

〔三〕隱隱：殷盛貌，形容聲樂繁複悠遠。文選司馬相如上林賦：「沈沈隱隱，砰磅訇磕。」李善注：「隱隱，盛貌也。」歐陽修蝶戀花詞：「隱隱歌聲歸棹遠，離愁引著江南岸。」

笙歌：泛指奏樂演唱。笙，管樂器名，常見於民間器樂合奏，一般用十三根長短不同的竹管製成。

〔四〕琉璃滑：喻水面光澤如琉璃一般潤滑。白居易泛太湖書事寄微之詩：「碧琉璃水淨無風。」

〔五〕漣漪：文選左思吴都賦：「濯明月於漣漪。」吕向注：「漣漪，細波紋。」

〔六〕沙禽：沙洲或沙灘上停駐的水鳥。陰鏗和傅郎歲暮還湘州：「戍人寒不望，沙禽迴未驚。」

【輯評】

清許昂霄詞綜偶評：「閑雅處自不可及。」

俞陛雲唐五代兩宋詞選釋：「下闋四句，極肖湖上行舟波平如鏡之狀，『不覺船移』四字下語尤妙。」

王國維宋元戲曲史宋之樂曲：「宋人宴集，無不歌以侑觴；然大率徒歌而不舞，其歌亦以一闋爲率。其有連續歌此一曲者，如歐陽公之採桑子，凡十一首；趙德麟之商調蝶戀花，凡十首。一述西湖之勝，一述會真之事，皆徒歌而不舞。其所以異於普通之詞者，不過重疊此曲，以詠一事而已。」龍榆生唐宋名家詞選引夏敬觀評六一詞：「此潁州西湖詞。公昔知潁，此晚居潁州所作也。十詞無一重複之意。」

吴小如選本注釋小議：「中華書局一九八六年出版的歐陽修詞箋注，注文也頗有可商榷處。即如開篇第一首採桑子，頭一句『輕舟短棹西湖好』，箋注云：『短棹，猶言扁舟。』乍看似不誤，若與正文連讀，便不可通。什麼叫『輕舟扁舟』？是一舟還是二舟？歐陽修另有晚泊岳陽詩，中有『輕舟短楫去如飛』句，與此正同。竊以爲注釋者應先注明什麼是『棹』。原來『棹』和『楫』皆屬船槳一類，分别言之，『棹』長而『楫』短；籠統言之，則『棹』與『楫』皆是劃船用的工具，雖『棹』亦可用『短』來形容之。要是我注這一句，必須説明『輕舟』是形容舟行水上速度較快，而棹短則舟行自然會輕快的。這種小船誠然是『一葉扁舟』，但『扁舟』初不等於『短棹』。讀者看了這條注文，既未弄清什麼是『棹』，甚至還對『扁舟』之義産生疑問，而置於全句之中又未解決問題，故不如不注。」

又

春深雨過西湖好，百卉爭妍。蝶亂蜂喧。晴日催花暖欲然〔一〕。蘭橈畫舸悠悠去〔二〕，疑是神仙〔三〕。返照波間〔四〕。水闊風高颺管絃〔五〕。

【注釋】

〔一〕晴日句：沈約早發定山詩：「山櫻發欲然。」杜甫絕句：「江碧鳥逾白，山青花欲然。」然，同燃，燃燒。喻指春花紅豔欲燃貌。

〔二〕蘭橈：舟的美稱。蘭，木蘭，木有香氣，高大者常作舟材。橈，船槳。梁簡文帝採蓮曲：「桂檝蘭橈浮碧水，江花玉面兩相似。」畫舸：裝潢精美飾有彩繪的游船。梁元帝赴荆州泊三江口詩：「蓮舟夾羽氅，畫舸覆緹油。」悠悠：遥遥遠去貌。左思吴都賦：「直衝濤而上瀨，常沛沛以悠悠。」温庭筠夢江南詞：「過盡千帆皆不是，斜暉脈脈水悠悠。」

〔三〕疑是神仙：謂船中遊樂之人好像神仙一般。後漢書郭太傅列傳：「林宗（郭太）唯與李膺同舟而濟，衆賓望之，以爲神仙焉。」白居易三月三日祓禊洛濱詩序：「一十五人，合宴於舟中。由斗亭，歷魏堤，抵津橋，登臨溯沿。自晨及暮，簪組交映，歌笑間發。前水嬉而後妓樂，左筆硯而右壺觴。望之若仙，觀者如堵。盡風光之賞，極遊泛之娛。美景良辰，賞心樂事，盡得於今日矣。」

〔四〕返照波間：夕陽的光輝蕩漾水波之間。返照，初學記天部上引梁元帝纂要：「日西落，光返照於東，謂之反景。」杜甫返照詩：「返照入江翻石壁，歸雲擁樹失山村。」

〔五〕颸管絃：謂水面舒闊，起風高勁，管絃聲樂愈顯清揚。颸，同「揚」，傳播。管絃，琴瑟簫笛等絲竹樂器的總稱，泛指音樂。王羲之蘭亭集序：「雖無絲竹管絃之盛，一觴一詠，亦足以暢敘幽情。」

【輯評】

顧隨駝庵詞話卷五老杜詩與六一詞：「杜甫之『江碧鳥逾白，山青花欲然』（絶句），語、意皆工，句、意兩得。六一詞『晴日催花暖欲然』（採桑子），或曾受此影響，而意境絶不同。『江碧』二句是靜的，六一句是動的，一如爐火，一如野燒。」

又卷五歐詞意興好：「若説大晏詞色彩好，則歐詞是意興好。如其採桑子『春深雨過西湖好』與『清明上巳西湖好』二首。」

又

畫船載酒西湖好〔一〕，急管繁絃〔二〕。玉盞催傳〔三〕。穩泛平波任醉眠。行雲却在行舟下〔四〕，空水澄鮮〔五〕。俯仰留連。疑是湖中別有天〔六〕。

【注釋】

〔一〕畫船載酒：宋耐得翁都城紀勝：「西湖舟船，大小不等……無論四時，常有遊玩人賃假。舟中所須器物，一一畢備，但朝出登舟而飲，暮則徑歸，不勞餘力，惟支費錢耳。」可與歐詞相參證。載酒，攜酒宴飲。詩大雅旱麓：「清酒既載。」薛君韓詩章句：「載，設也。」

〔二〕急管繁絃：狀樂曲節拍急促，音色紛雜。白居易憶舊遊詩：「修娥慢臉燈下醉，急管繁絃頭上催。」

〔三〕玉盞催傳：飲酒時的一種傳杯助興遊戲，酒杯隨樂鼓或唱詞回圈傳遞，聲停杯止，持杯者飲酒。玉盞，玉製的酒杯，亦作美稱。元稹答姨兄胡靈之見寄五十韻詩：「傳盞加分數，横波擲目成。」或言古人聚會飲酒，共用一個酒杯，故相互傳飲。杜甫九日：「舊日重陽日，傳杯不放杯。」王嗣奭杜臆：「『傳杯不放杯』，見古人只用一杯，諸客傳飲。非若今人各自一杯也。」可參。

〔四〕行雲句：謂船劃過倒影著行雲的水面。何遜曉發詩：「水底見行雲。」

〔五〕空水澄鮮：謝靈運登江中孤嶼詩：「雲日相輝映，空水共澄鮮。」空水，天空與水面。澄鮮，清澄明潔。

〔六〕别有天：謂湖景引人入勝，别有境界。段成式酉陽雜俎諸皋記下：「抑知厚地之下，别有天地也。」李白山中問答：「桃花流水窅然去，别有天地非人間。」

【輯評】俞陛雲唐五代兩宋詞選釋：「湖水澄澈時如在鏡中，雲影天光，上下一色，『行雲』數語能道出之。」

又㈠

群芳過後西湖好〔一〕，狼籍殘紅㈡〔二〕。飛絮濛濛〔三〕。垂柳欄干盡日風㈢〔四〕。

笙歌散盡遊人去，始覺春空。垂下簾櫳〔五〕。雙燕歸來細雨中〔六〕。

【校記】

㈠花庵詞選題作「潁州西湖」。

㈡狼籍：花庵詞選作「狼藉」。

㈢盡日：花庵詞選、唐宋諸賢絶妙詞選作「盡是」。

【注釋】

〔一〕群芳過後：暮春百花凋零之後。李白秋思詩：「坐愁群芳歇，白露凋華滋。」歐陽修於此景好作健語，如四月九日幽谷見緋桃盛開詩：「群芳落盡始爛漫，榮枯不與衆豔隨。」又春日西湖寄謝法曹歌詩：「群芳爛不收，東風落如糝。」

〔二〕狼籍：又作「狼藉」。毛詩陸疏廣要卷下引釋文：「狼藉草而卧，去則草穢亂，爲狼藉也。」通俗編卷二八引蘇氏演義：「狼藉草而卧，去則滅亂，故凡物之縱横散亂者謂之狼藉。」此處謂落花繽紛貌。

〔三〕飛絮濛濛：柳絮紛落飄灑貌。賈島送神邈法師詩：「柳絮落濛濛。」牛希濟中興樂：「池塘暖碧浸晴暉，濛濛柳絮輕飛。」

〔四〕盡日：終日、整天。白居易村居二首：「離落蕭條盡日風。」

〔五〕簾櫳：窗簾和窗牖，泛指門窗的簾子。亦作「簾籠」。櫳，窗上的櫺木。謝惠連七月七日夜詠牛女詩：「落日隱櫚楹，升月照簾櫳。」李善注：「説文曰：『櫳，房室之疏也。』」

〔六〕雙燕句：陸龜蒙病中秋懷寄襲美詩：「雙燕辭來始下簾。」或爲歐詞所本。馮延巳採桑子：「玉堂香暖珠簾捲，雙燕來歸。」

【輯評】

清先著詞潔輯評卷一：「『始覺春空』，語拙，宋人每以『春』字替人與事，用極不妥。」

清譚獻譚評詞辨卷一：「（『群芳過後』二句）掃處即生。（『笙歌散盡遊人去』句）悟語是戀語。」

清陳廷焯别調集卷一：「（『始覺春空』）四字猛省。」

俞陛雲唐五代兩宋詞選釋：「西湖在宋時，極遊觀之盛。此詞獨寫静境，别有意味。」

夏承燾、盛静霞唐宋詞選講：「這首詞寫西湖的殘春景色，『遊人去』是全詞的主意，上片以春去作比，下片結尾以燕歸反襯。歐陽修晚年退休後住在潁州，寫了一組採桑子詞，題詠西湖，其中以這一首爲最清淡。」

唐圭璋唐宋詞簡釋：「上片言遊冶之盛，下片言人去之靜。通篇於景中見情，文字極疏雋。風光之好，太守之適，並可想像而知也。」

劉永濟唐五代兩宋詞簡析：「此詞雖意在寫暮春景物，而作者胸懷恬適之趣，同時表達出之。作者此詞皆從世俗繁華生活之中滲透一層著眼。蓋世俗之人多在群芳正盛之時遊觀西湖；作者却於飛花、飛絮之外，得出寂靜之境。世俗之遊人皆隨笙歌散去；作者却於人散、春空之後，領略自然之趣。其後蘇軾作詞，皆直寫胸懷，因而將詞體提升與詩同等。此種風氣，歐陽修已開其端，特至東坡方大加發展，遂令詞風爲之一變。蓋風氣之成，必有其漸，非可突然而至也。」

劉永濟詞論：「小令尤以結語取重，必通首蓄意、蓄勢，於結句得之，自然有神韻。如永叔採桑子前結『垂柳欄干盡日風』，後結『雙燕歸來細雨中』，神味至永，蓋芳歇紅殘，人去春空，皆喧極歸寂之語，而此二句則至寂之境，一路説來，便覺至寂之中，真味無窮，辭意高絶。」

胡雲翼宋詞選：「歐陽修晚年退休後住在潁州，寫了一組採桑子（共十首）題詠潁州西湖之作。……這是其中寫殘春景色比較清淡的一首。」

錢鍾書管錐編史記會注考證「司馬相如傳」條：「詩人寫景賦物，雖每如鍾嶸詩品所謂本諸『即目』，然復往往踵文而非踐實，陽若目擊今事而陰乃心摹前構。匹似歐陽修採桑子『垂下簾櫳，雙燕歸來細雨中』，名句傳誦。其爲真景直尋耶？抑以謝眺和王主簿怨情有『風簾入雙燕』，陸龜蒙病中秋懷寄襲美有『雙燕歸來始下簾』，馮延巳採桑子有『日暮疏鐘，雙燕歸棲畫閣中』，而遂華詞補假，以與古爲新也？修之詞中洵有燕歸，修之目中殆不保實見燕歸乎？史傳載筆，尚有準古飾今，因模擬而成捏造，況詞章哉？」鍾應梅蘂園説詞：「『雙燕歸來細雨中』，晏幾道約之爲『微雨燕雙飛』，陳子龍復變爲『雨餘雙燕歸』。」

吴熊和、蔡義江、陸堅唐宋詩詞採勝：「歐陽修曾爲潁州太守，常遊西湖。晚年退居潁州，作採桑子十首，每首都以『西湖好』起句，一首一景，無一重複。這裏選的是第四首。上片與百花爭豔、蝶亂蜂喧的春日相比，寫群芳過盡的春末的清靜；下片與緑蓋紅幢、笙歌追逐的白晝相比，寫遊人散後的傍晚的清靜。兩片結句都是優美的境界。湖面微風，楊柳飄拂；簾外細雨，雙燕飛來，在一番熱鬧喧嘩之後，特别顯得清幽寧靜。」

又

何人解賞西湖好〔一〕，佳景無時〔二〕。飛蓋相追〔三〕。貪向花間醉玉卮〔四〕。

誰知閑凭欄干處〔五〕，芳草斜暉。水遠煙微。一點滄洲白鷺飛〔六〕。

【注釋】

〔一〕解賞：懂得欣賞，曉悟。李頎聽安萬善吹觱篥歌：「世人解聽不解賞，長飆風中自來往。」

〔二〕佳景無時：謂湖景無時不佳。盧綸送從叔牧永州詩：「彼方韶景無時節，山水諸花恣開發。」

〔三〕飛蓋相追：車馬競相馳騁。蓋，車上遮陽障雨的篷蓋。曹植公讌詩：「清夜遊西園，飛蓋相追隨。」

〔四〕玉卮：玉製的酒杯，亦代指美酒。韓非子外儲説右上：「堂溪公謂昭侯曰：『今有千金之玉卮，通而無當，可以盛水乎。』」許渾舟行早發廬陵郡郭寄滕郎中詩：「巫峽花深醉玉卮。」歐陽修答吕公著見贈詩：「無人歌青春，自釂白玉卮。」

〔五〕凭：依倚。讀去聲，依詞調用仄聲字。

〔六〕滄洲：水邊地。常用以指稱隱士居處。阮籍爲鄭沖勸晉王箋：「然後臨滄洲而謝支伯，登箕山以揖許由。」文選謝脁之宣城郡出新林浦向板橋詩：「既歡懷禄情，復協滄洲趣。」吕延濟注：「滄洲，洲名，隱者所居。」白鷺飛：張志和漁歌子：「西塞山前白鷺飛。」

又

清明上巳西湖好〔一〕，滿目繁華。爭道誰家〔二〕。緑柳朱輪走鈿車〔三〕。　遊人日暮相將去〔四〕，醒醉諠譁。路轉堤斜。直到城頭總是花。

【注釋】

〔一〕清明上巳：清明，表徵物候的節氣，天清物明之意。逸周書周月：「春三月中氣，驚蟄、春分、清明。」又時訓：「清明之日，桐始華。」孔穎達禮記注疏：「謂之清明者，謂物生清淨明潔。」民俗於此節氣中祭掃踏青。上巳，見西湖念語「曲水臨流」二句注。

〔二〕爭道：謂車輛擁擠，遊人在道路上爭先而行。杜甫清明詩：「著處繁花矜是日，長沙千人萬人出。渡頭翠柳豔明眉，爭道朱蹄驕齧膝。」

〔三〕朱輪：朱紅漆的車輪，代指顯貴所乘的車子。漢書李尋傳：「將軍一門九侯，二十朱輪，漢興以來，臣子貴盛，未嘗至此。」文選楊惲報孫會宗書：「惲家方隆盛時，乘朱輪者十人。位在列卿，爵爲通侯。」李善注：「二千石皆得乘朱輪。」歐陽修讀易詩：

「莫嫌白髮擁朱輪，恩許東州養病臣。」鈿車，飾有嵌玉描金的車子，多爲婦人家眷所乘。杜牧街西長句：「繡軮璁瓏走鈿車。」

〔四〕相將：張相詩詞曲語辭匯釋卷三：「相將，猶云相與或相共也。」孟浩然春情詩：「已厭交歡憐枕席，相將遊戲繞池臺。」令狐楚春遊曲：「相將折楊柳，争取最長條。」李賀官街鼓詩：「幾回天上葬神仙，漏聲相將無斷絶。」王琦注：「將，猶隨也。」

【輯評】

顧隨駝庵詞話卷五蓄勢：「『清明上巳西湖好』一首，前半闋蓄勢，後半闋尤佳。此所謂『西湖』指安徽潁州西湖。」

又㈠

荷花開後西湖好，載酒來時。不用旌旗。前後紅幢緑蓋隨〔一〕。畫船撑入花深處，香泛金卮〔二〕。煙雨微微。一片笙歌醉裏歸。

【校記】

㈠花庵詞選題作「西湖」。

【注釋】

〔一〕紅幢緑蓋：本指儀仗用的色彩絢麗的旗幟和傘蓋，此處借喻荷葉與荷花。晏殊漁家傲：「粧景趣，紅幢緑蓋朝天路。」幢，垂筒形，飾有羽毛、錦繡的旗幟。蓋，傘。葛郯江神子：「亭亭鶴羽戲芝田。看群仙。起青漣。緑蓋紅幢，千乘去朝天。」即用歐詞之意。

〔二〕金卮：金製的酒杯，亦作酒器的美稱。邢卲三日華林園公宴詩：「芳筵羅玉俎，激水漾金卮。」

又

天容水色西湖好〔一〕，雲物俱鮮〔二〕。鷗鷺閑眠。應慣尋常聽管絃。　風清月白偏宜夜〔三〕，一片瓊田〔四〕。誰羨驂鸞〔五〕。人在舟中便是仙〔六〕。

【注釋】

〔一〕天容水色：張融海賦：「照天容於鮷渚，鏡河色於魦潯。」

〔二〕雲物：泛指雲霞之景。鮑照在江陵歎年衰老詩：「開簾窺景夕，備屬雲物好。」

〔三〕風清月白：蘇軾後赤壁賦：「有客無酒，有酒無肴，月白風清，如此良夜何！」偏宜：最適宜。韓偓曲江夜思：「林塘闃寂偏宜夜。」

〔四〕瓊田：此處喻瑩潔如玉的湖面。南朝陳張正見咏雪應衡陽王教：「九冬飄遠雪，六出表豐年。睢陽生玉樹，雲夢起瓊田。」

〔五〕驂鸞：謂仙人遨遊時駕馭著鸞鳥。江淹别賦：「駕鶴上漢，驂鸞騰天。」吕向注：「御鸞鶴而升天漢。」李善注：「張僧鑒豫章記曰：『洪井有鸞岡，舊説云洪崖先生乘鸞所憩處也。鸞岡西有鶴嶺，王子喬控鶴所經過處也。』」

〔六〕人在句：參本調其二「疑是神仙」句注。此處乃反用郭林宗典故。

又

殘霞夕照西湖好，花塢蘋汀〔一〕。十頃波平〔二〕。野岸無人舟自横〔三〕。西南月上浮雲散，軒檻涼生〔四〕。蓮芰香清〔五〕。水面風來酒面醒〔六〕。

【注釋】

〔一〕花塢：四面高中間低，障風的花圃。梁武帝子夜四時歌春歌：「花塢蝶雙飛，柳堤鳥百舌。」唐嚴維酬劉員外見寄詩：「柳塘春水漫，花塢夕陽遲。」蘋汀：蘋草集聚的水面。蘋，多年生草本植物，生淺水中。汀，説文：「汀，平也。」段玉裁注：「謂水之平也，水平謂之汀。」駱賓王在江南贈宋五之問詩：「秋江無緑芷，寒汀有白蘋。」

〔二〕十頃波平：李商隱病中早訪招國李十將軍遇挈家遊曲江：「十頃平波溢岸清。」

〔三〕野岸句：語本韋應物滁州西澗詩：「春潮帶雨晚來急，野渡無人舟自横。」

〔四〕軒檻：建築物等的欄杆。漢書史丹傳：「或置鼙鼓殿下，天子自臨軒檻上，隤銅丸以擿鼓，聲中嚴鼓之節。」王粲登樓賦：「憑軒檻以遥望兮。」白居易池上早秋詩：「早涼生北檻。」

〔五〕蓮芰：荷花和菱花。宋吴仁傑離騷草木疏：「王安貧武陵記：『兩角曰菱，三角四角曰芰，通謂之水栗。』」

〔六〕酒面：酒後的醉臉。白居易贈晦叔憶夢得詩：「酒面浮花應是喜，歌眉斂黛不關愁。」歐陽修漁家傲詞：「花腮酒面紅相向。」

又

平生爲愛西湖好，來擁朱輪〔一〕。富貴浮雲〔二〕。俯仰流年二十春〔三〕。　歸來恰似遼東鶴〔四〕，城郭人民。觸目皆新。誰識當年舊主人〔五〕。

【注釋】

〔一〕朱輪：見本調「清明上巳西湖好」一首注〔三〕。

〔二〕富貴浮雲：論語述而：「飯蔬食飲水，曲肱而枕之，樂亦在其中矣。不義而富且貴，於我如浮雲。」杜甫丹青引：「丹青不知老將至，富貴於我如浮雲。」歐陽修感二子詩：「英雄白骨化黄土，富貴何止浮雲輕。」

〔三〕俯仰句：皇祐元年（一〇四九）春歐陽修知潁州，皇祐二年（一〇五〇）秋改知應天府，熙寧元年（一〇六八）九月後築第於潁，至熙寧四年（一〇七一）歸潁退養，仕旅沉浮，歷二十餘載。歐陽修治平四年（一〇六七）五月三日作思潁詩後序云：「皇祐元年春，予自廣陵得請來潁，愛其民淳訟簡而物産美，土厚水甘而風氣和，於時慨然已有終焉之意也。爾來俯仰二十年間，歷事三朝，竊位二府，寵榮已至而憂患隨之，心志索然而筋骸憊矣。』俯仰，俯身擡首之間，喻時光短暫。王羲之蘭亭集序：「俯仰之間，已爲陳跡。」流年，如水流逝的年華。鮑照登雲陽九里埭詩：「宿心不復歸，流年抱衰疾。」

〔四〕遼東鶴：搜神後記：「丁令威，本遼東人，學道於靈虛山。後化鶴歸遼，集城門華表柱。時有少年，舉弓欲射之。鶴乃飛，徘徊空中而言曰：『有鳥有鳥丁令威，去家千年今始歸。城郭如故人民非，何不學仙冢纍纍。』遂高上沖天。」

〔五〕舊主人：指歐陽修曾爲潁州知州事。

又〔一〕

畫樓鐘動君休唱㊀〔二〕，往事無蹤。聚散怱怱〔三〕。今日歡娛幾客同〔四〕。

去年緑鬢今年白〔五〕，不覺衰容。明月清風〔六〕。把酒何人憶謝公〔七〕。

【校記】

㊀ 畫樓：樂府雅詞作「畫船」。

【注釋】

〔一〕本首及以下二首，當爲歐陽修於慶曆四年（一〇四四）憶其老友謝絳之作。吴熊和論詞絶句一百首自注：「『月西斜，畫樓鐘動』，謝絳夜行船句，明道二年（一〇三三）别洛陽時作，六一詞中屢及之。夜行船：『愁聞唱、畫樓鐘動。』採桑子：『畫樓鐘動君休唱，往事無蹤。』玉樓春：『畫樓鐘動已消魂，何況馬嘶芳草岸。』謝絳與歐陽修爲洛中同僚，明道二年，由洛陽通判應召赴京。後卒於寶元二年（一〇三九），年四十六。歐陽修爲撰祭文與墓誌銘。晏幾道鳳孤飛亦云：『一曲畫樓鐘動，宛轉歌聲緩。』蓋數十年間傳唱不衰，皆懷洛中往事。」（載詞學第十六輯）又吴熊和主編唐宋詞彙評兩宋卷：「『月西斜，畫樓鐘動』，乃謝絳夜行船詞。首章乃憶謝絳作，故末云『把酒何人憶謝公』。第三首云『舊曲重聽』亦指謝絳夜行船。謝絳卒於寶元二年（一〇三九），歐陽修有謝公挽詞三首。二人在洛陽時過從甚密。慶曆四年（一〇四四）歐陽修再過洛陽，賦詩云：『却到謝公題壁處，向風清淚獨潺潺。』三詞即作於慶曆四年。距明道、景祐間洛陽盛會，已逾十年矣。」

〔二〕畫樓：裝潢華美的樓宇。鐘動：打鐘報時。歐陽修夜行船詞：「愁聞唱，畫樓鐘動。」又玉樓春詞：「畫樓鐘動已魂銷，何況馬嘶芳草岸。」休唱：演唱結束。張祜感王將軍柘枝妓殁：「寂寞春風舊柘枝，舞人休唱曲休吹。」

〔三〕聚散匆匆：歐陽修浪淘沙詞：「聚散苦匆匆，此恨無窮。今年花勝去年紅。」

〔四〕今日句：庾抱别蔡參軍詩：「今日歡娱盡，何年風月同。」

〔五〕緑鬢：烏黑光澤的鬢髮。子夜四時歌冬歌：「感時爲歡歎，白髮緑鬢生。」晏殊少年游詞：「緑鬢朱顔，道家裝束，長似少年時。」

〔六〕明月清風：南史謝譓傳：「入吾室者，但有清風；對吾飲者，惟當明月。」

〔七〕謝公：一説指南齊謝朓，曾爲宣城太守。李白秋登宣城謝朓北樓詩：「誰念北樓上，臨風懷謝公。」蘇軾南鄉子詞：「不到謝公臺，明月清風好在哉。」歐陽修此詞所憶謝公當指其相知故友謝絳。又歐陽修獨至香山憶謝學士詩：「曾爲謝公客，偏入梵王家。」

又

十年一别流光速〔一〕，白首相逢〔二〕。莫話衰翁。但鬬樽前語笑同〔三〕。　勸君滿酌君須醉，盡日從容。畫鷁牽風〔四〕。即去朝天沃舜聰〔五〕。

【注釋】

〔一〕十年句：齊己渚宫莫問詩一十五首之十四：「莫問衰殘質，流光速可悲。」

〔二〕白首句：劉長卿送李録事兄歸襄鄧詩：「白首相逢征戰後，青春已過亂離中。」

〔三〕鬭：張相詩詞曲語辭匯釋卷二：「鬭，喜樂戲耍之辭。牛僧孺席上贈劉夢得詩：『休論世上升沉事，且鬭樽前見直身。』鬭者，受用之義，猶云且受用樽前見在也，亦猶云且樂樽前見在也。」

〔四〕畫鷁：淮南子本經訓：「龍舟鷁首，浮吹以娱。」高誘注：「鷁，大鳥也。畫其象著船頭，故曰鷁首。」又文選司馬相如子虛賦：「浮文鷁，揚旌栧。」李善注：「鷁，水鳥也，畫其象於船首也。」張正見泛舟横大江詩：「波中畫鷁湧，帆上錦花飛。」

〔五〕朝天：朝見天子。杜甫飲中八仙歌：「汝陽三斗始朝天。」沃舜聰：即指開導啓發君王，使其耳聰目明，不受蒙蔽。蘇舜欽演化琴德素高昔嘗供奉先帝聞予所藏寶琴求而揮弄不忍去因爲作歌以寫其意云詩：「平戎一弄沃舜聰。」舜，虞舜，代指明君。聰，聽，識見。舜聰，本於尚書舜典：「舜格于文祖，詢于四岳，闢四門，明四目，達四聰。」

又

十年前是樽前客，月白風清。憂患凋零〔一〕。老去光陰速可驚。　鬢華雖改心無改〔二〕，試把金觥〔三〕。舊曲重聽。猶似當年醉裏聲。

【注釋】

〔一〕凋零：形容人老氣衰，神色頹唐。歐陽修乞洪州第六狀：「臣心志凋零，形骸朽瘁。」

〔二〕鬢華：花白的鬢髮。梁簡文帝照流看落釵詩：「釵落鬢華空。」高適重陽詩：「節物驚心兩鬢華。」

〔三〕金觥：酒杯的美稱。劉禹錫牛相公見示新什謹依本韻次用以抒下情詩：「玉柱琤瑽韻，金觥雹凸棱。」馮延巳拋球樂詞：「款舉金觥勸，誰是當筵最有情。」觥，盛行於商周的酒器，腹橢圓形或方形，底爲圈足或四足。

朝中措㊀〔一〕

平山欄檻倚晴空㊁〔二〕。山色有無中㊂〔三〕。手種堂前垂柳㊃，別來幾度春風〔四〕。文章太守〔五〕，揮毫萬字〔六〕，一飲千鍾〔七〕。行樂直須年少〔八〕，樽前看取衰翁〔九〕。

【校記】

㊀琴本調名作醉偎香。吉州本題作「送劉仲原甫出守維揚」。花庵詞選題作「送劉原父守揚州」。毛本調下注：「平山堂。」林本校記：「朝中措元本無題，從毛本補。絕妙題作『送劉原父守揚州』。案藝苑雌黃云：『六一送劉貢父守維揚。』」冒校：「朝中措，琴趣調作醉偎香，花草粹編調下注：『即照江梅。』雅詞無『平山堂』三字，宋本題作『送劉仲原出守維揚』，花庵作『送劉原父守揚州』。」文本校記：「朝中措，雙照樓影刻宋吉州本歐陽文忠近體樂府卷一調下注：『送劉仲原甫出守維揚。』涵芬樓影印元翻本歐陽文忠公文集中近體樂府卷一調下無題；雙照樓影刻宋槧醉翁琴趣外篇卷三調名醉偎香，無題。黃昇唐宋諸

賢絶妙詞選卷二注『送劉仲父出守維揚』。」

㈡平山：琴本作「憑山」。冒校：「平山，琴趣作『憑山』，誤。」

㈢山色：花庵詞選作「樓閣」。王偉勇唐詩校勘北宋詞示例：「此詞上片『山色』句，黄昇花庵詞選卷二作『樓閣有無中』。然蘇軾水調歌頭詞云：『長記平山堂上，攲枕江南煙雨，渺渺没孤鴻。認得醉翁語，山色有無中。』可證該句作『山色有無中』爲是。唯蘇軾謂此句乃歐陽修語，亦誤；以歐詞係襲自王維漢江臨泛詩，其中兩句云：『江流天地外，山色有無中。』而似此全然襲用唐詩成句之現象，六一詞中不下十處，此亦宋人填詞之習性，不足爲奇。」

㈣垂柳：底本卷末續添注：「垂柳，一作『楊柳』。」吉州本、天理本同。樂府雅詞、全芳備祖作「楊柳」。王偉勇唐詩校勘北宋詞示例：「詞中『垂柳』兩字，花庵詞選及御選歷代詩餘卷十七並作『楊柳』。而萬樹詞律卷五此處雖作『垂柳』，乃按云：『垂字應作楊字，故坡公西江月云：欲吊文章太守，仍歌楊柳春風。』此論斷真未必然。蓋蘇軾此詞係就歐詞加以化用，因而更動一二字，亦宋詞常見，萬樹實不得遽爾據此論斷。」

【注釋】

〔一〕朝中措：唐代稱士人爲措或措大。一説「措」乃「醋」之諧音，諷寒士迂酸。此調又名照江梅、芙蓉曲、梅月圓。此詞雙調，四十八字，前闋四句，一、二、四句用平聲韻；後闋五句，三、五句用平聲韻。各本有題「送劉仲原甫出守維揚」。劉仲原甫，劉敞，字原父（甫），排行第二，故稱「仲原甫」，臨江新喻（今屬江西）人，博學有名，與歐交誼深厚，有公是集。歐陽修集賢院學士劉公墓誌銘記其至和三年（一〇五六）出知揚州，時歐在汴京任翰林學士，撰新唐書。本詞即至和三年所作。歐陽修於慶曆八年（一〇四八）二月知揚州府，常同賓客暢飲於平山堂，次年春移知潁州。故此篇所記乃追憶之辭。劉敞公是集卷二五有遊平山堂寄歐陽永叔內翰詩：「蕪城此地遠人寰，盡借江南萬疊山。水氣橫浮飛鳥外，嵐光平墮酒杯間。主人寄賞來何暮，遊子銷憂醉不還。無限秋風桂枝老，淮王仙去可能攀。」歐陽修和劉原甫平山堂見寄詩：「督府繁華久已闌，至今形勝可躋攀。山橫天地蒼茫外，花發池臺草莽間。萬井笙歌遺俗在，一罇風月屬君閑。遥知爲我留真賞，恨不相隨暫解顔。」

〔二〕平山：堂名。舊址在今江蘇揚州西北蜀岡大明寺。方回瀛奎律髓卷一：「慶曆八年二月，歐陽公以起居舍人、知制誥守揚州，作是堂於蜀岡之大明寺，江南諸山拱列簷下，故名曰平山堂。」李壁注王安石平山堂詩：「蜀岡也，在維揚之北。按：堂在揚州城西北五里大明寺側。慶曆八年二月，歐陽公以起居舍人、知制誥來牧是邦。暇日，將僚屬賓客過大明佛寺，登古城，遂撤廢屋，爲堂於寺庭之坤隅。江南諸山拱列簷下，若可攀取，因目之曰平山堂。」葉夢得避暑録話卷上：「歐陽文忠公在揚州作平山堂，壯麗爲淮南第一。堂據蜀岡，下臨江南數百里，真、潤、金陵三州隱隱若可見。公每暑時輒凌晨攜客往遊，遣人走邵伯，取荷花千餘朵，以畫盆分插百許盆，與客相間。遇酒行，即遣妓取一花傳客，以次摘其葉，盡處則飲酒，往往侵夜載月而歸。余紹聖初始登第，嘗以六七月之間館於此堂者幾月。是歲大暑，環堂左右老木參天，後有竹千餘竿，大如椽，不復見日色。……寺有一僧，年八十餘，及見公，猶能道公時事甚詳。」

欄檻：欄杆。

〔三〕山色句：語本王維漢江臨泛詩：「江流天地外，山色有無中。」徐柚子詞範第二編云：「按『山色有無中』，有無即隱隱之意，與杜牧寄揚州韓綽判官『青山隱隱水迢迢』意似。蓋平山堂上望江南諸山，水陸阻隔，並非一目了然也。歐句仍是。」

〔四〕别來句：謂自皇祐元年（一〇四九）歐陽修移知潁州至至和三年（一〇五六）凡八年。

〔五〕文章太守：指劉敞。歐陽修酬送劉敞出任揚州太守時所作的激賞之語。宋史劉敞傳：「劉敞以博學能文著稱於時，歐陽修集賢院學士劉公墓誌銘：「其爲文章，尤敏贍。嘗直紫微閣，一日，追封皇子、公主九人，公方將下直，爲之立馬却坐，一揮九制數千言，文辭典雅，各得其體。」一説歐陽修自謂。

〔六〕揮毫萬字：運筆灑脱自如。杜甫飲中八仙歌：「張旭三杯草聖傳，脱帽露頂王公前，揮毫落紙如雲煙。」

〔七〕一飲千鍾：極言酒量之大。孔叢子儒服：「堯舜千鍾，孔子百觚。」鍾，指稱酒器的量詞。按，秦觀望海潮詞：「最好揮毫萬字，一飲拚千鍾。」即化用歐詞。

〔八〕行樂句：楊惲報孫會宗書：「人生行樂耳，須富貴何時？」杜甫宿昔詩：「宮中行樂秘，少有外人知。」直須：就須，應當。杜秋娘金縷衣詩：「有花堪折直須折，莫待無花空折枝。」

〔九〕看取：且看。取，助詞。孟浩然題大禹寺義公禪房詩：「看取蓮花淨，應知不染心。」岑參稠桑驛喜逢嚴河南中丞便別詩：「別君能幾日，看取鬢成絲。」

【輯評】

方勺泊宅編卷六：「山色有無中，王維詩也。歐陽修平山堂詞用此一句，東坡愛之，作水調歌頭，乃云：『認取醉翁語，山色有無中。』」

晁説之嵩山文集卷六席上有唱歐公送劉原甫辭者次日又有唱東坡三過平山堂辭者今聯續唱之感懷作絶句：「龍門不見鬢垂絲，莫唱平山楊柳辭。縱使前聲君忍聽，後聲惱殺斷腸兒。」

張邦基墨莊漫録卷二：「揚州蜀岡上大明寺平山堂前，歐陽文忠公手植柳一株，謂之『歐公柳』，公詞所謂『手種堂前楊柳，别來幾度春風』。薛嗣昌作守，相對亦種一株，自榜曰『薛公柳』，人莫不嗤之。嗣昌既去，爲人伐之。不度德有如此者。」

傅幹注坡詞水調歌頭：「歐陽文忠公……後守揚州，於僧寺建平山堂，甚得觀覽之勝，堂下手植柳數株。後數年，公在翰林，金華劉原父出守維揚，公出家樂飲餞，親作朝中措詞。議者謂非劉之才不能當公之詞，可謂雙美矣。」

陸游老學庵筆記卷六：「『水流天地外，山色有無中。』王維詩也。權德輿晚渡揚子江詩云：『遠岫有無中，片帆煙水上。』已是用維語。歐陽公長短句云：『平山闌檻倚晴空。山色有無中。』詩人至是蓋三用矣。然公但以此句施於平山堂爲宜，初不自謂工也。東坡先生乃云：『記取醉翁語，山色有無中。』則似謂歐陽公創爲此句。何哉？」

嚴有翼藝苑雌黄：「歐陽永叔送劉貢父守維揚，作長短句云：『平山欄檻倚晴空。山色有無中。』平山堂望江左諸山甚近。或以爲永叔短視，故云『山色有無中』。東坡笑之，因賦快哉亭道其事云：『長記平山堂上，攲枕江南煙雨，杳杳没孤鴻。認取醉翁語，山色有無中。』蓋山色有無中，非煙雨不能然也。」（胡仔苕溪漁隱叢話後集卷三三引）

陳巖肖庚溪詩話卷下：「王摩詰漢江臨泛詩曰：『江流天地外，山色有無中。』六一居士平山堂長短句云：『平山欄檻倚晴空。山色有無中。』豈用摩詰語耶，然詩人意所到而語偶相同者，亦多矣。其後東坡作長短句曰：『記取醉翁語，山色有無中。』則專以爲六一語。」

卓人月古今詞統卷八：「然永叔起句是『平山欄檻倚晴空』，晴空安得煙雨？恐蘇終不能爲歐解矣。」

曹爾堪汪懋麟錦瑟詞序：「戊申重九，偶滯廣陵，策杖過紅橋，登法海寺，遥望平山堂，可二里許。欲造而觀焉，而小雨微茫，路濕秋草，輒興盡而返，因竊歎曰：歐、蘇二公，千古之偉人也，其文章事業，炳耀天壤，而此地獨以兩公之詞傳，至今讀朝中措、西江月諸什，如見兩公之鬚眉生動，偕遊於千載之上也。世乃目詞學爲雕蟲小技者，抑獨何歟？以詞學爲小技，謂歐、蘇非偉人乎？」

王士禛花草蒙拾：「平山堂，一坯土耳，亦無片石可語，然以歐、蘇詞，遂令地重。」

徐釚詞苑叢談卷二〇：「山色有無中，歐公詠平山堂句也。或謂平山堂望江南諸山甚近，公短視故耳。東坡爲公解嘲，乃賦快哉亭詞云：『記得平山堂上，欹枕江南煙雨，杳杳没孤鴻。認得醉翁語，山色有無中。』蓋山色有無，非煙雨不能也，然公詞起句是『平山闌檻倚晴空』，安得煙雨，恐東坡終不能爲公解矣。」

劉熙載藝概卷四：「詞有尚風，有尚骨，歐公朝中措云：『手種堂前楊柳，别來幾度春風。』東坡雨中花慢云：『高會聊追短景，清商不假餘妍。』孰風？孰骨？可辨。」

潘德輿養一齋詩話卷七：「用前人成句入詩詞者極多，然必另有意象以點化之，不能用入排偶或直寫偶句也。如歐公長短句云：『平山欄檻倚長空。山色有無中。』此實别有意象，故坡公復作長短句云：『記得醉翁語，山色有無中。』以王摩詰語專歸之歐，轉見別致。」

黄蘇蓼園詞選：「歐陽文忠公守維揚日，於西城北大明寺側建平山堂，頗得遊觀之勝。金華劉原父出守揚州，文忠公作朝中措以餞之。後東坡亦守是邦，登平山堂，有感而賦西江月一闋云：……按，君子進德修業，欲及時也，無事不須在少年努力者。現身説法，神采奕奕動人。」

王僧保論詞絶句：「功業文章不朽傳，閑情偶爾到吟邊。平山楊柳今依舊，風流太守五百年。」（餐櫻廡詞話引）

沈祥龍論詞隨筆：「用成語，貴渾成，脱化如出諸己。……歐陽永叔『平山欄檻倚晴空。山色有無中』，用王摩詰句，均妙。」

潘遊龍古今詩餘醉：「只『山色』一句，此堂已足千古。」

龍榆生研究詞學之商榷：「一家之作，亦往往因環境轉移，而異其格調。歐陽修六一詞，世共稱其與晏殊珠玉詞，同學馮延巳陽春集者也。其蝶戀花諸闋，並互見陽春集中，其詞格果屬於温婉一派矣。而其晚年之作，氣骨開張，如平山堂作朝中措：……逸懷浩氣，大近東坡，此又年齡之關係詞格者也。」

吴世昌詞林新話：「永叔朝中措平山堂：……首二句宋人議論紛紜。按歐公只是用王維詩『江流天地外，山色有無中』，却惹出論客許多口舌，真是笑話，豈王維亦近視耶？」

詹安泰簡論晏歐詞的藝術風格：「就全詞的具體内容看，没有接觸到美人芳草，没有關涉到兒女私情，没有運用比興象徵一類的表現手法，寫景色，寫物象，寫生活，寫感想，坦率説出，毫無假借，直起直落，大開大闔，尤其是這詞的特色。這特色，在藝術風格上是屬於疏宕一路的。」

朱庸齋分春館詞話卷五：「詞評家於歐陽修六一詞，但以選本所選者爲定論，實欠全面。誠然，其詞以小令爲主，清新而有氣息，婉麗而意境廣遠，實别具一格。惟尚有其雄健、開闊、疏雋之處，如朝中措……則已跳出馮延巳之範圍，洗脱南唐舊格矣。」

歸自謡㊀〔一〕

何處笛。深夜夢回情脉脉㊁。竹風簷雨寒牕隔㊂〔二〕。　離人幾歲無消息㊃。今頭白。不眠特地重相憶㊄。

【校記】

㊀ 底本卷末校：「歸自謡三篇，並載馮延巳陽春録，名歸國遥。」天理本、吉州本同。毛本題

注：「並載陽春録，名歸國謠。」冒校：「歸自謡，宋本題下無注，卷末校云：『三篇並載馮延巳陽春録，名歸國謠。』按馮詞今傳彭元瑞知聖道齋傳鈔汲古閣本，名陽春集，王鵬運四印齋有刻本，陳振孫直齋書録解題稱陽春録。此三首並載刻本陽春集，題仍歸自謡，或已經汲古竄改，非崔公度編録之舊矣。」陳作楫陽春集箋：「按此三闋均竄入六一集。『何處笛』一闋，樂府雅詞、詞律均作歐，花草粹編、全唐詩作馮。『春豔豔』一闋，樂府雅詞、歷代詩餘、詞譜均作歐，花草粹編、全唐詩作馮。『寒山碧』一闋，粹編與歷代詩餘、全唐詩則均作馮詞。」曾昭岷温韋馮詞新校陽春集：「原作歸自謡，近體樂府同。張宗橚詞林紀事卷二云：『各本俱作歸國遥。』歸國遥爲唐教坊曲。『遥』一作『謡』，乃緣宋人詞調歸自謡而誤。唐五代詞人無作歸自謡者，當以歸國遥爲是。」歸國遥與歸自謡實爲不同詞牌，金奩集、花間集所收温庭筠、韋莊歸國遥爲四十二字或四十三字，前後闋各四仄韻；而此三篇及後人所作歸自謡皆爲三十四字，前後闋各三仄韻。如詞林紀事所言，唐五代詞人並無作歸自謡者，則此三篇歸自謡當屬歐公所作。

㈡深夜夢回：底本卷末校：「夢回，一作『夢魂』。」吉州本、天理本同。文本校記：「『夢回』，樂本、元本卷一校記：『一作夢魂。』陽春集第十五頁『深夜夢回』作『終夜夢魂』，注『終別作深，魂別作回』。」曾昭岷等全唐五代詞：「終：原注云：『別作深。』近體樂府卷一、樂府雅詞卷上作『深』。魂：原注云：『別作「回」。』近體樂府卷一、樂府雅詞卷上作

『回』。」

㊂隔：陽春集作「滴」，注：「别作『隔』。」

㊃幾：陽春集作「數」，注：「别作『幾』。」

㊄不眠：陽春集作「不瞑」。

【注釋】

〔一〕歸自謡：又名思佳客、風光子。樂府雅詞注道宫，即中吕宫。此詞雙調，三十四字，前後闋各三句，三仄韻。

〔二〕竹風：自竹間吹來的風。劉孝先草堂寺尋無名法師詩：「竹風聲若雨，山蟲聽似蟬。」温庭筠菩薩蠻：「竹風輕動庭除冷。」簷雨：經房簷溜下的雨。杜牧送國棋王逢詩：「玉子紋楸一路饒，最宜簷雨竹蕭蕭。」

又

春艷艷㊀〔一〕。江上晚山三四點㊁〔二〕。柳絲如剪花如染〔三〕。香閨寂寂門半掩。愁眉斂〔四〕。泪珠滴破煙脂臉〔五〕。

【校記】

㈠ 艷艷：陽春集注：「別作『灩灩』。」

㈡ 山：陽春集注：「別作『峰』。」

【注釋】

〔一〕艷艷：濃鬱繁盛貌。李群玉感春詩：「春情不可狀，艷艷令人醉。」

〔二〕三四點：量少且小之意，此謂山景渺遠。晏殊破陣子：「池上碧苔三四點，葉底黄鸝一兩聲。」

〔三〕柳絲如剪：賀知章詠柳詩：「不知細葉誰裁出，二月春風似剪刀。」

〔四〕愁眉：女子眉粧的一種。後漢書梁冀傳：「（孫）壽色美而善爲妖態，作愁眉、啼粧、墮馬髻、折腰步、齲齒笑，以爲媚惑。」章懷太子注引風俗通曰：「愁眉者，細而曲折。」

〔五〕煙脂：胭脂，亦作「煙支」、「燕支」，或作「煙肢」，女子用之粉飾粧面。史記匈奴列傳司馬貞索隱引習鑿齒與燕王書曰：「山下有紅藍，足下先知不？北方人探取其花染緋黄，挼取其上英鮮者作煙肢，婦人將用爲顔色。」崔豹古今注卷下：「燕支，葉似薊，花似蒲公。出西方。土人以染，名爲燕支。中國亦謂爲紅藍。以染粉爲婦人色，謂爲燕支粉。」宋張淏雲谷雜記補編卷二燕脂：「燕脂，今或書作燕支，又作煙支、煙脂，然各有所據。中華古今注：『燕脂蓋起於紂，紅藍花汁凝作。以其燕所生，故曰燕脂。』蘇氏演義曰：『燕支葉似薊，花似蒲，出西方，土人以染，名爲燕支，中國亦謂爲紅藍，以染粉，爲婦人面色，謂之燕支粉。』北户録載習鑿齒書云：『此有紅藍，北人採取其花作燕支，婦人裝時作頰色，殊覺鮮明。匈奴名妻作閼氏，言可愛如燕支也。』」程大昌演繁露煙脂：「古者婦人粧飾，欲紅則涂朱，欲白則傅粉，故曰：『施朱太赤，施粉太白。』此時未有煙脂，故但施朱爲紅也，煙脂出自虜地。」元稹春六十韻：「膩粉梨園白，煙脂桃徑紅。」

又

寒水碧㈠。水上何人吹玉笛㈡。扁舟遠送瀟湘客〔一〕。蘆花千里霜月白〔二〕。傷行色。來朝便是關山隔㈢〔三〕。

【校記】

㈠ 寒水：陽春集作「寒山」，注「别作『江水』」。「曾昭岷等全唐五代詞：「江水：原作『寒山』，注云：『別作江水。』據馬令南唐書卷二一改。吴本、侯本、金本陽春集、近體樂府卷一作『寒水』。」

㈡水：陽春集作「江」，注「別作『水』。」

㈢來朝：底本卷末校：「來朝，一作『明朝』。」吉州本、天理本同。

【注釋】

〔一〕瀟湘：湘江、瀟水一帶，今湖南省境内。瀟湘客，指遠行的情人。

〔二〕蘆花句：江總贈賀左丞蕭舍人詩：「蘆花霜外白，楓葉水前丹。」蘆花，蘆絮，蘆葦頂部密生的白絮。

〔三〕來朝：明早。詩大雅緜：「古公亶父，來朝走馬。」

長相思㈠〔一〕

蘋滿溪〔二〕。柳遶堤。相送行人溪水西。回時隴月低㈡〔三〕。煙霏霏〔四〕。風淒淒㈢〔五〕。重倚朱門聽馬嘶〔六〕。寒鷗相對飛㈣〔七〕。

【校記】

㈠本詞作者有三説：一爲張先；二爲黄庭堅；三爲歐陽修。冒校：「長相思，按此首又見鮑廷博知不足齋本張子野詞補遺，宋本未注出。粹編注：『一作張子野。』」唐圭璋全宋詞案：「此首別又見張先子野詞卷一，别又作黄庭堅詞，見明刊山谷先生文集卷十一。」李校：「長相思第一首『蘋滿溪』，或作張先詞，載張子野詞卷一；又作黄庭堅詞，載山谷先生文集卷十一。」檢草堂詩餘續集卷上録爲黄庭堅詞，調下題秋景。馬興榮、祝振玉校注山谷詞録爲存疑詞之列。又本詞張先安陸集作相思令，吳熊和、沈松勤張先集編年校注：「此首又見歐陽修近體樂府卷一，草堂詩餘前集卷下又誤作黄庭堅詞，十名家詞本、安陸集、近體樂府調作長相思。」黄本校記：「此首又見鮑廷博刻知不足齋本張子野詞補遺，宋本未注出，花草粹編注一作張子野，故以歐詞爲是。」

㈡回時：張子野詞，「回」一作「歸」。

㈢風淒淒：張子野詞，「風」一作「雨」。

㈣寒鷗相對飛：張子野詞作「寒鴉相對啼」。

【注釋】

〔一〕長相思：唐教坊曲名，後用作詞調名。清毛先舒填詞名解卷一：「長相思，古詩著以長相思後，梁陳樂府有長相思，首句云：『長相思，久離別。』緣得此名。」又名長相思令、相思令、吴山青、雙紅豆、憶多嬌、山漸青、青山相送迎。此詞雙調，三十六字，前後闋各四句，句句用韻，押平聲韻。

〔二〕蘋：即青蘋，是生於淺水的水草，葉成四片田字形，夏秋開白色小花。詩經召南采蘋：「于以采蘋，南澗之濱。」

〔三〕隴月：即山月，明月垂懸於山壟，故稱。隴，通「壟」，高丘。何遜行經孫氏陵詩：「山鶯空曙響，隴月自秋暉。」

〔四〕霏霏：霧氣升騰迷濛貌。張泌春晚謠詩：「雨微微，煙霏霏。」

〔五〕淒淒：寒涼貌。詩經鄭風風雨：「風雨淒淒，雞鳴喈喈。」陳奂詩毛氏傳疏：「淒淒，寒涼之意。」

〔六〕重倚句：温庭筠河傳：「若耶溪，溪水西，柳堤，不聞郎馬嘶。」爲此詞所本。朱門，朱漆的大門，指富貴之家。程大昌演繁露白屋：「後世諸侯王及達官所居之屋，皆飾以朱，故既曰朱門，又曰朱邸也。」

〔七〕相對飛：庾肩吾和晉安王詠燕詩：「夜夜同巢宿，朝朝相對飛。」

又㈠

深畫眉㈡。淺畫眉。蟬鬢鬅鬙雲滿衣㈢〔一〕。陽臺行雨回㈣〔二〕。巫山高〔三〕。巫山低。暮雨蕭蕭郎不歸〔四〕。空房獨守時㈤。

【校記】

㈠底本卷末校：「長相思第二篇，尊前集作唐無名氏詞。」吉州本、天理本同。毛本題注：「舊刻四首，考『深畫眉，淺畫眉』一首，花間集刻白樂天，尊前集刻唐無名氏，今刪去。」清錢大昕十駕齋養新録卷一六：「樂天長相思詞……歐陽公集亦載此詞……歐公非竊人句爲己作者，偶寫古人句，編次公集者，誤以爲公作而收入之。」林本校記：「考異，尊前集作唐無名氏詞。案此闋雅詞刻歐陽修作。」冒校：「此首又見雅詞，宋本列第二，琴趣同。宋本卷末校云：『長相思第二篇尊前集作唐無名氏詞。』按毛以『深畫眉』一首花間集刻『白樂天』，尊前集刻『唐無名氏』，刪去。今按：白詞見花間集補，明本尊前集無無名氏此詞。毛於卷中陽春、珠玉、子野諸詞，有刪有不刪，徒亂宋本之舊，今補録。」唐圭璋宋詞互見考：「案此首白居易詞，見花庵詞選。尊前集則作唐無名氏詞。又歐陽修六一詞亦誤收此闋。」按，吟窗雜録、古今詞統又作吴二娘詞。明楊慎升庵詩話卷四：「吴二娘，杭州名妓也。有長相思一詞云：『深花枝。淺花枝。深淺花枝相間時。花枝難似伊。巫山高，巫山低。暮雨瀟瀟郎不歸。空房獨守時。』白樂天詩：『吴娘暮雨瀟瀟曲，自別江南久不聞。』又：『夜舞吴娘袖，春歌蠻子詞。』自注：『吴二娘歌詞有暮雨瀟瀟郎不歸之句。』絶妙詞選以此爲白樂天詞，誤矣。吴二娘亦杜公之黄四娘也。聊表出之。」清葉申薌本事詞卷上：「吴二娘，江南名姬也，善歌。白香山守蘇時，嘗製長相思詞云：……吴喜歌之。故香山有『吴娘暮雨瀟瀟曲，自別江南久不聞』之詠，蓋指此也。」曾昭岷全唐五代詞：「據此，則詞爲白居易作而吴二娘歌唱，未知本事詞有無確據。……究屬誰作，尚難斷定，姑兩存之，俟考。」考白居易集録此詞於外集。參合以上諸書，真僞尚難以斷定。

㈡ 畫眉：吟窗雜録作「黛眉」。

㈢ 蟬鬢鬅鬙雲滿衣：吟窗雜録作「十指蘢蔥雲染衣」。鬢，百家詞作「髮」。

㈣ 行雨回：吟窗雜録作「行雨歸」。

㈤ 空房獨守時：底本卷末校：「空房獨守時，一作『低頭雙淚垂』。」吉州本、天理本同。吟窗雜録作「空房獨守誰」。

【注釋】

〔一〕蟬鬢：古代女子的一種髮式，以膏沐掠鬢，將鬢髮整理成薄片之狀，緊帖於面頰。因其色黑且有光澤，薄如蟬翼，故名。晉崔豹古今注雜注：「魏文帝宮人絶所愛者，有莫瓊樹、薛夜來、田尚衣、段巧笑四人，日夕在側，瓊樹乃製蟬鬢。縹眇如蟬翼，故曰蟬鬢。」梁元帝登顔園故閣詩：「粧成理蟬鬢，笑罷斂蛾眉。」毛熙震女冠子：「蟬鬢低含緑，羅衣澹拂黄。」鬅鬙：頭髮蓬鬆散亂貌。曾鞏看花詩：「但知抖擻紅塵去，莫問鬅鬙白髮催。」

〔二〕陽臺行雨：語本宋玉高唐賦序：「昔者先王嘗遊高唐，怠而晝寢，夢見一婦人，曰：『妾巫山之女也，爲高唐之客。聞君遊高唐，願薦枕席。』王因幸之，去而辭曰：『妾在巫山之陽，高丘之阻。旦爲朝雲，暮爲行雨，朝朝暮暮，陽臺之下。』」後世以陽臺行雨代言男女歡會之事。

〔三〕巫山：位於長江三峽巫峽的巫山十二峰，其中以神女峰最爲奇峭變幻。神女峰又與巫山神女的傳説關聯，故有男女私會繾綣之寓意。

〔四〕蕭蕭：同「瀟瀟」，細雨繁密貌。李冶得閻伯鈞書詩：「情來對鏡懶梳頭，暮雨蕭蕭庭樹秋。」

又

花似伊〔一〕。柳似伊。花柳青春人別離〔二〕。低頭雙淚垂。長江東。長江西。兩岸鴛鴦兩處飛。相逢知幾時。

【注釋】

〔一〕伊：張相詩詞曲語辭匯釋卷六：「伊，第二人稱之辭，猶云君或你，與普通用如他字者異。」

〔二〕青春：猶明媚的春季。馮延巳臨江仙詞：「冷紅飄起桃花片，青春意緒闌珊。」

又

深花枝。淺花枝。深淺花枝相並時。花枝難似伊。玉如肌〔一〕。柳如眉〔二〕。愛著鵝黃金縷衣〔三〕。啼粧更爲誰〔四〕。

【注釋】

〔一〕玉如肌：形容肌膚潤滑如玉。韋莊傷灼灼詩：「玉肌香膩透紅紗。」

〔二〕柳如眉：形容女子眉妝細挑。白居易長恨歌：「芙蓉如面柳如眉。」

〔三〕鵝黄：幼鵝嫩黄毛色。顧敻應天長：「瑟瑟羅裙金線縷，輕透鵝黄香畫袴。」鄭史贈妓行雲詩：「最愛鉛華薄薄妝，更兼衣著又鵝黄。」金縷衣：金線織繡的華服。杜秋娘詩：「勸君莫惜金縷衣。」裴虔餘柳枝詞詠篙水濺妓衣：「滿額蛾黄金縷衣。」

〔四〕啼粧：古時女子的一種粧面式樣。以油膏薄拭目下，如淚痕之狀。也形容女子的媚態。後漢書五行志一：「桓帝元嘉中，京都女子作愁眉、啼粧、墮馬髻、折要（腰）步、齲齒笑。所謂愁眉者，細而曲折；啼粧者，薄拭目下若啼處。……始自大將軍梁冀家所爲，京都歙然，諸夏皆放（仿）效。此近服妖也。」馮延巳鵲踏枝詞：「羅衣印滿啼粧粉。」

【輯評】

金人瑞金聖歎全集卷六批歐陽永叔詞：「（前闋，詞略。）四句十八字一氣注下，中間更讀不斷，真是妙手。看他四句，有四個『花枝』字，兩個『深』字，兩個『淺』字。（後闋，詞略。）後半不稱。」又，「只看前半闋，不用一字，只是一筆寫去，却成異樣絶調。後半闋，偏有許多『玉肌』、『柳眉』、『鵝黄』、『金縷』、『啼粧』等字，偏覺醜拙不可耐。然則作詞之法，固可得而悟也。」

陳廷焯閑情集卷一：「連用四『花枝』，二『深淺』字，姿態甚足。後半殊遜。」

陳廷焯白雨齋詞話卷五：「歐陽公長相思詞也，可謂鄙俚極矣，而聖歎以前半連用四『花枝』、兩『深淺』字歎爲絶技，真鄉里小兒之見。」

沈際飛草堂詩餘續集：「真聲不可删。」

訴衷情㊀　眉意〔一〕

清晨簾幕卷輕霜〔二〕。呵手試梅粧〔三〕。都緣自有離恨〔四〕，故畫作遠山長〔五〕。思往事，惜流芳〔六〕。易成傷㊁。擬歌先斂㊂，欲笑還顰，最斷人腸〔七〕。

【校記】

㊀本詞或傳黄庭堅作，毛本題注：「或刻山谷，但『清晨簾幕』作『珠簾繡幕』，『易成傷』作『恨難忘』，『擬歌』作『未歌』。」林本校記：「毛本無題，並注云：或刻山谷，但『清晨簾

幕』作『珠簾繡幕』，『易成傷』作『恨難忘』，『擬歌』作『未歌』。案此闋雅詞刻歐陽修作。」冒校：「訴衷情，宋本題作眉意，琴趣、花庵並同。汲古刻山谷詞於此詞下注云：『舊刻四首。考「珠簾繡幕卷輕霜」是六一詞，刪去。』按：今傳宋本山谷琴趣，訴衷情詞亦僅有『一波纔動』一首，無此首。」唐圭璋全宋詞：「案此首別又作黃庭堅詞，見豫章黃先生詞。」黃本校記：「此首或傳爲黃庭堅作，據汲古閣刻山谷詞，於此調下注云：『舊刻四首，考「珠簾繡幕卷輕霜」是六一詞，刪去。』案今傳宋本山谷琴趣訴衷情詞，亦僅有『一波才動』一首，無此首。」李本校：「此首或傳乃黃庭堅詞，見豫章黃先生詞所録。按明汲古閣刻山谷詞此詞牌下不收此首，並注云：『考「珠簾繡幕卷輕霜」是六一詞，刪去。』」是以歐陽修作爲是。

㊁易成傷：山谷詞作「恨難忘」。

㊂擬歌：山谷詞作「未歌」。先斂：花庵詞選、絶妙詞選作「先咽」。

【注釋】

〔一〕訴衷情：唐教坊曲名，後用作詞調名。又名一絲風、步花間、桃花水、偶相逢、畫樓空、漁父家風、訴衷情令。單調、雙調並用。此用雙調，四十五字，前闋四句，一、二、四句用平聲韻；後闋六句，二、三、六句用平聲韻。詞律：「按此調第三句，凡從本作者皆作六字，沈氏乃以故字連上作七字句。蓋衹知訴衷情前結五字，而不知有六字體耳。」眉意：詠畫眉。

〔二〕簾幕：門窗處用於遮擋的簾子與帷幕。杜牧題宣州開元寺水閣閣下宛溪夾溪居人詩：「深秋簾幕千家雨，落日樓臺一笛風。」卷輕霜：簾幕捲起時沾帶著昨夜的薄霜。馮延巳臨江仙：「畫樓簾幕卷輕寒。」

〔三〕呵手句：將呵膠置於手中呵氣，使之融化以貼梅花花鈿。呵膠，一種易融的膠。宋葉廷珪海録碎事百工醫技部：「呵膠出遼中，可以羽箭，又宜婦人貼花鈿，呵噓隨融，故謂之呵膠。」這種呵膠，唐時即已使用。温庭筠南歌子：「呵花滿翠鬟。」韓偓蜜意詩：「呵花貼鬢黏寒髮。」按，黄注云：「呵手，因天寒呵氣暖手。」亦可備一説。梅粧，梅花粧的省稱。古時女子粧式，描梅花狀於額上爲飾。相傳始於南朝宋壽陽公主。故亦稱「壽陽粧」。太平御覽卷三〇時序部引雜五行書：「宋武帝女壽陽公主人日卧於含章殿簷下，梅花落公主額上，成五出花，拂之不去。皇后留之，看得幾時，經三日，洗之乃落。宫女奇其異，竟效之，今梅花粧是也。」李商隱對雪詩：「侵夜可能争桂魄，忍寒應欲試梅粧。」牛嶠紅薔薇詩：「若綴壽陽公主額，六宫争肯學梅粧。」馮延巳菩薩蠻：「和淚試嚴粧，落梅飛曉霜。」可以參讀。唐宋以後亦稱畫淡粧爲梅粧。宛委别藏本説郛卷七七載唐宇文氏粧臺記：「美人粧，面即傅粉，復以胭脂調勻掌中，施之兩頰，濃者爲酒暈粧，淡者爲梅花粧。」

〔四〕都緣：都因。

〔五〕遠山：遠山眉乃女子眉粧的一種，眉細薄而綿長，如霧中遠山，色澤黛青，充滿韻味，似訴愁情。毛熙震南歌子：「遠山愁黛碧，横波慢臉明。」薛昭蘊浣溪沙：「不爲遠山凝翠黛，只應含恨向斜陽，碧桃花謝憶劉郎。」歐陽炯西江月：「鏡中重畫遠山眉，春睡起來無力。」按，「遠山眉」見於西京雜記卷二：「文君姣好，眉色如望遠山，臉際常若芙蓉。」又據趙飛燕外傳：「女弟合德入宫，爲薄眉，號遠山黛。」楊慎丹鉛續録卷六十眉圖即有「遠山眉」。徐士俊十眉謡詠遠山眉：「春山雖小，能起雲頭。雙眉如許，能載閑愁。山若欲語，眉亦應語。」長，語意雙關，既言眉形修長，又寓離恨之綿長。

〔六〕流芳：猶流光，流水般逝去的芳華和時光。

〔七〕擬歌先斂三句：謂欲歌唱時却斂眉，欲歡笑時却作苦臉，强作排遣而無可排遣，最傷人心。羊士諤彭州蕭使君出妓夜宴見送詩：「自是當歌斂眉黛，不應惆悵爲行人。」

【輯評】

陳廷焯閑情集卷一：「縱畫長眉，能解離恨否？筆妙，能於無理中傳出癡女子心腸。」

金人瑞金聖歎全集卷六批歐陽永叔詞：『都緣自有離恨，故畫作遠山長。』即有恨，亦何與畫眉事？以畫眉作使性事，真是兒女性格也。」

俞平伯唐宋詞選釋：「兩句（指「擬歌先斂，欲笑還顰」）蘊藉曲折。後來周邦彦風流子詞有相似的寫法，如『欲説又休，慮乖芳信；未歌先咽，愁近清觴』，當係擬此。」

吴世昌讀唐宋詞選：「永叔訴衷情……按『梅粧』，用壽陽公主故事，乃作梅狀之花鈿貼於眉心或額上或兩靨。小山玉樓春『臉紅心事學梅粧』，指紅梅花鈿。注謂『以梅花插鬢』，大誤，壽陽公主豈以梅花插鬢乎？又『畫作遠山長』，西京雜記卷一已謂卓文君眉色如遠山，注引飛燕外傳，已非其朔。又『擬歌先斂，欲笑還顰』，注謂周邦彦風流子有相似寫法：『欲説又休，慮乖芳信；未歌先咽，愁近清觴。』周詞應爲『未歌先噎，愁囀清商』。清商乃曲調，故上文曰未歌先噎，觴爲酒杯，與上文文義不屬。」

邵祖平詞心箋評：「馮夢華云：『宋初大臣之爲詞者，寇萊公、晏元獻、宋景文、范蜀公與歐陽公並有聲藝，然數公或一時興到之作，未爲專詣。獨文忠與元獻學之既至，爲之亦勤，翔雙鵠於交衢，馭二龍於天路。且文忠家廬陵，元獻家臨川，詞家遂有西江一派，其詞與元獻同出南唐，而深致則過之。』自來小詞寫女子色態者，易得其風流，難得其名貴；如李後主之『繡牀斜憑嬌無那，爛嚼紅絨，笑向檀郎唾』，酣綺極矣！尚不失身份！和凝之『佯弄紅絲蠅拂子，打檀郎』，牛松卿之『玉趾迴嬌步，約佳期』，則稍損身份矣！賀方回之『心事向人猶靦覥，強來窗下尋紅線』，『試問爲誰添瘦弱，嬌羞只把眉顰著』，則苦乏莊重，然尚未至失格也！及柳屯田之『盈盈背立銀釭，却道你但先睡』，周清真之『海棠花謝春融暖，偎人恁嬌波頻溜』，則所寫青樓狹邪中之女子，品斯下矣。歐公此詞，『清晨簾幕卷清霜，呵手試梅粧』，發端便可見名貴嫺雅氣象。『擬歌先斂，欲笑還顰』，則與『輕顰淺笑嬌無奈』、『挼碎花打人』者異矣！六一更有臨江仙寫妓女睡景云：『涼波不動簟紋平。水精雙枕，旁有墮釵横。』不但不見狎昵，反見名貴豔逸，多少詞人反把自家美眷，寫成勾欄模樣，可爲一歎。」

詹安泰無庵説詞：「詞學有所謂『留』字訣者，亦非奇創。蓋猶歐公所謂『擬歌先斂，欲笑還顰』耳。爲欲『最斷人腸』，故『先斂』，故『還顰』，不則盡可筆直寫下，誰爲拘管者。」

踏莎行㈠〔一〕

候館梅殘，溪橋柳細〔二〕。草薰風暖摇征轡㈡〔三〕。離愁漸遠漸無窮〔四〕，迢迢不斷如春水〔五〕。　寸寸柔腸〔六〕，盈盈粉泪〔七〕。樓高莫近危欄倚〔八〕。平蕪盡處是春山〔九〕，行人更在春山外。

【校記】

㈠花庵詞選題作「相别」，花草粹編題作「離别」。

㈡草薰：「薰」底本注：「一作芳。」天理本、吉州本同。琴本、花庵詞選作「草芳」。

【注釋】

〔一〕踏莎行：韓翃詩「踏莎行草過春溪」，調名本此，始見於宋人詞作，又名芳心苦、踏雪行、柳長春、惜餘春、喜朝天。雙調，五十八字。前後闋各五句，均二、三、五句用仄聲韻。張子野詞注：「中吕宫。」

〔二〕候館二句：化用杜甫西郊詩：「市橋官柳細，江路野梅香。」候館，旅舍驛館。杜牧代人寄遠六言：「候館梅花雪嬌。」

〔三〕草薰風暖：本於江淹别賦：「閨中風暖，陌上草薰。」暗含離别意。又錢惟演許洞歸吴中詩：「草薰風暖接長亭，一曲驪歌倒醁醽。」薰：香氣。征轡：代指行旅中的馬。轡：馭馬的韁繩。柳永滿江紅詞：「匹馬驅驅，摇征轡，溪邊谷畔。」

〔四〕離愁句：李煜清平樂：「離恨恰如春草，更行更遠還生。」

〔五〕迢迢句：李煜虞美人：「問君能有幾多愁。恰似一江春水向東流。」寇準江南春詞：「日落汀洲一望時，愁情不斷如春水。」迢迢，水流綿長貌。杜牧寄揚州韓綽判官詩：「青山隱隱水迢迢，秋盡江南草木凋。」

〔六〕寸寸柔腸：肝腸寸斷，形容傷心之極。世説新語黜免：「桓公入蜀，至三峽中，部伍中有得猿子者，其母緣岸哀號，行百餘里不去，遂跳上船，至便即絶。破視其腹中，腸皆寸寸斷。」韋莊上行杯：「一曲離聲腸寸斷。」柔腸，委曲的心腸，喻指男女間纏綿悱惻的情意。柳永清平樂：「翠減紅稀鶯似懶，特地柔腸欲斷。」

〔七〕盈盈句：張先臨江仙：「況與佳人分鳳侶，盈盈粉淚難收。」粉淚，暈染了粧面脂粉的眼淚。

〔八〕樓高句：化用西洲曲：「樓高望不見，盡日欄干頭。」危欄，高樓的欄干。李商隱北樓詩：「此樓堪北望，輕命倚危欄。」

〔九〕平蕪：緑草繁茂的原野。高適田家春望詩：「出門何所見，春色滿平蕪。」

【輯評】

俞文豹吹劍録外集：「杜子美流離兵革中，其詠内子云：『香露雲鬟濕，清輝玉臂寒。何時倚虚幌，雙照淚痕乾。』歐陽文忠、范文正，矯矯風節，而歐公詞云：『寸寸柔腸，盈盈粉淚。樓高莫近危欄倚。』……情之所鍾，雖賢者不能免，豈少年作邪？」

黄昇唐宋諸賢絶妙詞選卷二：「句意最工。」

楊慎詞品卷一：「佛經云：『奇草芳花，能逆風聞薰。』江淹別賦『閨中風暖，陌上草薰』正用佛經語。六一詞云『草薰風暖摇征轡』，又用江淹語。今草堂詞改『薰』作『芳』，蓋未見文選者也。」又，「歐陽公詞：『平蕪盡處是春山，行人更在春山外。』石曼卿詩：『水盡天不盡，人在天盡頭。』歐與石同時，且爲文字友，其偶同乎？抑相取乎？」

沈際飛草堂詩餘正集：「『春水』、『春山』走對妙，望斷江南山色，遠人不見草連空，一望無際矣。『盡處是春山』，『更在春山外』，轉望轉遠矣。當取以合看。」

李攀龍草堂詩餘雋：「春水寫愁，春山騁望，極切極婉。」

王世貞藝苑卮言：「『平蕪盡處是春山，行人更在春山外。』此淡語之有情者也。」

董其昌便讀草堂詩餘：「別調有云：『便做一江春水都是淚，流不盡許多情。』意同。」

茅映詞的卷三：「結語韻致更遠。」

卓人月古今詞統卷十：「『芳草更在斜陽外』、『行人更在春山外』兩句，不厭百回讀。」

王士禛花草蒙拾：「『平蕪盡處是春山，行人更在春山外』，升庵以擬石曼卿『水盡天不盡，人在天盡頭』，未免河漢。蓋意近而工拙懸殊，不啻霄壤。且此等入詞爲本色，入詩即失古雅，可與知者道耳。」

金人瑞金聖歎全集卷六批歐陽永叔詞：「踏莎行（寄内）『候館梅殘，溪橋柳細。草薰風暖摇征轡』，『殘』字、『細』字寫早春如畫。『摇』字不知是草，不知是風，不知是征轡，却便覺有離愁在内。『離愁漸遠漸無窮，迢迢不斷如春水』，此二句只是敘愁，却已敘出路程；上三句只是敘路程，却都敘出愁。其法妙不可言。『樓高莫近危欄倚』，此七字從客中忽然説到家裏。『平蕪盡處是春山，行人更在春山外』，此十四字，又反從家裏忽然説到客中，抽思勝陽羨書生矣」。又，「前半是自敘，後半是代家裏敘，章法極奇。杜詩『今夜鄜州月，閨中只獨看』，此便脱化出『樓高』句；『遥憐小兒女，未解憶長安』，此便脱化出『平蕪』二句。從一個人心裏，想出兩個人相思，幻絶妙絶。」

許昂霄詞綜偶評：「『春山』疑當作『青山』，否則既用『春水』，又用兩『春山』字，未免稍複矣。」

世經堂刻詞綜批評：「逸調。」

陳霆渚山堂詞話卷一：「歐公有句云：『平蕪盡處是春山，行人更在春山外。』陳大聲體之作蝶戀花，落句云：『千里青山勞望眼，行人更比青山遠。』雖面稍更，而意句仍昔。然則偷句之鈍，何可避也。」

黄蘇蓼園詞選：「按此詞特爲贈别作耳。首闋言時物暄妍，征轡之去，自是得意，其如我之離愁不斷何？次闋言不敢遠望，愈望愈遠也。語語倩麗，韶光情文斐亹。」

陳廷焯大雅集卷二：「（離愁二句）較後主『離恨恰如芳草』三語，更綿遠有致。」

吴梅詞學通論：「余按公詞以此爲最婉轉，以少年遊詠草爲最工切超脱。當亦百世之公論也。」

俞陛雲唐五代兩宋詞選釋：「唐宋人詩詞中，送别懷人者，或從居者著想，或從行者著想，能言情婉摯，便稱佳構。此詞則兩面兼寫。前半首言征人駐馬回頭，愈行愈遠，如春水迢迢，却望長亭，已隔萬重雲樹。後半首爲送行者設想，倚闌凝睇，心倒腸回，望青山無際，遥想斜日鞭絲，當已出青山之外，如鴛鴦之煙島分飛，互相回首也。以章法論，『候館』、『溪橋』言行人所經歷；『柔腸』、『粉淚』言思婦之傷懷，情同而境判，前後闋之章法井然。」

張伯駒叢碧詞話：「范希文蘇幕遮詞：『芳草無情，更在斜陽外。』歐陽永叔踏莎行詞：『平蕪盡處是春山，行人更在春山外。』皆以『外』字叶支、紙韻。王湘綺以『外』字正是宋朝京語。今開封以南讀『外』字，音作都愛切。開封北至陳橋長垣，則讀若謂，當是宋朝京音。」

俞平伯唐宋詞選釋：「上片征人，下片思婦。結尾兩句又從居者心眼中説到行人。似乎可畫，却又畫不到。王士禛花草蒙拾以爲比石曼卿『水盡天不盡，人在天盡頭』爲工；又説此等入詞爲本色，入詩即失古雅。説可參考。」

唐圭璋唐宋詞簡釋：「此首上片寫行人憶家，下片寫閨人憶外。起三句，寫郊景如畫，於梅殘柳細、草薰風暖之時，信馬徐行，一何自在。『離愁』兩句，因見春水之不斷，遂憶及離愁之無窮。下片言閨人之悵望。『樓高』一句唤起，『平蕪』兩句拍合。平蕪已遠，春山則更遠矣，而行人又在春山之外，則人去之遠，不能目覩，惟存想象而已。寫來極柔極厚。」

唐圭璋論詞之作法三章法：「詞中起法，不一而足。然以寫景起爲多。如歐公之『候館梅殘，溪橋柳細』，晏同叔之『小徑紅稀，芳郊綠遍』，少游之『梅英疏淡，冰澌溶泄，東風暗換年華』，玉田之『接葉巢鶯，平波卷絮，斷橋斜日歸船』是也。然此皆平平寫起，尚有高空遠望，極顯外界偉大之氣象，與作者浩蕩之胸襟者。」

唐圭璋論詞之作法層深句：「此類句法，常用『更』字、『又』字、『尤』字，以示層層深入之意。其在寫景方面，如范希文漁家傲之『山映斜陽天接水，芳草無情，更在斜陽外』，歐陽永叔踏莎行之『平蕪盡處是春山，行人更在春山外』，王碧山長亭怨慢之『水遠，怎知流水外，卻是亂山尤遠』，皆描摹如畫，含思綿邈已極。」

鍾應梅蘂園說詞：「明王世貞曰：『「平蕪盡處」二語，與「郴江幸自繞郴山，爲誰流下瀟湘去」，此淡語之有情者也。余謂歐公句目爲淡語則可，若少游則癡語矣。淡語輕遠，癡語沉鬱，其情有別。」

劉永濟唐五代兩宋詞簡析：「此亦托爲閨人别情，實乃自抒己情也，與晏殊踏莎行二詞同。上半闋行者自道離情；下半闋則居者懷念行者。此詞之行者，當即作者本人。歐陽修因作書責高若訥不諫吕夷簡排斥孔道輔、范仲淹諸人，被高將其書呈之政府，因而被貶爲夷陵令。」

吴世昌詞林新話：「或謂永叔踏莎行（候館梅殘）上片行者自道離情，下片居者懷念行者。按下片非居者懷念行者，乃行者寄慰居者，勸其莫倚危欄，雖倚亦不見山外之行者也。又上片『草薰風暖』，此處『薰』與『暖』同爲形容詞。『草薰』，只是説草香而已。」沈祖棻宋詞賞析：「讀這首詞，特别是下片，還應當參看梁元帝的蕩婦秋思賦。賦起云：『蕩子之别十年，蕩婦之居自憐。登樓一望，惟見遠樹含煙。平原如此，不知道路幾千？』下又云：『妾怨回文之錦，君思出塞之歌。相思相望，路遠如何？』寫法基本相同。只是：景色，春、秋各異；人物，詞以男性行者爲主，女性居者爲賓，賦則主賓互易而已。（蕩婦是長期在外鄉流浪的人的妻子，即蕩子婦，不是風流放蕩的婦人的意思。）然而詞自是詞，賦自是賦，細玩自知。」

邵祖平詞心箋評：「寇萊公詩云：『日落汀洲一望時，柔情不斷如春水！』六一『離愁漸遠漸無窮，迢迢不斷如春水』本之，能更見工緻。歐公『平蕪盡處是春山，行人更在春山外』，能見深致，語復藴藉。及李泰伯效之云『已恨碧山相掩映，碧山更被暮雲遮』，則周匝層疊，令人讀之不快。歐之於寇，可謂青出於藍；李之於歐，可謂點金成鐵。」

鄭騫詞曲概説示例（景午叢編上編）：「清人劉熙載藝概云：『馮正中詞，晏同叔得其俊，歐陽永叔得其深。』俊在氣韻，深在情致，讀右浣溪沙、踏莎行兩詞，可悟晏俊歐深之語。然歐詞有時過於『流連光景，惆悵自憐』，我寧喜晏之俊，不喜歐之深。」

又㈠

雨霽風光〔一〕，春分天氣〔二〕。千花百卉爭明媚。畫梁新燕一雙雙〔三〕，玉籠鸚鵡愁孤睡㈡〔四〕。薜荔依牆〔五〕，莓苔滿地〔六〕。青樓幾處歌聲麗〔七〕。驀然舊事上心來㈢，無言斂皺眉山翠〔八〕。

【校記】

㈠ 黄本校記：「此首别又見杜安世壽域詞，當以歐作爲是。」李本校：「踏莎行第二首『雨霽風光』，或作杜安世詞，載壽域詞中。」

㈡ 愁孤睡：壽域詞作「愛孤睡」。

㈢ 上心來：琴本、壽域詞作「上心頭」。

【注釋】

〔一〕雨霽：雨止天晴。宋玉高唐賦：「風止雨霽，雲無處所。」風光：景色。謝朓和徐都曹出新亭渚詩：「日華川上動，風光草際浮。」

〔二〕春分：二十四節氣之一。時晝夜長短平分，當春之半，故稱。逸周書周月：「春三月中氣：雨水，春分，穀雨。」春秋繁露陰陽出入上下：「至於仲春之月，陽在正東，陰在正西，謂之春分。春分者，陰陽相半也，故晝夜均而寒暑平。」

〔三〕畫梁：彩繪裝飾的屋梁。盧照鄰長安古意詩：「雙燕雙飛繞畫梁，羅幃翠被鬱金香。」

〔四〕玉籠：鑲嵌玉石的鳥籠，亦作美稱。洞冥記卷二：「勒畢國貢細鳥，以方尺之玉籠，盛數百頭，形如大蠅，狀似鸚鵡。」韋莊歸國遥：「惆悵玉籠鸚鵡，單棲無伴侣。」

〔五〕薜荔：又稱木蓮，屬長青藤蔓。李時珍本草綱目卷一八下：「薜荔，夤緣樹木，三五十年漸大，枝葉繁茂。葉圓，長二三寸，厚若石韋，生子似蓮房，打破有白汁，停久如漆。中有細子，一年一熟。」柳宗元登柳州城樓寄漳汀封連四州詩：「密雨斜侵薜荔牆。」

〔六〕莓苔：青苔。杜牧早雁：「莫厭瀟湘少人處，水多菰米岸莓苔。」

〔七〕青樓：妓館。杜牧遣懷詩：「十年一覺揚州夢，贏得青樓薄倖名。」李商隱風雨詩：「黄葉仍風雨，青樓自管絃。」韋莊過揚州詩：「當年人未識兵戈，處處青樓夜夜歌。」

〔八〕眉山：形容眉黛如遠山。西京雜記卷二：「(卓)文君姣好，眉色如望遠山。」後因以「眉山」形容女子秀麗的雙眉。韓偓五更詩：「繡被擁嬌寒，眉山正愁絶。」

望江南〔一〕

江南蝶，斜日一雙雙〔二〕。身似何郎全傅粉〔三〕，心如韓壽愛偷香〔四〕。天賦與輕狂㊀〔五〕。微雨後，薄翅膩煙光㊁〔六〕。纔伴遊蜂來小院，又隨飛絮過東牆〔七〕。長是爲花忙〔八〕。

【校記】

㊀賦：琴本作「付」。

㊁煙：琴本作「韶」。

【注釋】

〔一〕望江南：原爲隋樂曲名。隋煬帝曾製望江南八闋。唐用爲詞調，單調二十七字，五句三平韻。宋時增雙調五十四字。分前後段。唐段安節樂府雜録稱：「始自朱崖李太尉鎮浙西日，爲亡妓謝秋娘所撰。本名『謝秋娘』，後改此名。亦曰『夢江南』。」王灼碧雞漫志卷五：「予考此曲，自唐至今皆南吕宫，字句亦同。止是今曲兩段，蓋近世曲子無單遍者。然衛公（李德裕）爲謝秋娘作此曲，已出兩名。樂天又名以憶江南，又名以謝秋娘。近世又取樂天首句名以江南好。」此調異名甚多，有謝秋娘、江南好、憶江南、春去也、望江樓、夢江南等。

〔二〕江南蝶二句：馮延巳採桑子：「林間戲蝶簾間燕，各自雙雙。」江南蝶，亦喻指款款風流的男子。

〔三〕身似句：世説新語容止：「何平叔美姿儀，面至白，魏明帝疑其傅粉，正夏月與熱湯餅，既啖，大汗出，以朱衣自拭，色轉皎然。」

〔四〕心如句：謂其心性風流。韓壽，字德真，南陽堵陽人。據世説新語惑溺載：「韓壽美姿容，賈充辟以爲掾。充每聚會，賈女於青瑣中看，見壽，説之，恒懷存想，發於吟詠。後婢往壽家，具述如此，並言女光麗。壽聞之心動，遂請婢潛修音問。及期往宿。壽蹻捷絶人，逾牆而入，家中莫知。自是充覺女盛自拂拭，説暢有異於常。後會諸吏，聞壽有奇香之氣，是外國所貢，一著人則歷月不歇。充計武帝唯賜己及陳騫，餘家無此香，疑壽與女通。……充乃取女左右婢考問。即以狀對。充秘之，以女妻壽。」

〔五〕天賦句：天生恣情放浪。范仲淹定風波：「鶯解新聲蝶解舞，天賦與，爭教我輩無歡緒。」

〔六〕薄翅句：意謂雨後沾濕的蝶翅在日光下顯得清透瑩亮。膩，潤澤瑩亮貌。柳永剔銀燈：「艷杏夭桃，垂楊芳草，各鬬雨膏煙膩。」煙光，水霧煙靄，此處指雨後的霧氣。李中春日作詩：「染水煙光媚。」

〔七〕東牆：用宋玉登徒子好色賦事：「天下之佳人，莫若楚國；楚國之麗者，莫若臣里；臣里之美者，莫若臣東家之子。……然此女登牆窺臣三年，至今未許也。」後常以「東牆」、「東家子」指美貌的女子。又孟子告子下：「逾東家牆而摟其處子則得妻，不摟則不得妻，則將摟之乎。」可參。

〔八〕長是：總是。爲花忙：李商隱夜思：「鶴應聞露警，蜂亦爲花忙。」

減字木蘭花〔一〕

留春不住〔二〕。燕老鶯慵無覓處。說似殘春〔三〕。一老應無却少人〔四〕。　風和月好。辨得黄金須買笑〔五〕。愛惜芳時〔六〕。莫待無花空折枝〔七〕。

【注釋】

〔一〕減字木蘭花：木蘭花令始於韋莊，馮延巳作偷聲木蘭花，此詞將偷聲木蘭花前後闋第一句減去三字。雙調，四十四字。前後闋各四句，兩仄韻，兩平韻。

〔二〕留春不住：惜春之意。王安國清平樂：「留春不住，費盡鶯兒語。」

〔三〕説似：説與。張相詩詞曲語辭匯釋卷三：「似，猶與也，向也。用於助動詞之後，特於動作影響及他處時用之。」

〔四〕一老句：人一旦衰老便再無返老還童之理。一，一旦。却，返回。詩經小雅十月之交：「不憖遺一老，俾守我王。」白居易春去詩：「百川未有回流水，一老終無却少人。」

〔五〕辦得：置辦，獲得。買笑：借指惜春。説郛卷三一下引賈氏説林：「武帝與麗娟看花而薔薇始開，態若含笑，帝曰：『此花絶勝佳人笑也。』麗娟戲曰：『笑可買乎。』帝曰：『可。』麗娟遂命侍者取黄金百斤作買笑錢，奉帝爲一日之歡。」後來將「買笑金」引申爲狎妓所需的錢，又作「買笑錢」。劉禹錫懷妓詩：「情知點污投泥玉，猶自經營買笑金。」又劉禹錫泰娘歌：「蘄州刺史張公子，白馬新到銅駝里。自言買笑擲黄金，月墮雲中從此始。」李商隱和人題真娘墓詩：「柳眉空吐效顰葉，榆莢還飛買笑錢。」

〔六〕芳時：花期良辰。初學記卷三引梁元帝纂要：「春曰青陽……時曰良時、嘉時、芳時。」

顔延之北使洛詩：「遊役去芳時，歸來屢徂嚳。」杜牧嘆花詩：「自是尋春去校遲，不須惆悵怨芳時。」

〔七〕莫待句：杜秋娘金縷衣詩：「勸君莫惜金縷衣，勸君惜取少年時。花開堪折直須折，莫待無花空折枝。」

又

傷懷離抱㈠〔一〕。天若有情天亦老㈡〔二〕。此意如何，細似輕絲渺似波〔三〕。

扁舟岸側。楓葉荻花秋索索〔四〕。細想前歡。須着人間比夢間〔五〕。

【校記】

㈠傷懷離抱：琴本作「傷離懷抱」。王偉勇唐詩校勘北宋詞示例：「此詞首句，醉翁琴趣外篇作『傷離懷抱』，恐誤刻。蓋『離抱』一詞乃唐人詩中常見用語，如唐韋應物寄中書劉舍人詩云：『晨露方愴愴，離抱更忡忡。』李商隱酬令狐郎中見寄詩云：『萬里懸離抱，危於訟閤鈴。』皆是其例，故筆者以爲作『傷懷離抱』爲古雅。」

㈡天亦老：琴本作「人亦老」。王偉勇唐詩校勘北宋詞示例：「顯將『天』字誤刻作『人』字，蓋此詞偶數句，皆集唐詩成句，兹先索原詩如次：『天若』一句出自李賀金銅仙人辭漢歌。……是知歐詞原結構，係自鑄詞與集句交錯而成，故次句若作『天若有情人亦老』，非但詞意不通，亦非李賀原句，自是誤刻。」

【注釋】

〔一〕離抱：離人作别時的情懷。韋應物寄中書劉舍人詩：「晨露方愴愴，離抱更忡忡。」

〔二〕天若句：語本李賀金銅仙人辭漢歌詩：「衰蘭送客咸陽道，天若有情天亦老。」

〔三〕細似句：喻離情。語本吴融情詩：「依依脈脈兩如何，細似輕絲渺似波。」

〔四〕楓葉句：語本白居易琵琶行：「楓葉荻花秋瑟瑟。」索索，猶瑟瑟，蕭索寂寥貌。江總貞女峽賦：「樹索索而摇枝。」

〔五〕須着句：語本韓愈遠興詩：「莫憂世事兼身事，須着人間比夢間。」着，使。

又

樓臺向曉〔一〕。淡月低雲天氣好㈠。翠幕風微。宛轉梁州入破時〔二〕。香生舞袂。楚女腰肢天與細〔三〕。汗粉重勻〔四〕。酒後輕寒不着人。

【校記】

㊀淡月：叢刊本近體樂府作「淺月」。

【注釋】

〔一〕向曉：拂曉。王昌齡宿裴氏山莊：「西峰下微雨，向曉白雲收。」

〔二〕梁州：唐教坊曲名，本作「涼州」。後改編爲小令。顧況李湖州孺人彈箏歌：「獨把梁州凡幾拍，風沙對面胡秦隔。」入破：每套大曲分散序（器樂曲）、中序（歌曲）、破（舞曲）三大段，入破即歌舞進入舞曲的段落，入破後音樂由緩轉急。

〔三〕楚女句：形容舞女嬌嬈佳麗的姿態。典出韓非子二柄：「楚靈王好細腰，而國中多餓人。」墨子兼愛：「昔者楚靈王好士細腰，故靈王之臣皆以一飯爲節，脅息然後帶，扶牆然後起。比期年，朝有黧黑之色。」楚女，此處代指身姿曼妙的舞女。按，唐宋詞中「楚女」多指歌妓舞女。天與，天然生成。

〔四〕汗粉重勻：女子汗濕粉粧，需要揩拭重新搽抹。汗粉，傅咸感涼賦：「汗珠隕於玉體兮，粉附身而沾凝。」梁簡文帝晚景出行詩：「輕花鬢邊墜，微汗粉中光。」勻，均勻地搽抹。

【輯評】

金人瑞金聖歎全集卷六批歐陽永叔詞：「減字木蘭花（豔情），『酒後輕寒不著人』，説到輕寒不妨，則妖淫之極，不可言矣。」又，「看他前半闋，從樓臺、翠幕説到人。後半闋，從衣袂、腰肢、汗粉説到説不得處，有步步生蓮之妙。衣袂、腰肢、汗粉還説得，至末句，真不好説得矣。今驟讀之，乃反覺衣袂、腰肢、汗粉等句之尚嫌唐突，而末句如只在若遠若近之間也者，此法固非俗士之所能也。前半之末句，則説『梁州入破』，便暗藏一妙人；後半之末句，只説春寒無妨，便暗藏一妙事，真是鏡花水月之文。」

又

畫堂雅宴〔一〕。一抹朱絃初入遍〔二〕。慢撚輕籠〔三〕。玉指纖纖嫩剥葱〔四〕。

撥頭惚利〔五〕。怨月愁花無限意㊀。紅粉輕盈〔六〕。倚暖香檀曲未成〔七〕。

【校記】

㊀月：琴本作「日」。

【注釋】

〔一〕畫堂：裝潢華美的廳堂。花間集所録詞如温庭筠之「偏照畫堂秋思」，韋莊之「捲簾直出畫堂前」，毛熙震之「畫堂深院」諸「畫堂」皆言閨閣。歐陽修此詞及晏殊拂霓裳詞「開雅宴，畫堂高會有諸親」，張先木蘭花（檀槽碎響金絲撥）題「宴觀文畫堂席上」，則謂士大夫家中之待客廳堂，亦或歌館華舍。

〔二〕抹：彈琵琶的一種手法。朱絃：泛指絃樂器。王仁裕荆南席上詠胡琴妓詩：「紅裝齊抱紫檀槽，一抹朱絃四十條。」入遍：唐宋大曲由多個段落組成，一遍即其中一段樂章，入遍謂演奏大曲中的一段。

〔三〕慢撚輕籠：形容彈奏琵琶時的手法技巧。撚，揉絃。籠，通攏，撫絃。白居易琵琶行：「輕攏慢撚抹復挑。」

〔四〕玉指句：古詩爲焦仲卿妻作：「指如削葱根，口如含朱丹。」白居易箏詩：「十指剥春葱。」

〔五〕撥頭：彈琵琶時撥絃的一種手法。白居易聽琵琶妓彈略略：「腕軟撥頭輕，新教略略成。」憁利：鬱鬱不得志貌。

〔六〕紅粉：女子塗抹粧面用的胭脂鉛粉，此處代指彈琵琶的歌女。

〔七〕香檀：檀槽，絃樂器上檀木製作用以架絃的槽格，亦代指琵琶。李煜書琵琶背詩：「天香留鳳尾，餘暖在檀槽。」

又

歌檀斂袂〔一〕。繚繞雕梁塵暗起〔二〕。柔潤清圓。百琲明珠一綫穿㊀〔三〕。

櫻脣玉齒〔四〕。天上仙音心下事。留住行雲〔五〕。滿坐迷魂酒半醺〔六〕。

【校記】

㊀ 琲：琴本作「斛」。

【注釋】

〔一〕歌檀：伴著檀板的節奏而歌唱。檀，檀木製的拍板。歐陽炯花間集序：「舉纖纖之玉指，拍按香檀。」斂袂：整飭衣袖，行禮拜揖的準備動作。韋莊秦婦吟詩：「回頭斂袂謝行人。」歐陽炯巫山一段雲詞：「碧虛風雨佩光寒，斂袂下雲端。」

〔二〕繚繞句：形容歌聲清麗悠長，餘音不斷。列子湯問：「昔韓娥東之齊，匱糧，過雍門，謳歌假食。既去，而餘音繞梁欐，三日不絶。」藝文類聚卷四三引劉向別録：「漢興以來，善雅歌者，魯人虞公，發聲清哀，蓋動梁塵。」謝朓和伏武昌登孫權故城詩：「舞館識餘基，歌梁想遺轉。」劉良注：「妙歌者發聲，繞梁而塵起，故見梁則想其餘聲也。」魏承班玉樓春：「聲聲清迥遏行雲，寂寂畫梁塵暗起。」

〔三〕百琲句：以線穿明珠形容歌聲清麗。琲，珠串。劉逵注左思吴都賦云：「琲，貫也；珠十貫爲一琲。」王嘉拾遺記卷九云：「（石崇）又屑沉水之香，如塵末，布象床上，使所愛者踐之，無迹者賜以真珠百琲，有迹者節其飲食，令身輕弱。故閨中相戲曰：『爾非細骨輕軀，哪得百琲真珠。』」

〔四〕櫻唇玉齒：李商隱贈歌妓詩：「紅綻櫻桃含白雪，斷腸聲裏唱陽關。」盧照鄰和王奭秋夜有所思詩：「丹唇間玉齒，妙響入雲涯。」

〔五〕留住行雲：形容歌聲美妙。列子湯問：「薛譚學謳于秦青，未窮青之技，自謂盡之，遂辭歸。秦青弗止，餞於郊衢，撫節悲歌，聲振林木，響遏行雲。薛譚乃謝求反，終身不敢言歸。」

〔六〕滿坐句：檃栝淳于髡語，史記滑稽列傳：「若乃州閭之會，男女雜坐，行酒稽留，六博投壺，相引爲曹，握手無罰，目眙不禁，前有墮珥，後有遺簪，髡竊樂此，飲可八斗而醉二參。日暮酒闌，合尊促坐，男女同席，履舄交錯，杯盤狼藉，堂上燭滅，主人留髡而送客，羅襦襟解，微聞薌澤，當此之時，髡心最歡，能飲一石。故曰，酒極則亂，樂極則悲。」

【輯評】

金人瑞金聖歎全集卷六批歐陽永叔詞：「減字木蘭花（歌姬），『歌檀斂袂。繚繞雕梁塵暗起』，起平平。又『塵暗起』字，殊礙下『留住行雲』字。『柔潤清圓。百琲明珠一綫穿』，用累累貫珠，又用『百琲明珠』字，謂之半借法。『櫻唇玉齒。天上仙音心下事』，『天上』、『心下』門成七字，不知是千鎚百琢語，不知是天成語。更妙於『心下事』，定當私昵穢褻，却用『天上仙音』四字冠之，便妙不容言。『留住行雲』，此只用遏雲事，又用『行雲』字，蓋用字略略影借，便可化陳爲新也。『滿坐迷魂酒半醺』，只七個字，便檃括淳于髡『臣飲一石』一段奇文，而反覺妖豔過之。」

生查子〔一〕

去年元夜時〔二〕，花市燈如晝〔三〕。月到柳梢頭㊁，人約黃昏後。今年元夜時，月與燈依舊㊂。不見去年人，泪滿春衫袖㊃。

【校記】

㈠此詞作者素有疑義，綜括之有四説：一爲歐陽修；二爲秦觀；三爲李清照；四爲朱淑真。王士禛池北偶談卷一四：「今世所傳女郎朱淑真『去年元夜時，花市燈如晝』生查子詞，見歐陽文忠集一百三十一卷，不知何以訛爲朱氏之作。世遂因此詞疑淑真失婦德，記載不可不慎也。」紀昀等四庫全書總目斷腸詞提要：「楊慎升庵詞品載其生查子一闋，有『月上柳梢頭，人約黄昏後』語，（毛）晉跋遂稱爲『白璧微瑕』。然此詞今載歐陽修廬陵集第一百三十一卷中，而晉刻宋名家詞六十一種，六一詞即在其内，乃於六一詞漏注互見斷腸詞，已自亂其例，於此集更不一置辨，且證實爲『白璧微瑕』，益鹵莽之甚。」唐圭璋全宋詞案語：「此首别又誤作朱淑真詞，見詞品卷二。又誤作秦觀詞，見續選草堂詩餘卷上。方回瀛奎律髓卷十六又引『月上柳梢頭』句以爲李清照作，亦誤。」其宋詞互見考亦云：「案此首歐陽修詞，見歐陽文忠近體樂府，又見樂府雅詞。曾慥録詞特慎，雅詞序云：『當時小人或作豔曲，謬爲公詞，今悉删除。』此闋適在選中，其爲歐詞明甚。汲古閣詩詞雜俎録入朱淑真斷腸詞，非是。毛本六一詞注云：『或刻秦少游。』亦非。」清人陳廷焯詞壇叢話引陳文述語：「『去年元夜』一詞，本歐陽公作，後人誤編入斷腸集，遂疑朱淑真爲泆女，皆不可不辨。」又按云：「『去年元夜』一詞，當是永叔少年筆墨。漁洋辨之於前，雲伯辨之於後，俱有挽扶風教之心。余謂古人托興言情，無端寄慨，非必實有其事。此詞即爲朱淑真作，亦不見是泆女，辨不辨皆可也。」況周頤斷腸詞跋：「淑真生查子詞，欽定四庫全書提要辨之甚詳，宋曾慥樂府雅詞、明陳耀文花草粹編並作永叔。慥録歐詞特慎，雅詞序云：當時或作豔曲，謬爲公詞，今悉删除。此闋適在選中，其爲歐詞明甚。毛刻斷腸詞校讎不精，跋尾又襲升庵臆説，青蠅玷璧，不足以傳賢媛。」陸以湉冷廬雜識卷四：「『去年元夜』一詞，本歐陽公作，後人誤編入斷腸集，遂疑朱淑真爲泆女，皆不可不辨。」是此詞爲歐陽修所作，清人已有定論。黄嫣梨女士於此考辨甚詳，可參其朱淑真研究（上海三聯書店一九九二年版，第一三六—一四一頁）。

㈡月到：底本卷末校：「月到，一作『月在』。」吉州本、天理本同。朱淑真斷腸詞作「月上」，下注：「别作『在』，又作『到』。」

㈢月與燈依舊：底本卷末校：「月與燈依舊，一作『燈月仍依舊』。」

㈣滿：汲古閣詩詞雜俎本斷腸詞作「濕」。

【注釋】

〔一〕生查子：唐教坊曲名，後用作詞調名。又名陌上郎、梅和柳、楚雲深、愁風月、綵羅裙、晴色入青山。清徐釚詞苑叢談云：「查，古槎字，張騫乘槎（往天河）事也。」雙調，四十字，前後闋各四句，偶句用仄聲韻。

〔二〕元夜：正月十五日上元之夜，又名元宵、元夕，乃一年中第一個月圓之夜。唐以來有晝擺市、夜賞月觀燈的習俗，宋時上元節期長達五日，嘉祐二年（一〇五七）元夜，時在禮部貢院鎖試進士的歐陽修有答梅聖俞莫登樓詩，言是夜京都情景：「燈光月色爛不收，火龍銜山祝千秋。緣竿踏索雜幻優，鼓喧管咽耳欲咻。」

〔三〕花市：賣花的集市。韋莊奉和左司郎中春物暗度感而成章詩：「錦江風散霏霏雨，花市香飄漠漠塵。」周邦彦解語花上元詞：「風銷焰蠟，露浥烘爐，花市光相射。」歐陽修洛陽牡丹記風俗記三：「洛陽之俗，大抵好花。春時城中無貴賤皆插花，雖負擔者亦然。花開時士庶競爲遊遨，往往於古寺廢宅有池臺處爲市井，張幄帟，笙歌之聲相聞。最盛於月陂堤、張家園、棠棣坊、長壽寺、東街與郭令宅，至花落乃罷。」王觀芍藥譜：「揚（維揚）之人與西洛不異，無貴賤，皆喜戴花，故開明橋之間，方春之月，拂旦有花市焉。」據此知宋時花市頗爲繁盛。

【輯評】

方回瀛奎律髓卷一六：（白居易正月十五夜月詩）三、四句佳句也（指「春風來海上，明月在江頭」），如李易安「月上柳梢頭」，則詞意邪僻矣。

紀昀瀛奎律髓刊誤卷一六曰：『「月上柳梢頭」一闋，乃歐公小詞。後人竄入朱淑真，已爲冤抑。此更移之李易安，尤非。此詞邪僻，在下句『人約黄昏後』五字。若『月上柳梢頭』，乃是常景，有何邪僻？此論未是。」

卓人月古今詞統卷三：「元曲之稱絶者，不過得此法。」

金人瑞金聖歎全集卷六批歐陽永叔詞：「生查子（春恨）『去年元夜時』，前後兩提頭，只換一字，章法絶奇。『花市燈如晝』，第二句燈。『月到柳梢頭』，第三句月。『人約黄昏後』，第四句人。四句寫得目駘心蕩。『月與燈依舊』，『月與燈』只三字，便將前第二、第三句繳過。『依舊』只二字，便將前『花市』、『如晝』、『到柳梢頭』八字重描，真奇絶之筆！『不見去年人，淚濕春衫袖』，只爲此句，生出一章來，其法可想。又妙在仍用『去年』二字。」又，「看他又説去年，又説今年，又追述舊歡，又告訴新怨，中間凡敘兩番元夜、兩番燈、兩番月，又襯許多『花市』字、『如晝』字、『柳梢』字、『黄昏』字、『淚』字、『衫袖』字，而讀之者，只謂其清空一氣如活，蓋其筆法高妙，非人之所及也。」

張德瀛詞徵卷五：「辛稼軒『去年燕子來』詞，仿歐陽永叔『去年元夜時』詞格。」

張伯駒叢碧詞話：「歲寒居詞話云：『海寧朱淑真乃文公族侄女，有斷腸詞。乃因誤入歐陽永叔生查子一首，遂誣以桑濮之行，指爲白玉微瑕。此詞今尚見六一集中，奈何以冤淑真。』池北偶談亦云：『今世所傳女郎朱淑真生查子詞，見歐陽文忠公集一百三十一卷。不知何以訛爲朱氏之作，世遂因此詞疑淑真失婦德。』余以爲置六一集中，永叔豈不亦失德？如永叔臨江仙『柳外輕雷池上雨』一闋結句云：『水精雙枕，傍有墮釵橫。』野客叢書謂舊説歐公爲郡幕日，因郡宴與一官妓荏苒，郡守得知，令妓求歐詞以免過，公遂爲此詞。堯山堂外紀亦云：『永叔任河南推官，親一妓。時錢文僖公爲西京留守，一日，宴於後園，客集而歐與妓後至，錢責妓未至，妓云：中暑往涼堂睡覺，失金釵，猶未見。錢曰：若得歐推官一詞，當爲償汝。』歐即席賦詞，坐皆擊節。命妓滿斟送歐，而令公庫償錢。』楊升庵詞品云：『離思黯然，道學人亦作此情語。』王壬秋則謂此詞係『寫閨人睡景，亦狎語也』。余以爲有其詞，不必有其事，後人但賞好詞。有其事不必問，無其事更不可加以附會。如生查子詞爲畏失德之誣，置諸何集中皆所不宜，豈不負此好詞。」

又〔一〕〔二〕

含羞整翠鬟〔二〕，得意頻相顧〔三〕。雁柱十三絃〔四〕，一一春鶯語〔五〕。　嬌雲容易飛〔六〕，夢斷知何處。深院鎖黄昏〔七〕，陣陣芭蕉雨〔八〕。

【校記】

〔一〕毛本題注：「或刻張子野。」冒校：「宋本無『或刻張子野』五字。按：鮑廷博所輯張子野詞補遺有此首。草堂亦作『張子野』。花庵題作『別恨』。」吴熊和、沈松勤張先集編年校注：「此詞又見歐陽文忠公近體樂府卷一，草堂詩餘、知不足齋本調下題曰『詠箏』；花草粹編卷一、詞綜卷五、安陸集題作『彈箏』；許昂霄詞綜偶評云：『玩後四句，乃是憶彈箏之人而作，非詠彈箏也。』」唐圭璋全宋詞：「案此首類編草堂詩餘卷一誤作張先詞。」又唐圭璋宋詞互見考：「案此首歐陽修詞，見毛本六一詞及歐陽文忠公近體樂府，又見花庵詞選。惟草堂詩餘作子野詞，彊村本子野詞補據之録入，非是。」黄校：「此首有題爲詠箏，類編草堂詩餘卷一誤作張先詞。」李校：「生查子……第二首『含羞整翠鬟』，類編草堂詩餘卷一誤作張先詞。」綜上以歸歐陽修作爲宜。

【注釋】

〔一〕歐陽明亮歐陽修詞論稿以爲此詞或作於至和二年（一〇五五），從之。

〔二〕含羞句：杜牧八六子：「翠鬟羞整。」翠鬟，形容女子環形的髮髻。高蟾華清宮詩：「何事金輿不再遊？翠鬟丹臉豈勝愁？」

〔三〕得意：領會心意。莊子外物：「言者所以在意，得意而忘言。」此處指男女間的傳情會意。

〔四〕雁柱十三絃：此代言箏，箏絃與心絃雙關，有琴挑傳情之意。雁柱，絃柱整齊斜列，有如雁行，故稱。柱，所以繫絃。按，説文：「箏，五絃，筑身也。」阮瑀箏賦：「身長六尺，應律數也。……絃有十三，四時度也；柱高三寸，三位具也。」隋書音樂志：「絲之屬……四曰箏，十三絃。」文獻通考樂部：「宋朝用十三絃箏。」隋以後箏演變爲十三絃，故唐宋詩詞中言箏者皆十三絃。岑參秦箏歌送外甥蕭正歸京詩：「汝不聞秦箏聲最苦，五色纏絃十三柱。」李商隱昨日詩：「二八月輪蟾影破，十三絃柱雁行斜。」

〔五〕一一：逐一，每一式撥彈琴絃。春鶯語：喻琴聲清麗婉轉。白居易琵琶行：「間關鶯語花底滑。」韋莊菩薩蠻：「琵琶金翠羽，絃上黄鶯語。」

〔六〕嬌雲句：宋玉高唐賦序謂楚王所夢巫山神女「旦爲朝雲，暮爲行雨，朝朝暮暮」。後常以流雲行雨喻男女短時歡會。李白宫中行樂詞：「只愁歌舞散，化作彩雲飛。」容易，張相詩詞曲語辭匯釋卷四：「容易，猶云輕易也；草草也；疏忽也。」

〔七〕鎖黄昏：白居易江南逢天寶樂叟：「長生殿暗鎖黄昏。」

〔八〕芭蕉雨：全唐詩録蔣鈞詩殘句：「芭蕉葉上無愁雨，自是多情聽斷腸。」

【輯評】

金人瑞金聖歎全集卷六批歐陽永叔詞：「生查子（即事），『雁柱十三絃，一一春鶯語』，此二句之妙，人未必知，予不得不説。蓋從『十三』字生出『一一』字，從『雁柱』字生出『鶯語』字也。『嬌雲容易飛，夢斷知何處』，如此用夢雲事，便如曾未經用。『深院鎖黄昏』，黄昏如何鎖得？且『鎖黄昏』與人何與？只説『鎖黄昏』，更不説愁，而怨無窮矣。」又，「邇來填詞家，亦貪得好句，而苦無其法，遂終成嘔噦。殊不知好句初不在『風雨』、『珠玉』等字餖飣而成，只將目前本色言語，只要結撰照耀得好，便覺此借彼襯，都成妙豔。如此詞，第三、四句，『一一』字，只從『十三』字注瀝而出；『鶯語』字，只從『雁柱』字影射而成也。苟若不得此法，即髯枯血竭，政復何益？」

黄蘇蓼園詞選：「按『一一』字從『頻』字生來，『春鶯語』從『得意』字生來。前一闋寫得意時情懷，無限旖旎；次一闋寫别後情懷，無限淒苦。胥於箏寓之。凡遇合無常，思婦中年，英雄末路，讀之皆堪下淚。」

瑞鷓鴣㈠〔一〕

楚王臺上一神仙㈡〔二〕。眼色相看意已傳㈢。見了又休還似夢㈣，坐來雖近遠如天㈤。　隴禽有恨猶能説㈥〔三〕，江月無情也解圓㈦。更被春風送惆悵㈧，落花飛絮兩翩翩⑨。

【校記】

㊀吉州本題下有注：「此詞本李商隱詩，公嘗筆於扇云：『可入此腔歌之。』」天理本同。錢大昕十駕齋養心録卷一六「詩詞蹈襲」條：「吴融有詩云：……歐陽集亦有之，題爲瑞鷓鴣詞。歐公非竊人句爲己作者，偶寫古人句，編次公集者，誤以爲公作而收入之。」唐圭璋全宋詞：「又案此下原有瑞鷓鴣『楚王臺上一神仙』一首，注云：『此詞本李商隱詩，公嘗筆於扇云：可入此腔歌之。』此首原非詞，亦非歐作，今不録。其詩實非李商隱作，乃吴融七律，見韋縠才調集卷二。」李逸安校歐陽修全集：「宋刊本詞牌下有注云：『此詞本李商隱詩，公嘗筆於扇云：可入此腔歌之。』」按，以此詞與吴融詩比較，字句改動者頗多。如「楚王臺」，吴融詩浙東筵上有寄作「襄王席」，實寫宴飲之所。又如「眼色相看意已傳」，吴融詩作「眼色相當語不傳」，相較之下，歐陽修改動之後，更加情意纏綿，適合詞之情調。故該詞應爲歐陽修改動吴融之詩爲詞，以應歌女演唱之作，不應視爲吴融詩而誤入歐集者。

㊁楚王臺：吴融詩浙東筵上有寄作「襄王席」。

㊂相看：底本卷末校：「相看，一作『相勾』。」吉州本、天理本同。吴融詩作「相當」。意已

傳：琴本作「□未傳」。吴融詩作「語不傳」。

㈣還似夢：吴融詩作「真似夢」。

㈤遠如天：底本卷末校：「遠如，一作『宛如』。」吉州本、天理本同。琴本「如」作「於」。吴融詩作「遠於天」。

㈥隴：琴本作「籠」。李栖校記：「琴本『隴』作『籠』，誤。」有恨：吴融詩作「有意」。

㈦無情：吴融詩作「無心」。

㈧春風送惆悵：吴融詩作「東風勸惆悵」。

㈨飛絮兩：吴融詩作「時節定」。翩翩：底本卷末校記：「『翩翩』一作『茫然』。」吉州本、天理本同。

【注釋】

〔一〕瑞鷓鴣：據詞譜，原本爲七言律詩，因唐人用來歌唱，遂成詞調。宋史樂志列爲中呂調。又名舞春風、桃花落、鷓鴣詞、拾菜娘、天下樂、太平樂、五拍。胡仔苕溪漁隱叢話後集卷三九曰：「唐初歌詞，多是五言詩或七言詩。……今所存止瑞鷓鴣、小秦王二闋是七言八句詩，並七言絶句詩而已。瑞鷓鴣猶依字易歌。」雙調，五十六字。前後闋各四句，前闋一、二、四句，後闋二、四句，用平聲韻。

〔二〕楚王臺：傳説中楚襄王夢遇神女處，今四川省巫山縣陽臺。按，唐宋時常稱歌妓爲神仙。張祜縱遊淮南詩：「十里長街市井連，月明橋上看神仙。」鄭還古贈柳氏妓：「冶豔出神仙，歌聲勝管絃。詞輕白紵曲，歌遏碧雲天。」陶穀風光好：「好姻緣。惡姻緣。只得郵亭一夜眠。別神仙。」

〔三〕隴禽：即鸚鵡，又稱隴客、隴鳥，善學人言。因其多產於隴西，故稱。羅鄴贈東川梓桐縣韋德孫長官詩：「蜀醞天寒留客醉，隴禽山曉隔簾呼。」李商隱五言述德抒情詩獻上杜七兄僕射相公詩：「隴鳥悲丹嘴，湘蘭怨紫莖。」歐陽修鸚鵡螺詩：「隴鳥回頭思故鄉，美人清歌蛾眉揚。」

【輯評】

金人瑞金聖歎全集卷六批歐陽永叔詞：「瑞鷓鴣（有見）『見了又休何若夢，坐來雖近遠如天』，不恨『休』，反恨『見』；不恨『遠』，反恨『近』，妙妙。『何若夢』，言不如夢也。一本作『還似夢』，非。『隴禽有恨猶能説』，承『見了又休』句。『江月無情也解圓』，承『坐來雖近』句，字字句句恨極。『落花飛絮兩翩翩』，『落花』喻彼，『飛絮』自喻，索性把『眼色相看』、『坐來雖近』一發説決撒了，省得牽腸吊肚。又一結法也。」

清商怨㊀〔一〕

關河愁思望處滿〔二〕，漸素秋向晚〔三〕。雁過南雲〔四〕，行人回淚眼。　雙鸞衾裯悔展〔五〕，夜又永、枕孤人遠。夢未成歸，梅花聞塞管〔六〕。

【校記】

㊀清商怨：吉州本作清商志。林本校記：「清商怨，毛本不載，雅詞調作『傷情遠』。」冒校：「清商怨，宋本此首列瑞鷓鴣後，『怨』字誤刻作『志』。雅詞調作傷情怨。按：此詞載晏殊珠玉詞，毛删。粹編作『歐公』。」唐圭璋全宋詞：「案此首别誤作晏殊詞，見詞品卷一。」又唐圭璋宋詞互見考：「案此首歐陽修詞，見近體樂府。毛晉據庚溪詩話收入晏殊珠玉詞，然庚溪詩話作歐詞，並非作晏詞。」

【注釋】

〔一〕清商怨：又名關河令、傷情怨。古樂府有清商曲辭，聲調清越。雙調，四十三字。前後闋各四句，均一、二、四句用仄聲韻。清毛先舒塡詞名解卷一：「清商怨，晉樂府有清商曲，子夜諸歌辭是也，聲極哀苦。至唐舞曲有清商伎詞，采其意，變今名。」按，至和二年（一〇五五）八月，遼興宗卒。歐陽修以翰林學士、吏部郎中知制誥爲使赴契丹弔慰，途中有奉使契丹道中答劉原父桑乾問見寄之作、書素屏、馬齧雪諸詩。此詞云「雁過南雲，行人回淚眼」，「夢未成歸，梅花聞塞管」，亦使遼途中所作。其奉使契丹初至雄州詩云：「古關衰柳聚寒鴉，駐馬城頭日欲斜。猶去西樓二千里，行人到此莫思家。」又奉使契丹回京馬上作詩云：「紫貂裘暖朔風驚，潢水冰光射日明。笑語同來向公子，馬頭今日向南行。」（參唐宋詞匯評兩宋卷，浙江教育出版社二〇〇四年版，第二〇八頁。）

〔二〕關河：函谷諸關與黄河，也泛指關山河川。史記蘇秦列傳：「秦四塞之國，被山帶渭，東有關河，西有漢中。」張守節正義：「東有黄河，有函谷、蒲津、龍門、合河等關。」盧照鄰隴頭水詩：「關河別去水，沙塞斷歸腸。」

〔三〕漸：領起下句，猶正當義。素秋：五行之説認爲秋屬金，色白，故稱素秋。張華勵志詩：「星火既夕，忽焉素秋。」李善注：「爾雅：『秋曰白藏。』故曰素秋。」杜甫秋興八首：「瞿唐峽口曲江頭，萬里風煙接素秋。」

〔四〕南雲：南飛之雲，古人以此寄託思親、懷鄉之情。陸雲感逝詩：「眷南雲以興悲，蒙東雨而涕零。」李白大堤曲：「佳期大堤下，淚向南雲滿。」

〔五〕雙鸞衾裯：指繡有成雙鸞鳥圖案的被褥床帳一類卧具。詩經召南小星：「肅肅宵征，抱衾與裯，寔命不猶。」毛傳：「衾，被也。」鄭玄箋：「裯，床帳也。」

〔六〕梅花：樂府横吹曲梅花落的省稱。樂府詩集横吹曲辭：「梅花落，本笛中曲也。按唐大角曲，亦有大單于、小單于、大梅花、小梅花等曲，今其聲猶有存者。」江總梅花落詩：「長安少年多輕薄，兩兩常唱梅花落。」塞管：塞外笛管類胡樂器，聲多悲切。劉禹錫楊柳枝詞：「塞北梅花羌笛吹。」馮延巳虞美人：「塞管吹幽怨。」

【輯評】

陳巖肖庚溪詩話卷下：「紹興庚午歲，余爲臨安秋賦考試官，同舍有舉歐陽公長短句詞曰：『雁過南雲，行人回淚眼。』因問曰：『南雲其義安在？』余答曰：『嘗見江總詩云：「心逐南雲去，身隨北雁來。故園籬下菊，今日幾花開。」恐出於此耳。』」

楊慎詞品卷一「南雲」條：「庚溪以江淹詩『心逐南雲去，身隨北雁來』答之，不知陸機思親賦有『指南雲以寄欽』之句，陸雲九愍云：『眷南雲以興悲』，『南雲』字當是用陸公語也。」

阮郎歸㊀〔一〕

東風臨水日銜山㊁〔二〕。春來長是閑。落花狼籍酒闌珊㊂〔三〕。笙歌醉夢間〔四〕。

春睡覺㊃，晚粧殘〔五〕。無人整翠鬟㊄〔六〕。留連光景惜朱顏㊅。黃昏獨倚欄㊆。

【校記】

㊀ 底本卷末校：「阮郎歸三篇，並載陽春録，名醉桃源。」吉州本、天理本同。琴本調名作醉桃源。按，此詞又收入馮延巳陽春集、李煜集，以及晏殊的蘭畹集。冒校：「阮郎歸，宋本卷末校云：『三篇並載陽春録，名醉桃源。』琴趣『阮郎歸』三字作『醉桃源』。陽春集『東風臨水』作第三首，注云：『別作李後主，又作歐陽修。』『南園春早』作第一首，注云：『別作歐陽修。』『角聲吹斷』一首同列第二下，無注，毛注：『或刻晏同叔。』按蘭畹集亦作『晏殊』，今汲古刻珠玉無此詞，想被刪去。草堂『東風臨水』一首，作『李後主』，今南唐二主詞有此詞，題作『呈鄭王』。」陳作楫陽春集箋：「三闋均入六一集。調作阮郎歸，

於『南園春半』一闋注並云：『或刻晏同叔。』樂府雅詞亦全作歐詞，調名同。草堂選『南園春半』作歐陽修，『東風吹水』作李後主，粟香室本載侯注云：『南園春半。』蘭畹誤作晏叔原，粹編、歷代詩餘、全唐詩、唐五代詞選均前二闋作延巳，後一闋作後主，調均阮郎歸。粹編於後一闋並云：『此詞後有隸書「東宮府書印」等字以證爲煜詞。然考馮，元宗相，罷後，獨屢爲太子傅。此詞當在斯職時所作，而鈐用「東宮府印」耳。或在東宮，偶有吟詠，代煜爲者。未可據斷爲李詞。耀文未加深考，遂相沿而有此誤。自是諸選本，多以「東風吹水」一詞爲後主作矣。』」詹安泰李璟李煜詞：「這詞又見馮延巳陽春集、歐陽修近體樂府，樂府雅詞歸入歐陽永叔詞。調名下注，吴本、吕本、侯本、蕭本均分注兩處，在調名下注『呈鄭王十二弟』。篇末注『後有隸書「東宮書府印」』。花草粹編調名下注：『一名醉桃源、碧桃春。』此注移在篇末。正集調名下注：『一名醉桃源。』題作春景，注：『呈鄭王十二弟。』宋校也題作春景。」唐圭璋宋詞互見考：「案此首馮延巳詞，見陽春集，又作李煜詞，見南唐二主詞，並有題作『呈鄭王』，或爲李煜書此詞以遺鄭王者。歐陽修近體樂府亦載此首，侯文燦本陽春集注，謂蘭畹集作晏殊詞，並誤。」曾昭岷温韋馮詞新校陽春集：「此首原注云：『別作李後主，又作歐陽修。』又見南唐二主詞，調下題作『呈鄭王十二弟』。草堂詩餘、花間集補、古今詞統、古今詩餘醉、花草粹編、全唐詩、歷代詩餘作李煜詞。又見歐陽修近體樂府卷一、醉翁琴趣外篇，樂府雅詞亦作歐陽修詞。吴本、侯本、蕭本、金本注云：『蘭畹集誤作晏同叔。』〔曾按〕……近體樂府、樂府雅詞不足據信。今傳本珠玉詞中亦無此首，蘭畹集顯係誤收。全宋詞於歐、晏二家存目詞中皆斷爲馮作。當從陽春集作馮延巳詞。」王仲聞南唐二主詞校訂云：「此首別作馮延巳，見陽春集，調名作醉桃源。又作歐陽修，見歐陽文忠公近體樂府卷一、醉翁琴趣外篇卷五（調名醉桃源）、樂府雅詞卷上。吴本、蕭本、侯本陽春集注云『蘭畹集誤作晏同叔』，傳本珠玉詞無此首，不知蘭畹集何據。」按南唐二主詞收此詞調下有題：「呈鄭王十二弟。」王仲聞又云：「羅泌跋……歐陽文忠公近體樂府卷一載『東風臨水日銜山』等阮郎歸三首，羅泌校語云：『阮郎歸三篇並載陽春録，名醉桃源。』今本陽春集亦載此三首，與崔公度所跋、羅泌校語所據之陽春録相同。阮郎歸詞既收入陽春録，據崔跋當有延巳親筆。延巳卒時，後主尚未嗣位。後主呈鄭王十二弟之作，延巳焉能書之。此詞殆爲延巳所作。後主曾録之以遺鄭王，後人遂據墨迹以爲煜作。」此篇互見於馮延巳、李後主、晏殊及歐公詞集，目前尚難作定論。

㈡臨水：底本卷末校：「臨水，一作『吹水』。」吉州本、天理本同。南唐二主詞作「吹水」。陽春集「臨」作「吹」，下注：「別作『臨』。」

㈢落花：陽春集作「林花」，注「別作『落』」。王仲聞南唐二主詞校訂：「『落花』，吴訥唐宋名賢百家詞本陽春集作『薄衣』。近人周泳先唐宋金元詞鈎沉輯本蘭畹集引朱祖謀手過查映山校本陽春集作『荷衣』。」曾昭岷等全唐五代詞并存馮延巳、李煜詞：「林花：『林』字下原注云：『別作「落」。』南唐二主詞、近體樂府卷一、樂府雅詞卷上、草堂詩餘前集卷上作『落』。吴本、舊抄本陽春集作『薄衣』；星鳳閣本陽春集、周泳先唐宋金元詞鈎沉輯本蘭畹集引朱祖謀手過查映山校本陽春集作『荷衣』。」

㈣春睡覺：底本卷末校：「睡覺，一作『睡起』。」吉州本、天理本同。南唐二主詞作「珮聲悄」。陽春集在全句下注：「別作『佩聲悄』。」

㈤無人：陽春集注：「別作『憑誰』。」南唐二主詞亦作「憑誰」。翠鬟：琴本、樂府雅詞作「翠環」。

㈥光景：李本校作「花景」。惜朱顔：陽春集作「喜朱顔」，注：「別作『惜』。」

㈦獨：陽春集注：「別作『人』。」

【注釋】

〔一〕阮郎歸：太平廣記卷六一引神仙記記劉晨、阮肇入天台採藥遇二仙女事。劉、阮二人留住半年，思歸甚苦。既歸，鄉邑零落，已十世矣。調名本此。始見南唐李煜詞。又名碧桃春、醉桃源、濯纓曲、宴桃源。雙調，四十七字，前闋四句，句句用韻；後闋五句，二、三、四、五句用韻，押平聲韻。

〔二〕日銜山：謂山被日所銜，即紅日將墜落西山。李白烏棲曲：「吳歌楚舞歡未畢，青山猶銜半邊日。」

〔三〕狼籍：縱橫散亂貌。見採桑子（群芳過後）注〔二〕。闌珊：衰微、將盡意。白居易詠懷詩：「白髮滿頭歸得也，詩情酒興漸闌珊。」

〔四〕笙歌：見採桑子（輕舟短棹）注〔三〕。

〔五〕晚粧：唐宋時女子有傍晚重畫粧的習慣。李煜搗練子詞：「雲鬟亂，晚粧殘，帶恨眉兒遠岫攢。」又一斛珠詞：「晚粧初過，沈檀輕注些兒個。」又玉樓春詞：「晚粧初了明肌雪，春殿嬪娥魚貫列。」黃庭堅定風波詞：「歌舞闌珊退晚粧。主人情重更留湯。」

〔六〕翠鬟：見生查子（含羞整翠鬟）注〔二〕。

又㈠

南園春早踏青時㈡〔一〕。風和聞馬嘶。青梅如豆柳如眉㈢。日長蝴蝶飛〔二〕。花露重，草煙低〔三〕。人家簾幕垂〔四〕。鞦韆慵困解羅衣〔五〕。畫梁雙燕棲㈣〔六〕。

【校記】

㈠毛本題注：「或刻晏同叔。」按本詞晏殊珠玉詞收入，而馮延巳陽春集亦收入。陽春集題作「春半」，花庵詞選題作「踏青」。唐圭璋全宋詞按語謂爲馮延巳作。張草紉二晏詞箋注録入存目詞中，亦以爲馮延巳作。曾昭岷等全唐五代詞：「此首原注云：『別作歐陽修。』又見歐陽修近體樂府卷一。羅泌校云：『阮郎歸三篇，並載陽春録，名醉桃源。』樂府雅詞卷上作歐詞，唐宋諸賢絶妙詞選卷二、草堂詩餘前集卷上、詩餘圖譜卷一、古今詩餘醉卷五因仍之。吳本、侯本、蕭本、金本陽春集注云：『蘭畹集誤作晏叔原。』草堂詩餘正集卷一注云：『亦作晏同叔。』又見晏殊珠玉詞。案：晏殊、晏幾道、歐陽修皆愛好馮詞，其所自撰樂府歌詞，亦與延巳風格相似，馮詞之混入二晏、歐陽詞中，時人亦往往不能辨識。……全宋詞於二晏、歐陽存目詞中皆斷作馮詞。當從陽春集作馮延巳詞。」此篇互見於馮延巳、晏殊及歐公詞集。

㈡春早：底本卷末校：「春早：一作『春半』。」吉州本、天理本同。

㈢眉：陽春集注：「一作『絲』。」

㈣冒校：「陽春『栖』作『歸』，下注：『別作「栖」。』琴趣作『飛』，與『蝴蝶飛』韻重，誤。」曾昭岷等全唐五代詞：「梁：原注云：『別作「堂」。』草堂詩餘前集作『堂』。棲：原作『歸』，注云：『別作「棲」。』據近體樂府、樂府雅詞、唐宋諸賢絶妙詞選改。」

【注釋】

〔一〕南園：泛指園圃。晉張協雜詩：「借問此何時，蝴蝶飛南園。」李賀南園詩：「花枝草蔓眼中開，小白長紅越女腮。可憐日暮嫣香落，嫁與春風不用媒。」温庭筠菩薩蠻：「南園滿地堆輕絮，愁聞一霎清明雨。」踏青：春日郊野遊覽的習俗。宋陳元靚歲時廣記卷一遊蜀江：「杜氏壺中贅録：蜀中風俗，舊以二月二日爲踏青節，都人士女絡繹遊賞，緹幕歌酒，散在四郊。」孟浩然大堤行：「歲歲春草生，踏青二三月。」蘇轍踏青詩序：「眉州之東門十數里，有山曰蟆頤，山上有亭榭松竹，下臨大江，每正月人日，士女相與遊嬉飲酒於其上，謂之踏青。」唐宋時正月、二月、三月皆爲踏青時節，以後逐漸演變爲清明節前後踏青的風俗。

〔二〕日長：冬至以後一天長於一天，故漸覺日長。晏殊破陣子：「池上碧苔三四點，葉底黄鸝一兩聲。日長飛絮輕。」

〔三〕花露重二句：温庭筠更漏子：「蘭露重，柳風斜。」韋莊酒泉子：「柳煙輕，花露重。」

〔四〕簾幕：見訴衷情（清晨簾幕）注〔二〕。

〔五〕鞦韆：又作「秋千」。荆楚歲時記引古今藝術圖曰：「鞦韆，本北方山戎之戲，以習輕趫者。後中國女子學之，乃以彩繩懸木立架，士女炫服坐立其上，推引之。」一説漢武帝祈千秋之壽，故後宮多鞦韆之樂，取其諧音。黄朝英靖康緗素雜記卷八鞦韆：「許慎説文後序徐注云：案，詞人高無際作秋千賦序云：『秋千，漢武帝後庭之戲也。本云千秋，祝壽之詞也，語訛轉爲秋千。後人不知本意，乃旁始加革爲秋千字。』案秋千非皮革所爲，又非車馬之用，不合從革。」唐張萱曾畫宫中鞦韆圖，唐宋時鞦韆乃春天流行的遊戲。

〔六〕畫梁：見踏莎行（雨霽風光）注〔三〕。

【輯評】黄蘇蓼園詞選：「沈際飛曰：『景物閑遠。』又曰：『「簾垂」則「燕棲」，「棲」則在「梁」，妥甚。』按，是人是物，無非化日舒長之景，望而知爲治世之音，詞家勝象。」

俞陛雲唐五代兩宋詞選釋：「先寫春早之景，後言春晝之人，但言日長人倦。『鞦韆』二句不著歡愁，風情自見。」

吴世昌詞林新話：「草堂詩餘有永叔阮郎歸……全是花間氣派。又此詞亦見小山詞。」

又〔一〕

角聲吹斷隴梅枝〔二〕。孤窗月影低。塞鴻無限欲驚飛。城烏休夜啼〔三〕。

尋斷夢，掩深閨㊂。行人去路迷。門前楊柳緑陰齊。何時聞馬嘶。

【校記】

㊀毛本題注：「上三闋並載陽春集，名醉桃源。」李本校：「阮郎歸前三首『東風臨水日銜山』、『南園春早踏青時』、『角聲吹斷隴梅枝』，又見陽春集，全宋詞云爲馮延巳詞。第四首『劉郎何日是來時』，吴訥唐宋名賢百家詞、侯文璨十名家詞録爲張先作，然張子野詞不載此首。第五首『落花浮水樹臨池』，又見於張子野詞卷一，或以爲張先作。」此篇互見於馮延巳、歐公詞集。

㊁隴：李栖校記：「琴本卷五『隴』作『柳』，誤。」

㊂深：陽春集作「香」，注：「別作『深』。」

【注釋】

〔一〕角聲句：角聲，畫角吹奏的樂聲。畫角爲西羌傳入中土的管樂器，以竹木、皮革製成，飾有彩繪，故稱。角聲高亢哀厲，軍中吹角以警昏曉，提振士氣。梁簡文帝折楊柳詩：「城高短簫發，林空畫角悲。」唐李賀雁門太守行：「角聲滿天秋色裏，塞上燕脂凝夜紫。」隴梅，即隴頭梅。太平御覽卷九七〇引荆州記：「陸凱與范曄相善，自江南寄梅花一枝，詣長安與曄，並贈花詩曰：『折花逢驛使，寄與隴頭人。江南無所有，聊贈一枝春。』宋之問題大庾嶺北驛詩：「明朝望鄉處，應見隴頭梅。」

〔二〕塞鴻二句：温庭筠更漏子：「驚塞雁，起城烏，畫屏金鷓鴣。」塞鴻，塞外的鴻雁。秋天南來，春日北歸，故古人常以塞鴻表現遊子思歸之情或親人對遊子的懷念。鮑照代陳思王京洛篇：「春吹回白日，霜歌落塞鴻。」白居易贈江客詩：「江柳影寒新雨地，塞鴻聲急欲霜天。」城烏，樂府詩集卷四七：「唐書樂志曰：烏夜啼者，宋臨川王義慶所作也。元嘉十七年，徙彭城王義康於豫章，義慶時爲江州，至鎮，相見而哭。文帝聞而怪之，徵還宅。大懼，伎妾夜聞烏夜啼聲，扣齋閣云：『明日應有赦。』其年更爲南兗州刺史，因此作歌。」

又㊀

劉郎何日是來時㊁〔一〕。無心雲勝伊〔二〕。行雲猶解傍山扉㊂〔三〕。郎行去不歸。强勻畫〔四〕，又芳菲〔五〕。春深輕薄衣。桃花無語伴相思。陰陰月上時〔六〕。

【校記】

㈠黄本校記：「此首别又見吴訥唐宋名賢百家詞本、侯文燦十名家詞本，作張子野詞，經查張子野詞本未載此首，當係歐作。」

㈡劉郎：張子野詞補遺上卷作「仙郎」。時：琴本作「期」。文本校記：「按此詞載張子野詞。鮑廷博校刻張子野詞補遺上卷『劉』作『仙』。『時』，琴本卷三作『期』，子野詞補遺亦作『期』。按『時』字韻複，作『期』是。」

㈢扉：全宋詞作「飛」。

【注釋】

〔一〕劉郎：見阮郎歸（東風臨水）注〔一〕。

〔二〕無心句：陶潛歸去來兮辭：「雲無心以出岫。」伊，見長相思（花似伊）注〔一〕。

〔三〕山扉：山野人家的柴門。陳後主晚宴文思殿詩：「荷影侵池浪，雲色入山扉。」

〔四〕强匀畫：勉强梳妝。

〔五〕芳菲：花草盛美的時節。韓翃妻柳氏楊柳枝：「楊柳枝，芳菲節，可恨年年贈離别。」毛熙震後庭花詞：「鶯啼燕語芳菲節。」

〔六〕陰陰：光景幽暗貌。張先木蘭花詞：「山外陰陰初落月。」

【輯評】

沈際飛草堂詩餘續集：「雲無定蹤，猶勝伊人，不得比之陌上塵矣。」

又㈠

落花浮水樹臨池。年前心眼期〔一〕。見來無事去還思〔二〕。而今花又飛。

淺螺黛〔三〕，淡燕脂〔四〕。閑粧取次宜〔五〕。隔簾風雨閉門時。此情風月知〔六〕。

【校記】

㈠黄本校記：「此首別又見張先張子野詞卷一，調作醉桃源，全宋詞列入歐詞，今從之。」

【注釋】

〔一〕年前：去年這個時節。心眼期：指心中的期盼和眼中的情意。韓偓青春詩：「眼意心期卒未休，暗中終擬約秦樓。」

〔二〕見來：猶真的，真個。杜甫寒雨朝行視園樹詩：「鎖石藤梢元自落，倚天松骨見來枯。」一作向來、一向解。封氏聞見記卷一〇：「春時生葉，至夏生花，秋乃死，見來如此。」朱慶餘送馬秀才詩：「清貌不識睡，見來嘗苦吟。」

〔三〕螺黛：即螺子黛，女子用以描眉的青黑色礦物顔料。這裏指淺淡的雙眉。説郛卷七八引顔師古隋遺録：「絳仙(吴絳仙)善畫長蛾眉……由是殿脚女争效爲長蛾眉，司宫吏日給螺子黛五斛，號爲『蛾緑』。螺子黛出波斯國，每顆直十金。」

〔四〕燕脂：即胭脂，或作「煙脂」。原産於西域的紅色粧面顔料。見歸自謡(春艷艷)注〔五〕。

〔五〕閑粧：隨意塗抹的粧面。取次：隨便，任意。杜甫送元二適江左：「經過自愛惜，取次莫論兵。」歐陽修南鄉子詞：「取次梳粧也便宜。」柳永玉女揺仙佩詞：「取次梳粧，尋常言語。」

〔六〕風月：謂風光景物。白居易過元家履信宅：「前庭後院傷心事，唯是春風秋月知。」

【輯評】

沈際飛草堂詩餘續集：「波折婉約。」

歐陽修詞校注卷二　近體樂府二

蝶戀花㈠〔一〕

簾幕東風寒料峭〔二〕。雪裏香梅㈡，先報春來早。紅蠟枝頭雙燕小。金刀剪綵呈纖巧〔三〕。　旋暖金爐薰蕙藻〔四〕。酒入横波〔五〕，困不禁煩惱〔六〕。繡被五更春睡好〔七〕。羅幃不覺紗窗曉〔八〕。

【校記】

㈠底本題下注：「一名鳳棲梧，又名鵲踏枝。」天理本、宫内廳本、叢刊本同。毛本題注：「舊刻二十二首，考『遥夜亭皋閑信步』是李中主作；『六曲闌干偎碧樹』，又『簾幕風輕雙語燕』，俱見珠玉詞，『獨倚危樓風細細』，又『簾下清歌簾外宴』，俱見樂章集，今俱删去。」林本校記：「元本注：一名鳳棲梧，一名鵲踏枝。」冒校：「蝶戀花，宋本注：『一名鳳棲梧，又名鵲踏枝。』此調共二十二首，毛刪五首，今悉補。」按：蝶戀花詞二十二首，重出情況最爲複雜，李本校：「蝶戀花二十二首，諸本載於近體樂府卷二，詞牌下注云：『一名鳳棲梧，又名鵲踏枝。』其中第二首『南雁依稀回側陣』，又見晏殊珠玉詞。第四首『海燕雙來歸畫棟』，類編草堂詩餘卷二誤作俞克成詞。第六首『六曲闌干偎碧樹』，又見陽春集，全宋詞云是馮延巳詞。第七首『遥夜亭皋閑信步』，又見唐宋諸賢絶妙詞選卷六，署作李冠詞，全宋詞云是李作。第八首『簾幕風輕雙語燕』，又見晏殊珠玉詞。第九首『庭院深深深幾許』，又見陽春集，全宋詞云是馮延巳詞。按李清照臨江仙『庭院深深深幾許』詞序云：『歐陽公作蝶戀花，有「深深深幾許」之語，予酷愛之，用其語作「庭院深深」數闋，其聲即舊臨江仙也。』後人據此序以此詞屬歐陽修所作無疑。然明刻近體樂府録宋人羅泌校語，云此詞亦見陽春集，而崔公度跋陽春集謂皆是延巳親筆。則此詞似應爲馮作。第十三首『梨葉初紅蟬韻歇』，又見晏殊珠玉詞。第十四首『獨倚危樓風細細』、第十五首『簾下清歌簾外宴』，又見柳永樂章集。第十六首『誰道閑情拋棄久』、第十九首『幾日行雲何處去』，又見陽春集，全宋詞云是馮延巳詞。」總體情況大致如此。其每首情況，則據各本加以校考，見下每首校注。

㈡香梅：毛本作「梅香」。樂府雅詞作「梅花」。冒校：「梅香，宋本作『香梅』，琴趣同毛刻，當從毛。」

【注釋】

〔一〕蝶戀花：原唐教坊曲名，後用作詞調名。清毛先舒填詞名解卷二：「蝶戀花，商調曲也。採梁簡文帝樂府『翻階蛺蝶戀花情』爲名。」又名鳳棲梧、捲珠簾、黄金縷、一籮金等。雙調，有不同格體。此處六十字，前、後闋各五句，均一、三、四、五句用仄聲韻。清真集注：「商調」。

〔二〕東風：即春風。禮記月令：「（孟春之月）東風解凍，蟄蟲始振，魚上冰。」歐陽修春日詞詩：「初驚百舌綿蠻語，已覺東風料峭寒。」料峭：形容入春時冷風携帶的寒意。陸龜蒙京口詩：「東風料峭客帆遠，落葉夕陽天際明。」

〔三〕金刀：剪刀的美稱。李遠剪綵詩：「葉逐金刀出，花隨玉指新。」剪綵：剪裁花紙或彩綢，製成蟲魚花草一類的飾品。立春剪綵乃民間風習，宗懔荆楚歲時記：「立春之日，悉剪綵爲燕以戴之。」

〔四〕旋：張相詩詞曲語辭匯釋卷二：「旋，猶云已而也，還又也。」柳永蝶戀花：「旋暖熏爐温斗帳。」金爐：香爐的美稱。江淹别賦：「同瓊珮之晨照，共金爐之夕香。」劉禹錫秋螢引詩：「紛綸暉映平明滅，金爐星噴燈花發。」薰：熏蒸。張耒春望詩：「暖日晴薰草，清淮闊浸天。」蕙藻：香草名。

〔五〕横波：形容女子目光流動，亦借指女子之目。敦煌曲子詞鳳歸雲：「幸因今日，得覩嬌娥。眉如初月，目引横波。」傅毅舞賦：「眉連娟以增繞兮，目流睇而横波。」李善注：「言目邪視，如水之横流也。」晏幾道菩薩蠻：「堪恨兩横波，惱人情緒多。」

〔六〕不禁：經受不住。

〔七〕五更：自黄昏至拂曉，分爲甲、乙、丙、丁、戊五段，謂之「五更」。此特指第五更，黎明將至之時。顔氏家訓書證：「或問：『一夜何故五更，更何所訓？』答曰：『漢魏以來，謂爲甲夜、乙夜、丙夜、丁夜、戊夜，又云鼓，一鼓、二鼓、三鼓、四鼓、五鼓，亦云一更、二更、三更、四更、五更，皆以五爲節。』」

〔八〕羅幃：牀邊的羅帳帷幔。盧照鄰長安古意：「雙燕雙飛繞畫梁，羅幃翠被鬱金香。」

又㊀

南雁依俙回側陣㊁〔一〕。雪霽牆陰〔二〕，遍覺蘭芽嫩㊂〔三〕。中夜夢餘消酒困〔四〕。爐香卷穗燈生暈〔五〕。　急景流年都一瞬〔六〕。往事前懽，未免縈方寸㊃〔七〕。臘後花期知漸近〔八〕。東風已作寒梅信㊄〔九〕。

【校記】

㊀黃本校記：「此首又見晏殊珠玉詞。全宋詞以入歐詞，今從之。此調宋本醉翁琴趣外篇作鳳棲梧。草堂詩餘續集有題『初春』。」

㊁雁：李栖校記：「琴本『雁』作『岸』，誤。」

㊂遍覺：林本校記：「遍覺，祠堂本作『跡覺』。」

㊃縈：李栖校記：「樂府雅詞、琴本『縈』作『成』，誤。」

㊄本句：珠玉詞作「寒梅已作東風信」。

【注釋】

〔一〕南雁：飛向南方過冬的大雁。曹丕燕歌行：「秋風蕭瑟天氣涼，草木搖落露爲霜，群燕辭歸雁南翔。」依俙：即依稀。側陣：雁群成陣斜飛，故言側陣。唐太宗秋日翠微宮詩：「側陣移鴻影。」宋祁提刑張都官回文詩：「驟霰迷鴻側陣微。」

〔二〕雪霽：雪止天晴。淮南子本經訓：「氛霧霜雪不霽。」許慎注：「霽，止也。」牆陰：墻的背陰處。裴説冬日作詩：「牆陰貯雪重。」何頻瑜牆陰殘雪詩：「積雪還因地，牆陰久尚殘。」

〔三〕蘭芽：蘭花的嫩芽。韓鄂歲華紀麗「二月」條：「蘭芽吐玉，柳眼挑金。」李德裕憶藥欄詩：「野人清旦起，掃雪見蘭芽。」

〔四〕夢餘：夢醒。温庭筠浣溪沙：「惆悵夢餘山月斜。」

〔五〕爐香卷穗：形容爐香餘燼堆積，斜傾卷曲如穗。温庭筠更漏子：「香作穗，臘成淚，還似兩人心意。」燈生暈：指燈周圍產生的五彩光圈。韓愈宿龍宮灘詩：「夢覺燈生暈。」歐陽修秋陰詩：「雨冷侵燈暈。」

〔六〕急景：形容光陰飛逝。白居易晚寒詩：「急景流如箭。」曹鄴金井怨詩：「西風吹急景，美人照金井。」鮑照舞鶴賦：「於是窮陰殺節，急景凋年。」白居易和自勸二首之二：「急景凋年急於水。」都：總，共。白居易解蘇州自喜詩：「身兼妻子都三口，鶴與琴書共一船。」柳永鶴沖天：「青春都一餉，忍把浮名，換了淺斟低唱。」一瞬：謂極短的時間。法苑珠林卷三引僧祇律：「二十念爲一瞬，二十瞬名一彈指，二十彈指名一羅預，二十羅預名一須臾，一日一夜有三十須臾。」韓偓厭花落：「但得鴛鴦枕臂眠，也任時光都一瞬。」

〔七〕往事二句：本於馮延巳清平樂詞：「往事總堪惆悵，前歡休更思量。」方寸：指心。因心處於胸方寸之間，故稱。引申爲心思、心緒。列子仲尼篇：「文摯乃命龍叔背明而立，文摯自後向明而望之，既而曰：『嘻，吾見子之心矣，方寸之地虚矣，幾聖人也。子心六孔流通，一孔不達。今以聖智爲疾者，或由此乎？非吾淺術所能已也。』」三國志蜀書諸葛亮傳：「（徐）庶辭先主而指其心曰：『本欲與將軍共圖王霸之業者，以此方寸之地也。今已失老母，方寸亂矣。』」李白贈崔侍御詩：「長劍一杯酒，男兒方寸心。」馮延巳賀聖朝：「懷香方寸。」

〔八〕臘：即歲末，因臘祭而得名，泛指農曆十二月或冬月。李山甫柳詩：「遊人若要春消息，直向江頭臘後看。」花期：花開的時節，此指春季。和凝小重山詞：「管絃分響亮，探花期。」

〔九〕東風句：謂東風已預報了梅花盛開的訊息。東風，見蝶戀花（簾幕東風）注。信，音訊，風應花期而至。陳元靚歲時廣記「花信風」條引東皋雜録云：「江南自初春至初夏，五日一番風候，謂之花信風。梅花風最先，楝花風最後，凡二十四番，以爲寒絶也。」皮日休所居首夏水木尤清適然有作詩：「梅信微侵地障紅。」

【輯評】

沈際飛草堂詩餘續集：「境、趣、情皆在内，而皆指不出，妙。」

又

臘雪初銷梅蕊綻〔一〕。梅雪相和，喜鵲穿花轉㊀。睡起夕陽迷醉眼，新愁長向東風亂。　瘦覺玉肌羅帶緩〔二〕。紅杏梢頭〔三〕，二月春猶淺。望極不來芳信斷㊁〔四〕，音書縱有爭如見〔五〕。

【校記】

㊀轉：毛本、百家詞作「囀」。

㊁芳：樂府雅詞作「鄉」。又叢刊本作「鄉」，圈畫後於旁注「芳」。

【注釋】

〔一〕臘雪：冬至後立春前下的雪。本草綱目卷五「臘雪」條：「冬至後第三戊爲臘，臘前三雪，大宜菜麥，又殺蟲蝗。臘雪密封陰處，數十年亦不壞；用水浸五穀種，則耐旱不生蟲；洒几席間，則蠅自去；淹藏一切果食，不蛀蠹。」和凝望梅花詞：「春草全無消息，臘雪猶餘蹤跡。」歐陽修奉酬長文舍人出城見示之句詩：「春分臘雪未全銷。」

〔二〕羅帶緩：腰間收束衣裙的綢帶變得寬鬆，比喻相思之苦使人消瘦。緩，寬綽，鬆垮。古詩十九首：「相去日已遠，衣帶日已緩。」陸龜蒙贈遠詩：「本是細腰人，別來羅帶緩。」

〔三〕紅杏句：杏花入春開放，略早於梨花、桃花，故多視作春意之徵兆。歐陽修鵲踏枝：「紅杏開時，一霎清明雨。」（馮延巳集亦收此詞。）

〔四〕望極：望盡。謝朓和劉西曹望海臺詩：「滄波不可望，望極與天平。」芳信：情人的音信。馮延巳鵲踏枝：「陌上行人，杳不傳芳信。」張泌生查子：「魚雁疏，芳信斷。」

〔五〕音書：音訊，書信。宋之問渡漢江詩：「嶺外音書斷。」爭如：怎如。張相詩詞曲語辭匯釋卷二：「爭，猶怎也。」

又㈠

海燕雙來歸畫棟㈡〔一〕。簾影無風，花影頻移動〔二〕。半醉騰騰春睡重㈢〔三〕。綠鬟堆枕香雲擁〔四〕。翠被雙盤金縷鳳〔五〕。憶得前春，有箇人人共㈣〔六〕。花裏黃鶯時一弄㊄〔七〕。日斜驚起相思夢。

【校記】

㈠ 唐圭璋全宋詞：「此首類編草堂詩餘卷二誤作俞克成詞。」又唐圭璋宋詞互見考：「案此首歐陽修詞，見近體樂府。陳鍾秀本草堂詩餘誤作俞克成詞。」黃本校記：「此首類編草堂詩餘卷二誤作俞克成詞。花庵詞選有題作『春情』，花草粹編題作『懷舊』，下注：『一作俞克成。』」

㈡ 雙來：花庵詞選作「雙飛」。

㈢ 騰騰：王偉勇唐詩校勘北宋詞示例：「『騰騰』兩字，唯陳耀文花草粹編卷十三作『海棠』，蓋以爲歐詞係用楊貴妃『海棠春睡』之故實而改之。殊不知『騰騰』一詞，唐詩人又寫作『瞢騰』、『懵騰』，恒用以狀醉態與睡態。如韓偓格卑詩云：『惆悵後塵流落盡，自拋懷抱醉懵騰。』此狀醉態也。又三憶詩云：『憶眠時，春夢困騰騰。』此狀睡態也。歐詞此處，正用『騰騰』一詞，綰合『半醉』與『春睡』之狀，固不止用貴妃典而已，實不宜妄改。」

㈣ 人人：李本作「人相」。

㈤ 黃鶯：花庵詞選作「鶯聲」。

【注釋】

〔一〕海燕：古人認爲燕子生於南方，渡海而至，故名。常築巢於簷下梁上。沈佺期古意呈補闕喬知之詩：「海燕雙棲玳瑁梁。」畫棟：彩繪修飾的棟樑。王勃滕王閣詩：「畫棟朝飛南浦雲。」

〔二〕簾影二句：化用元稹鶯鶯傳所載會真詩：「待月西廂下，迎風户半開。拂牆花影動，疑是玉人來。」又元稹表夏詩：「輕風動簾影。」

〔三〕騰騰：昏昏沉沉、慵懶無力之狀。白居易醉中歸盩厔詩：「半醉騰騰信馬回。」杜荀鶴贈休禪和詩：「弟子自知心了了，吾師應爲醉騰騰。」韓偓三憶詩：「憶眠時，春夢困騰騰。」太平廣記卷二四許宣平條引續仙傳：「擔常掛一花瓢及曲竹杖，每醉騰騰拄之以歸。」重：形容睡眠深沉。馮延巳上行杯：「飛絮入簾春睡重。」

〔四〕緑鬟：女子環形髮髻的美稱。毛熙震浣溪沙：「晚起紅房醉欲銷。緑鬟雲散裊金翹。」堆枕：因睡眠輾轉而造成髮髻鬆散，堆積枕上，此處形容睡態。馮延巳菩薩蠻：「嬌鬟堆枕釵横鳳。」香雲：形容女子的秀髮。柳永尾犯：「記得當初，剪香雲爲約。」趙鸞鸞雲鬟詩：「擾擾香雲濕未乾。」

〔五〕盤：盤繞，唐代縷金繡的一種方式。金縷鳳：謂被面是用金絲線繡成的鳳凰圖案。温庭筠酒泉子：「玉釵斜篸雲鬟重，裙上金縷鳳。」韓偓再和詩：「畫簾紋細鳳雙盤。」牛嶠西溪子：「捍撥雙盤金鳳。」

〔六〕人人：人兒，表單數特指，這裏指戀人。張相詩詞曲語辭匯釋卷六：「人人，對於所暱者之稱，多指彼美而言。歐陽修蝶戀花詞：『翠被雙盤金縷鳳，憶得前春，有箇人人共。』黄庭堅少年心詞：『似合歡桃核真堪人恨，心兒裏有兩箇人人。』……玩上各證，知以情語、膩語爲多也。」

〔七〕黄鶯：即黄鸝。陸璣毛詩草木鳥獸蟲魚疏黄鳥于飛：「黄鳥，黄鸝留也，或謂之黄栗留，幽州人謂之黄鶯。」王維左掖梨花詩：「黄鶯弄不足，銜入未央宫。」時：時而。弄：禽鳥鳴叫。唐劉長卿酬郭夏人日長沙感懷見贈：「流鶯且莫弄，江畔正行吟。」。歐陽修雨中獨酌詩：「鳴禽時一弄。」「弄」與「哢」通。武元衡贈歌人詩：「林鶯一哢四時春。」

【輯評】

潘游龍古今詩餘醉卷四：「前以驚夢起，以傷春轉。後以傷春起，驚夢轉，大概一機局，而筆性遠過之。」

金人瑞金聖歎全集卷六批歐陽永叔詞：「蝶戀花（春睡）『簾影無風，花影頻移動』，輕輕鬥出簾影、花影，妙！妙！説『無風』，又説『移動』；説『移動』，又偏説『無風』。深閨獨坐，活畫出來。『翠被雙盤金縷鳳。憶得前春，有箇人人共』，前春人共，何日忘之？却偏説被盤雙鳳，因而憶得。蘊藉之極，又映襯之極。『花裏黄鶯時一弄。日斜驚起相思夢』，通篇説睡，結只輕輕一掉轉。」又，「余嘗言寫景是填詞家一半本事，然却必須寫得又清真，又靈幻，乃妙。只如六一詞，『簾影無風，花影頻移動』九個字，看他何等清真，却何等靈幻！蓋人徒知『簾影無風』是静，『花影頻動』是動，而殊不知花影移動，只是無情，正爲極静；而『簾影無風』四字，却從女兒芳心中仔細看出，乃是極動也。嗚呼！善填詞者，必皆深於佛事者也。只一簾影花影，皆細細分别不差，誰言慧業文人不生天上哉！」

新刻注釋草堂詩餘評林引李廷機曰：「此亦有感而言，辭氣流利，足爽人口。」

吴世昌讀花庵詞選：「永叔蝶戀花首句『海燕雙飛歸畫棟』，自唐詩『盧家少婦鬱金香，海燕雙棲玳瑁梁』出。」（又見吴世昌詞林新話）

又

面旋落花風蕩漾〔一〕。柳重煙深㊀，雪絮飛來往〔二〕。雨後輕寒猶未放〔三〕。春愁酒病成惆悵〔四〕。枕畔屏山圍碧浪〔五〕。翠被華燈㊁〔六〕，夜夜空相向〔七〕。寂寞起來褰繡幌〔八〕。月明正在梨花上〔九〕。

【校記】

㈠煙深：吉州本卷末又續添注：「蝶戀花第五篇，『煙深』一作『煙輕』。」天理本、宮内廳本同。

㈡翠被：樂府雅詞作「翠袂」。

【注釋】

〔一〕面旋：飛舞徘徊貌。歐陽修寄聖俞詩：「風餘落蘂飛面旋。」曾鞏戲呈休文屯田詩：「佳時苦雨已蕭索，落蘂隨風還面旋。」蘇軾臨江仙：「面旋落英飛玉蘂，人間春日初斜。」周邦彦解蹀躞：「候館丹楓吹盡，面旋隨風舞。」

〔二〕雪絮：即柳絮，柳樹的種子有白色絨毛，因風飛散如飄絮，故稱。劉義慶世説新語言語：「謝太傅寒雪日内集，與兒女講論文義。俄而雪驟，公欣然曰：『白雪紛紛何所似？』兄子胡兒（謝朗）曰：『撒鹽空中差可擬。』兄女（謝道韞）曰：『未若柳絮因風起。』公大笑樂。」後人多以「雪絮」稱柳絮。李商隱過招國李家南園詩：「雪絮相和飛不休。」

〔三〕放：釋放，散盡。王珪立春内中帖子詞：「彩燕迎春入鬢飛，輕寒未放縷金衣。」

〔四〕酒病：猶病酒，醉酒。徐昌圖木蘭花令：「紅窗酒病對寒冰，永覺相思無夢處。」

〔五〕枕畔屏山：枕前的屏風，又稱枕屏或枕障，因重叠似小山，故稱屏山。宋趙彦衛雲麓漫鈔卷三：「紹興末，宿直中官，以小竹編聯，籠以衣，畫風雲鷺絲作枕屏。」又吴小如讀詞散札「屏山」條引了解日本事典：「又有枕屏風，爲低矮之小屏風，僅有兩扇，立於寢室中枕畔，就寢時用以禦風。」唯日本的枕屏僅兩扇，而唐宋詞中的枕屏有多達六扇者。温庭筠菩薩蠻：「無言匀睡臉，枕上屏山掩。」歐陽修贈沈遵詩：「有時醉倒枕溪石，青山白雲爲枕屏。」圍碧浪：屏風圍繞著緑色的繡被。宋詞中常稱紅色繡被爲「紅浪」，如歐詞蝶戀花詠枕兒：「幾疊鴛衾紅浪皺。」本詞下句承接「翠被」，故此「碧浪」應指緑色繡被。

〔六〕華燈：楚辭招魂：「蘭膏明燭，華鐙錯些。」王逸注：「言鐙錠盡雕琢錯鏤，飾設以禽獸，有英華也。」又文選招魂李周翰注：「華謂有光華，又琢錯鐙使精好。」錢惟演又贈一絶：「翠被華燈徹曙香。」

〔七〕相向：盧綸送李端詩：「掩淚空相向。」

〔八〕褰繡幌：馮延巳更漏子：「褰繡幌，倚瑶琴。」褰，拉開，撩起。文選潘岳射雉賦：「褰微罟以長眺。」徐爰注：「褰，開也。」繡幌，彩繡絲帛製成的簾幔。魏承班菩薩蠻：「繡幌麝煙沉，誰人知兩心？」

〔九〕月明句：温庭筠舞衣曲：「滿樓明月梨花白。」

【輯評】

王國維人間詞話附録一：「歐公蝶戀花『面旋落花』云云，字字沉響，殊不可及。」

又㊀

六曲欄干偎碧樹〔一〕。楊柳風輕，展盡黄金縷〔二〕。誰抱鈿箏移玉柱㊁〔三〕。穿簾海燕雙飛去㊂〔四〕。滿眼遊絲兼落絮〔五〕。紅杏開時，一霎清明雨㊃〔六〕。濃醉覺來鶯亂語㊄。驚殘好夢無尋處。

【校記】

㊀底本卷末校：「蝶戀花第六篇，載陽春録。」吉州本、天理本、宫内廳本同。冒校：「蝶戀花又，花庵題作清明，宋本此首列『面旋落花』一首後，卷末校云：『載陽春録。』毛以見珠玉詞，删去。不知何以不云見陽春也。」周濟宋四家詞選此篇注：「此及下三闋（「誰道閑

情抛棄久」、「幾日行雲何處去」、「庭院深深深幾許」），一作馮延巳詞，馮詞多與歐公相亂，此實歐公詞也。」唐圭璋全宋詞：「蝶戀花『六曲闌干偎碧樹』，馮延巳詞，見陽春集。」曾昭岷温韋馮詞新校陽春集：「此首原注云：『別作歐陽修。』又見歐陽修近體樂府卷二，羅泌校云：『載陽春録。』樂府雅詞卷上亦題歐作，唐宋諸賢絶妙詞選仍之。又別入晏殊珠玉詞。詞律又題張泌作。（曾按）……此首自經朱彝尊詞綜選録之後，張惠言詞選、周濟詞辨皆録之，並題作馮詞。……又諸家選本未有作大晏詞者，珠玉詞顯係誤收。全宋詞於晏殊、歐陽修存目詞中皆斷作馮詞。當從陽春集作馮延巳詞。花間集張泌詞中無此闋，諸家選本亦未有作張泌詞者，詞律所題非是。」此篇互見於馮延巳、歐公詞集。

㊁ 誰抱：底本卷末校：「誰抱，一作『誰把』」。吉州本、天理本、宮内廳本同。鈿：琴本作「秦」。

㊂ 海燕雙飛：底本卷末校：「雙飛，一作『驚飛』」。吉州本、天理本、宮内廳本同。曾昭岷等全唐五代詞：「海燕雙：原注云：『別作燕子雙。』詞綜作『燕子雙』。珠玉詞、近體樂府、樂府雅詞、唐宋諸賢絶妙詞選作『海燕雙』。」

㊃ 一霎：李本作「一處」。

㊄ 底本卷末校：「濃醉，一作『濃睡』。鶯亂語，一作『慵不語』」。吉州本、天理本、宮内廳本同。李本作「濃睡」。曾昭岷等全唐五代詞：「睡，原注云：『別作醉。』唐宋諸賢絶妙詞選

作『醉』。慵不：原注云：『別作鶯亂。』珠玉詞、近體樂府、樂府雅詞、唐宋諸賢絶妙詞選作『鶯亂』。」

【注釋】

〔一〕六曲欄干：蜿蜒曲折的欄杆。南朝樂府西洲曲：「欄干十二曲，垂手明如玉。」李商隱碧城詩：「碧城十二曲欄干。」歐陽修高樓詩：「六曲雕欄百尺樓，簾波不定瓦如流。」

〔二〕黄金縷：即金縷，喻指柳條。戴叔倫賦得長亭柳詩：「雨搓金縷細，煙裹翠絲柔。」劉禹錫楊柳枝：「御陌青門拂地垂，千條金縷萬條絲。」李商隱謔柳詩：「已帶黄金縷，仍飛白玉花。」温庭筠楊柳枝：「金縷毵毵碧瓦溝，六宫眉黛惹香愁。」後常作爲詞牌蝶戀花的別稱。

〔三〕鈿箏：嵌飾金玉的古箏一類的樂器。盧綸宴席賦得姚美人拍箏歌：「出簾仍有鈿箏隨，見罷翻令恨識遲。」玉柱：玉製的絃柱。江淹別賦：「掩金觴而誰御，橫玉柱而霑軾。」李善注：「琴有柱，以玉爲之。」楊巨源雪中聽箏詩：「玉柱泠泠對寒雪，清商怨徵聲何切。」

〔四〕海燕：參前蝶戀花（海燕雙來歸畫棟）注〔一〕。

〔五〕遊絲：春日昆蟲所吐的細絲，飄蕩於空中，故稱遊絲。沈約三月三日率爾成篇：「遊絲映空轉，高楊拂地垂。」庾信春賦：「一叢香草足礙人，數尺遊絲即横路。」

〔六〕一霎：謂時間極短，頃刻之間。孟郊春雨後詩：「昨夜一霎雨，天意蘇群物。」清明雨：清明時節的綿綿細雨。杜牧清明詩：「清明時節雨紛紛，路上行人欲斷魂。」

又㊀

遥夜亭皋閑信步〔一〕。乍過清明㊁，漸覺傷春暮㊂。數點雨聲風約住。朦朧淡月雲來去〔二〕。　桃杏依俙香暗度㊃〔三〕。誰上鞦韆㊄〔四〕，笑裏輕輕語㊅。一寸相思千萬緒㊆。人間没箇安排處。

【校記】

㊀尊前集、唐宋諸賢絶妙詞選均選爲李冠作。底本卷末校：「第七篇，尊前集作李王詞。」吉州本、天理本、宫内廳本同。唐圭璋全宋詞：「『遥夜亭皋閑信步』，李冠詞，見唐宋諸賢絶妙詞選卷六。」冒校：「宋本此首列『六曲闌干』一首後，卷末校云：『尊前集作李王詞。』花庵、粹編、後山詩話並以爲李冠作。」詹安泰李璟李煜詞：「這詞並見雙照樓影宋吉州本

歐陽修近體樂府（毛本六一詞不收）。尊前集歸入李王詞；樂府雅詞歸入歐陽永叔詞。花草粹編、正集、全唐詩、歷代詩餘均作李後主作；花庵詞選、楊慎詞品、陳霆渚山堂詞話、類編、毛訂、詞林紀事、宋校均作李世英作。花庵詞選、類編、毛訂、正集、宋校均題作暮春。」按，陳師道後山詩話云：「王介甫謂『雲破月來花弄影』，不如李冠『朦朧淡月雲來去』也。冠，齊人，爲六州歌頭，道劉、項事，慷慨雄偉。劉潛，大俠也，喜誦之。」此篇互見於歐公詞集與尊前集之李冠詞。陳師道與李冠、歐陽修時代最近，然後山詩話所謂李冠詞又輾轉自王安石語，實情如何，仍待細考。

㊁乍過：底本卷末校：「乍過，一作『過了』。」吉州本、天理本、宮内廳本同。

㊂傷春暮：底本卷末校：「傷春暮，一作『春將暮』。」吉州本、天理本、宮内廳本同。

㊃杏：底本注：「一作李。」吉州本、天理本、宮内廳本同。樂府雅詞作「李」。依俙：底本卷末校：「依俙，一作『無言』。」吉州本、天理本、宮内廳本同。

㊄誰：底本卷末校：「誰，一作『人』。」吉州本、天理本、宮内廳本同。上：底本注：「一作在。」吉州本、天理本、宮内廳本同。

㊅輕輕：底本卷末校：「輕輕，一作『低低』。」吉州本、天理本、宮内廳本同。

㊆一寸相思：底本卷末校：「『相思』一作『芳心』。」吉州本、天理本、宮内廳本同。尊前集作「一片芳心」。

【注釋】

〔一〕遥夜：長夜。宋玉九辯：「靚杪秋之遥夜兮，心繚悷而有哀。」亭皋：水邊的平地。漢書司馬相如傳上：「亭皋千里，靡不被築。」王先謙補注：「亭當訓平……亭皋千里，猶言平皋千里。皋，水旁地。」儲光羲送沈校書吴中搜書詩：「郊外亭皋遠，野中岐路分。」信步：漫步，隨意行走。齊己游谷山寺詩：「此生有底難拋事，時復携笻信步登。」

〔二〕朦朧淡月：月色微明貌。徐昌圖臨江仙：「今夜畫船何處，潮平淮月朦朧。」晏殊無題詩：「梨花院落溶溶月，柳絮池塘淡淡風。」

〔三〕度：傳，送。李紳城上薔薇詩：「新蘂度香翻宿蝶，密房飄影戲晨禽。」

〔四〕鞦韆：見阮郎歸（南園春早）注〔五〕。

又〔一〕

簾幕風輕雙語燕〔二〕。午後醒來〔三〕，柳絮飛撩亂〔二〕。心事一春猶未見〔三〕。紅英落盡青苔院〔三〕〔四〕。百尺朱樓閑倚遍〔五〕。薄雨濃雲，抵死遮人面〔六〕。羌管不須吹別怨〔七〕。無腸更爲新聲斷㊃〔八〕。

【校記】

㊀唐圭璋全宋詞：「案此首又見晏殊珠玉詞。」冒校：「此首又見樂府雅詞，宋本列『遥夜亭皋』一首後。毛以見珠玉詞删去。珠玉於詞下注：『一刻六一詞，一刻東坡詞。』按：延祐雲間本東坡樂府無此詞。」此篇互見於晏殊、歐公詞集。

㊁午後：珠玉詞作「醉後」。

㊂紅英：珠玉詞作「餘花」。草堂詩餘作「餘紅」。

㊃羌管二句：珠玉詞作「消息未知歸早晚。斜陽只送平波遠」。

【注釋】

〔一〕雙語燕：成雙相鳴的燕子。薛紹藴謁金門：「睡覺水晶簾未捲。簷前雙語燕。」馮延巳蝶戀花：「雙燕飛來，陌上相逢否，撩亂春愁如柳絮。」

〔二〕撩亂：紛飛狀。語義雙關，又指心事。

〔三〕一春：整個春天。見：顯現，表露。

〔四〕紅英：紅花，泛指春花。謝朓王孫遊詩：「緑草蔓如絲，雜樹紅英發。」李煜採桑子：

「亭前春逐紅英盡。」歐陽修初夏西湖詩：「緑蔭黃鳥春歸後，紅花青苔人跡稀。」及涼州令：「不堪零落春晚，青苔雨後深紅點。」

〔五〕百尺：喻樓高聳。陶淵明擬古詩：「迢迢百尺樓，分明望四荒。」李商隱嫦娥詩：「百尺樓臺水接天。」

〔六〕抵死：張相詩詞曲語辭匯釋卷一：「抵死，猶云分外也；急急或竭力也；亦猶云終究或老是也。……蝶戀花詞：『百尺朱樓閑倚遍。薄雨濃雲，抵死遮人面。』此老是義。言老是遮人不得望見也。」

〔七〕羌管：即羌笛，雙管三孔豎笛，一般爲竹製，音色高亢，因出於羌，故名。此樂器漢以後傳入中土，並逐漸流行於宴樂。庾信擬詠懷詩：「胡笳落淚曲，羌笛斷腸歌。」杜牧見吳秀才與池妓別因成絶句：「紅燭短時羌笛怨，清歌咽處蜀絃高。」范仲淹漁家傲：「羌管悠悠霜滿地。」別怨：離愁別恨，指以怨情爲主題的曲調。

〔八〕無腸：猶言心已死，傷痕累累，無法再承擔樂曲引發的悲感。白居易山遊示小妓詩：「莫唱楊柳枝，無腸與君斷。」新聲：新製的樂曲。見西湖念語注〔一五〕。

【輯評】

陳廷焯詞則別調集卷一：「情有所鬱，凄婉沈至。」

又㊀

庭院深深深幾許㊁〔一〕。楊柳堆煙〔二〕，簾幕無重數㊂〔三〕。玉勒雕鞍遊冶處㊃〔四〕。樓高不見章臺路〔五〕。　雨横風狂三月暮〔六〕。門掩黄昏〔七〕，無計留春住〔八〕。泪眼問花花不語〔九〕。亂紅飛過鞦韆去㊄〔一〇〕。

【校記】

㊀花庵詞選調下有注：「春晚。」底本卷末校：「第九篇，亦載陽春録，易安李氏稱是六一詞。」吉州本、天理本、宫内廳本同。全宋詞以爲馮詞，不録。毛本題注：「一見陽春録，易安李氏稱是六一詞。」故此詞作者頗有疑義，主要有二説：一爲歐陽修，一爲南唐馮延巳。主歐陽修作者，最早爲李清照，其臨江仙詞序云：「歐陽公作蝶戀花有『深深深幾許』之句，余酷愛之，用其語作『庭院深深』數闋，其聲即舊臨江仙也。」清張惠言詞選卷一亦云：「此詞亦見馮延巳集中。李易安詞序云……易安去歐公未遠，其言必非無據。」周濟宋四家詞選：「此及下三闋，一作馮延巳詞，按馮詞多與歐公相亂，此實公詞也。」「數詞

纏綿忠篤，其文甚明，非歐公不能作，延巳小人，縱欲僞爲君子，以惑其主，豈能有此至性語乎？」張宗橚詞林紀事卷四：「南部新書記嚴惲詩：『盡日問花花不語，爲誰零落爲誰開。』此闋結二語似本此。又按李易安『庭院深深幾許』三闋，見歷代詩餘三十八卷，調係臨江仙，汲古閣漱玉詞失載。又按此詞詞綜作馮延巳，今據花庵詞選、汲古閣六一詞訂正。」楊寶霖詞林紀事補正卷四：「侯文燦名家詞本陽春集收此詞。陽春集，宋陳世修編，則以爲馮延巳詞，詞綜依之。然樂府雅詞卷上、唐宋諸賢絶妙詞選卷二收之，作歐陽修詞，歐陽文忠公集卷一百三十二近體樂府亦載。清陳廷焯白雨齋詞話辨爲馮延巳作，然以意度之耳，非有別據也。」歐集各本皆録此詞，又有李清照詞序的説明，故今仍録入以詳加注疏。主馮延巳作者，主要因南唐馮延巳陽春集亦收入此詞。朱彝尊云：「『庭院深深』一闋，載馮延巳陽春録，刻作歐九，誤也。」（詞苑叢談卷一〇引）況周頤於此已有辨證，歷代詞人考略卷九：「又案：詞苑叢談辨證引朱竹垞云：『庭院深深』一闋，載馮延巳陽春録，刻作歐九，誤也。而叢談品藻又云：李易安酷愛其語，遂用作『庭院深深』調數闋。由後之説，則是陽春録誤載必矣。易安宋人，性復彊記，嘗與明誠坐歸來堂烹茶，指堆積書史，言某事在某卷某葉某行，以是否決勝負，爲飲茶先後，何至於當代名作向所酷愛者記述有誤。竹垞云云，未免負此佳證。」陳廷焯白雨齋詞話卷一亦云：「蝶戀花四章，古今絶構。詞選本李易安詞序指『庭院深深』一章爲歐陽公作，他本亦多作永叔詞，惟詞綜獨云馮延巳作，竹垞博極群書，必有所據。且細味此闋，與上三章筆墨的是一色，歐公無此手筆。」陳作楫陽春集箋：「按此闋入六一集，諸選本遂俱指爲歐詞，張氏詞選尤言之鑿鑿。……余謂此誤始於易安。蓋易安僅見歐集，未見陽春録。不知歐公小詞，多與陽春、花間混，鄙褻之語，仇人羼厠，昔人論之已詳，集本殊不足據。且歐公平生寢饋馮詞，或録傑作爲研摩，後人遂誤傳歐作。」曾昭岷温韋馮詞新校陽春集：「此首原注云：『別作歐陽修。』又見歐陽修近體樂府卷二。……〔曾按〕歐陽修爲一代儒宗，歐陽文忠公集在孫謙益校刊之前，尚無定本，而汴京、江、浙、閩、蜀皆已刊之，歐詞在集中，已遍傳士林矣。且歐詞『有平山集盛傳於世』，世皆知此闋爲歐詞，而見知此詞在陽春集中者尠矣。……故當從陽春集作馮延巳詞。」又清張惠言詞選：「庭院深深，閨中既已邃遠也；樓高不見，哲王又不寤也。章臺遊冶，小人之徑。雨横風狂，政令暴急也。亂紅飛去，斥逐者非一人而已。殆爲韓、范作乎？」曹振勳詞選詳注：「原注以亂紅句爲韓、范而作，按歐撰太常博士尹君（源）墓誌曰：是時天子用范文正公，與今觀文殿學士富公（弼）、武康軍節度使韓公（琦）欲更置天下事，而權倖小人不便，三公皆罷去。又宋史韓琦傳云：『琦與范仲淹、富弼，皆以海内人望，同時登用，中外企想其勳業，仲淹等亦以天下爲己任，群小不便之，毀言日聞，仲淹、弼繼罷，琦爲辨析不報，乃請外，以資政殿學士知揚州。』云云。二説相合，蓋慶曆初韓、范、富同時罷黜，歐公最所感傷，故於文字時時及之。張氏謂此詞爲韓、范作，深得詞旨。」録之以備一説。

㈡深幾許：琴本作「有幾許」。樂府雅詞作「知幾許」。叢刊本改「知」爲「深」。陽春集注：「『深』，別作『知』。」冒校：「深幾許，陽春『深』下注：『別作知。』琴趣『深』誤『有』。」

㈢重：陽春集注：「別作『量』。」

㈣玉勒：古今詞統、羣英詩餘作「金勒」。玉，陽春集注：「別作『金』。」

㈤過：陽春集作「入」，注「別作『過』。」

【注釋】

〔一〕深深：院落層第杳深貌，極言其深。幾許：多少。古詩十九首之一〇：「河漢清且淺，相去復幾許。」

〔二〕楊柳堆煙：楊柳迷茫，暖日含煙貌。堆，動詞，充滿，積聚。歲華紀麗「二月」條云：「暖日融天，和風扇物，杏壓園林之香氣，柳籠門巷之晴煙。」李賀浩歌詩：「嬌春楊柳含細煙。」李嶠柳詩：「楊柳正氤氳，含煙總翠氛。」韋莊金陵圖：「無情最是臺城柳，依舊煙籠十里堤。」

〔三〕簾幕句：馮延巳採桑子：「洞房深夜笙歌散，簾幕重重。」按，本句黄蘇蓼園詞選解釋云：「楊柳煙多，若簾幕之重重者。」吴世昌羅音室詞劄亦曰：「永叔蝶戀花『楊柳堆煙，簾幕無重數』，非『簾幕外面又有楊柳』，乃謂楊柳在煙霧中好像許多重的簾幕。」可備一說。

〔四〕玉勒雕鞍：玉飾的馬銜和雕飾精美的馬鞍。庾信馬射賦：「控玉勒而摇星，跨金鞍而動月。」羅鄴公子行詩：「雕鞍玉勒照花明，過後春風特地生。」遊冶處：指妓館歌樓一類尋歡作樂的地方。遊冶，冶遊，豔遊。李白採蓮曲詩：「岸上誰家遊冶郎，三三五五映垂楊。」顧敻玉樓春：「惆悵少年遊冶去，枕上兩蛾攢細緑。」

〔五〕樓高句：化用曹植七哀詩「明月照高樓，流光正徘徊。上有愁思婦，悲歎有餘哀」詩意。樓高，與前首「百尺朱樓閑倚遍。薄雨濃雲，抵死遮人面」可以參讀。章臺路，漢長安街名。漢書張敞傳：「敞無威儀，時罷朝會，過走馬章臺街，使御史驅，自以便面拊馬。」唐人許堯佐撰章臺柳傳寫妓女柳氏故事，故後來以章臺代指繁華的遊冶之地，此處指妓館聚集地。晏幾道鷓鴣天詞：「冶遊音信隔章臺。」

〔六〕横：去聲，形容風雨猛烈。

〔七〕門掩黄昏：户門不開直至夕陽殘照。劉媛長門怨：「花落黄昏空掩門。」

〔八〕無計句：化用薛能惜春詩：「無計延春日，何能留少年。」此句爲宋代詞人所喜用，如王安國清玉樂：「留春不住，費盡鶯兒語。」晏幾道木蘭花：「小顰若解愁春暮，一笑留春春也住。」宋僧皎如晦卜算子：「有意送春歸，無計留春住。」

〔九〕淚眼句：用嚴惲落花詩意：「春光冉冉歸何處，更向花前把一杯。盡日問花花不語，爲誰零落爲誰開。」

〔一〇〕鞦韆：見阮郎歸（南園春早）注〔五〕。

【輯評】

沈際飛草堂詩餘正集卷一：「末句參之『點點飛紅雨』句，一若關情，一若不關情，而情思俱蕩漾無邊。」「詩中一句連三字者，劉駕『樹樹樹梢啼曉鶯』、『夜夜夜深聞子規』；復有一句疊三字者，吴融『一聲南雁已先紅，槭槭淒淒葉葉同』。歐公『深深深』三字，方駕劉、吴。」

茅暎詞的卷三：「淒如送別。」

李廷機新刻注釋草堂詩餘評林卷三：「首句疊用三個『深』字最新奇，後段形容春暮光景殆盡。」

毛先舒詞辨坻：「詞家意欲層深，語欲渾成。然意層深，語便刻畫；語渾成，意便膚淺，兩難兼也。或欲舉其似，偶拈永叔詞：『淚眼問花花不語，亂紅飛過鞦韆去。』此可謂層深而渾成，何也？因花而有淚，此一層意也；因淚而問花，此一層也；花竟不語，此一層也；不但不語，且又亂落飛過鞦韆，此一層也。人愈傷心，花愈惱人。語愈淺而意愈入，而絶無刻畫之迹。謂非層深而渾成耶？然作者初非措意，直如化工生物，筍未出土而苞節已具，非寸寸爲之也。若先措意，便刻畫愈深愈墮惡境矣。即此等解一經拈出後便當掃去。」

金人瑞金聖歎全集卷六批歐陽永叔詞：「蝶戀花（閨思），『庭院深深深幾許』，問得無端，三個『深』字奇絶。唐人詩，每以此爲能。『楊柳堆煙』寫出『深深』。『簾幕無重數』，寫出『深深』。『不見章臺路』，只爲此五字，便怨到『庭院』。襯入『樓高』字，妙。猶言如此尚然也。文家有加染法，即此。『無計留春住』，留得無端。『淚眼問花花不語』，問得無端。『問花』，待得花有情；『花不語』，怨得花無謂。『亂紅飛過鞦韆去』，人自去遠，與庭院何與？人自不歸，與春何與？人自無音耗，與花何與？亦可謂林木池魚之殃矣！」又，「通篇不出正意。只是怨庭院，怨春，怨花，章法奇甚。『楊柳堆煙』句是襯『庭院』句，『雨横風狂』句是襯『留春』句，『亂紅飛過』句是襯『問花』句。凡作三段文字，須要分疏讀之，不得混帳過去。」

張宗橚詞林紀事卷四：「南部新書記嚴惲詩：『盡日問花花不語，爲誰零落爲誰開。』此闋結二語似本此。又按李易安『庭院深深幾許』二闋，見歷代詩餘三十八卷，調係臨江仙，汲古閣漱玉詞失載。又按此詞詞綜作馮延巳，今據花庵詞選、汲古閣六一詞訂正。」

孫麟趾詞徑：「如：『淚眼問花花不語，亂紅飛過鞦韆去。』『江上柳如煙，雁飛殘月天。』『西風殘照，漢家陵闕。』皆以渾厚見長者也。詞至渾，功候十分矣。」

譚獻譚評詞辨：「或曰：『非歐公不能爲。』或曰：『馮敢爲大言如是。』讀者審之。又云：宋刻玉玩，雙層浮起，筆墨至此，能事幾盡。」

黄蘇蓼園詞選：「首闋因楊柳煙多，若簾幕之重重者，庭院之深以此，即下句章臺不見，亦以此。總以見柳絮之迷人，加之雨橫風狂，即擬閉門，而春已去矣。不見亂紅之盡飛乎？語意如此，通首詆斥，看來必有所指。第詞旨濃麗，即不明所指，自是一首好詞。」

陳廷焯雲韶集卷一：「連用三『深』字，妙甚。偏是樓高不見，試想千古有情人讀至結處，無不淚下。絶世至文。」

徐釚詞苑叢談卷一：「歐陽修蝶戀花，『春暮』詞也。李易安酷愛其語，遂用作『庭院深深』詞數闋。楊升庵云：一句中連三字者，如『夜夜夜深聞子規』，又『日日日斜空醉歸』，又『更更更漏月明中』，又『樹樹樹梢啼曉鶯』，皆善用疊字也。」

王國維人間詞話：「固哉，皋文之爲詞也。飛卿菩薩蠻，永叔蝶戀花，子瞻卜算子，皆興到之作，有何命意？皆被皋文深文羅織。阮亭花草蒙拾謂坡公命宮磨蠍，生前爲王珪、舒亶輩所苦，身後又硬受此差排。由今觀之，受差排者，獨一坡公已耶？」

梁令嫻藝蘅館詞選乙卷：「一作馮延巳詞。蓋馮詞多與歐詞混也。周止庵云：數詞纏綿忠篤，其文甚明，非歐公不能作，延巳小人，縱欲僞爲君子，以惑其主，豈能有此至性語乎？」

俞陛雲唐五代兩宋詞選釋：「此詞簾深樓迥，及亂紅飛過等句，殆有寄託，不僅送春也。或見陽春集。李易安定爲六一詞，易安云：『此詞余極愛之。』作『庭院深深』數首，其聲即舊臨江仙也。」

俞平伯唐宋詞選釋：「『庭院深深』言其深；『深幾許』猶言『深多少』，作疑問口氣，却不必甚深，正如古詩十九首『河漢清且淺，相去復幾許』，言其不遠。接『楊柳』、『簾幕』兩句，以有重重阻隔，雖不深而似深，故結語説，樓雖高迥，却望不見章臺之路也。上片一意轉折，圓渾而又跌宕。」又，「『三月暮』點季節，『風雨』點氣候，『黄昏』點時刻，三層渲染，才逼出『無計』句來。」又，「花既不語，故説『問花』。問字是虚用，只不過淚眼相看而已。温庭筠惜春詞『百舌問花花不語』，句法相似。詞林紀事卷四：『南部新書記嚴惲詩：「盡日問花花不語，爲誰零落爲誰開。」此闋結二句似本此。』按嚴作乃落花詩。」

夏承燾唐宋詞欣賞：「這首詞描寫一個貴族少婦深閨獨守的苦悶心情。開頭三句，寫這少婦的生活環境，庭院深深，深到什麼程度呢？庭院裏外有無重數的簾幕，簾幕外面又有楊柳，早晚時候楊柳上又堆著迷濛的煙霧。『楊柳』兩句就是形容『深深深』三個字。這女子被禁錮在這樣一個和外面隔絶的家庭裏；雖然是一個華貴的家庭，但是一個寂寞不自由的牢籠。「玉勒」兩句寫她的丈夫終日在外遊蕩，出入於歌樓妓館之中（「玉勒雕鞍」是玉做成的馬銜和雕繪的馬鞍）。她家裏雖然有高樓，可是望不見丈夫遊冶的地方（章臺是漢代長安街名，多妓居。後代借它指妓院所在地）。上片描寫這少婦的生活處境，下片敘述她的心情：首三句寫暮春景象，黄昏時候風雨交加（「横」是「强横」的「横」，讀去聲），由於春不能留，引起人的青春遲暮的感慨。末了兩句有幾層意思：含著眼淚問花知不知道人的心情，這是她無可告訴的怨恨，是第一層；花不能語，是說不但人不能了解她，也得不到花的同情，是第二層；『亂紅飛』，花自己也被風雨摧殘了，是第三層；花偏偏又被風吹過鞦韆去了，而鞦韆却是她和丈夫舊時嬉戲之處，更使她觸景傷情，不堪回首，是第四層了。這首詞雖然表面是寫一個女子的苦悶，但它的寓意不限於此。從屈原離騷以來，就以美人香草寄托君臣，後代士大夫以男女寄托君臣的詩歌，指不勝屈。歐陽修這首詞也是屬於這一類。這首詞見於歐陽修的詞集，又見於馮延巳的陽春集。馮在南唐的處境和政治心情與歐陽修相似，他們是社會上同一階層的人物，所以作品的思想内容便難分彼此，而風格亦復近似。他們以士大夫胸襟學問入詞，雖寫男女愛情，而能以詩人嫻雅語言出之，這就和花間集有了區別。」

夏承燾、盛靜霞唐宋詞選講：「這首詞寫婦女的痛苦心情。她被關在深深的庭院裏。她的丈夫却玉勒雕鞍在外遊蕩。她雖然登上高樓，也望不到他。無計留春住，感歎青春消逝。末了兩句有好幾層意思：淚眼而問花，是無人可告訴，一層；花不能語，不得花的同情，二層；亂紅飛，花自己也凋謝了，三層；花被風吹過鞦韆去，鞦韆是她和丈夫舊時嬉遊之處，觸動愁恨，不堪回首，四層。」

唐圭璋唐宋詞簡釋：「此首寫閨情，層深而渾成。首三句，但寫一華麗之深院，而人之矜貴可知。『玉勒』兩句，寫行人遊冶不歸，一則深院凝愁，一則章臺馳騁，兩句射照，哀樂畢見。換頭，因風雨交加，更起傷春懷人之情。『淚眼』兩句，毛稚黃釋之曰：『因「花」而有

「淚」，此一層意也。因「淚」而「問花」，此一層意也。「花」竟「不語」，此一層意也。不但「不語」，且又「亂」落「飛過鞦韆」，此一層意也。人愈傷心，「花」愈惱人，語愈淺而意愈入，又絶無刻畫費力之迹，謂非層深而渾成耶。』觀毛氏此言，可悟其妙。」

吴世昌讀花庵詞選：「永叔蝶戀花結句：『淚眼問花花不語，亂紅飛過鞦韆去。』南部新書記嚴惲詩：『盡日問花花不語，爲誰零落爲誰開。』東坡吉祥寺賞花寄陳述古末二句同，惟易『盡日』爲『太守』，見能改齋漫録卷八。嚴、蘇二詩下句只把問話平敘，而不言花何以不語。歐詞下句説不語之狀，不語之故亦在其中，且似不屑作答矣。」

吴世昌讀唐宋詞選：「永叔蝶戀花下片：……問花何事？曰：問留春之計。花不忍語，但非不答，亂紅飛過鞦韆，表示春在鄰家，此即花之答也。此句亦見東坡吉祥寺賞花寄陳述古：『太守問花花不語，爲誰零落爲誰開？』」

邵祖平詞心箋評：「深深庭院，楊柳堆煙，本是寫景語，唐人絶句云：『四月江南無矮樹，人家多在緑陰中。』『楊柳堆煙』，其意同也。『淚眼問花花不語』，自是言情語，馮正中南鄉子云：『斜陽。負你殘春淚幾行。』歐公平生最喜馮詞，得其深致，集中蝶戀花調與馮相亂，此闋尤酷類正中，或由六一愛其語，偶寫此夾入文稿中，而人爲之編入歟？張皋文詞選指此詞喻政令暴急，韓、范斥逐，王靜安深不以爲然，設喻延巳所歷之世，則庶幾矣！」

吴熊和、蔡義江、陸堅唐宋詩詞探勝：「這首詞寫暮春閨怨，一起一結頗受推賞。庭院深深，簾幕重重，在這樣内外隔絶如同封閉的環境中，不是身心兩方面都被壓抑被鎖住嗎？疊用三個『深』字，寫出如同幽閉之苦，不但顯出獨居孤寂，而且有心事深沈、怨恨莫訴之感。……最後淚眼問花，實即含淚自問。……這種寫法，完全用環境來暗示和烘托人物的思緒，深婉不迫，曲盡心事，真切地表現了生活在這種狀態下貴家女子難以明言的内心隱痛。在淚光瑩瑩之中，花如人，人如花，最後花、人莫辨，同樣面臨著被拋擲遺棄而淪落的命運。她的這種身世之感，已不光是怨恨，實近於悲苦了。」

〔日〕青山宏唐宋詞研究：「這首詞憎恨出遊花柳之巷而不歸的男子，歌咏獨自爲與狂風一起逝去的春而悲傷的女子的苦衷。其表現感傷過多，感情横溢而不知收斂。但是作者不是從自身的身份訴説這種感情，而代之於女性的口吻，於這種表現中，與晏殊又有不同的理智在起作用。」

又

永日環堤乘綵舫〔一〕。煙草蕭疏〔二〕，恰似晴江上〔三〕。水浸碧天風皺浪〔四〕。菱花荇蔓隨雙槳〔五〕。紅粉佳人翻麗唱〔六〕。驚起鴛鴦，兩兩飛相向〔七〕。且把金樽傾美釀。休思往事成惆悵〔八〕。

【注釋】

〔一〕永日：漫漫長日。詩經唐風山有樞：「且以永日。」朱熹詩集傳：「永，長也，人多憂則覺日短，飲食作樂，可以永長此日也。」劉楨公宴詩：「永日行遊戲，歡樂猶未央。」韋莊丙辰年鄜州遇寒食城外醉吟七言詩：「永日迢迢無一事，隔街聞築氣毬聲。」環：沿著，圍繞。綵舫：裝飾華美的船隻。

〔二〕煙草：水霧籠罩的草叢。張泌女冠子詞：「露花煙草，寂寞五雲三島。」蕭疏：清麗貌。吴融書懷詩：「傍巖依樹結簷楹，夏物蕭疏景更清。」歐陽修秋晚凝翠亭詩：「蕭疏喜竹勁，寂寞傷蘭敗。」

〔三〕晴江：晴空映照的江水。劉長卿送台州李使君兼寄題國清寺詩：「晴江洲渚帶春草。」韓翃和高平朱參軍思歸作詩：「坐見萋萋芳草緑，遥思往日晴江曲。」

〔四〕水浸句：裴説題岳州僧舍詩：「秋水浸遥天。」釋齊己寄武陵貫微上人詩：「雲接蒼梧水浸天。」牛希濟中興樂詞：「池塘暖碧浸晴暉。」馮延巳謁金門：「風乍起，吹皺一池春水。」歐陽修下篇又有「水浸秋天風皺浪」句。

〔五〕菱花：菱爲水生植物，水上葉菱形，花白色，夏季開花，果實即菱角。李益行舟詩：

「柳花飛入正行舟，卧引菱花信碧流。」荇蔓：荇草浮於水面的枝莖。荇爲水生植物，葉成對生圓形。詩經周南關雎：「參差荇菜。」毛傳：「荇，接餘也。」陸璣毛詩草木鳥獸蟲魚疏：「接餘，白莖，葉紫赤色，正圓，徑寸餘，浮在水上，根在水底，與水深淺等，大如釵股，上青下白，鬻其白莖，以苦酒浸之，脆美可案酒。」耿湋晚投江澤浦即事呈柳兵曹泥詩：「移舟衝荇蔓，轉浦入蘆花。」

〔六〕紅粉：古代女子塗抹粧面用的胭脂和鉛粉。此處「紅粉佳人」代指歌妓。歐陽修浣溪沙：「青春才子有新詞，紅粉佳人重勸酒。」翻：演唱，演奏。孟浩然美人分香詩：「舞學平陽態，歌翻子夜聲。」麗唱：清麗美妙的歌聲。

〔七〕驚起二句：杜牧入茶山下題水口草市絶句：「驚起鴛鴦豈無恨，一雙飛去却回頭。」

〔八〕休思句：馮延巳清平樂：「往事總堪惆悵，前歡休更思量。」

【輯評】

金人瑞金聖歎全集卷六批歐陽永叔詞：「蝶戀花（蕩船），『永日環堤乘綵舫。煙草蕭疏，恰似晴江上』，天成妙景，天成妙句。……從『麗唱』生出『鴛鴦』，從『鴛鴦』生出『往事』，文字只是一片。」又，「從來詞家，多以前半不堪，生出後半不堪之情。此獨前半寫得蕭然天放，後半陡然因『麗唱』轉出『鴛鴦』，因『鴛鴦』轉出『往事』，又是一樣身分也。」

又

越女採蓮秋水畔〔一〕。窄袖輕羅〔二〕，暗露雙金釧〔三〕。照影摘花花似面〔四〕。芳心只共絲争亂〔五〕。 鸂鶒灘頭風浪晚〔六〕。霧重煙輕㊀，不見來時伴。隱隱歌聲歸棹遠〔七〕。離愁引着江南岸。

【校記】

㊀霧重煙輕：全芳備祖作「霧暝煙昏」。

【注釋】

〔一〕越女：越國多美女，尤以西施著名，故越女泛指江南水鄉的美麗女子。枚乘七發：「越女侍前，齊姬奉後。」劉良注：「齊、越二國，美人所出。」

〔二〕窄袖：唐五代時女子喜服窄衣，歐陽炯南鄉子：「霞衣窄，笑倚江頭招遠客。」宋時貴族女子喜好大袖寬衣，但民間女子所著襦衣仍沿襲晚唐五代的窄袖，樣式緊小，便於行動。北宋太原晉祠水母殿侍女彩塑所著襦裙皆小袖對襟，衣款瘦長。輕羅：羅即一種輕軟稀薄的絲織品，多用作春夏單衣。王維秋夜曲：「桂魄初生秋露微，輕羅已薄未更衣。」

〔三〕金釧：金質手鐲。唐宋時流行，平民女子亦喜佩戴，河南偃師酒流溝宋墓出土畫像磚中正在勞作的廚娘，其雙腕即戴有釧。毛熙震後庭花：「越羅小袖新香蒨，薄籠金釧。」

〔四〕照影：謂臨水顧影。孟浩然高陽池送朱二：「池邊釣女自相隨，妝成照影競來窺。」花似面：蕭綱採蓮曲：「江花玉面兩相似。」

〔五〕芳心：本意花蘂，引申爲女子的情懷，即美人之心。李白古風之四九：「美人出南國，灼灼芙蓉姿。皓齒終不發，芳心空自持。」徐鉉依韻和令公大王薔薇詩：「芳心向誰許，醉態不能支。」絲：雙關語，既指蓮莖斷口中拉出來的蓮絲，又指採蓮女子的情思。争亂：紛紜貌。宋祁予既到郡有詔仍修唐書寄局中諸僚詩：「昏眸病入花争亂。」

〔六〕鸂鶒：水鳥名，形似鴛鴦而稍大，多紫色，好並遊。左思吴都賦劉良注云：「鸂鶒，水鳥也，色黄赤有斑紋，食短狐蟲，在水中無毒，江東諸郡皆有之。」又文震亨長物志卷四：「鸂鶒能敕水，故水族不能害，蓄之者宜於廣池巨浸，十數爲羣，翠毛朱喙，燦然水中。」孟浩然鸚鵡洲送王九之江左詩：「鴛鴦鸂鶒滿灘頭。」按，洛陽有鸂鶒灘，古今圖書集成方輿匯編職方典卷四二八：「瀫鶒灘，在洛陽縣，古伊闕故地。牛僧孺爲尉，瀫鶒雙下，旬日拜御史，故名。」然歐詞中「瀫鶒灘」或爲泛指。

〔七〕隱隱：歌聲隱約悠長貌。葛郯念奴嬌：「寶馬嘶風人漸遠，隱隱歌聲戛玉。」歸棹：代指歸舟，棹，船槳。王勃臨江：「去驂嘶別路，歸棹隱寒洲。」徐彦伯採蓮曲：「春歌弄明月，歸棹落花前。」温庭筠河傳：「蕩子天涯歸棹遠。」

【輯評】

譚獻譚評詞辨卷一：「（窄袖輕羅）小人常態。（霧重煙輕，不見來時伴。）君子道消。」

陳廷焯閑情集卷一：「與元獻作同一纏綿，而語更婉雅。」

陳廷焯白雨齋詞話卷五：「古人詞如……歐陽公之『照影摘花花似面，芳心只共絲爭亂』……均不失爲風流酸楚。」

沈際飛草堂詩餘續集：「美人是花真身。」又，「如絲爭亂，吾恐爲蕩婦矣。」

金人瑞金聖歎全集卷六批歐陽永叔詞：「蝶戀花（採蓮）」，『窄袖輕羅，暗露雙金釧』九個字，只寫得上句中一個『採』字耳。却亦只須寫一『採』字，便活畫出越女全身。此顧虎頭所謂『須向阿堵中落筆』也。『照影摘花花似面』，上『影』是水中面，下『花』是水中花，造語靈幻之極。『芳心只共絲爭亂』，『花似面』即知面似花也，便趁勢寫出他芳心來，却又以藕絲貼之，細妙之極也。『瀏鶒灘頭風浪晚。霧重煙輕』，上句之下，下句之上，合以七字寫景，謂之兩讓法。『不見來時伴』，妙妙。不因此五字，便是採蓮，不足詠矣。從採蓮上却想出此五字，豈非天才？『隱隱歌聲歸棹遠』，『風浪』七字是寫此，『隱隱』七字是寫彼。又，一是寫見，一是寫聞。『離愁引着江南岸』，因其着岸，而知其心愁也。却反云愁心引之着岸，此則練句之妙也。畫出小心怯膽，令人讀之猶憐，何況親見其人！」

又

水浸秋天風皺浪〔一〕。縹緲仙舟〔二〕，只似秋天上㊀。和露採蓮愁一餉〔三〕，看花却是啼粧樣〔四〕。折得蓮莖絲未放〔五〕。蓮斷絲牽，特地成惆悵〔六〕。歸棹莫隨花蕩漾㊁〔七〕。江頭有箇人相望〔八〕。

【校記】

㊀只似秋天上：天理本、宫内廳本同。琴本作「只似秋江上」。黄注本亦作「只似秋江上」，以避詞重複。按，秋江乃實景，無需比擬，秋天上與仙舟行意正合。

〔二〕隨：毛本作「愁」。

【注釋】

〔一〕水浸句：見前蝶戀花（永日環堤）注〔四〕。

〔二〕仙舟：見前採桑子（春深雨過）注〔三〕。

〔三〕和露：伴著晨露。李治薔薇花詩：「最好凌晨和露看，碧紗窗外一枝新。」一餉：片刻，一會兒。白居易對酒詩：「無如飲此銷愁物，一餉愁銷直萬金。」敦煌變文集王昭君變文：「若道一時一餉，猶可安排；歲久月深，如何可度。」蔣禮鴻通釋：「一餉，就是吃一餐飯的時間。」

〔四〕却是：竟是。啼粧：見前長相思（深花枝）注〔四〕。

〔五〕絲：見前蝶戀花（越女採蓮）注〔五〕。放：猶斷。

〔六〕特地：特別，格外。羅隱汴河詩：「當時天子是閑遊，今日行人特地愁。」

〔七〕歸棹：見前蝶戀花（越女採蓮）注〔七〕。

〔八〕江頭：江邊、江岸。白居易寒食江畔詩：「信馬江頭取次行。」

又㈠

梨葉初紅蟬韻歇㈡〔一〕。銀漢風高，玉管聲淒切〔二〕。枕簟乍涼銅漏徹〔三〕。誰教社燕輕離別〔四〕。　草際蟲吟秋露結㈢。宿酒醒來〔五〕，不記歸時節。多少衷腸猶未説〔六〕。珠簾夜夜朦朧月㈣〔七〕。

【校記】

㈠毛本題注：「一刻同叔，一刻子瞻。」唐圭璋全宋詞：「案此首又見晏殊珠玉詞。」又唐圭璋宋詞互見考：「案以上三首歐陽修詞（指此詞及漁家傲「粉蘂丹青描不得」、浣溪沙「青杏園林煮酒香」），見六一詞。毛本珠玉詞注謂此三首皆永叔作，故刪去。據此則明鈔本作晏殊詞，非是。第三闋類編草堂詩餘又作秦少游，亦誤。」冒校：「宋本無『一刻同叔，一刻子瞻』八字。今汲古刻珠玉及延祐本東坡樂府亦並無此詞。惟粹編作晏同叔。琴趣調作鳳棲梧。」黄本校記：「此首別又見晏殊珠玉詞。全宋詞已收入歐詞，今從之。宋本醉翁琴趣外篇調作鳳棲梧。」

㊁初紅：珠玉詞、花草粹編作「疏紅」。

㊂秋露：珠玉詞作「珠露」。

㊃夜夜：琴本、珠玉詞、花草粹編作「一夜」。

【注釋】

〔一〕梨葉初紅：入秋梨樹葉變至深紅色。竇鞏永寧里小園與沈校書接近悵然題寄詩：「梨葉初紅白露多。」梅堯臣社日飲永叔家詩：「醉叟卧倒梨葉紅。」

〔二〕銀漢：銀河，此借指天空。鮑照夜聽妓詩：「夜來坐幾時，銀漢傾露落。」蘇軾陽關曲中秋月：「暮雲收盡溢清寒，銀漢無聲轉玉盤。」玉管：玉製的管樂器，美稱。温庭筠湘東宴曲詩：「玉管將吹插鈿帶，錦囊斜拂雙麒麟。」淒切：淒涼而悲哀。孟郊有所思詩：「此時西去定如何？空使南心遠淒切。」柳永雨霖鈴：「寒蟬淒切，對長亭晚，驟雨初歇。」

〔三〕枕簟：枕席，泛指床上卧具。簟，葦席或竹席。白居易舟中晚起詩：「枕簟清涼八月天。」銅漏：銅製的計時器，以銅爲壺，壺底穿孔，壺中立一有刻度的箭形浮標，壺中水滴漏漸少，箭上度數即漸次顯露，視之可知時刻。徹：清脆，清晰。

〔四〕社燕：古時祭祀土地神的日子稱社日，一般在立春、立秋後第五個戊日。古人見燕子春社時來，秋社時去，故稱。張揖廣雅：「社燕，巢于梁間，春社來，秋社去，故謂之社燕。」元稹酬樂天早夏見懷詩：「我亦辭社燕，茫茫焉所知。」晏殊破陣子：「燕子來時新社，梨花落後清明。」

〔五〕宿酒：猶宿醉，經宿的醉酒狀態。白居易早春即事詩：「眼重朝眠足，頭輕宿酒醒。」孫光憲浣溪沙：「空推宿酒睡無厭。」

〔六〕衷腸：猶衷情，内心的感情。姚合寄狄拾遺詩：「與君最相識，應知我衷腸。」晏殊山亭柳：「衷腸事、託何人。」

〔七〕珠簾：珍珠穿綴的簾子，多用於閨閣。西京雜記卷二：「昭陽殿織珠爲簾，風至則鳴，如珩珮之聲。」李白怨情詩：「美人捲珠簾，深坐顰蛾眉。」孟浩然春情詩：「青樓曉日珠簾映，紅粉春妝寶鏡催。」王昌齡西宮春怨詩：「西宮夜靜百花香，欲捲珠簾春恨長。」

【輯評】

陳霆渚山堂詞話卷二：「李世英蝶戀花句云：『朦朧淡月雲來去。』歐公蝶戀花句云：『珠簾夜夜朦朧月。』二語一律，不知者疑歐出李下。予細較之：狀夜景則李爲高妙；道幽怨則歐爲醞藉。蓋各適其趣，各擅其極，殆未易優劣也。」

又㈠

獨倚危樓風細細㈡〔一〕。望極離愁㈢，黯黯生天際〔二〕。草色山光殘照裏㈣。無人會得凭欄意㈤〔三〕。也擬疏狂圖一醉㈥〔四〕。對酒當歌〔五〕，强飲還無味㈦〔六〕。衣帶漸寬都不悔〔七〕。況伊銷得人憔悴㈧〔八〕。

【校記】

㈠底本卷末校：「第十四、十五篇，並載柳三變樂章集。」吉州本、天理本、宫内廳本同。按收入柳永樂章集者，調爲鳳棲梧，作者頗有疑義。林本校記：「十四、十五，考異『並載柳三變樂章集』，毛本不載。」冒校：「宋本此首列第十四，在『梨葉初紅』一首後。卷末校云：『第十四、十五篇並載柳三變樂章集。』毛刪。今按樂章調作鳳棲梧，琴趣同。」黄本校記：「此首全宋詞既入柳詞，又入歐詞，一般以爲柳詞。」按，王國維人間詞話云：「蝶戀花（獨倚危樓）一闋，見六一詞，亦見樂章集。余謂：屯田輕薄子，只能道『奶奶蘭心蕙性』耳。『衣帶漸寬終不悔，爲伊消得人憔悴』，此等語固非歐公不能道也。」此篇及下篇互見於柳永、歐公詞集。

〔二〕獨倚：樂章集作「竚倚」。

〔三〕離愁：樂章集作「春愁」。

〔四〕山光：樂章集作「煙花」。

〔五〕無人會得：樂章集作「無言誰會」。

〔六〕也擬：樂章集作「擬把」。

〔七〕强飲：樂章集作「强樂」。

〔八〕況伊：樂章集作「爲伊」。銷得：樂章集作「消得」。

【注釋】

〔一〕危樓：即高樓。李白夜宿山寺詩：「危樓高百尺，手可摘星辰。」風細細：微風輕柔貌。杜甫嚴鄭公宅同詠竹詩：「風吹細細香。」

〔二〕黯黯：沉鬱隱幽貌。韋應物寄李儋元錫詩：「春愁黯黯獨成眠。」

〔三〕會得：知曉，領會。鄭谷柳詩：「會得離人無限意。」凭欄意：憑欄遠眺之寄託。崔塗上巳日永崇里言懷詩：「遊人過盡衡門掩，獨自憑欄到日斜。」温庭筠菩薩蠻：「春水渡溪橋，憑欄魂欲消。」李煜浪淘沙令：「獨自莫憑欄，無限江山，別時容易見時難。」王禹偁點絳唇：「平生事，此時凝睇，誰會憑欄意。」

〔四〕疏狂：放曠，無拘束。羅隱雪溪晚泊寄裴庶子詩：「杯酒疏狂非曩日，野花狼藉似當時。」

〔五〕對酒當歌：本自曹操短歌行詩：「對酒當歌，人生幾何。」本指人生有限，應有所作爲，後常有及時行樂意。

〔六〕强飲：勉强飲酒以圖迷醉消愁。

〔七〕衣帶：見前蝶戀花（臘雪初銷）注〔二〕。

〔八〕況伊：張相詩詞曲語辭匯釋卷一：「況伊，猶云正爲伊也。」銷得：猶值得。崔塗夷陵夜泊詩：「一曲巴歌半江月，便應銷得二毛生。」

【輯評】

王國維人間詞話：「詞家多以景寓情。其專作情語而絶妙者，如牛嶠之『甘作一生拚，盡君今日歡』；顧敻之『换我心爲你心，始知相憶深』；歐陽修之『衣帶漸寬終不悔，爲伊消得人憔悴』；美成之『許多煩惱，只爲當時，一餉留情』。此等詞求之古今人詞中，曾不多見。」「古今之成大事業、大學問者，必經過三種之境界。『昨夜西風凋碧樹，獨上高樓，望盡天涯路』，此第一境也。『衣帶漸寬終不悔，爲伊消得人憔悴』，此第二境也。『衆裏尋他千百度。回頭驀見，那人正在、燈火闌珊處』，此第三境也。此等語皆非大詞人不能道。然遽以此意解釋諸詞，恐爲晏、歐諸公所不許也。」

又

簾下清歌簾外宴㊀〔一〕。雖愛新聲〔二〕，不見如花面〔三〕。牙板數敲珠一串〔四〕。梁塵暗落琉璃盞〔五〕。　桐樹花深孤鳳怨〔六〕。漸遏遥天，不放行雲散〔七〕。坐上少年聽未慣㊁〔八〕。玉山將倒腸先斷㊂〔九〕。

【校記】

㊀簾下：樂章集作「簾内」。

㊁未慣：樂章集作「不慣」。

㊂將倒：樂章集作「未倒」。

【注釋】

〔一〕簾下句：白居易醉題沈子明壁詩：「愛君簾下唱歌人，色似芙蓉聲似玉。」清歌，無管絃相和之歌唱，即清唱。世説新語任誕：「桓子野每聞清歌，輒喚奈何。謝公聞之曰：『子野可謂一往有深情。』」王勃三月上巳祓禊序：「清歌繞梁，白雲將紅塵並落。」

〔二〕新聲：新製的曲子。見西湖念語注〔一五〕。

〔三〕如花面：于濆越溪女詩：「妾家基業薄，空有如花面。」

〔四〕牙板：象牙或木製的拍板，歌女演唱時敲擊以示節拍。白居易寄明州于駙馬使君三絶句詩：「何郎小妓歌喉好，嚴老呼爲一串珠。」歐陽修減字木蘭花（歌檀斂袂）：「柔潤清圓。百琲明珠一線穿。」

〔五〕梁塵句：見減字木蘭花（歌檀斂袂）注〔二〕。琉璃盞，琉璃酒杯。施肩吾夜宴詞詩：「被郎嗔罰琉璃盞，酒入四肢紅玉軟。」

〔六〕桐樹句：詩經大雅卷阿：「鳳凰鳴矣，于彼高岡。梧桐生矣，于彼朝陽。」鄭玄箋：「鳳凰之性，非梧桐不棲，非竹實不食。」孔穎達疏引白虎通：「黄帝之時，鳳凰蔽日而至，止於東園，食常竹實，棲常梧桐，終身不去。」李德裕畫桐花鳳扇賦序：「成都夾岷江，磯岸多植紫桐，每至暮春，有靈禽五色，小於玄鳥，來集桐花，以飲朝露。」

〔七〕漸遏二句：見減字木蘭花（歌檀斂袂）注〔五〕。漸，猶旋即，不久。遏，阻止。

〔八〕坐上句：本於劉禹錫贈李司空妓：「司空見慣渾閑事，斷盡江南刺史腸。」

〔九〕玉山將倒：世説新語容止：「嵇康身長七尺八寸，風姿特秀，見者歎曰：『蕭蕭肅肅，爽朗清舉。』或云：『肅肅如松下風，高而徐引。』山公曰：『嵇叔夜之爲人也，巖巖若孤松之獨立；其醉也，傀俄若玉山之將崩。』」李白襄陽歌：「清風朗月不用一錢買，玉山自倒非人推。」腸先斷：高駢塞上寄家兄詩：「笳聲未斷腸先斷。」

又㈠

誰道閑情抛弃久㈡。每到春來，惆悵還依舊。日日花前常病酒㈢〔一〕。不辭鏡裏朱顔瘦㈣。河畔青蕪堤上柳〔二〕。爲問新愁，何事年年有。獨立小橋風滿袖㈤。平林新月人歸後〔三〕。

【校記】

㈠底本卷末校：「第十六篇，亦載陽春録。」吉州本、天理本、宮内廳本同。林本校記：「考異及毛本均注：亦載陽春録。」冒校：「宋本卷末校云：『亦載陽春録。』毛改注題下。陽春調作鵲踏枝。」唐圭璋全宋詞：「『誰道閑情抛棄久』，馮延巳詞，見陽春集。」曾昭岷温韋馮詞新校陽春集：「此首原注云：『别作歐陽修。』吴本、舊鈔本注云：『蘭畹集作歐陽永叔者，非。』侯本、蕭本、金本注云：『蘭畹集誤作歐陽永叔。』又見歐陽修近體樂府卷二。……此詞諸家選本多作馮詞，全唐詩、全宋詞亦斷爲馮作，當從陽春集作馮延巳詞。或云：『鵲踏枝「誰道閑情抛擲久」一首，其下注云：「蘭畹集誤作牛希濟。」此詞原在花間集中，本是牛希濟作，蘭畹集從花間集選録，何嘗有誤？』則此又作牛希濟詞矣。然余所見知陽春集諸本未有注云『蘭畹集誤作牛希濟』者，花間集牛希濟詞中亦無此闋，如是所云，未知何據。」此篇互見於馮延巳、歐公詞集。

㊁底本卷末校：「抛棄，一作『抛擲』。」吉州本、天理本、宫内廳本同。曾昭岷等全唐五代詞：「誰：原注云：『别作「莫」。』擲：原注云：『别作「棄」。』近體樂府作『棄』。羅泌校云：『一作「抛擲」。』」

㊂日日：陽春集作「舊日」，注：「别作『日日』。」

㊃不辭：陽春集作「敢辭」，「敢」下注：「别作『不』。」鏡裏：李本校作「鏡内」。

㊄小橋：底本卷末校：「小橋，一作『小樓』。」吉州本、天理本、宫内廳本同。陽春集「橋」作「樓」，下注：「别作『橋』。」

【注釋】

〔一〕病酒：猶醉酒。史記魏公子列傳：「日夜爲樂飲者四歲，竟病酒而卒。」元稹病醉詩：

「醉伴見儂因病酒，道儂無酒不相窺。」

〔二〕河畔青蕪：河邊叢生的青草。古詩十九首之二：「青青河畔草，鬱鬱園中柳。盈盈樓上女，皎皎當窗牖。」

〔三〕平林：平原上的林木。詩經小雅車舝：「依彼平林，有集維鷮。」毛傳：「平林，林木之在平地者也。」李白菩薩蠻：「平林漠漠煙如織，寒山一帶傷心碧。」

【輯評】

梁令嫻藝蘅館詞選引梁啓超語：「稼軒摸魚兒起處從此奪胎，文前有文，如黄河伏流，莫窮其源。」

俞陛雲唐五代兩宋詞選釋：「詞家每先言景，後言情，此詞先情後景。結末二句寓情於景，彌覺風致夷猶。此調舊刻二十二首，多他稿誤入，有：李中主詞、陽春集、珠玉詞、樂章集。汲古閣刻本爲删定之，今從毛刻。」

俞平伯唐宋詞選釋：「『爲問新愁』，對前文『惆悵還依舊』説，以見新綠而觸起新愁，與白居易賦得古原草送别所謂『春風吹又生』略同。」

唐圭璋唐宋詞簡釋：「此首寫閨情，如行雲流水，不染纖塵。起兩句，自設問答，已見淒惋。『日日』兩句，從『惆悵』來，日日病酒，不辭消瘦，意更深厚。换頭，因見芳草、楊柳，又起新愁。問何以年年有愁，亦是恨極之語。末兩句，只寫一美境，而愁自寓焉。」

又

翠苑紅芳晴滿目。綺席流鶯〔一〕，上下長相逐。紫陌閑隨金轣轆〔二〕。馬蹄踏遍春郊綠。一覺年華春夢促。往事悠悠〔三〕，百種尋思足〔四〕。煙雨滿樓山斷續。人閑倚遍欄干曲〔五〕。

【注釋】

〔一〕綺席：富麗盛美的筵席。徐陵奉和詠舞詩：「低鬟向綺席，舉袖拂花黄。」流鶯：即黄鶯一類啼叫圓轉清脆的林間小鳥。李商隱評事翁寄賜餳粥走筆爲答詩：「省對流鶯坐綺筵。」又李商隱池邊詩：「流鶯上下燕參差。」

〔二〕紫陌：京城郊野的道路，此處泛指郊野的大路。王粲羽獵賦：「濟漳浦而横陣，倚紫陌而並征。」劉孝綽春日從駕新亭應制詩：「紆餘出紫陌，迤邐度青樓。」賈至早朝大明宮呈兩省僚友：「銀燭朝天紫陌長，禁城春色曉蒼蒼。」劉禹錫元和十年自朗州承召至京戲贈看花諸君子詩：「紫陌紅塵拂面來，無人不道看花回。」金轣轆：代指鑲金嵌玉的馬車。轣轆，音歷鹿，象聲詞，車輪行進的聲響。梅堯臣送辛都官知鄂州詩：「車動自轣轆，旗輕自舒舒。」

〔三〕悠悠：思念貌，憂思貌。詩經邶風終風：「莫往莫來，悠悠我思。」鄭玄箋：「言我思其如是，心悠悠然。」鄭谷慈恩寺偶題詩：「往事悠悠添浩歎。」

〔四〕足：猶多，入聲。

〔五〕欄干曲：蜿蜒曲折的欄杆。李商隱碧城詩：「碧城十二曲欄干。」

又

小院深深門掩亞㊀〔一〕。寂寞珠簾，畫閣重重下〔二〕。欲近禁煙微雨罷〔三〕。緑楊深處鞦韆掛〔四〕。傅粉狂遊猶未捨〔五〕。不念芳時，眉黛無人畫〔六〕。薄倖未歸春去也〔七〕。杏花零落香紅謝〔八〕。

【校記】

㊀亞：林本校記：「朱彝尊詞綜『亞』作『乍』，注：『乍』一作『亞』。」

【注釋】

〔一〕掩亞：掩閉。李栖注：「亞，猶並也，傍也。門亞，猶云門閉，閉則門相並也。門掩亞，門掩閉也。」

〔二〕珠簾：見蝶戀花（梨葉初紅）注〔七〕。畫閣：飾有彩繪的華美樓閣。庾肩吾詠舞曲應令：「歌聲臨畫閣，舞袖出芳林。」重重下：謂樓上珠簾層層低垂。

〔三〕禁煙：指寒食節禁煙火。荆楚歲時記：「去冬節一百五日，即有疾風甚雨，謂之寒食。禁火三日，造餳大麥粥。」韋應物寒食寄京師諸弟詩：「雨中禁火空齋冷。」王禹偁寒食詩：「郊原曉緑初經雨，巷陌春陰乍禁煙。」

〔四〕鞦韆：見阮郎歸（南園春早）注〔五〕。

〔五〕傅粉：見望江南（江南蝶）注〔三〕。狂遊：謂男子在外恣情玩樂。薛能牡丹詩：「萬朵照初筵，狂游憶少年。」捻：放棄，捨下。

〔六〕不念芳時二句：化用朱慶餘近試上張水部詩：「妝罷低聲問夫婿，畫眉深淺入時無。」反用其意。不念，不顧念，不在意。芳時，指春日美好時光。杜牧歎花詩：「不須惆悵怨芳時。」眉黛，古代女子用黛畫眉，因稱眉爲眉黛。事文類聚後集卷一八：「漢明帝宫人梳百合分梢髻、同心髻，掃青黛蛾眉。」白居易喜小樓西新柳抽條詩：「須教碧玉羞眉黛，莫與紅桃作麴塵。」

〔七〕薄倖：薄情，負心，言男子用情不專，這裏是女子對所歡男子的昵稱，猶言冤家。施肩吾望夫詞：「薄倖征夫久不歸。」杜牧遣懷詩：「十年一覺揚州夢，贏得青樓薄倖名。」春去也：劉禹錫和樂天春詞依憶江南曲拍爲句：「春去也，多謝洛陽人。」

〔八〕杏花句：語本温庭筠菩薩蠻：「雨後却斜陽，杏花零落香。」香紅，指花，顧況春懷詩：「園鶯啼已倦，樹樹隕香紅。」

【輯評】

陳廷焯大雅集卷二：「清雅芊麗，正中之匹也。」

世經堂刻詞綜批語：「穩筆。」

又㊀

幾日行雲何處去〔一〕。忘了歸來㊁，不道春將暮〔二〕。百草千花寒食路〔三〕。香車繫在誰家樹〔四〕。　淚眼倚樓頻獨語㊂。雙燕來時㊃〔五〕，陌上相逢否。撩亂春愁如柳絮㊄。依依夢裏無尋處㊅〔六〕。

【校記】

㈠底本卷末校：「亦載阳春録。」吉州本、天理本、宫内廳本同。林本校記：「考異及毛本均注：亦載陽春録。」冒校：「宋本卷末校云：『亦載陽春録。』毛改注題下。琴趣調作鵲踏枝，陽春同。」全宋詞以爲馮詞，不録。此篇互見於馮延巳、歐公詞集。

㈡忘了：曾昭岷全唐五代詞作「忘却」，校記：「却，原注云：『别作「了」。』吴本、蕭本陽春集、近體樂府卷二作『了』。」

㈢底本卷末續添注：「第十九篇『淚眼倚樓頻獨語』，一作『竟日倚欄愁不語』。」吉州本、天理本、宫内廳本同。

㈣來時：陽春集作「飛來」，注：「别作『來時』。」

㈤撩亂：陽春集作「撩」，注：「别作『拚』。」

㈥依依夢裏：吉州本續添注：「『依依夢裏』，一作『悠悠不斷』。」天理本、宫内廳本同。「依依」，陽春集作「悠悠」，下注：「别作『依依』。」

【注釋】

〔一〕行雲：本指神女，源自宋玉高唐賦「旦爲朝雲，暮爲行雨」典。杜甫雨不絶詩：「舞石旋應將乳子，行雲莫自濕仙衣。」仇兆鼇注引張性杜律演義曰：「莫自濕，勸神女莫久行雨，而自濕其衣也。」丁壽田唐五代四大名家詞：「行雲乃不定之意，此處指其所念之人。」

〔二〕不道：不顧，不管。李白長干行詩：「相迎不道遠，直至長風沙。」

〔三〕百草句：白居易贈長安妓人阿軟詩：「緑水紅蓮一朵開，千花百草無顔色。」寒食，節日名。在清明前一日或二日。相傳春秋晉文公負其功臣介之推，之推憤而隱於綿山。文公悔悟，燒山逼令出仕，之推抱樹焚死。時人同情之推，於其忌日禁火冷食，以爲悼念。後相沿成俗，謂之寒食。參洪邁容齋三筆卷二「介推寒食」條、宗懔荆楚歲時記、金盈之醉翁談録卷三等。

〔四〕香車：泛指華美的車子。曹操與太尉楊彪書：「今贈足下……畫輪四望通幰七香車一乘。」盧照鄰行路難詩：「春景春風花似雪，香車玉轝恒闐咽。」李邕春賦：「跨浮雲之寶騎，頓流水之香車。」

〔五〕雙燕：燕常雙飛，以反襯人之孤單。李白雙燕離：「雙燕復雙燕，雙飛令人羨。玉樓珠閣不獨棲，金窗繡户長相見。」南宋時衍爲「雙雙燕」詞牌。

〔六〕依依：柳絮輕柔披拂貌。詩經小雅采薇：「昔我往矣，楊柳依依；今我來思，雨雪霏霏。」李商隱離亭賦得折楊柳詩：「含煙惹霧每依依，萬緒千條拂落暉。」

【輯評】

王國維人間詞話：「『終日馳車走，不見所問津』，詩人之憂世也。『百草千花寒食路，香車繫在誰家樹』似之。」

薛礪若宋詞通論：「將暮春的景況，和内在的情緒，以含蓄的詩筆出之，故寫來極婉約沈著，如對一幅暮春圖，覺得有無限的亂花飛絮，飄過眼前，有無窮的春愁離緒，繚繞心頭。」

俞陛雲唐五代兩宋詞選釋：「起筆託想空靈，欲問伊人蹤迹，如行雲之在天際。春光已暮，而留滯忘歸，況當寒食佳辰，柳天花草，香車所駐，從何處追尋！前半首專寫離人，後半首乃言己之情思，孤客憑闌，無由通訊，陌上歸來燕子，或曾見芳蹤，永叔洛陽春詞『看花拭淚向歸鴻，問來處逢郎否』，與此詞皆無聊之託思。結句言贏得愁緒滿懷，亂如柳絮，而入夢依依，茫無尋處，是絮是身，是愁是夢，一片迷離，詞家妙境。」

唐圭璋唐宋詞簡釋：「此首傷離念遠，筆墨入化。句首以問起，問人去何處？『忘了』兩句，言春將暮，而人猶不歸，怨之至，亦傷之至。『百草』兩句，復作問語，問人牽繫誰家，總以人不歸來，故一問再問。换頭，因見雙燕，又和淚問燕可逢人，相思之深、悵望之切，並可知已。末兩句，揭出愁思無已之情，即夢裏亦無尋處，纏綿悱惻，一往情深。」

繆鉞詩詞散論論詞：「四曰其境隱……若夫詞人，率皆靈心善感，酒邊花下，一往情深，其感觸於中者，往往淒迷悵惘，哀樂交融，於是借此要眇宜修之體，發其幽約難言之思，臨淵窺魚，若隱若顯，泛海望山，時遠時近，作者既非專爲一人一事而發，讀者又安能鑿實以求，亦惟有就己見之所能及者，高下深淺，各有領會。譬如馮延巳（或作歐陽修）蝶戀花詞……或謂其有『忠愛纏綿』之意（張惠言），或謂其爲『詩人憂世』之懷（王國維），見仁見智，持説不同，作者不必定有此意，而讀者未嘗不可作如是想。蓋詞人觀生察物，發於哀樂之深，雖似鑿空亂道，五中無主，實則珠圓玉潤，四照玲瓏，讀者但能體其長吟遠慕之懷，而有蕩氣回腸之感，在精美之境界中，領會人生之至理，斯已足矣。至其用意，固不必沾滯求之，但期玄賞，奚事刻舟。故詞境如霧中之山，月下之花，其妙處正在迷離隱約，必求明顯，反傷淺露，非詞體之所宜也。」

又

欲過清明煙雨細〔一〕。小檻臨窗〔二〕，點點殘花墜〔三〕。梁燕語多驚曉睡。銀屏一半堆香被〔四〕。　新歲風光如舊歲。所恨征輪〔五〕，漸漸程迢遞〔六〕。縱有遠情難寫寄〔七〕。何妨解有相思淚〔八〕。

【注釋】

〔一〕清明：見採桑子（清明上巳西湖好）注〔一〕。

〔二〕小檻：園中防護花木的柵欄。釋齊己移居西湖作詩：「小檻幽窗想舊峰。」

〔三〕點點：花瓣飄零散落貌。孟郊杏殤詩：「斑斑落地英，點點如明膏。」

〔四〕銀屏：銀箔鑲嵌的屏風。參見蝶戀花（面旋落花風蕩漾）注〔五〕。香被：熏香過的被子，尤指香閨女子的卧具。

〔五〕征輪：代指遠行的車子。王維觀別者詩：「揮淚逐前侶，含淒動征輪。」

〔六〕程：指以驛站郵亭或其他停頓止宿地點爲起訖的行程段落。歐陽修與尹師魯第一書：「始謀陸赴夷陵……凡五千里，用一百一十程，才至荆南。」迢遞：路程遥遠貌。韋莊上行杯：「迢遞去程千萬里。」張泌河傳：「去程迢遞。」

〔七〕遠情：猶深情。謝朓奉和隨王殿下詩：「星回夜未艾，洞房凝遠情。」劉禹錫酬樂天七月一日夜即事見寄詩：「别離含遠情。」

〔八〕解有：即会有。解，犹能，会也。相思泪：范仲淹蘇幕遮：「明月樓高休獨倚，酒入愁腸，化作相思淚。」

又

畫閣歸來春又晚〔一〕。燕子雙飛，柳軟桃花淺〔二〕。細雨滿天風滿院，愁眉斂盡無人見〔三〕。　獨倚欄干心緒亂。芳草芊綿〔四〕，尚憶江南岸。風月無情人暗換〔五〕。舊遊如夢空腸斷〔六〕。

【注釋】

〔一〕畫閣：見蝶戀花（小院深深）注〔二〕。春又晚：謂暮春。張籍春日留别詩：「看著春又晚，莫輕少年時。」

〔二〕柳軟桃花淺：形容花期已盡，桃枝上殘花寥寥。淺，少，不多。元稹桃花詩：「桃花淺深處，似勻深淺粧。」

〔三〕斂：皺眉。晏殊點絳唇：「斷腸聲裏，斂盡雙蛾翠。」

〔四〕芊綿：草木茂盛貌。貫休送崔使君詩：「柳門柳門，芳草芊綿。」張泌春日旅泊桂州詩：「暖風芳草竟芊綿。」

〔五〕風月句：杜牧春懷：「年光何太急，倏忽又青春。明月誰爲主，江山暗換人。」後蜀孟昶木蘭花：「屈指西風幾時來，只恐流年暗中換。」風月，風和月，泛指美好的景色。宋書始平孝敬王子鸞傳：「上痛愛不已，擬漢武李夫人賦，其詞曰：『……徙倚雲日，裴回風月。』」

〔六〕舊遊如夢：劉禹錫贈元容州：「舊遊如夢裏，此别是天涯。」空腸斷：空，徒然，白白地。韋莊悼亡姬五首之二：「夜來孤枕空腸斷。」徐寅憶牡丹詩：「滄洲春暮空腸斷。」

又〔一〕〔一〕

嘗愛西湖春色早。臘雪方銷〔二〕，已見桃開小〔三〕。頃刻光陰都過了。如今緑暗紅英少。且趁餘花謀一笑。況有笙歌〔四〕，艷態相縈繞〔五〕。老去風情應不到〔六〕。憑君剩把芳樽倒〔七〕。

【校記】

〔一〕琴本調名作鳳棲梧。

【注釋】

〔一〕歐陽修於皇祐元年（一〇四九）四十三歲移知潁州，皇祐四年丁母憂歸潁州，熙寧四年（一〇七一）七月致仕歸潁，五年閏七月逝世。本詞寫暮年遊賞春景，故當作於熙寧四年。詞中西湖即潁州西湖，見前西湖念語注〔一〕。

〔二〕臘雪：見蝶戀花（臘雪初銷）注〔一〕。銷：消融，融化。歐陽修奉酬長文舍人出城見示之句詩：「春分臘雪未全銷。」

〔三〕桃開小：謂桃花初綻，蓓蕾尚小。

〔四〕笙歌：見採桑子（輕舟短棹）注〔三〕。

〔五〕艷態：形容舞女姿態曼妙。楊衡長安秋詩：「輕身起舞紅燭前，芳姿艷態妖且妍。」

〔六〕風情：懷抱，志趣。晉書袁宏傳：「宏有逸才，文章絶美，曾爲詠史詩，是其風情所寄。」南朝宋鮑照送從弟道秀别詩：「以此苦風情，日夜驚懸旗。」白居易題峽中石上詩：「誠知老去風情少，見此争無一句詩。」

〔七〕剩：猶盡也。張相詩詞曲語辭匯釋卷二：「歐陽修蝶戀花詞：『老去風情應不到，憑君剩把芳尊倒。』剩把：盡把也。」芳樽，精美的盛酒器具。此代指美酒。杜甫贈虞十五司馬詩：「日夜倒芳樽。」

漁家傲〔一〕

一派潺湲流碧漲〔二〕。新亭四面山相向〔三〕。翠竹嶺頭明月上〔四〕。迷俯仰〔五〕。月輪正在泉中漾㊀〔六〕。　更待高秋天氣爽〔七〕。菊花香裹開新釀〔八〕。酒美賓嘉真勝賞〔九〕。紅粉唱〔一〇〕。山深分外歌聲響。

【校記】

㊀月輪：琴本作「月明」。

【注釋】

〔一〕漁家傲：此調始自宋人，又名荆溪詠、遊仙詠、緑蓑令。有諸種格體，皆雙調。下列組詞，前、後闋各五句，六十二字，句句用仄聲韻。按，歐陽修知滁州時，曾於豐山建豐樂亭，於琅琊山建醉翁亭。豐樂亭記文末題：「慶曆丙戌六月日，右正言知制誥知滁州軍州事歐陽修記。」詞有「一派潺湲流碧漲，新亭四面山相向」語，所寫多似滁州景色，即醉翁亭記所謂「環滁皆山也」。李栖注云：「填詞時間是在宋仁宗慶曆六年六月，豐樂亭修成不久。」又同年歐陽修與韓忠獻王書：「山州窮絶，比乏水泉。昨夏秋之初，偶得一泉於州城之西南豐山之谷中，水味甘冷。」可與此詞參證。

〔二〕一派：一條支流，一條水流。白居易泛溢水詩：「溢水從東來，一派入江流。」潺湲：水流汩汩不絶貌。漢武帝瓠子歌：「河湯湯兮激潺湲。」歐陽修醉翁亭記：「漸聞水聲潺潺，而瀉出於兩峰之間者，釀泉也。」流碧：形容流動的碧波。段成式酉陽雜俎續集卷九：「（樹）皮青滑似流碧。」漲：此處謂泉水新湧。

〔三〕新亭：新修建的亭子，豐樂亭或醉翁亭。四面山相向：猶歐陽修醉翁亭記：「環滁皆山也。」豐樂亭記：「其上則豐山，聳然而特立，下則幽谷，窈然而深藏。……闢地以爲亭，而與滁人往遊其間。」

〔四〕嶺頭：山頂。李白山鷓鴣詞詩：「苦竹嶺頭秋月輝。」上：升起。

〔五〕迷：沉醉，癡迷。

〔六〕月輪：月亮的美稱。庾信象戲賦：「月輪新滿，日暈重圓。」張若虛春江花月夜：「江天一色無纖塵，皎皎空中孤月輪。」岑參出關經華嶽寺訪法華雲公詩：「月輪吐山郭，夜色空清澄。」李商隱昨日詩：「二八月輪蟾影破，十三絃柱雁行斜。」漾：蕩漾，此處指泉水中月影隨波浮動。

〔七〕高秋：謂天高氣爽的秋天。沈約休沐寄懷詩：「臨池清溽暑，開幌望高秋。」錢起江行無題詩：「見底高秋水，開懷萬里天。」

〔八〕菊花句：飲菊花酒本於梁吴均續齊諧記：「汝南桓景隨費長房遊學累年，長房謂曰：『九月九日，汝家中當有災。宜急去，令家人各作絳囊盛茱萸以繫臂，登高飲菊花酒。此禍可除。』景如言，齊家登山。夕還，見雞犬牛羊一時暴死。長房聞之曰：『此可代也。』今世人九日登高飲酒，婦人帶茱萸囊，蓋始於此。」新釀，新釀製的酒。梅堯臣高士王君歸建業詩：「正開新釀甕。」

〔九〕勝賞：猶美景。謝朓臨楚江賦：「奉玉樽之未暮，餐勝賞之芳音。」陳書孫瑒傳：「每良辰美景，賓僚並集，泛長江而置酒，亦一時之勝賞焉。」

〔一〇〕紅粉：借指歌女。見蝶戀花（永日環堤）注〔六〕。

又㊀

十月小春梅蘂綻〔一〕。紅爐畫閣新裝遍㊁〔二〕。錦帳美人貪睡暖〔三〕。羞起晚㊂。玉壺一夜冰澌滿㊃〔四〕。樓上四垂簾不卷。天寒山色偏宜遠〔五〕。風急雁行吹字斷〔六〕。紅日短㊄〔七〕。江天雪意雲撩亂。

【校記】

㊀花庵詞選題作小春。按，此詞又見底本又續添，數字不同。吉州本、天理本、宮内廳本同。「錦帳」，後篇作「鴛帳」；「羞起晚」，後篇作「梳洗嬾」；「冰澌」，後篇作「輕澌」；「紅日短」，後篇作「紅日晚」。

㊁畫閣：花庵詞選、群英詩餘並作「暖閣」。新裝：花庵詞選、群英詩餘並作「新粧」。

㊂羞起晚：卷末續添注：「漁家傲第二篇，『羞起晚』，『晚』一作『懶』。」天理本、宮内廳本同。花庵詞選、群英詩餘並作「羞起懶」。

㊃冰澌滿：琴本作「新冰滿」。冒校：「冰澌滿，草堂注引風俗通『冰流曰澌』。琴趣作『新冰滿』，非。」按，「澌」與「凘」別。「凘」爲流水之義，俗誤作「澌」。見段玉裁説文解字注。冒校亦微誤。

㊄紅日短：卷末續添注：「『短』一作『晚』。」天理本、宮内廳本同。群英詩餘作「紅日晚」。

【注釋】

〔一〕十月小春：即小陽春，農曆十月之別稱。爾雅釋名：「十月爲陽。」陳元靚歲時廣記卷三七引初學記云：「冬月之陽，萬物歸之。以其温暖如春，故謂之小春，亦云小陽春。」

〔二〕紅爐：形容爐火旺盛的暖爐。顧夐河傳：「紅爐深夜醉調笙。」畫閣：見蝶戀花（小院深深）注〔二〕。新裝遍：謂閨閣裝飾一新，以御寒過冬。

〔三〕錦帳：錦緞製成的牀帷。柳永兩同心：「洞房悄悄，錦帳裏，低語偏濃。」

〔四〕玉壺：銅壺刻漏的美稱。參蝶戀花（梨葉初紅）注〔三〕。許渾送盧先輩自衡岳赴復州嘉禮詩：「夜風寒結玉壺冰。」歐陽修少年游：「玉壺冰瑩獸爐灰。」澌：説文解字仌部：「澌，流仌（冰）也。」此處指細碎的薄冰。

〔五〕偏宜遠：謂寒天山色蕭疏曠渺，最宜遠眺。

〔六〕風急句：雁群飛行時排列成「一」或「人」字，故稱雁行，又稱雁字。白居易松江亭携樂觀漁宴宿詩：「雁斷知風急，潮平見日多。」

〔七〕紅日短：冬至後晝短夜長，晴日短暫。劉攽戲作賣雪人歌詩：「北風沍寒紅日短。」

【輯評】

楊和甫行都紀事：「某邑宰因預借違旨，遭按而歸，其郡郡將乃宰公之故，因留連。有妓慧黠，得宰罷官之由，時方仲秋，謳漁家傲『十月小春梅蘂綻』。宰云：『何太早邪？』答

云：『乃預借也。』宰公大慚。」（說郛卷三〇上引）

楊希閔詞軌卷四：「吾友陳廣敷云：『詞中六一是金碧山水，子瞻是淡墨煙雲。金碧山水非富麗之爲，尚正貴其妍妙耳。……』又評其漁家傲詞云：『一幅絶妙冬閨圖，王、仇畫所不到，全是解悟筆墨，此解悟是菩薩知覺，持校少游滿庭芳、賀方回浣溪沙，便知彼落色界天中。』閔按：陳評微妙之至，一隅可以三反也。」

沈際飛草堂詩餘正集：「山不近而遠，而風致猶可掬，作詩詞者哪能舍却山水。」

俞陛雲唐五代兩宋詞選釋：「後闋狀江山寒色，足當『清遠』二字。此調舊刻凡三十二首，以珠玉詞攙入，汲古閣定爲三十首，此首最爲擅勝。」

又

與趙康靖公㈠〔一〕

四紀才名天下重〔二〕。三朝構厦爲梁棟㈡〔三〕。定册功成身退勇〔四〕。辭榮寵。歸來白首笙歌擁。顧我薄才無可用。君恩近許歸田壟〔五〕。今日一觴難得共〔六〕。聊對捧。官奴爲我高歌送〔七〕。

【校記】

〔一〕琴本此首題下不載詞題。林本校記：「元本、毛本均題作『與趙康靖公』。案此題不似本集所有，係出後人追記，故移注於校記中。」冒校：「琴趣無『與趙康靖公』五字，雅詞同，非。宋本有。」

〔二〕構：樂府雅詞作「建」。

【注釋】

〔一〕趙康靖公：宋史趙概傳：「趙概字叔平，南京虞城人……熙寧初，拜觀文殿學士，知徐州。自左丞轉吏部尚書，前此執政遷官，未有也。以太子少師致仕……元豐六年薨，年八十八。贈太子太師，謚曰康靖。」歐陽修先於趙概離世，詞題稱趙公謚號，當爲後人所加。按，詞爲熙寧五年（一〇七二）趙、歐致仕後訪遇之作。熙寧四年冬歐陽修致信趙概，對趙概來春約訪致以謝意：「所承寵諭，春首命駕見訪。此自山陰訪戴之後，數百年間，未有此盛事。一日，公能發於乘興，遂振高風，使衰病翁因得附託，垂名後世，以繼前賢，其幸其榮，可勝道哉！」與趙康靖公九歐陽修多篇詩、文、詞述及此事，足見相惜之情。蘇軾趙康靖公神道碑（代張文定公作）：「歐陽修躐公爲知制誥，人意公不能平。及修坐累對詔獄，人莫敢爲言，公獨抗章言修無罪。……修以故得全。公既老，修亦退居汝南，公自睢陽往從之游，樂飲旬日。」蔡寬夫詩話亦記：「歐陽文忠公與趙康靖公概同在政府，相得歡甚，康靖先告老歸睢陽，文忠相繼謝事歸汝陰。康靖一日單車特往過之，時年幾八十矣。留劇飲逾月日，於汝陰縱游而後返。」

〔二〕四紀句：謂趙概才名遠揚達四十餘年，爲天下所重。紀，古代紀年單位，十二年爲一紀。尚書畢命：「既歷三紀。」孔安國傳：「十二年曰紀。」趙概於天聖五年（一〇二七）及進士第，至熙寧五年共歷四十六年，四紀爲約指。

〔三〕三朝句：謂趙概仕歷三朝，爲國家棟梁之材。三朝，指仁宗、英宗、神宗三朝。構厦，以構造廣厦喻指輔弼國事、建立鴻業。

〔四〕定册：古時尊立天子，書其事於簡策以告宗廟，故稱朝臣謀立天子爲定策、定册。這裏指擁立神宗即位一事。英宗駕崩，宰相韓琦扶持皇子即位，穩定大局。時爲參知政事的趙概、歐陽修均參與此事。神宗即位不久趙概便請老歸家，以太子少師致仕，可謂功成身退。東都事略卷七一趙概傳：「除樞密副使、參知政事。方是時，皇嗣未立，天下以爲憂。仁宗命英宗領宗正，概言：『宗正未足爲重。』遂與執政建言：『宜立爲皇子。』從之。英宗即位，再遷吏部侍郎。神宗立，進尚書左丞。數求去位，以觀文殿學士、吏部尚書知徐州。明年，以太子少師致仕。」

〔五〕君恩句：指熙寧四年六月神宗准許了歐陽修退居歸潁州的請求。歸田壟，歸耕於壟畝，意即告老還鄉。清華茲亨增訂歐陽文忠公年譜：「辛亥熙寧四年公六十五歲，公在蔡，累章告老。六月甲子，以觀文殿學士太子少師致仕。……七月，歸潁。」

〔六〕今日句：東都事略卷七一趙概傳：「概既老，修亦退居汝南。概自睢陽往從之遊，樂飲旬日，其相得如此。」詞句即言此事。

〔七〕官奴：指官妓。唐宋時官妓諳熟歌舞，士大夫每有宴集，常使侑酒。王讜唐語林卷二：「官妓高玲瓏、謝好好巧於應對。」元韋居安梅磵詩話卷中：「嘉熙間，高沙卒榮全據城叛，郡守馬公光祖聞變逃匿，僅以身免。有營妓毛惜惜者，全召之佐酒，惜惜怒之曰：『汝本朝廷健兒，何敢反耶？惟有死耳，不能爲反賊行酒。』全以刀裂其口，立命臠之，罵至死不絕聲。時臨川陳藏一在城中，目擊其事，作詩有『食祿爲臣無國士，捐身罵賊有官奴』之句。」明陶宗儀輟耕録官奴：「今以妓爲官奴，即官婢也。」歐陽修亦有於劉功曹家見楊直講女奴彈琵琶戲作呈聖俞詩。送：即送酒，奉酒、敬酒之義。張鷟遊仙窟：「十娘曰：『遺緑竹取琵琶彈，兒與少府公送酒。』」

又

暖日遲遲花裊裊〔一〕。人將紅粉爭花好〔二〕。花不能言惟解笑〔三〕。金壺倒〔四〕。

花開未老人年少㈠〔五〕。車馬九門來擾擾〔六〕。行人莫羡長安道〔七〕。丹禁漏聲衢鼓報〔八〕。催昏曉〔九〕。長安城裏人先老〔一〇〕。

【校記】

㈠花開：冒校：「琴趣作『開花』，非。」李栖校：「花開，琴本作『開花』，誤。」

【注釋】

〔一〕遲遲：日暖光暄貌。詩經豳風七月：「春日遲遲，采蘩祁祁。」朱熹集傳：「遲遲，日長而暄也。」裊裊：花枝摇曳飄動狀。韋應物聽鶯曲詩：「飛去花枝猶裊裊。」

〔二〕紅粉：代指貌美的女子，見蝶戀花（永日環堤）注〔六〕。争：猶比。歐陽修豐樂亭小飲詩：「看花遊女不知醜，古粧野態争花紅。」

〔三〕解：猶會、能。元稹獨醉詩：「桃花解笑鶯能語。」元無名氏賈氏説林：「漢武帝與麗娟看花時，薔薇始開，態若含笑。帝曰：『此花絶勝佳人笑也。』」

〔四〕金壺：酒壺之美稱。梅堯臣李廷老席上送韓持國歸許昌得早字詩：「月下金壺倒。」

〔五〕花開未老：錢起送萬兵曹赴廣陵詩：「山晚桂花老，江寒蘋葉衰。」梅堯臣挾彈篇詩：「不管花開與花老，明朝還去杜城東。」

〔六〕九門：古制天子宮禁設九門。禮記月令：「（季春之月）田獵、罝罘、羅網、畢翳、餧獸之藥，毋出九門。」鄭玄注：「天子九門者，路門也、應門也、雉門也、庫門也、臯門也、城門也、近郊門也、遠郊門也、關門也。」此處代指都城。擾擾：形容城門口車馬川流熙攘。廣雅釋訓：「擾擾，亂也。」歐陽修寄聖俞詩：「京師車馬曜朝日，何用擾擾隨輪蹄」。

〔七〕長安道：指北宋都城汴京繁華的街道。盧照鄰長安古意：「長安大道連狹斜，青牛白馬七香車。玉輦縱横過主第，金鞭絡繹向侯家。」

〔八〕丹禁：帝王所住的紫禁城。李白江夏使君叔席上贈史郎中詩：「鳳凰丹禁裏，銜出紫泥書。」王琦注引潛確居類書：「天子所居曰禁，以丹塗壁，故曰丹禁。亦曰紫禁。」歐陽修夜宿中書東閤詩：「今夜靜聽丹禁漏，尚疑身在玉堂中。」漏聲：刻漏計時的聲響。見蝶戀花（梨葉初紅）注〔三〕。衢鼓：街鼓，設置在街巷的警夜鼓，宵禁開始和終止時擊鼓通報。劉肅大唐新語釐革：「舊制，京城内金吾曉暝傳呼，以戒行者。馬周獻封章，始置街鼓，俗號鼕鼕，公私便焉。」新唐書百官志：「日暮，鼓八百聲而門閉。……五更二點，鼓自内發，諸街鼓承振，坊市門皆啓，鼓三千撾，辨色而止。」陸游老學庵筆記卷一〇：「京都街鼓今尚廢，後生讀唐詩文及街鼓者，往往茫然不能知。」

〔九〕昏曉：猶晨昏，早晚。白居易西掖早秋直夜書意詩：「炎涼遞時節，鐘鼓交昏曉」。

〔一〇〕長安句：用白居易長安道詩意：「君不見外州客，長安道，一回來，一回老。」

又

紅粉墻頭花幾樹〔一〕。落花片片和驚絮〔二〕。墻外有樓花有主。尋花去。隔墻遥見鞦韆侶〔三〕。　緑索紅旗雙綵柱〔四〕。行人只得偷回顧。腸斷樓南金鎖户〔五〕。天欲暮。流鶯飛到鞦韆處〔六〕。

【注釋】

〔一〕紅粉：此處喻指冒出牆頭的嬌豔花枝。庾信奉和趙王途中五韻詩：「村桃拂紅粉，岸柳被青絲。」

〔二〕和：相應，伴隨。驚絮：形容漫天紛飛的柳絮。

〔三〕鞦韆：見阮郎歸（南園春早）注〔五〕。

〔四〕緑索句：形容裝飾豔麗精美的鞦韆架。索，栓掛鞦韆蕩板用的長繩索。旗，繫於鞦韆架的綵旗。柱，鞦韆架兩邊立於地面的支柱。

〔五〕金鎖户：指富貴之家。王建華清宫感舊詩：「公主粧樓金鎖澀。」馮延巳菩薩蠻：「沈沈朱户横金鎖，紗窗月影隨花過。」

〔六〕流鶯：黄鶯一類啼叫圓轉清脆的林間小鳥。鄭谷燕詩：「千言萬語無人會，又逐流鶯過短牆。」

【輯評】

楊慎詞品卷二「鞦韆旗」條：「歐陽公漁家傲云：『隔牆遥見鞦韆侣，緑索紅旗雙綵柱』……予嘗命畫工作寒食仕女圖，鞦韆架作兩繡旗，人多駭之，蓋未見三公之詩詞也。」

又

妾本錢塘蘇小妹〔一〕。芙蓉花共門相對。昨日爲逢青傘蓋〔二〕。慵不採。今朝斗覺凋零嗷㊀〔三〕。愁倚畫樓無計奈〔四〕。亂紅飄過秋塘外。料得明年秋色在。香可愛。其如鏡裏花顏改㊁〔五〕。

【校記】

㊀斗：琴本「斗」作「陡」。

㈢花顏改：琴本作「花難在」。冒校：「『花顏改』，琴趣作『花難在』，與『秋色在』語重，誤。」李栖校：「『花顏改』，琴本作『花難在』，與前句『秋色在』韻重，誤。」

【注釋】

〔一〕錢塘蘇小妹：即南齊時名妓蘇小小，以才貌聞名於時，却困於身世而不得與意中人團圓，至抑鬱而終，其墓在杭州西湖畔西泠橋下，後世文人騷客多有題詠。玉臺新詠録錢塘蘇小歌：「妾乘油壁車，郎騎青驄馬。何處結同心，西陵松柏下。」

〔二〕青傘蓋：謂荷葉。傘蓋，古代一種長柄圓頂、傘面外緣垂有流蘇的儀仗物。歐陽修采桑子（荷花開後）「前後紅幢緑蓋隨」亦用芙蓉花葉形容儀仗中的傘蓋。

〔三〕斗覺：猛然發覺。斗，張相詩詞曲語辭匯釋卷二：「與陡同，猶頓也。」噤：宋時方言，猶甚，極。柳永迎春樂詞：「近來憔悴人驚怪，爲別後相思噤。」

〔四〕畫樓：見采桑子（畫樓鍾動）注〔二〕。無計奈：無可奈何。柳永迎春樂：「良夜永，牽情無計奈。」歐陽修玉樓春：「已去少年無計奈。」

〔五〕其如：怎奈，無奈。王維別輞川別業詩：「忍別青山去，其如緑水何。」韓愈酬馬侍郎寄酒詩：「秋到無詩酒，其如月色何。」

又

花底忽聞敲兩槳〔一〕。逡巡女伴來尋訪㈠〔二〕。酒盞旋將荷葉當㈡〔三〕。蓮舟蕩。時時盞裏生紅浪〔四〕。　花氣酒香清厮釀〔五〕。花腮酒面紅相向〔六〕。醉倚緑陰眠一餉〔七〕。驚起望。船頭閣在沙灘上〔八〕。

【校記】

㈠尋：底本注：「『尋』一作『相』。」吉州本、天理本、宫内廳本同。

㈡旋將：琴本作「旋傾」。冒校：「琴趣『將』作『傾』，非。」

【注釋】

〔一〕花底句：樂府詩集清商曲辭莫愁樂：「莫愁在何處，莫愁石城西。艇子打兩槳，催送莫愁來。」李商隱又效江南曲：「郎船安兩槳，儂舸動雙橈。」花底，猶花下，花叢深處。

〔二〕逡巡：張相詩詞曲語辭匯釋卷五：「逡巡，迅速之義，與普通之作爲遲緩解者異。……

歐陽修漁家傲詞：『花底忽聞敲兩槳，逡巡女伴來相訪。』既曰忽，當爲迅速義。」張祜偶作詩：「遍識青霄路上人，相逢只是語逡巡。」

〔三〕酒盞句：本句是「旋將荷葉當酒盞」的倒裝。趙璘因話録卷二：「靖安李少師……與賓僚飲宴譚笑，曲盡布衣之歡，不記過失。善飲酒。暑月臨水，以荷爲杯，滿酌密繫，持近人口，以筯刺之，不盡則重飲。」段成式酉陽雜俎卷七：「鄭公慤三伏之際，每率賓僚避暑於此。取大蓮葉置硯格上，盛酒三升，以簪刺葉，令與柄通，屈莖上輪囷如象鼻，傳吸之，名曰『碧筩杯』。」殷英童採蓮曲：「荷葉捧成杯。」戴叔倫南野詩：「酒吸荷杯緑。」白居易失題詩：「石榴枝上花千朵，荷葉杯中酒十分。」旋，張相詩詞曲語辭匯釋卷二：「旋，猶漫也，猶云漫然爲之或隨意爲之也。……歐陽修漁家傲詞：『酒盞旋將荷葉當……』言漫將荷葉當酒盞也。」

〔四〕紅浪：形容荷花倒映酒水中，花影伴隨採蓮小船的輕摇蕩漾而起伏。一説紅浪指倒映酒中的女子的醉臉。

〔五〕清厮釀：花與酒的清香相互融合。李栖注：「清厮釀，猶云清香之氣相醖釀也。」厮，相互。又歐陽修漁家傲（荷葉田田青照水）：「蓮子與人長厮類。」釀，調和，醖釀。

〔六〕花腮：指嬌豔如女子面腮的蓮花。蕭統十二月啓蕤賓五月：「蓮花泛水，豔如越女之腮。」酒面：指女子酒後的醉臉。白居易贈晦叔憶夢得詩：「酒面浮花應是喜，歌眉斂黛不關愁。」相向：相對。

〔七〕一餉：見蝶戀花（水浸秋天）注〔三〕。

〔八〕閣：擱淺，停靠。

【輯評】沈曾植菌閣瑣談：「歐公好用『厮』字，漁家傲之『花氣酒香相厮釀』，『蓮子與人長厮類』，『誰厮惹』，皆是也。山谷亦好用此字。」

又

葉有清風花有露。葉籠花罩鴛鴦侶〔一〕。白錦頂絲紅錦羽〔二〕。蓮女妬。驚飛不許長相聚。

日脚沉紅天色暮〔三〕。青涼傘上微微雨〔四〕。早是水寒無宿處〔五〕。須回步〔六〕。枉教雨裏分飛去〔七〕。

【校記】

㊀罩：全芳備祖作「露」。

【注釋】

〔一〕鴛鴦侣：鴛鴦雌雄偶居不離。詩經小雅鴛鴦：「鴛鴦于飛，畢之羅之。」毛傳：「鴛鴦，匹鳥也。」崔豹古今注鳥獸：「鴛鴦，水鳥，鳧類也。雌雄未嘗相離，人得其一，則一思而死，故曰疋鳥。」杜牧送劉三復郎中赴闕詩：「好是鴛鴦侣，正逢霄漢秋。」

〔二〕白錦頂絲：指鴛鴦頭頂部細長的白色羽毛。雍陶詠雙白鷺詩：「雙鷺應憐水滿池，風飄不動頂絲垂。」劉象鷺鷥詩：「潔白孤高生不同，頂絲清軟冷摇風。」紅錦羽：指鴛鴦身上紅色的羽毛。

〔三〕日脚：太陽穿透雲隙射下的光芒。杜甫羌村三首：「崢嶸赤雲西，日脚下平地。」李賀河南府試十二月樂詞十二月：「日脚淡光紅灑灑，薄霜不銷桂枝下。」沉紅：形容夕陽晚照。張瀛贈棋琴僧歌詩：「我又聽師琴一著，山頂坐沉紅日脚。」

〔四〕青涼傘：青色的遮陽傘，此喻指荷葉。參漁家傲（妾本錢塘）注〔二〕。宋敏求春明退朝録卷下：「京城士人，舊通用青絹涼傘，大中祥符五年九月，惟許親王用之，餘并禁止。六年六月，始許中書、樞密院依舊用傘出入。」

〔五〕早是：已是。王勃秋江送別詩：「早是他鄉值早秋，江亭明月帶江流。」

〔六〕回步：折返意。陶淵明悲從弟仲德詩：「遲遲將回步，惻惻悲襟盈。」

〔七〕枉：徒然。分飛：語本樂府詩集所録古詞之東飛伯勞歌：「東飛伯勞西飛燕，黄姑織女時相見。」後因稱離別爲分飛。柳永迷神引：「重分飛，攜纖手，淚如雨。」

又

荷葉田田青照水〔一〕〔二〕。孤舟挽在花陰底〔三〕。昨夜蕭蕭疏雨墜〔三〕。愁不寐。朝來又覺西風起。雨擺風摇金蘂碎〔四〕。合歡枝上香房翠〔五〕。蓮子與人長厮類〔六〕。無好意。年年苦在中心裏〔二〕。

【校記】

㈠ 青照水：全芳備祖作「清照水」。

㈡ 苦在：全芳備祖作「共在」。

【注釋】

〔一〕田田：蓮葉挺出水面茂盛勁秀貌。樂府詩集江南曲：「江南可採蓮，蓮葉何田田。」

〔二〕挽：拉，牽引。此撑船行進意。王安石如歸亭順風詩：「篙師晝卧自嘯歌，戲彼挽舟行復止。」宋時稱縴夫作挽卒，如梅堯臣五月二十四日過高郵三溝詩：「柁師爲我嘆，挽卒爲我愁。」

〔三〕蕭蕭：象聲詞，形容風雨聲。荆軻易水歌：「風蕭蕭兮易水寒。」李周翰注：「蕭蕭，風聲也。」王安石試院中詩：「蕭蕭疏雨吹簷角。」

〔四〕金蘂：荷花金色的花蘂。晏殊浣溪沙：「黄蜂金蘂欲披蓮。」碎：散落意。

〔五〕合歡：即合歡蓮，指并蒂蓮花，又稱并頭蓮。事物異名録花卉荷：「真珠船：雙頭蓮，即合歡蓮，一名嘉蓮，一名同心蓮。」香房：女子的寢室，此借喻蓮房，即蓮蓬。李商隱牡丹詩：「日耀香房拆，風披蕊粉乾。」

〔六〕蓮子句：蔡茂雄六一詞校注：「按，樂府詩子夜歌喜用諧音字，蓮與憐諧音，蓮子即爲憐子。故歐陽永叔詞云：『蓮子與人長斯類。』」皇甫松竹枝詞：「劈開蓮子苦心多。」斯類，相像，相似。張相詩詞曲語辭匯釋卷二：「斯，猶相也。歐陽修漁家傲詞：『蓮子與人長斯類……』斯類，相類也。」

又

葉重如將青玉亞〔一〕。花輕疑是紅綃掛〔二〕。顏色清新香脱洒。堪長價〔三〕。牡丹怎得稱王者〔四〕。　雨筆露牋匀彩畫〔五〕。日爐風炭薫蘭麝〔六〕。天與多情絲一把〔七〕。誰厮惹〔八〕。千條萬縷縈心下。

【注釋】

〔一〕將：拿。李白將進酒：「呼兒將出换美酒。」青玉：碧玉，喻荷葉。元稹高荷詩：「颭閃碧雲扇，團圓青玉疊。」亞：張相詩詞曲語辭匯釋卷五：「亞，有縱横二方面之二義。自其縱者而言，猶低也，俯也……歐陽修漁家傲詞：『葉重如將青玉亞，花輕疑是紅綃掛。』此猶云低壓。」杜甫上巳日徐司録林園宴集詩：「鬢毛垂領白，花蘂亞枝紅。」

〔二〕紅綃：紅色的薄綢。白居易山石榴寄元九詩：「淚痕裛損燕支臉，剪刀裁破紅綃巾。」

〔三〕堪長價：謂荷花品質超群足稱一流。堪，能够，可以。長價，指聲價高。李白與韓荆州書：「庶青萍、結緑，長價于薛、卞之門。」又其贈從弟南平太守之遥詩：「夢得池塘生春草，使我長價登樓詩。」

〔四〕牡丹句：牡丹乃花中之王，此句反問。怎得，猶安得，怎麼能够。者，語助詞。張相詩詞曲語辭匯釋卷一：「者，猶著也，亦猶焉也。」

〔五〕雨筆露牋：以雨作筆，以露作紙。勻：塗抹，勻畫。

〔六〕日爐風炭：以日作爐，以風爲炭。蘭麝：蘭草與麝香一類名貴的香料。

〔七〕絲一把：指蓮藕折斷牽扯出的粘絲，絲與思諧音。

〔八〕斯惹：招惹，相牽惹。張相詩詞曲語辭匯釋卷二：「『天與多情絲一把，誰斯惹，千條萬縷縈心下。』斯惹，相惹也。」

【輯評】

楊慎詞品卷二：「歐陽公詠蓮花漁家傲云：『葉重如將青玉亞……』又云：『楚國纖腰元自瘦……』前首工致，後首情思兩極。古今蓮詞第一也。」

沈際飛草堂詩餘別集卷三：「奇麗諦詳，蓮詞允推永叔。」「同叔詞：『蓮葉層層張綠傘，蓮房個個垂金盞，一把藕絲牽不斷。』略相當。」

又㊀

粉蘂丹青描不得㊁〔一〕。金針線線功難敵㊂〔二〕。誰傍暗香輕採摘。風淅淅〔三〕。船頭觸散雙鸂鶒〔四〕。　夜雨染成天水碧〔五〕。朝陽借出煙脂色〔六〕。欲落又開人共惜。秋氣逼。盤中已見新荷的㊃〔七〕。

【校記】

㊀毛本題注：「一刻同叔。」冒校：「毛注：『一刻同叔。』宋本無。今汲古刻珠玉詞删此首。備祖作晏叔原詞。」唐圭璋全宋詞案：「此首别見晏殊珠玉詞。别又誤作晏幾道詞，見全芳備祖後集卷二蓮門。」又其宋詞互見考：「案以上三首歐陽修詞（指此詞及蝶戀花「梨葉初紅蟬韻歇」、浣溪沙「青杏園林煮酒香」），見六一詞。毛本珠玉詞注謂此三首皆永叔作，故删去。據此則明鈔本作晏殊詞，非是。第三闋類編草堂詩又作秦少游，亦誤。」張草紉二晏詞箋注：「案此首别見歐陽修近體樂府卷二。别又誤作晏幾道詞，見全芳備祖後集卷三（按當爲卷二）蓮門。」此篇及以下兩篇俱互見於晏殊、歐公詞集。

㈡粉蘂：珠玉詞作「彩筆」，全芳備祖作「粉筆」。不得：珠玉詞作「未得」。

㈢線線：珠玉詞作「彩線」。

㈣新荷的：琴本作「新蓮的」，全芳備祖、毛本作「新荷菂」。珠玉詞亦作「新蓮菂」。

【注釋】

〔一〕粉蘂：粉色的荷花。白居易裴常侍以題薔薇架十八韻見示因廣爲三十韻以和之詩：「煙條塗石緑，粉蘂撲雌黄。」歐陽修和對雪憶梅花詩：「粉蘂自折清香繁。」

〔二〕金針：針黹刺繡用的針，美稱。羅隱七夕詩：「香帳簇成排窈窕，金針穿罷拜嬋娟。」敦煌曲子詞傾杯樂：「時招金針，擬貌舞鳳飛鸞。」

〔三〕風淅淅：形容風聲。杜甫秋風詩：「秋風淅淅吹我衣，東流之外西日微。」吴融秋池詩：「香啼蓼穗娟娟露，乾動蓮莖淅淅風。」

〔四〕鸂鶒：見蝶戀花（越女採蓮）注〔六〕。

〔五〕天水碧：相傳李煜的宫女貯雨水染衣，顔色如天水澄碧，故名。十國春秋卷一七：「初，江南民間服玩侈靡者，問之，必曰『此物屬趙寶子』。後主時，宫中貯雨水，染淺碧爲水，號『天水碧』。」此喻雨後荷葉青碧。

〔六〕煙脂：見歸自謡（春艷艷）注〔五〕。胭脂色即紅色。王禹偁村行詩：「棠梨葉落胭脂色，蕎麥花開白雪香。」

〔七〕荷的：即蓮子。爾雅釋草：「荷……其實蓮，其根藕，其中的。」

又㈠

幽鷺謾來窺品格㈡〔一〕。雙魚豈解傳消息〔二〕。緑柄嫩香頻採摘〔三〕。心似織〔四〕。條條不斷誰牽役〔五〕。　珠泪暗和清露滴㈢〔六〕。羅衣染盡秋江色〔七〕。對面不言情脉脉〔八〕。煙水隔。無人説似長相憶〔九〕。

【校記】

㈠林本校記：「漁家傲，毛本注：舊刻三十二首，考『幽鷺謾來窺品格』，又『楚國細腰元自瘦』，俱晏元獻公作，今删去。」冒校：「宋本此首列『粉蕊丹青』一首後，毛以見珠玉詞，删去。」唐圭璋全宋詞：「别又見晏殊珠玉詞。」

㈡謾來：珠玉詞、百家詞作「慢來」。

㈢珠泪：珠玉詞作「粉泪」。

【注釋】

〔一〕幽鷺：鄭谷水詩：「落花相逐去何處，幽鷺獨來無限時。」歐陽修鷺鷥詩：「風格孤高塵外物，性情閑暇水邊身。」謾：通「漫」，隨意。

〔二〕雙魚句：漢樂府飲馬長城窟行：「客從遠方來，遺我雙鯉魚。呼兒烹鯉魚，中有尺素書。」「雙鯉魚」即古人遞信所用的魚形木函。豈解，猶怎知。

〔三〕緑柄：指蓮蓬的莖幹。

〔四〕心似織：形容紛繁糾結的情愫。皎然浮雲三章：「嗟我懷人，憂心如織。」

〔五〕牽役：心思被牽動而無法自主。顧夐獻衷心詞：「幾多心事，暗地思惟。被嬌娥牽役，魂夢如癡」。

〔六〕和：伴隨。韋莊嘆落花詩：「一夜霏微露濕煙，曉來和淚喪嬋娟。」

〔七〕羅衣，絲織品製成的輕軟薄衣。薛逢宫詞：「羅衣欲换更添香。」

〔八〕對面句：謂情人相對無語。古詩十九首之一〇：「盈盈一水間，脈脈不得語。」歐陽修蝶戀花（水浸秋天）之「江頭有箇人相望」情境相類，可參讀。脈脈，含情相視貌。杜牧題桃花夫人廟詩：「脈脈無言幾度春。」

〔九〕説似：猶説與。長相憶：語本漢樂府飲馬長城窟行：「長跪讀素書，書中竟何如。上言加餐食，下言長相憶。」

又㊀〔一〕

楚國細腰元自瘦㊁〔二〕。文君膩臉誰描就〔三〕。日夜鼓聲催箭漏〔四〕。昏復晝。紅顔豈得長如舊〔五〕。醉折嫩房紅蘂嗅㊂〔六〕。天絲不斷清香透〔七〕。却傍小欄凝望久。風滿袖。西池月上人歸後〔八〕。

【校記】

㊀唐圭璋全宋詞：「別又見晏殊珠玉詞。」張草紉二晏詞箋注：「別又見歐陽修近體樂府卷二。」

㊁楚：李本校作「禁」。

㊂紅蘂：珠玉詞作「和蘂」。

【注釋】

〔一〕吴熊和主編唐宋詞匯評兩宋卷：「自『妾本錢塘』至『楚國細腰』八首，皆詠荷，實爲一套漁家傲鼓子詞。歐陽修集中，已有二套漁家傲十二月鼓子詞，得此而三。卷首復有採桑子一套十首，北宋大曲於此可覩其盛。晏殊前有漁家傲十二首，爲荷花曲鼓子詞，內『幽鷺窺來』、『楚國細腰』、『粉筆丹青』三首，與歐陽修此套互見。蓋因皆詠荷花，宋時樂家演奏時易於組合而致互混也。」

〔二〕楚國細腰：見減字木蘭花（樓臺向曉）「楚女腰肢天與細」句注。按，此句以楚國細腰借喻荷莖之細。

〔三〕文君：卓文君，西漢富豪卓王孫之女，寡後私奔司馬相如。史記司馬相如列傳：「是時卓王孫有女文君新寡，好音，故相如繆與令相重，而以琴心挑之。」膩臉：瑩潤粉嫩的臉龐。歐陽炯菩薩蠻：「香脣膩臉偎人語。」閻選河傳：「膩臉懸雙玉。」按，此句以文君膩臉借喻荷花之美。

〔四〕鼓聲：街巷宵禁開始和終止時的更鼓聲。箭漏：漏壺中插入一根標竿，稱爲箭。箭下用一隻箭舟托著，浮在水面上。水流出或流入壺中時，箭下沉或上昇，藉以指示時刻。前者叫沉箭漏，後者叫浮箭漏，統稱箭漏。此處代指時間。

〔五〕紅顏：美好的青春容顏。徐陵和王舍人送客未還閨中有望詩：「倡人歌吹罷，對鏡覽紅顏。」劉希夷代悲白頭翁：「此翁白頭真可憐，伊昔紅顏美少年。」

〔六〕嫩房：鮮嫩的蓮房。孟浩然春怨詩：「照水空自愛，折花將遺誰。」「折嫩房」即折花。

〔七〕天絲：本謂空中飄蕩的遊絲。此喻花莖牽扯出的粘絲。庾信行雨山銘：「天絲劇藕，蝶粉生塵。」清倪璠注：「天絲，即遊絲。」

〔八〕西池：泛指西邊的池塘。晏殊玉堂春：「欲傍西池看，觸處楊花滿袖風。」

又

七夕〔一〕

喜鵲填河仙浪淺㈠〔二〕。雲軿早在星桥畔㈡〔三〕。街鼓黄昏霞尾暗㈢〔四〕。炎光斂〔五〕。金鈎側倒天西面㈣〔六〕。　一别經年今始見〔七〕。新歡往恨知何限。天上佳期貪眷戀。良宵短。人間不合催銀箭〔八〕。

【校記】

㈠喜鵲：黄本校記：「歲時廣記引文作『烏鵲』。」

㈡軿：琴本作「屏」。畔：琴本作「伴」。

㈢霞尾暗：底本卷末校：「霞尾暗，一作亂。」吉州本、天理本、宫内廳本同。

㈣倒：琴本作「臥」。

【注釋】

〔一〕七夕：農曆七月七日之夕。梁宗懍荆楚歲時記：「七月七日爲牽牛、織女聚會之夜。」此傳説發源甚早，古詩十九首之一〇「迢迢牽牛星，皎皎河漢女」即借以詠眷偶離别之恨。

〔二〕喜鵲句：相傳七夕喜鵲銜接成橋於銀河之上以助牛郎、織女相會。韓鄂歲華紀麗七夕：「鵲橋已成，織女將渡。」注引應劭風俗通：「織女七夕當渡河，使鵲爲橋。」庾肩吾七夕詩：「倩語雕陵鵲，填河未可飛。」庾信爲梁上黄侯世子與婦書：「當學海神，逐潮風而來往；勿如織女，待填河而相見。」

〔三〕雲軿：仙人所乘的雲作的車子。軿，有帷蓋的車子。此謂接載織女的雲車。李白春日行詩：「仙人飄颻下雲軿。」星橋：即鵲橋。庾信七夕詩：「牽牛遥映水，織女正登車。星橋通漢使，機石逐仙槎。」李清照行香子：「星橋鵲駕，經年纔見，想離情、别恨難窮。」

〔四〕街鼓：見漁家傲（暖日遲遲）注〔八〕。霞尾：即殘霞餘輝。宋祁對月詩：「林梢霞尾暗。」

〔五〕炎光斂：謂日色消褪。蕭統林下作妓詩：「炎光向夕斂。」

〔六〕金鈎：指如鈎的新月。

〔七〕經年：歷經一年或若干年。柳永雨霖鈴：「此去經年，應是良辰好景虚設。」

〔八〕不合：不應該。許岷木蘭花：「當初不合盡饒伊，贏得如今長恨别。」銀箭：銀飾的箭漏。參漁家傲（楚國細腰）注〔四〕。江總雜曲：「鯨燈落花殊未盡，虬水銀箭莫相催。」李白烏棲曲：「銀箭金壺漏水多，起看秋月墜江波。」

又㈠

乞巧樓頭雲幔卷〔一〕。浮花催洗嚴粧面〔二〕。花上蛛絲尋得遍〔三〕。顰笑淺㈡。雙眸望月牽紅線〔四〕。　奕奕天河光不斷〔五〕。有人正在長生殿。暗付金釵清夜半。千秋願。年年此會長相見〔六〕。

【校記】

㈠琴本題注：「七夕。」

㈡顰：冒校：「琴趣『顰』作『頻』，誤。」

【注釋】

〔一〕乞巧樓：七夕間向織女乞巧所搭建的綵樓。王仁裕開元天寶遺事卷下「乞巧樓」條：「宮中以錦結成樓殿，高百尺，上可以勝數十人。陳以瓜果酒炙，設坐具以祀牛女二星。」乞巧，農曆七月七日之夕女子在庭院遊戲向織女星祈求智巧。宗懔荆楚歲時記曰：「是夕，人家婦女結綵縷，穿七孔針，或以金銀鍮石爲針，陳几筵酒脯瓜果於庭中以乞巧。有蟢子網於瓜上，則以爲符應。」雲幔：柔軟飄蕩的帷幕。杜甫西閣雨望詩：「樓雨霑雲幔。」

〔二〕浮花：女子在乞巧樓中準備的各種花色的擺設。孟元老東京夢華録卷八「七夕」條：「又以黄臘鑄爲鳧、雁、鴛鴦、鸂鶒、龜、魚之類，彩畫金縷，謂之水上浮。」嚴粧：盛粧打扮。古詩爲焦仲卿妻作：「雞鳴外欲曙，新婦起嚴粧。」

〔三〕花上句：謂女子尋遍浮花以找蛛絲的乞巧過程。開元天寶遺事卷下「蛛絲卜巧」條：「帝與貴妃每至七月七日夜在華清宮遊宴，時宮女輩陳瓜花酒饌列於庭中，求恩於牽牛、織女星也。又各捉蜘蛛於小合中，至曉開視蛛網稀密，以爲得巧之候。密者言巧多，稀者言巧少，民間亦效之。」

〔四〕望月句：謂女子乞巧時在月光下穿針引線，内心祈求月老作良媒。王仁裕開元天寶遺事卷下「乞巧樓」條：「嬪妃各以九孔針、五色線向月穿之，過者爲得巧之候。動清商之曲，宴樂達旦，士民之家皆效之。」

〔五〕奕奕天河：銀河星光閃耀貌，此七夕祥瑞之景。唐韓鄂四時纂要卷四：「七日乞巧，是夕於家庭中設筵席，伺河鼓、織女二星，見天河中有奕奕白氣光明五色者，便拜，乞貴子。」奕奕，光明貌。張衡東京賦：「六玄虬之奕奕。」李善引薛綜注：「奕奕，光明。」天河，銀河。爾雅釋天：「析木謂之津，箕斗之間，漢津也。」疏：「箕斗之間，是天漢之津。劉炫謂天漢即天河也。」

〔六〕有人四句：概括白居易長恨歌所詠，借唐玄宗和楊貴妃盟誓以表明心迹，願人人都能滿足心願，愛情能有美好結局。長生殿，指唐玄宗、楊貴妃七夕夜半在長生殿盟誓并贈付信物的故事。白居易長恨歌：「七月七日長生殿，夜半無人私語時。」「釵留一股合一扇，釵擘黄金合分鈿。但教心似金鈿堅，天上人間會相見。」陳鴻長恨歌傳：「定情之夕，授金釵鈿合以固之。」

【輯評】

朱庸齋分春館詞話卷五：「宋人七夕詞多，北宋總勝於南宋，亦因南宋過於刻意費力之故。六一漁家傲三闋，當是七夕聯章之作。所詠極工，但似祇爲七夕而作，無作者本人在其中。」

夏敬觀云：「七夕詞三闋，意皆不複，此詞選韻尤新。」（龍榆生唐宋名家詞選引）

又㊀

別恨長長歡計短〔一〕。疏鍾促漏真堪怨〔二〕。此會此情都未半〔三〕。星初轉〔四〕。鸞琴鳳樂忽忽卷〔五〕。河鼓無言西北盼㊁〔六〕。香蛾有恨東南遠㊂〔七〕。脉脉横波珠泪滿〔八〕。歸心亂。離腸便逐星橋斷〔九〕。

【校記】

㊀琴本題注：「七夕。」

㊁河鼓：歲時廣記作「河漢」。西北盼：琴本、毛本、歲時廣記作「西北眄」。

㊂香蛾：歲時廣記作「星娥」。冒校：「香蛾，歲時廣記作『星娥』，應依改。」王偉勇唐詩校勘北宋詞示例：「此詞下片首句，『河鼓』兩字，陳元靚歲時廣記卷二十六作『河漢』；『香蛾』兩字作『星娥』。而『西北盼』三字，毛晉宋六十名家詞六一詞作『西北眄』。按：『河鼓』作『河漢』、『西北盼』作『西北眄』，意皆可通，律、韻亦皆不誤，無妨。然『香蛾』與『星娥』，則必辨之。查『香娥』一詞，唐人每用指『美人』，而無用指『織女』者……此詞下片次

句宜作「星娥有恨東南遠」爲是。」

【注釋】

〔一〕歡計：猶歡會。柳永剔銀燈：「漸漸園林明媚，便好安排歡計。」

〔二〕疏鍾促漏：形容夜已至深。李商隱曲池詩：「迎憂急鼓疏鐘斷，分隔休燈滅燭時。」又其促漏詩：「促漏遥鐘動靜聞，報章重疊杳難分。」

〔三〕未半：崔液踏歌詞：「調笑暢歡情未半，看天明。」

〔四〕星初轉：指北斗星之斗柄開始轉向，天色將明。漢書天文志：「日東行，星西轉。」李商隱當句有對詩：「三星自轉三山遠，紫府程遥碧落寬。」

〔五〕鸞琴鳳樂：指鳳凰琴，泛指樂器。西京雜記卷五：「趙后有寶琴，曰鳳凰，皆以金玉隱起爲龍鳳螭鸞、古賢列女之象。」虞世南怨歌行：「香銷翠羽帳，絃斷鳳凰琴。」駱賓王代女道士王靈妃贈道士李榮詩：「鸚鵡杯中浮竹葉，鳳凰琴裏落梅花。」卷：收起。

〔六〕河鼓：史記天官書：「牽牛爲犧牲。其北河鼓，河鼓大星，上將；左右，左右將。」司馬貞索隱引孫炎曰：「河鼓之旗十二星，在牽牛北。或名河鼓爲牽牛也。」

〔七〕香蛾：代指美女，這裏專指織女。王偉勇校爲「星娥」。李商隱聖女祠詩：「星娥一去後，月姊更來無？」朱鶴齡注：「星娥謂織女。」柳永二郎神：「應是星娥嗟久阻，敘舊約，飆輪欲駕。」傳説織女織布於天河之東，故曰「抱恨東南遠」。陳元靚歲時廣記卷二六：「夏小正：『七月初昏，織女正東向。』沈休文七夕詩云：『牽牛西北回，織女東南顧。』歐陽公七夕詞云：『河漢無言西北盼，星娥有恨東南遠。』」

〔八〕橫波：見蝶戀花（簾幕東風）注〔五〕。

〔九〕離腸：喻離情。魏夫人好事近詞：「不堪西望去程賒，離腸萬回結。」星橋：即傳説的鵲橋。見漁家傲（喜鵲填河）注〔二〕。

又㊀

九日歡遊何處好〔一〕。黄花萬蘂雕欄遶〔二〕。通體清香無俗調〔三〕。天氣好㊁。煙滋露結功多少〔四〕。　日脚清寒高下照〔五〕。寶釘密綴圓斜小〔六〕。落葉西園風嫋嫋〔七〕。催秋老。叢邊莫厭金樽倒㊂〔八〕。

【校記】

㊀琴本題注：「重陽。」

句宜作『星娥有恨東南遠』爲是。」

【注釋】

〔一〕歡計：猶歡會。柳永剔銀燈：「漸漸園林明媚，便好安排歡計。」

〔二〕疏鍾促漏：形容夜已至深。李商隱曲池詩：「迎憂急鼓疏鐘斷，分隔休燈滅燭時。」又其促漏詩：「促漏遥鐘動靜聞，報章重疊杳難分。」

〔三〕未半：崔液踏歌詞：「調笑暢歡情未半，看天明。」

〔四〕星初轉：指北斗星之斗柄開始轉向，天色將明。漢書天文志：「日東行，星西轉。」李商隱當句有對詩：「三星自轉三山遠，紫府程遥碧落寬。」

〔五〕鸞琴鳳樂：指鳳凰琴，泛指樂器。西京雜記卷五：「趙后有寶琴，曰鳳凰，皆以金玉隱起爲龍鳳螭鸞、古賢列女之象。」虞世南怨歌行：「香銷翠羽帳，絃斷鳳凰琴。」駱賓王代女道士王靈妃贈道士李榮詩：「鸚鵡杯中浮竹葉，鳳凰琴裏落梅花。」卷：收起。

〔六〕河鼓：史記天官書：「牽牛爲犧牲。其北河鼓，河鼓大星，上將；左右，左右將。」司馬貞索隱引孫炎曰：「河鼓之旗十二星，在牽牛北。或名河鼓爲牽牛也。」

〔七〕香蛾：代指美女，這裏專指織女。王偉勇校爲「星娥」。李商隱聖女祠詩：「星娥一去後，月姊更來無？」朱鶴齡注：「星娥謂織女。」柳永二郎神：「應是星娥嗟久阻，敍舊約，飆輪欲駕。」傳説織女織布於天河之東，故曰「抱恨東南遠」。陳元靚歲時廣記卷二六：「夏小正：『七月初昏，織女正東向。』沈休文七夕詩云：『牽牛西北回，織女東南顧。』歐陽公七夕詞云：『河漢無言西北盼，星娥有恨東南遠。』」

〔八〕橫波：見蝶戀花（簾幕東風）注〔五〕。

〔九〕離腸：喻離情。魏夫人好事近詞：「不堪西望去程賒，離腸萬回結。」星橋：即傳説的鵲橋。見漁家傲（喜鵲填河）注〔一〕。

又㊀

九日歡遊何處好〔一〕。黃花萬蘂雕欄遶〔二〕。通體清香無俗調〔三〕。天氣好㊁。煙滋露結功多少〔四〕。日脚清寒高下照〔五〕。寶釘密綴圓斜小〔六〕。落葉西園風嫋嫋〔七〕。催秋老。叢邊莫厭金樽倒㊂〔八〕。

【校記】

㊀琴本題注：「重陽。」

㈡天氣好：琴本作「天氣巧」。
㈢金樽：百家詞、全宋詞作「金尊」。

【注釋】

〔一〕九日：節令名，農曆九月九日，又稱「重九」、「重陽」，民間有登高、吃糕、賞菊、飲菊花酒、佩茱萸的習俗。參漁家傲（一派潺湲流碧漲）注〔八〕。曹丕九日與鍾繇書：「歲往月來，忽復九月九日，九爲陽數，而日月並應，俗嘉其名，以爲宜於長久。」

〔二〕黄花：即菊花。岑參奉陪封大夫九日登高詩：「九日黄花酒，登高會昔聞。」

〔三〕無俗調：無凡俗不雅的格調。陶潛答龐參軍詩：「談諧無俗調，所説聖人篇。」

〔四〕煙滋露結：滋，浸染。結，凝結。温庭筠郭處士擊甌歌詩：「晴碧煙滋重疊山。」

〔五〕日脚：見漁家傲（葉有清風）注〔三〕。高下：參差起伏。李涉從秦城回再題武關詩：「遠別秦城萬里遊，亂山高下出商州。」王安石即事詩：「縱横一川水，高下數家村。」

〔六〕寶釘：用於鑲飾帶鈎一類飾物的圓釘，此處喻指繁密的小菊花。唐太宗秋日翠微宫詩：「側陣移鴻影，圓花釘菊叢。」宋祁酈潭秋菊賦：「揮碎金以炫條，揉寶釘而綴縷。」鄭獬菊詩：「寶釘萬數擁寒枝。」

〔七〕西園：魏武帝所築之園，在河南臨漳縣西，後泛指飲宴遊樂之所。曹植公宴詩：「清夜遊西園，飛蓋相追隨。」嫋嫋：微風吹拂貌。楚辭九歌湘夫人：「嫋嫋兮秋風，洞庭波兮木葉下。」王逸注：「嫋嫋，秋風搖木貌。」

〔八〕厭：排斥、推辭。馮延巳醉花間：「相逢莫厭醉金杯，別離多，歡會少。」

又

青女霜前催得綻〔一〕。金鈿亂散枝頭徧〔二〕。落帽臺高開雅宴〔三〕。芳樽滿。挼花吹在流霞面〔四〕。　桃李三春雖可羨㈠〔五〕。鶯來蝶去芳心亂〔六〕。爭似仙潭秋水岸〔七〕。香不斷。年年自作茱萸伴〔八〕。

【校記】

㈠雖：琴本作「誰」。

【注釋】

〔一〕青女：传説掌管霜雪的神女。淮南子天文訓載：「至秋三月……青女乃出，以降霜雪。」高誘注：「青女，天神，青霄玉女，主霜雪也。」杜審言重九日宴江陰詩：「降霜青女月，送酒白衣人。」杜甫東屯月夜詩：「青女霜楓重，黄牛峽水喧。」李商隱霜月詩：「青女素娥俱耐冷，月中霜裏鬭嬋娟。」按，此首及以下四首，歐陽明亮歐陽修詞論稿以爲皆作於嘉祐五年（一〇六〇），從之。

〔二〕金鈿：即金花釵，以壓製成花形的金箔綴於簪股釵梁，插於髮際。丘遲敬酬柳僕射征怨詩：「耳中解明月，头上落金鈿。」陸暢雲安公主出降雜詠催妝詩：「少妝銀粉飾金鈿，端正天花貴自然。」此處喻指叢生的菊花。韋莊歎落花詩：「西子去時遺笑靨，謝娥行處落金鈿。」

〔三〕落帽：晉書孟嘉傳：「九月九日，（桓）温燕龍山，僚佐畢集。時佐吏並著戎服，有風至，吹嘉帽墮落，嘉不之覺。温使左右勿言，欲觀其舉止。嘉良久如厠，温令取還之。命孫盛作文嘲嘉，著嘉坐處。嘉還見，即答之。其文甚美，四坐嗟歎。」後落帽成爲重陽節雅集的典故。韓鄂歲華紀麗卷四「重陽」條：「授衣之月，落帽之辰。」錢起九日閑居寄登高數子詩：「今朝落帽客，幾處管絃留。」

〔四〕挼：撫弄，揉搓。馮延巳謁金門：「手挼紅杏蘂。」流霞：本指神話傳説中的一種仙酒，泛指美酒。語本論衡道虚篇：「（項）曼都好道學仙，委家亡去，三年而返。家問其狀，曼都曰：『去時不能自知，忽見若卧形，有仙人數人，將我上天，離月數里而止。……口飢欲食，仙人輒飲我以流霞一杯。每飲一杯，數月不飢。』」李商隱花下醉詩：「尋芳不覺醉流霞，倚樹沉眠日已斜。」

〔五〕三春：農曆正月稱孟春，二月稱仲春，三月稱季春。劉禹錫答樂天所寄詠懷且釋其枯樹之嘆詩：「莫羨三春桃與李，桂花成實向秋榮。」

〔六〕芳心：見蝶戀花（越女採蓮）注〔五〕。

〔七〕爭似：猶怎似。劉禹錫楊柳枝詩：「城中桃李須臾盡，爭似垂楊無限時。」仙潭：指菊潭，又稱菊水，在今河南省内鄉縣，傳説飲其水可以長壽。水經注卷二九：「湍水又南，菊水注之。水出西北石澗山芳菊谿，亦言出析谷，蓋谿澗之異名也。源旁悉生菊草，潭澗滋液，極成甘美，云此谷之水土，餐挹長年。」史正志菊譜序：「南陽酈縣有菊潭，飲其水者皆壽。」張正見賦得岸花臨水發詩：「別有仙潭菊，含芳獨向秋。」宋祁三司晏尚書西園玩菊詩：「散漫仙潭餌。」此處泛指叢菊盛開的地方。

〔八〕茱萸：常緑植物，香氣辛烈，有逐寒祛風之功效，古俗重陽日佩戴茱萸以驅邪辟惡。西京雜記卷三：「九月九日佩茱萸，食蓬餌，飲菊花酒，令人長壽。」王維九月九日憶山東兄弟：「遥知兄弟登高處，遍插茱萸少一人。」

又

露裛嬌黃風擺翠〔一〕。人間晚秀非無意〔二〕。仙格淡粧天與麗〔三〕。誰可比。女真裝束真相似〔四〕。　筵上佳人牽翠袂。纖纖玉手挼新蘂〔五〕。美酒一杯花影膩〔六〕。邀客醉。紅瓊共作熏熏媚〔七〕。

【注釋】

〔一〕裛：浥的借字，義爲沾濕。陶淵明飲酒詩：「秋菊有佳色，裛露掇其英。」嬌黃：嫩黃色。薛能黃蜀葵詩：「嬌黃新嫩欲題詩，盡日含毫有所思。」此處指代菊花。擺：搖擺、吹動。杜牧嘆花詩：「如今風擺花狼藉，緑葉成陰子滿枝。」

〔二〕晚秀：晚成之英秀。謝惠連連珠：「秋菊晚秀，無憚繁霜。」

〔三〕仙格：仙人的高格，此處比喻菊花清雅高潔的品格。宋之問奉和九月九日登慈恩寺浮圖應制詩：「時菊芳仙醞。」淡粧：素淡的妝飾。佚名梅妃傳：「妃善屬文，自比謝女，淡粧雅服，而姿態明秀，筆不可描畫。」

〔四〕女真句：以女道士比喻菊花高潔挺立的形態。女真，女道士。薛少蘊女冠子：「霧卷黃羅帔，雲雕白玉冠。」即形容女道士裝束。

〔五〕挼：見漁家傲（青女霜前）注〔四〕。宋人重陽節好採菊花花蘂置酒中，以取其清香。韓琦重九席上賦金鈴菊詩：「細蘂浮杯雅，香筒貯露清。」歐陽修西齋手植菊花過節始開偶書奉呈聖俞詩：「我有一樽酒，念君思共倒。上浮黃金蘂，送以清歌梟。」又奉答原甫九月八日見過會飲之作詩：「豔豔庭下菊，與君吟繞之。擷其黃金蘂，泛此白玉卮。」

〔六〕膩：光滑潤澤。參望江南（江南蝶）注〔六〕。

〔七〕紅瓊：美玉，此處形容佳人香豔嫵媚的醉顏。鮑溶懷尹真人詩：「羽人杏花發，倚樹紅瓊顏。」熏熏媚：指醉後的嬌媚姿態。熏熏，本義爲和悦，引申爲酣醉貌。詩經大雅鳧鷖：「公尸來止熏熏。」毛傳：「熏熏，和説也。」陳奂詩毛氏傳疏：「説文：醺，醉也。詩曰『公尸來燕醺醺』。許依字作醺，故爲醉，其實詩義不爲醉也。……此云公尸燕飲，尚未及旅酬之節，不得言醉，傳云『和説』，祭義所謂饗之必樂也。……文選東京賦：『君臣歡樂，具醉熏熏。』薛綜注云：『熏熏，和説貌。』薛本毛訓。」

又

對酒當歌勞客勸〔一〕。惜花只惜年華晚。寒艷冷香秋不管〔二〕。情眷眷〔三〕。凭欄盡日愁無限。　思抱芳期隨塞雁㈠〔四〕。悔無深意傳雙燕〔五〕。悵望一枝難寄遠〔六〕。人不見。樓頭望斷相思眼〔七〕。

【校記】

㈠ 塞雁：吉州本卷末又續添有注：「漁家傲第二十篇，『塞雁』一作『去雁』。」天理本、宫内廳本同。

【注釋】

〔一〕 對酒當歌：見蝶戀花（獨倚危樓）注〔五〕。

〔二〕 寒艷冷香：隋侯夫人春日看梅詩：「香清寒艷好，誰惜是天真。」王建野菊詩：「晚艷出荒籬，冷香著秋水。」不管：不顧。唐無名氏和張志和漁父：「從棹尾，且穿顋。不管前溪一夜雷。」

〔三〕眷眷：流連顧盼貌。劉向九歎離世：「心蛩蛩而懷顧兮，魂眷眷而獨逝。」王逸注：「眷眷，顧貌。」

〔四〕抱：心懷。江淹燈賦：「怨此愁抱，傷此秋期。」芳期：花開的時節，喻指相約的日期。塞雁：塞外的鴻雁，春日北去，秋日南來，相傳蘇武被拘匈奴，曾以鴻雁傳書。古人亦用以比喻懷念遠離家鄉的親人。李煜長相思：「菊花開，菊花殘。塞雁高飛人未還。」

〔五〕傳雙燕：開元天寶遺事卷下「傳書燕」條載，長安商人任宗去湘中，數年不歸，音書不達，其妻郭紹蘭繫詩於雙燕足寄其夫，次年任宗歸。參蝶戀花（梨葉初紅）注〔四〕。

〔六〕悵望句：陸凱贈范曄詩：「折梅逢驛使，寄與隴頭人。江南無所有，聊贈一枝春。」

〔七〕望斷：猶望盡。歐陽修虞美人：「樓高不及煙霄半，望盡相思眼。」柳永臨江仙引：「凝情望斷淚眼。」

玉樓春㊀　題上林後亭〔一〕

風遲日媚煙光好〔二〕。緑樹依依芳意早〔三〕。年華容易即凋零〔四〕，春色只宜長恨少。池塘隱隱驚雷曉〔五〕。柳眼未開梅萼小〔六〕。樽前貪愛物華新〔七〕，不道物新人漸老〔八〕。

【校記】

㊀ 底本題注：「一名木蘭花令。」吉州本、天理本、宮内廳本、叢刊本同。林本校記：「元本注名木蘭花令，毛本無注並無題。」

【注釋】

〔一〕玉樓春：調名取白居易「玉樓宴罷醉和春」詩意；一説本自五代顧敻詞「月照玉樓春漏促」、「柳映玉樓春日晚」；又一説本自歐陽炯詞「春早玉樓煙雨夜」。雙調，五十六字，前後闋各四句，均一、二、四句用仄聲韻。上林：即上林苑，秦時宮苑名，漢武帝繼而擴建，舊址在今陝西西安市西及盩厔、户縣界。三輔黄圖苑囿：「漢上林苑，即秦之舊苑也。漢書云：『武帝建元三年開上林苑，東南至藍田、宜春、鼎湖、御宿、昆吾，旁南山而西，至長楊、五柞，北繞黄山，瀕渭水而東，周袤三百里。』離宮七十所，皆容千乘萬騎。」東漢時亦有上林苑，在今河南洛陽市東。此處指洛陽的上林苑。歐陽修於天聖八年（一〇三〇）及第後，授將仕郎、試秘書省校書郎，充西京留守推官。景祐元年（一〇三四）三月，秩滿歸襄城。此間歐陽修有陪飲上林院後亭見櫻桃花悉已披謝因成七言四韻詩，梅堯臣有依韻和永叔同遊上林院後亭見櫻桃花悉已披謝詩記其遊踪唱和。又景祐元年歐陽修春日獨遊上林院後亭見櫻桃花奉寄希深聖俞仍酬遞中見寄之什詩：「昔日尋春地，今來感歲華。」按，陳元靚歲時廣記卷七引古今詞話：「慶曆癸未十二月廿九日立春，甲申元日，丞相晏元獻公會兩禁於私第，丞相席上自作木蘭花以侑觴曰：『東風昨夜回梁苑。……』於時座客皆和，亦不敢改首句『東風昨夜』四字。今得三闋，皆失姓名。……東風昨夜傳歸耗，便覺銀屏寒料峭。年華容易即凋零，春色只宜長恨少。池塘隱隱驚雷曉，柳眼初開梅萼小。樽前貪愛物華新，不道物新人漸老。」歐本云：「此詞與本詞惟起首二句不同，以下諸句大抵無異。按：慶曆三年（一〇四三），歐陽修爲諫官，居京師，同年十二月八日，以右正言知制誥，仍供諫院。晏殊於本年十二月會宴兩禁於私第，歐陽修亦當預宴。故古今詞話所録之第三闋，當爲歐陽修即席更改本詞而成。」

〔二〕風遲：春風徐徐貌。韓琮春愁：「暖風遲日濃於酒。」煙光：猶春光。黄滔祭崔補闕文：「閩中二月，煙光秀絶。」

〔三〕依依：輕柔飄拂貌。詩經小雅采薇：「昔我往矣，楊柳依依。」歐陽修崇政殿試賢良晚歸詩：「槐柳依依禁籞長。」

〔四〕容易：張相詩詞曲語辭匯釋卷四：「容易，猶云輕易也；草草也；疏忽也。」

〔五〕隱隱：形容雷聲轟鳴。司馬相如長門賦：「雷隱隱而響起兮，聲象君之車音。」傅玄雜詩：「雷隱隱，感妾心。」

〔六〕柳眼：早春柳葉初生如人之睡眼初展，故稱。元稹遺春詩：「柳眼開渾盡，梅心動已闌。」韋莊含香詩：「微紅幾處花心吐，嫩緑誰家柳眼開。」梅萼：梅花的蓓蕾。萼，花瓣下部一圈緑色小片，有保護蓓蕾的作用。李商隱祭長安楊郎中文：「宅裏之荆枝半謝，嶺頭之梅萼空繁。」

〔七〕物華：指自然美景。杜甫曲江陪鄭南史飲詩：「自知白髮非春事，且盡芳樽戀物華。」耿湋同李端春望詩：「南北東西各自去，年年依舊物華新。」

〔八〕不道：猶不堪，不奈。馮延巳三臺令：「更深影入空牀，不道帷屏夜長。」

又㊀〔一〕

西亭飲散清歌闋〔二〕。花外遲遲宮漏發〔三〕。塗金燭引紫騮嘶〔四〕，柳曲西頭歸路別〔五〕。　佳辰只恐幽期闊㊁〔六〕。密贈殷勤衣上結〔七〕。翠屏槐夢莫相尋㊂〔八〕，禁斷六街清夜月〔九〕。

【校記】

㊀樂府雅詞題作「上林後亭」。

㊁佳辰：琴本作「佳晨」。

㊂槐夢：琴本作「魂夢」，毛本、李本、樂府雅詞、百家詞、黄注本校記亦作「魂夢」。全宋詞據樂府雅詞卷上改作「魂夢」。

【注釋】

〔一〕此篇次於前調「題上林後亭」後，兩篇景致情境頗有相通之處。「西亭」即上林後亭，因在洛陽西，故稱。詞有「禁斷六街清夜月」，因洛陽爲唐東都，其道亦如長安，左右六街。宋時沿襲此稱。

〔二〕西亭：即洛陽西的上林後亭。散：去聲，散去、分離。張泌浣溪沙：「飲散黄昏人草草。」歐陽修浪淘沙：「花外倒金翹，飲散無憀。」清歌：見蝶戀花（簾下清歌）注〔一〕。闋：曲終、樂止。劉兼蓮塘霽望詩：「採蓮女散吴歌闋。」杜牧洛下送張曼容赴上黨召詩：「歌闋樽殘恨却偏。」

〔三〕遲遲：形容鐘漏緩慢悠揚的聲響。爾雅釋訓：「遲遲，徐也。」白居易禁中曉卧因懷王起居詩：「遲遲禁漏盡。」和凝宮詞：「穿花宮漏正遲遲。」宮漏：即宮城内報時的銅壺刻漏，參蝶戀花（梨葉初紅）注〔三〕。白居易同錢員外禁中夜直詩：「宮漏三聲知半夜。」歐陽修内直奉寄聖俞博士詩：「獨直偏知宮漏永。」

〔四〕塗金燭：金粉塗飾的蠟燭，形容其富貴。紫騮：古駿馬名，多泛稱駿馬。史記秦本紀載：「造父以善御幸於周繆王，得驥、温驪、驊騮、騄耳之駟，西巡狩，樂而忘歸。」楊炯紫騮馬詩：「俠客重周遊，金鞭控紫騮。」李白紫騮馬詩：「紫騮行且嘶，雙翻碧玉蹄。」

〔五〕柳曲：即柳巷，此處指植柳的里巷。白居易和元九與呂二同宿話舊感贈：「爭入杏園齊馬首，潛過柳曲鬥蛾眉。」歐陽修送目詩：「長堤柳曲妨回首，小苑花深礙倚樓。」

〔六〕幽期：謂男女間的密會。盧綸七夕詩：「涼風吹玉露，河漢有幽期。」闊：稀少、缺乏。

〔七〕衣上結：綴於女子衣帶之上用錦帶編織的連環結，有永結同心之意。梁武帝有所思詩：「腰間雙綺帶，夢爲同心結。」楊慎升庵詩話卷一：「古詩：『文綵雙鴛鴦，裁爲合歡被。著以長相思，緣以結不解。』……鄭玄禮記注：『緣，飾邊也。』……按説文：結而可解曰紐，結不解曰締。締謂以針縷交鎖連結，混合其縫，如古人結綢繆同心制，取結不解之義也。」

〔八〕翠屏：牀頭翠緑色的屏風。參見蝶戀花（面旋落花）注〔五〕。

〔九〕禁斷：阻斷。唐長安和北宋汴京、洛陽城中都有六條主街道，宋史魏丕傳載：「初，六街巡警皆用禁卒，至是，詔左右街各募卒千人，優以廩給，使傳呼備盜。」梅堯臣醉中留別永叔子履詩：「六街禁夜猶未去，童僕竊訝吾儕癡。」

【輯評】

沈際飛草堂詩餘續集：「衣上結，盡密贈之況。」

又㊀〔一〕

春山斂黛低歌扇〔二〕。暫解吳鈎登祖宴〔三〕。畫樓鍾動已魂銷㊁〔四〕，何況馬嘶芳草岸〔五〕。　青門柳色隨人遠〔六〕。望欲斷時腸已斷〔七〕。洛城春色待君來㊂，莫到落花飛似霰〔八〕。

【校記】

㊀黃本校記：「花庵詞選有題作『別恨』。」

㊁魂銷：琴本、花庵詞選作「魂消」。
㊂洛城：毛本作「洛陽」。

【注釋】

〔一〕明道二年（一〇三三）作。吳熊和主編唐宋詞匯評兩宋卷曰：「『畫樓鍾動』爲謝絳夜行船詞句，此詞當爲明道二年春送謝絳離洛陽之作。『河（洛）城春色待君來』，君蓋指謝絳。歐陽修另有送謝學士歸闕詩：『供帳拂朝煙，征鞍去莫攀。人醒風外酒，馬度雪中關。舊府誰同在，新年獨未還。遥應行路者，偏識彩衣斑。』」

〔二〕春山：借喻婦人姣好的眉黛。李商隱代董秀才却扇詩：「莫將畫扇出帷來，遮掩春山滯上才。」又代贈詩：「總把春山掃眉黛，不知供得幾多愁。」牛嶠菩薩蠻：「愁匀紅粉淚，眉剪春山翠。」又酒泉子：「眉學春山樣。」斂黛：即斂眉。歌者於表演之前略皺眉頭的動作，表示對觀者的尊重。白居易贈晦叔憶夢得詩：「歌眉斂黛不關愁。」羊士諤彭州蕭使君出妓夜宴見送：「自是當歌斂眉黛，不因惆悵爲行人。」歌扇：歌時用的掩障，或將曲目寫在折扇之上。張正見情詩：「舞衫飄冶袖，歌扇掩團紗。」徐陵雜曲：「舞衫回袖勝春風，歌扇當窗似秋月。」歐陽修送張學士知郢州詩：「陽春繞雪歌低扇。」

〔三〕吴鈎：鈎，兵器，形似劍而曲。春秋時吴人善鑄鈎，故稱吴鈎，後泛指寶刀。吴越春秋：「闔閭既寶莫耶，復命於國中作金鈎，令曰：『能爲善鈎者賞之百金。』吴作鈎者甚衆，而有人貪王之重賞也，殺其二子，以血釁金，遂成二鈎，獻於闔閭。」海録碎事卷一四引玉堂閑話：「唐詩多用吴鈎，刀名也。刀彎。」李賀南園詩：「男兒何不帶吴鈎，收取關山五十州。」祖宴：餞别的宴席。祖，古人出行時祭祀路神。左傳昭公七年：「公將往，夢襄公祖。」杜預注：「祖，祭道神。」韓休奉和聖制送張説巡邊詩：「祖宴初留賞，宸章更寵行。」

〔四〕畫樓句：參採桑子（畫樓鍾動）注〔二〕。

〔五〕何況句：馮延巳採桑子：「馬嘶人語春風岸，芳草綿綿。」顧敻醉公子：「馬嘶芳草遠。」

〔六〕青門：漢長安城東南門。據三輔黄圖，本名霸城門，其門色青，故俗稱青門或青城門。青門外有霸橋，送别至此，折柳相贈，後以「青門柳」爲贈别送行的典故。何遜車中見新林分别甚盛詩：「金谷賓游盛，青門冠蓋多。」此處借指洛陽的城門。歐陽修舟中望京邑詩：「青門柳色春應遍，猶自流連杜若洲。」

〔七〕望欲斷：參見漁家傲（對酒當歌）注〔七〕。

〔八〕洛城春色二句：化用劉希夷代悲白頭翁詩意：「洛陽城東桃李花，飛來飛去落誰家。洛陽女兒惜顏色，坐見落花長歎息。」洛城，即北宋西京洛陽。仁宗天聖九年（一〇三一）至景祐元年（一〇三三）間歐陽修任西京留守推官，常與梅堯臣、尹洙等人從游唱和。歐陽修病中代書奉寄聖俞二十五兄詩：「昔在洛陽年少時，春思每先花亂發。」霰，雪珠、小冰粒，此形容落花。柳惲獨不見詩：「芳草生未積，春花落如霰。」歐陽修鸜鵒詩：「花殘如霰落紛紛。」

【輯評】

沈際飛草堂詩餘續集：「『隨人遠』妙景。」又云：「本自屈曲，而但見莊渾。」

又〔一〕

樽前擬把歸期說。未語春容先慘咽〔二〕。人生自是有情癡〔三〕，此恨不關風與月〔四〕。　離歌且莫翻新闋〔五〕。一曲能教腸寸結〔六〕。直須看盡洛城花〔七〕，始共春風容易別〔八〕。

【校記】

㈠天理本、宮内廳本、琴本均有題：「答周太傅。」

【注釋】

〔一〕景祐元年（一〇三四）作。李栖注：「醉翁琴趣本有題『答周太傅』，遍查歐陽修全集，無有周姓之友人，不知此周太傅何人也。歐陽修在景祐元年三月西京留守推官秩滿，離洛往襄城，轉赴京師。由是二詞皆成於仁宗景祐元年三月。」

〔二〕春容：女子的青春容貌。南朝子夜歌詩：「郎懷幽閨性，儂亦恃春容。」温庭筠蘇小小歌：「酒裏春容抱離恨，水中蓮子懷芳心。」慘咽：悲傷時哽咽不語。柳永傾杯：「每高歌，强遣離懷，奈慘咽、翻成心耿耿。」

〔三〕自是：本來、自然是。有情癡：執迷於用情的人，即癡情。世說新語紕漏載，晉時俊秀任瞻渡江南下以後神智恍惚、敏感異常，王導謂：「此是有情癡。」

〔四〕風與月：男女之間的風月情懷。韋莊多情詩：「一生風月供惆悵，到處煙花恨別離。」

〔五〕離歌：惜別之歌。駱賓王送王明府上京參選賦得鶴詩：「離歌凄妙曲，別操繞繁絃。」歐陽修雨中花：「千古都門行路，能使離歌聲苦。」翻：演唱、演奏。見蝶戀花（永日環堤）注〔六〕。新闋：新製的曲子。

〔六〕腸寸結：形容離恨糾結至深。語本吴越春秋卷七，越王勾踐入吴臣於夫差，越王夫人哀吟曰：「腸千結兮服膺，於乎哀兮忘食。」韋莊應天長：「别來半歲音書絶，一寸離腸千萬結。」牛嶠更漏子：「招手别，寸腸結。」

〔七〕直須：應當。見朝中措（平山欄檻）注〔八〕。洛城花：王象晉群芳譜：「唐宋時，洛陽花冠天下，故牡丹竟名洛陽花。」歐陽修天聖九年起在洛陽任官，親見當地栽植牡丹之盛，并撰有洛陽牡丹記。歐陽修戲答元珍詩：「曾是洛陽花下客，野芳雖晚不須嗟。」

〔八〕容易：指變化之快。戴叔倫織女詞：「鳳梭停織鵲無音，夢憶仙郎夜夜心。難得相逢容易别，銀河争似妾愁深。」司馬光又寄聶之美詩：「心目悠悠逐去鴻，别來容易四秋風。」

【輯評】

沈際飛草堂詩餘續集：「風月特寄情，而非即情，語超然。」

王國維人間詞話卷上：「永叔『人間自是有情癡，此恨不關風與月』，『直須看盡洛城花，始與東風容易别』，於豪放之中有沉著之致，所以尤高。」

薛礪若宋詞通論：「可謂道盡人間一段幽恨閑愁。結語更於豪放中寓沉痛之意。」

鄭騫成府談詞（景午叢編上編）：「王國維人間詞話：『永叔玉樓春：「人間自是有情癡，

此恨不關風與月。』『直須看盡洛城花，始與東風容易別。』於豪放之中有沉著之致，所以尤高。』所謂豪放中見沈著，歐詞佳者皆然，不止此玉樓春。馮煦宋六十一家詞選序録（詞話叢編改題蒿庵論詞）以爲歐詞『疏雋開子瞻，深婉開少游』，亦是此意。疏雋即是豪放，深婉即是沈著。疏雋而不能深婉則失於輕滑，豪放而不能沈著則失於叫囂，二者皆詞之魔道。」

顧隨駝庵詞話卷五消極中有積極悲觀中有樂觀：「『人生自是有情癡，此恨不關風與月。……直須看盡洛城花，始共東風容易別。』（六一詞玉樓春）是純粹抒情，而都是用過一番思想的。『恨』是由於『情癡』，於『風月』無關，即使無風月也一樣恨。『東風』者，春天代表，春不長久也罷，須離別也罷，雖然短，總之還有，不是你（春天）來了麼，則雖是短短幾十天，我還要在這幾十天中拼命的享樂。此非純粹樂觀積極，而是在消極中有積極精神，悲觀中有樂觀態度。人生不過百年，因此而不努力是純粹悲觀，不用說人生短短幾十年，即使還剩一天、一時、一分鐘，只要我有一口氣，在我就要活個樣給你看看，絶不投降，決不氣餒。『洛城花』不但要看，而且要看盡，每園、每樣、每朵，看完了，你不是走麼，走吧。」

又〔一〕

洛陽正值芳菲節〔二〕。穠艷清香相間發。游絲有意苦相縈〔三〕，垂柳無端爭贈別〔四〕。杏花紅處青山缺〔五〕。山畔行人山下歇。今宵誰肯遠相隨〔六〕，惟有寂寥孤館月〔七〕。

【注釋】

〔一〕詞有「洛陽正值芳菲節」、「垂柳無端爭贈別」、「今宵誰肯遠相隨，惟有寂寥孤館月」等句，知亦爲離別洛陽時之作，故當作於景祐元年。

〔二〕芳菲節：謂春日花草香美的時節。駱賓王夏日遊德州贈高四詩：「風月芳菲節，物華紛可悦。」韓翃妻柳氏楊柳枝：「楊柳枝，芳菲節，可恨年年贈離別。」毛熙震後庭花：「鶯啼燕語芳菲節。」

〔三〕游絲：蜘蛛和昆蟲所吐的細絲飄浮於空中稱游絲。皎然效古詩：「萬丈游絲是妾心，惹蝶縈花亂相續。」又歐陽修暮春有感詩：「游絲最無事，百尺拖晴光。」有意：故意，著意。與下句「無端」對舉。

〔四〕垂柳句：古人以柳作惜别之意。三輔黄圖：「霸橋在長安東，跨水爲橋，漢人送客至此橋，折柳贈別。」無端，無故，無來由。楚辭九辯：「蹇充倔而無端兮，泊莽莽而無垠。」王逸注：「媒理斷絶，無因緣也。」

〔五〕杏花句：謂山中杏花盛開，看起來好像青山有了缺口。曾季貍艇齋詩話：「歐公詞云

『杏花紅處青山缺』，本樂天詩『花枝缺處青樓開』。」

〔六〕遠相隨：遠道來作伴。錢起山中酬楊補闕見過詩：「青瑣同心多逸興，春山載酒遠相隨。」

〔七〕孤館：孤寂的客舍。許渾南陽道中詩：「月斜孤館傍村行，野店高低帶古城。」秦觀踏莎行：「可堪孤館閉春寒，杜鵑聲裏斜陽暮。」

又〔一〕

殘春一夜狂風雨。斷送紅飛花落樹㊀〔二〕。人心花意待留春，春色無情容易去〔三〕。　高樓把酒愁獨語。借問春歸何處所〔四〕。暮雲空闊不知音〔五〕，惟有綠楊芳草路。

【校記】

㊀飛花：百家詞作「花飛」。

【注釋】

〔一〕本詞次於同調「洛陽正值芳菲節」後，「常憶洛陽風景媚」前。前首爲留别洛陽之作，後首作於别洛陽赴襄城途中（參後首注〔一〕）。此詞或作於同年之殘春，即景祐元年。

〔二〕斷送：謂時光飛度。韓偓五更詩：「却似殘春間，斷送花時節。」紅飛：指飛落的紅花。晏殊採桑子：「無端一夜狂風雨，暗落繁枝。」可與此篇首二句對讀。

〔三〕容易：見玉樓春（樽前擬把）注〔八〕。

〔四〕借問句：暗用嚴惲落花詩：「春光冉冉歸何處，更向花前把一杯。盡日問花花不語，爲誰零落爲誰開。」借問，一種假設性問語。陶淵明悲從弟仲德詩：「借問爲誰悲，懷人在九冥。」

〔五〕音：音訊，消息。

又〔一〕

常憶洛陽風景媚。煙暖風和添酒味〔二〕。鶯啼宴席似留人，花出墻頭如有意〔三〕。　别來已隔千山翠。望斷危樓斜日墜〔四〕。關心只爲牡丹紅〔五〕，一片春愁來夢裏〔六〕。

【校記】

〔一〕琴本調名作木蘭花令，樂府雅詞調名作木蘭花。

【注釋】

〔一〕景祐元年（一〇三四）作。詞憶洛陽景致，又有「別來已隔千山翠，望斷危樓斜月墜」句，當作於景祐元年別洛陽後赴襄城途中。末句「一片春愁來夢裏」，則表明時節爲春。

〔二〕煙暖：謂春日田野、水面上升騰的煙氣。白居易題洛中第宅詩：「春樹籠煙暖。」顧敻荷葉杯：「曲砌蝶飛煙暖，春半。」

〔三〕鶯啼二句：詩意本於李商隱小桃园詩：「坐鶯當酒重，送客出牆繁。」

〔四〕望斷：猶望盡，見漁家傲（對酒當歌）注〔七〕。危樓：即高樓，見蝶戀花（獨倚危樓）注〔一〕。斜日：指夕陽。梁簡文帝納涼詩：「斜日晚駸駸，池塘生半陰。」王安石杏花詩：「獨有杏花如唤客，倚墻斜日數枝紅。」

〔五〕關心句：歐陽修謝觀文王尚書惠西京牡丹詩：「我時年纔二十餘，每到花開如蛺蝶。……爾來不覺三十年，歲月纔如熟羊胛。無情草木不改色，多難人生自摧拉。見花了了雖舊識，感物依依幾抆睫。」

〔六〕一片春愁：和凝天仙子：「一片春愁誰與共。」

又㊀

池塘水緑春微暖㊁。記得玉真初見面〔一〕。從頭歌韻響錚鏦㊂〔二〕，入破舞腰紅亂旋〔三〕。玉鈎簾下香堦畔㊃〔四〕。醉後不知紅日晚㊄。當時共我賞花人，點檢如今無一半〔五〕。

【校記】

㊀琴本調名作轉調木蘭花。唐圭璋全宋詞：「案此首别又見晏殊珠玉詞。」珠玉詞調作木蘭花。歐陽修同時人劉攽中山詩話云：「晏元獻尤喜江南馮延巳歌詞，其所自作亦不減延巳。木蘭花皆七言詩，有云：『重頭歌詠響璁琤，入破舞腰紅亂旋。』」

㊁春微暖：珠玉詞作「風微暖」。

㊂從頭：珠玉詞作「重頭」。錚鏦：珠玉詞作「錚琮」。冒校：「珠玉『鏦』作『深』，誤。」

㊃簾下：珠玉詞作「闌下」。

㈤ 紅日：珠玉詞作「斜日」。

【注釋】

〔一〕玉真：以仙子借稱美女。曹唐劉阮再到天台不復見仙子詩：「再到天台訪玉真，青苔白石已成塵。」

〔二〕從頭：此處作「重頭」解，上下片節拍完全相同的詞調稱重頭。劉攽劉貢父詩話：「重頭、入破，皆絃管家語也。」錚鏦：亦作錚摐，象聲詞，此處形容樂器演奏的鏗鏘聲。劉禹錫傷秦姝行：「蜀絃錚摐指如玉，皇帝弟子韋家曲。」

〔三〕入破：唐宋大曲每套都有十餘遍，分爲散序、中序、破三大段，入破即爲破這一段的第一遍。新唐書五行志二：「至其曲遍繁聲，皆謂之『入破』……破者，蓋破碎云。」白居易卧聽法曲霓裳詩：「朦朧閑夢初成後，宛轉柔聲入破時。」張端義貴耳集卷上：「天寶後，曲遍繁聲，皆曰入破。破者，破碎之義。」

〔四〕玉鈎：喻指新月。鮑照玩月城西門廨中詩：「蛾眉蔽珠櫳，玉鈎隔瑣窗。」

〔五〕點檢：檢查，查點。杜甫贈獻納使起居田舍人詩：「曉漏追趨青瑣闥，晴窗點檢白雲篇。」

又㈠

兩翁相遇逢佳節〔一〕。正值柳綿飛似雪〔二〕。便須豪飲敵青春〔三〕，莫對新花羞白髮〔四〕。　人生聚散如弦筈〔五〕。老去風情尤惜別。大家金盞倒垂蓮〔六〕，一任西樓低曉月〔七〕。

【校記】

㈠ 琴本調名作木蘭花令，樂府雅詞調名作木蘭花。

【注釋】

〔一〕兩翁：此篇敘暮年故知重逢，或指作者與其老友趙概。二人於熙寧五年（一〇七二）相會於潁，多有唱和，參本書附録一會老堂致語注〔一〕。

〔二〕柳綿：即柳絮。杜甫送路六侍御入朝詩：「不分桃花紅勝錦，生憎柳絮白於綿。」歐陽修浣溪沙：「枝頭薄薄柳綿飛。」又其寄張至秘校詩：「柳綿飛後春應減。」

〔三〕便須：猶就，先且。陶淵明形影神詩「應盡便須盡，無復獨多慮。」青春：楚辭大招：「青春受謝，白日昭只。」初學記卷三引梁元帝纂要：「春曰青陽，亦曰發生、芳春、青春、陽春。」杜甫聞官軍收河南河北詩：「白日放歌須縱酒，青春作伴好還鄉。」歐陽修答吕公著見贈詩：「新陽染山木，撩亂發枯枝。無人歌青春，自酹白玉巵。」

〔四〕新花：歐陽修病中代書奉寄聖俞二十五兄詩：「到今年纔三十九，怕見新花羞白髮。」

〔五〕弦筈：喻離合無定。弦，弓弦；筈，箭末扣弦處。集韻卷九：「筈，箭末曰筈，筈，會也。謂與弦相會。」通作『括』。陸機爲顧彦先贈婦詩：「離合非有常，譬彼弦與筈。」

〔六〕倒垂蓮：喻指乾杯暢飲的情景。垂蓮，即垂蓮盞，酒杯的美稱。韓琦壬辰重九即席：「笑問此身何計是，不如嘉節倒垂蓮。」晁端禮緑頭鴨：「困無力，勸人金盞，須要倒垂蓮。」

〔七〕一任：聽憑。杜甫鷗詩：「雪暗還須浴，風生一任飄。」

又㈠〔一〕

西湖南北煙波闊。風裏絲簧聲韻咽㈡〔二〕。舞餘裙帶緑雙垂㈢〔三〕，酒入香腮紅一抹。　杯深不覺琉璃滑。貪看六么花十八〔四〕。明朝車馬各西東㈣，惆悵畫橋風與月㊄〔五〕。

【校記】

㊀琴本調名作木蘭花令，樂府雅詞、花庵詞選調作木蘭花；花庵詞選題作「西湖」。

㊁絲簧：琴本、樂府雅詞、花庵詞選作「絲篁」。

㊂舞餘：底本卷末注：「舞餘，文海作『舞徐』。」天理本、宫内廳本同。

㊃西東：毛本作「東西」。

㊄畫橋：花庵詞選作「畫樓」。

【注釋】

〔一〕皇祐元年（一〇四九）作。據宋胡柯歐陽文忠公年譜，歐陽修於皇祐元年正月知潁州，二年七月改知應天府兼南京留司事。皇祐四年三月母卒，歸潁州守制，至和元年（一〇五四）五月服除至開封。此詞是離潁別妓之作，則不當作於守制時。蘇軾木蘭花令次歐公西湖韻：「霜餘已失長淮闊。空聽潺潺清潁咽。佳人猶唱醉翁詞，四十三年如電抹。草頭秋露流珠滑。三五盈盈還二八。與余同是識翁人，惟有西湖波底月。」又陳師道有木蘭花令汝陰湖上同東坡用六一韻。傅幹注坡詞：「辛未五月到闕，八月告下，除龍圖閣學士，知潁州諸軍事。到潁州，聞唱木蘭花令詞，歐陽修所遺也，和韻。」孔凡禮蘇軾年譜元祐六年十月：「遊西湖，賦木蘭花令（霜餘已失長淮闊）次歐陽修韻懷修。陳師道亦賦。」以元祐六年（一〇九一）上溯四十三年，爲皇祐元年。又正德潁州志卷六歐公詩文收此詞，誤調爲南鄉子。又按，此詞及以下四首都是歌詠琵琶歌舞之作，屬聯章體詞調，蓋作於一時。

〔二〕絲簧：琴瑟笙簧一類管絃樂器。馬融長笛賦：「漂凌絲簧，覆冒鼓鍾。」呂向注：「絲，琴瑟也；簧，笙也。」咽：形容樂聲凝滯，音調悲切。白居易夜箏詩：「絃凝指咽聲停處，別有深情一萬重。」

〔三〕舞餘：即舞罷。歐陽修浣溪沙：「雙手舞餘拖翠袖。」

〔四〕六么：琵琶舞曲名，貞元時樂工進曲，德宗令録出要者，故稱録要，又名緑腰、六么。此舞曲節奏由急而緩，舞姿柔綿輕軟。白居易聽歌六絶句樂世詩：「管急絃繁拍漸稠，緑腰宛轉曲終頭。」樂譜：「琵琶曲有六么，唐僧善本彈六么曲，下撥一聲如雷發，妙絶入神。」花十八：六么舞曲中的一節。王灼碧雞漫志卷三：「歐陽永叔云：『貪看六幺花十八。』此曲内一疊名花十八，前後十八拍，又四花拍，共二十二拍。樂家者流所謂花拍，蓋非正也。曲節抑揚可喜，舞亦隨之，而舞築毬、六幺，至花十八益奇。」

〔五〕畫橋：雕飾精美的橋梁。唐無名氏望江南詞：「湖上柳，煙裏不勝垂。……環曲岸，陰覆畫橋低。」

【輯評】

楊繪本事曲集：「汝陰西湖勝絶名天下，蓋自歐陽永叔始。往歲，子瞻自禁林出守，賞詠尤多。而去歐陽公時已久，故其繼和木蘭花有『四十三年如電抹』之句。二詞俱奇峭雅麗，如出一人，此所以中間歌詠，寂寥無聞也。」（傅幹注坡詞引）

沈際飛草堂詩餘續集：「『舞餘裙帶緑雙垂，酒入香腮紅一抹』，雙垂，『餘』之態；一抹，『入』之神。秀令復工。」

許昂霄詞綜偶評：「『貪看六么花十八』。『花十八』，未詳，疑是舞之節拍也，俟考。按詞調中有六么花十八，意必曲名也。載華附識，思巖兄云：按碧雞漫志，琵琶六么一名緑腰，其曲中有一疊名花十八。又墨莊漫録：樂府六么曲，有花十八。」

俞樾茶香室叢鈔卷一八：「余嘗於書院中出花十八賦題，松江朱明經昌鼎云：『歐陽文忠詞「杯深不覺琉璃滑，貪看六幺花十八」，不曰聽，而曰看，其爲舞曲無疑。』余謂此説良然。范石湖詩『新樣築毬花十八，丁寧小玉謾吹簫』，亦謂築毬者以此爲節也。」

又㊀〔一〕

燕鴻過後春歸去㊁〔二〕。細筭浮生千萬緒〔三〕。來如春夢幾多時㊂，去似朝雲無覓處㊃〔四〕。聞琴解珮神仙侶〔五〕。挽斷羅衣留不住。勸君莫作獨醒人〔六〕，爛醉花間應有數〔七〕。

【校記】

㊀樂府雅詞調作木蘭花。唐圭璋全宋詞：「案此首別又見晏殊珠玉詞。」

㊁春歸去：珠玉詞作「鶯歸去」。

㊂來如：珠玉詞作「長於」。冒校：「來如，珠玉作『長於』，誤。」幾多：底本卷末校：「幾多，一作『不多』。」吉州本、天理本、宮内廳本同。

㊃去似朝雲：珠玉詞作「散似秋雲」。

【注釋】

〔一〕皇祐元年（一〇四九）作。見玉樓春（西湖南北）注〔一〕。

〔二〕燕鴻：燕地的鴻雁，春日北去。李白擬古詩：「越燕喜海日，燕鴻思朔雲。」

〔三〕細筭句：杜牧不飲贈酒詩：「細算人生事，彭殤共一籌。」筭，通「算」。浮生，謂虛浮不定、變化無常的人生，語本莊子刻意：「其生若浮，其死若休。」鮑照答客詩：「浮生急馳電，物道險絃絲。」李白春夜宴從弟桃李園序：「而浮生若夢，爲歡幾何？」白居易對酒詩：「幻世如泡影，浮生抵眼花。」

〔四〕來如春夢二句：本自白居易花非花詞：「來如春夢幾多時，去似朝雲無覓處。」幾多，猶幾許，多少。朝雲，宋玉高唐賦序：「王曰：『何謂朝雲？』玉曰：『昔者先王嘗游高唐，怠而晝寢，夢見一婦人曰：「妾巫山之女也，爲高唐之客。聞君游高唐，願薦枕席。」王因幸之。去而辭曰：「妾在巫山之陽，高丘之阻，旦爲朝雲，暮爲行雨。朝朝暮暮，陽臺之下。」旦朝視之如言，故爲立廟，號曰朝雲。』」

〔五〕聞琴：用司馬相如以琴音挑卓文君，使其私奔之典，見史記司馬相如列傳。解珮：用鄭交甫偶遇神女事，列仙傳江妃二女載，江妃二女遊於江漢之濱，逢鄭交甫，鄭見而悅之，請其珮。二女「遂手解珮與交甫，交甫悅，受而懷之中當心。趨去數十步，視珮，空懷無珮。顧二女，忽然不見」。

〔六〕獨醒人：楚辭漁父：「屈原曰：『舉世皆濁我獨清，衆人皆醉我獨醒，是以見放。』」後以獨醒人借指不同流俗的人。此處乃詞人自慰，意謂浮生在世不必執著自苦。

〔七〕爛醉：大醉。杜甫杜位宅守歲詩：「誰能更拘束，爛醉是生涯。」有數：謂數量不多或極爲難得。白居易論孟元陽狀：「況元陽功效忠勤，天下有數。」

【輯評】張德瀛詞徵卷一：「白太傅花非花詞：『來如春夢不多時，去似朝雲無覓處。』此二語歐陽永叔用之。」

又〔一〕

蝶飛芳草花飛路。把酒已嗟春色暮。當時枝上落殘花，今日水流何處去〔二〕。

樓前獨繞鳴蟬樹。憶把芳條吹暖絮〔三〕。紅蓮緑芰亦芳菲〔四〕，不奈金風兼玉露〔五〕。

【注釋】

〔一〕皇祐元年（一〇四九）作。見玉樓春「西湖南北」注〔一〕。

〔二〕水流句：論語子罕：「子在川上曰：『逝者如斯夫，不舍晝夜。』」

〔三〕樓前兩句：李商隱池邊詩：「日西千繞池邊樹，憶把枯條撼雪時。」芳條，春時舒展的枝條。六朝樂府讀曲歌：「春風扇芳條，常念花落去。」暖絮，即柳絮。歐陽修雨中花詞：「醉藉落花吹暖絮。」

〔四〕芰：菱。參採桑子（殘霞夕照）注〔五〕。

〔五〕金風：秋風，以西方爲金而主秋，故稱。張協雜詩：「金風扇素節。」李善注：「西方爲秋而主金，故秋風曰金風也。」玉露：白露，秋露。按，金風玉露皆秋景，唐宋詩詞用之甚多，或單句合用，或雙句對偶。李商隱辛未七夕詩：「由來碧落銀河畔，可要金風玉露時。」秦觀鵲橋仙：「金風玉露一相逢，便勝却人間無數。」此單句合用者。唐太宗秋日詩：「菊散金風起，荷疏玉露圓。」許敬宗奉和秋日即目應制詩：「玉露交珠網，金風度綺錢。」此雙句對偶者。

又〔一〕

別後不知君遠近。觸目凄涼多少悶。漸行漸遠漸無書，水闊魚沉何處問〔二〕。夜深風竹敲秋韻〔三〕。萬葉千聲皆是恨。故攲單枕夢中尋㊁〔四〕，夢又不成燈又燼〔五〕。

【校記】

㊀琴本調名作轉調木蘭花，樂府雅詞作木蘭花。

㊁單枕：吉州本又續添有注：「玉樓春第十三篇，『單枕』一作『孤枕』。」吉州本、天理本、宮內廳本同。

【注釋】

〔一〕皇祐元年（一〇四九）作。見玉樓春「西湖南北煙波闊」注〔一〕。

〔二〕水闊魚沉：參見漁家傲（幽鷺謾來）注〔二〕。

〔三〕秋韻：秋聲。庾信詠畫屏風詩：「急節迎秋韻，新聲入手調。」

〔四〕攲：通「倚」，側倚，斜靠。李煜烏夜啼：「燭殘漏斷頻攲枕。」單枕：孤枕。

〔五〕燼：燈芯燃燒過後的殘灰，此謂燈滅。蘇軾歲晚相與饋問爲饋歲酒食相邀呼問別歲至除夜達旦不眠爲守歲蜀之風俗如是余官於岐下歲暮思歸而不可得故爲此三詩以寄子由之守歲詩：「坐久燈燼落，起看北斗斜。」

【輯評】

唐圭璋唐宋詞簡釋：「此首寫別恨，兩句一意，次第顯然。分別是一恨。無書是一恨。夜聞風竹，又攪起一番離恨。而夢中難尋，恨更深矣。層層深入，句句沉著。」

詹安泰簡論晏歐詞的藝術風格：「這首詞，前闋寫離別的情形，後闋寫別後的愁恨。寫離別，用『漸行漸遠漸無書』，一波三折，逐步推移，一直達到『水闊魚沉何處問』的境地，這種既婉曲又清深的寫法，不是很明顯可以看出麽？寫愁恨，從夜深不寐到希望夢裏相逢，到希望成空，燈花盡落，由現實出幻想，復由幻想歸現實，婉曲清深的思路，也完全可以看出來。從整個作品看，出發點應該在結末兩句，空牀獨宿，引動離愁，難堪至極，因而感到所有的聲響都是增加愁恨的東西，由此再追溯到產生愁恨的原因，是伊人遠別，消息全無。作品就從遠別寫起，一路寫到現況。在藝術構思方面是越想越遠；在表現手法方面是越寫越深。逆局順寫，在下筆之先，是煞贊(費)經營的。這是歐詞標志著清深婉曲的風格的例子，歐詞大部分是這種風格的表現。」

又㈠

紅條約束瓊肌穩㈡〔一〕。拍碎香檀催急衮〔二〕。隴頭嗚咽水聲繁〔三〕，葉下間關鶯語近〔四〕。美人才子傳芳信〔五〕。明月清風傷別恨〔六〕。未知何處有知音，常爲此情留此恨〔三〕。

【校記】

㈠琴本題注：「即席賦琵琶。」唐圭璋全宋詞：「别又見晏殊珠玉詞。」

㈡瓊肌：吳訥輯百家詞本六一詞作「腰肌」。

㈢常爲：珠玉詞作「長爲」。留此恨：珠玉詞作「言不盡」。冒校：「留此恨，珠玉『言不盡』，按『恨』字韻重，當依珠玉改。」文本校記：「『常爲此情留此恨』，『留此恨』何校珠玉詞作『言不盡』。按此詞韻脚連用兩『恨』字，複；珠玉詞作『言不盡』是。」

【注釋】

〔一〕紅條：收束衣裙的紅綢帶。瓊肌：白玉般的肌膚。穩：形容女子體態嫻靜。舊題牛僧孺撰周秦行紀記王嬙：「柔肌穩身，貌舒態逸。」

〔二〕香檀：指伴奏的檀板。張先鳳棲梧：「香檀拍過驚鴻翥。」急衮：曲中的急調。衮，唐宋大曲中的一個段落。沈括夢溪筆談卷五樂律：「所謂大遍者，有序、引、歌、䫜、嗺、哨、催、攧、衮、破、行、中腔、踏歌之類，凡數十解。」

〔三〕隴頭：隴山，借指邊塞。樂府詩集横吹曲辭有隴頭歌辭：「隴頭流水，嗚聲嗚咽。遥望秦川，心腸斷絶。」皎然隴頭水詩：「隴頭水欲絶，隴水不堪聞。」

〔四〕間關：象聲詞，形容鳥鳴宛轉。白居易琵琶行：「間關鶯語花底滑，幽咽泉流冰下難。」

〔五〕芳信：傳情的訊號。見蝶戀花（臘雪初銷）注〔四〕。

〔六〕明月句：周弘讓復王裦書：「清風明月，俱寄相思。」

又〔一〕

檀槽碎響金絲撥〔二〕。露濕潯陽江上月。不知商婦爲誰愁，一曲行人留夜發〔二〕。　畫堂花月新聲别〔三〕。紅蕊調長彈未徹〔四〕。暗將深意祝膠絃〔五〕，唯願絃絃無斷絶。

【校記】

〔一〕唐圭璋全宋詞：「案此首别見吴訥本及侯文燦本張子野詞，别又誤作蘇軾詞，見詞林萬選卷四。」

【注釋】

〔一〕檀槽：絃樂器上檀木製的架絃的槽格，亦代指琵琶。李賀感春詩：「胡琴今日恨，急語向檀槽。」王琦評注：「唐人所謂胡琴，應是五絃琵琶耳。檀槽，謂以紫檀木爲琵琶槽。」宋庠和伯中尚書聞琵琶詩一絶詩：「香撥檀槽奉客杯，細音餘響碎瓊瑰。」碎響：形容急促而清脆的樂聲。

〔二〕露濕三句：取白居易琵琶行中「潯陽江頭夜送客」，「忽聞水上琵琶聲，主人忘歸客不發」，「今夜聞君琵琶語，如聽仙樂耳暫明。莫辭更坐彈一曲，爲君翻作琵琶行」等句意。

〔三〕畫堂：見減字木蘭花（畫堂雅宴）注〔一〕。新聲：見西湖念語〔一五〕。

〔四〕红蘂：琵琶曲名。和凝宫詞：「金鸞雙立紫檀槽，暖殿無風韻自高。含笑試彈紅蘂調，君王宣賜酪櫻桃。」徹：盡，完。馮延巳菩薩蠻：「玉箏彈未徹。」

〔五〕膠絃：指黏膠續補的琴絃，寓意情意已定，願再重逢。古代傳説鳳麟洲以鳳喙麟角合煮作膠，名續絃膠，又名集絃膠、連金泥，弓弦或刀劍斷折，著膠即可連接。見舊題東方朔十洲記、張華博物志卷二。北史馮淑妃傳載：「淑妃彈琵琶，因絃斷，作詩曰：『雖蒙今日寵，猶憶昔時憐。欲知心斷絶，應看膠上絃。』」

又㈠

春葱指甲輕攏撚〔一〕。五彩垂條雙袖卷〔二〕。雪香濃透紫檀槽〔三〕，胡語急隨紅玉腕〔四〕。　當頭一曲情何限㈡〔五〕。入破錚鏦金鳳戰〔六〕。百分芳酒祝長春〔七〕，再拜斂容擡粉面㈢〔八〕。

【校記】

㈠唐圭璋全宋詞：「案此首别又見晏殊珠玉詞。」

㈡情何限：珠玉詞作「情無限」。

㈢擡粉面：冒校：「擡粉面，琴趣『擡』作『臺』，誤。」

【注釋】

〔一〕春葱：比喻白皙纖細的手指。白居易箏詩：「雙眸剪秋水，十指剥春葱。」指甲：彈奏琵琶時套在手指上的假甲，通常用象牙或金屬製成。攏撚：揮彈琵琶的指法和手勢。

攏，即以手抓絃。撚，即以手搓絃。白居易琵琶行詩：「輕攏慢撚抹復挑，初爲霓裳後六么。」元稹琵琶歌詩：「六么散序多攏撚。」張祜王家琵琶詩：「金屑檀槽玉腕明，子絃輕撚爲多情。」

〔二〕垂條：指女子衣袖間垂掛的彩帶。

〔三〕雪香：形容女子白嫩的肌膚散發出的香氣。李珣浣溪沙：「縷金衣透雪肌香。」紫檀槽：見玉樓春（檀槽碎響）注〔一〕。

〔四〕胡語：泛指西北地區少數民族的語言。杜甫詠懷古跡詩：「千載琵琶作胡語，分明怨恨曲中論。」紅玉腕：形容女子臂腕紅潤如玉。西京雜記卷一載：「趙后體輕腰弱，善行步進退，女弟昭儀不能及也。但昭儀弱骨豐肌，尤工笑語。二人并色如紅玉，爲當時第一，皆擅寵後宮。」施肩吾夜宴曲詩：「被郎嗔罰琉璃盞，酒入四肢紅玉軟。」

〔五〕當頭：猶對面。王建宮詞詩：「紅鸞桿撥貼胸前，移坐當頭近御筵。」何限：無限，無邊。李煜子夜歌：「人生愁恨何能免，銷魂獨我情何限。」顧敻醉公子：「睡起横波慢，獨望情何限。」

〔六〕入破：見減字木蘭花（樓臺向曉）注〔二〕。錚鏦：見玉樓春（池塘水緑）注〔二〕。金鳳戰：歌女彈唱時頭上的鳳凰頭飾也跟著震顫撞擊。

〔七〕百分：猶滿杯。徐凝奉陪相公看花宴會詩：「百分春酒莫辭醉，明日的無今日紅。」杜牧題禪院詩：「觥船一棹百分空。」長春：祝酒詞，永葆青春意。

〔八〕再拜：拜了又拜，表恭敬。斂容：正容，顯出端莊恭敬之態。白居易琵琶行：「沈吟放撥插絃中，整頓衣裳起斂容。」粉面：傅粉之臉。劉禹錫歷陽書事七十韻：「坐久羅衣皺，杯傾粉面騂。」

又

金花盞面紅煙透〔一〕。舞急香茵隨步皺〔二〕。青春才子有新詞，紅粉佳人重勸酒〔三〕。　也知自爲傷春瘦。歸騎休交銀燭候㊀〔四〕。擬將沉醉爲清歡〔五〕，無奈醒來還感舊。

【校記】

㊀休交：冒校：「休交，『交』應改『教』，宋本亦誤。」文本校記：「按『交』借作『教』，本書鵲橋仙詞内『多應天意不交長』，樂本、元本『交』均作『教』，是其證。」按，文本是。

【注釋】

〔一〕金花盞：飾有金花的淺口酒器。盞面：盞口平面。李煜子夜歌：「醅浮盞面清。」紅煙：香爐中飄出的縷縷輕煙，經陽光照射略顯紅色。歐陽修晏太尉西園賀雪歌詩：「小軒却坐對山石，拂拂酒面紅煙生。」

〔二〕舞急句：李煜浣溪沙：「紅日已高三丈透，金爐次第添香獸，紅錦地衣隨步皺。」香茵，色彩鮮豔柔軟的地毯。茵，本義爲車上的席墊。説文解字：「茵，車重席也。」隨步皺，謂地毯隨著舞步迴旋而起皺。

〔三〕紅粉佳人：指歌妓，見蝶戀花（永日環堤）注〔六〕。

〔四〕歸騎句：謂使人囑咐家中不必燃燈守候。交，通「教」，使。

〔五〕清歡：此處指飲酒聽唱佐歡。參西湖念語注〔一六〕。

又㊀

雪雲乍變春雲簇〔一〕。漸覺年華堪送目㊁〔二〕。北枝梅蘂犯寒開〔三〕，南浦波紋如酒綠〔四〕。　芳菲次第還相續㊂〔五〕。不奈情多無處足㊃〔六〕。樽前百計得春歸，莫爲傷春歌黛蹙〔七〕。

【校記】

㊀底本卷末校：「此篇尊前集作馮延巳，而陽春録不載。」吉州本、天理本、宮内廳本同。冒校：「按今四印齋本陽春集已據尊前集入補遺。」按，宋朱翌猗覺寮雜記卷上：「南唐馮延巳詞云：『北枝梅蕊犯霜開。』則南北枝事，其來遠矣。」此篇互見於歐集和尊前集之馮延巳詞，朱翌的生活年代晚於歐陽修，其謂馮詞云云或出自尊前集。又南宋人李璧，王荆公詩注卷二十一，白鷗詩注云：「歐詩『南浦波紋如酒緑。』」可見此詞歸屬宋人已有分歧。

㊁送目：底本卷末校：「一作『縱目』。」吉州本、天理本、宮内廳本同。尊前集作「縱目」。

㊂還相：底本卷末校：「一作『長相』。」吉州本、天理本、宮内廳本同。尊前集作「長相」。

㊃不奈：底本卷末校：「一作『自是』。」吉州本、天理本、宮内廳本同。尊前集作「自是」。

【注釋】

〔一〕雪雲：李商隱西南行却寄相送者詩：「百里陰雲覆雪泥，行人只在雪雲西。」春雲：鮑溶懷尹真人詩：「青鳥飛難遠，春雲晴不閑。」

〔二〕漸覺句：張嗣初春色滿皇州詩：「何處年華好，皇州淑氣匀。」歐陽修鶺鴒詩：「鶺鴒枉緣催節物，年華不信有傷春。」送目，猶縱目、遠眺。歐陽修送目詩：「送目衡皋望不休，江蘋高下遍汀洲。」

〔三〕北枝梅蘂：白孔六帖卷九九：「大庾嶺上梅，南枝落，北枝開。」古人常以北枝梅開言北方春景。張祜題岳州徐員外雲夢新亭十韻：「夜深南浦雁，春老北枝梅。」犯：冒著。劉禹錫庭梅詠寄友人詩：「早花常犯寒。」

〔四〕南浦：泛指南面的水邊，多指送別之地。楚辭九歌河伯：「送美人兮南浦。」王逸注：「願河伯送己南至江之涯，歸楚國也。」江淹别賦：「春草碧色，春水緑波。送君南浦，傷如之何。」李善注：「楚辭曰：『子交手兮東行，送美人兮南浦。』」酒緑：形容醇酒清澈。古時以青銅器盛酒，故顯緑色。杜甫獨酌成詩：「燈花何太喜，酒緑正相親。」歐陽修答子華舍人退朝小飲官舍詩：「紅牋搦管吟紅藥，緑酒盈樽舞緑鬟。」

〔五〕次第：劉敞五色薔薇詩：「春來百花次第發，紅白無數競芳菲。」

〔六〕不奈：無奈。貫休苦雨中作詩：「不奈天難問，迢迢遠客情。」

〔七〕歌黛：歌伎的雙眉。何遜日夕望江贈魚司馬詩：「歌黛慘如愁，舞腰疑欲絶。」

【輯評】

薛礪若宋詞通論：「他的詞雖然從馮延巳與晏殊二人蛻變來的，但確能代表出他的個性，完成他那種流利柔媚而雋永的作風，他是温、韋、馮、晏以來上流社會的一派——所謂正統派——詞學的總結束。他一生的性格和作品，可用他的玉樓春『芳菲次第長相續。自是情高無處足。樽前百計留春歸，莫爲傷春眉黛蹙』來代表。他的抒情作品，哀婉綿細，最富彈性。」

又

柳㊀

黄金弄色輕於粉〔一〕。濯濯春條如水嫩〔二〕。爲緣力薄未禁風㊁〔三〕，不奈多嬌長似困㊂〔四〕。　腰柔乍怯人相近㊃〔五〕。眉小未知春有恨。勸君着意惜芳菲，莫待行人攀折盡〔六〕。

【校記】

㊀琴本題作「柳詞」。

㊁禁風：全芳備祖作「經風」。

③ 多嬌：琴本作「嬌多」。冒校：「琴趣作『嬌多』，與力薄對，備祖同，應依改。」

④ 相近：全芳備祖作「相進」。

【注釋】

〔一〕黃金弄色：比喻柳條初生時的淺黃色。白居易楊柳枝：「一樹春風千萬枝，嫩於金色軟於絲。」歐陽修過中渡詩：「年年塞下春風晚，誰見輕黃弄色時。」

〔二〕濯濯：柔美貌。世説新語容止：「有人嘆王恭形茂者，云：『濯濯如春月柳』。」喬知之折楊柳詩：「可憐濯濯春楊柳，攀折將來就纖手。」

〔三〕爲緣：只因，是因爲。牛嶠夢江南：「不是鳥中偏愛爾，爲緣交頸睡南塘。」未禁風：經受不起風吹。杜甫江雨有懷鄭典設詩：「亂波紛披已打岸，弱雲狼藉不禁風。」

〔四〕不奈句：陸龜蒙和襲美虎丘寺西小溪閑泛三絶詩之二：「荒柳卧波渾似困。」

〔五〕乍怯：張相詩詞曲語辭匯釋卷一：「乍，猶恰也；正也。……歐陽修玉樓春：『腰柔乍怯人相近，眉小未知春有恨。』乍怯，猶云正怯也。」

〔六〕勸君二句：杜秋娘金縷衣詩：「勸君莫惜金縷衣，勸君須惜少年時。花開宜折直須折，莫待無花空折枝。」古人惜別時常折柳相贈以致別情。戴叔倫堤上柳詩：「垂柳萬條絲，春來織別離。行人攀折處，閨妾斷腸時。」李商隱離亭賦得折楊柳詩：「爲報行人休盡折，半留相送半迎歸。」

又㊀

珠簾半下香銷印㊁〔一〕。二月東風催柳信〔二〕。琵琶傍畔且尋思，鸚鵡前頭休借問〔三〕。

驚鴻過後生離恨㊂〔四〕。紅日長時添酒困。未知心在阿誰邊〔五〕，滿眼淚珠言不盡。

【校記】

㊀ 琴本調名作轉調木蘭花。唐圭璋全宋詞：「案此首別又見晏殊珠玉詞。」

㊁ 珠簾：珠玉詞作「朱簾」。

㊂ 過後：珠玉詞作「去後」。

【注釋】

〔一〕 珠簾：見蝶戀花（梨葉初紅）注〔七〕。香銷印：即香印銷，謂香已燃盡。香印亦作印香，用多種香料搗末和勻做成的一種香，亦稱「香篆」。宋洪芻香譜卷下「香篆」條：「鏤木以爲之，以範香塵爲篆文。」又「百刻香」條：「近世尚奇者作香篆，其文準十二辰，分一百刻，凡然一晝夜已。」元稹和友封題開善寺十韻詩：「燈籠青焰短，香印白灰銷。」王建香印詩：「閑坐燒印香，滿户松柏氣。」

〔二〕柳信：指柳樹抽條預示春至的訊息。歐陽修蝶戀花：「東風已作寒梅信。」

〔三〕鸚鵡句：白居易春詞：「斜倚欄杆臂鸚鵡，思量何事不回頭。」朱慶餘宮中詞：「含情欲説宮中事，鸚鵡前頭不敢言。」借問，見玉樓春（殘春一夜）注〔四〕。

〔四〕驚鴻句：形容故人或時光如驚飛的大雁迅速離去。黄庭堅寄陳適用：「日月如驚鴻。」

〔五〕阿誰：猶誰，何人。「阿」是用在人稱代詞前的語助詞。古詩十五從軍征：「道逢鄉里人，家中有阿誰？」南朝樂府團扇郎：「相憐中道罷，定是阿誰非？」歐陽炯浣溪沙：「此時心在阿誰邊。」

又〔一〕

沉沉庭院鶯吟弄〔二〕。日暖煙和春氣重。綠楊嬌眼爲誰回〔三〕，芳草深心空自動〔三〕。倚欄無語傷離鳳〔四〕。一片風情無處用〔五〕。尋思還有舊家心〔六〕，蝴蝶時時來役夢㊂〔七〕。

【校記】

㊀ 琴本調名作轉調木蘭花。

㊁ 深心：百家詞作「身心」。

㊂ 役夢：吉州本原注：「一作『入夢』。」天理本、宫内廳本同。

【注釋】

〔一〕沉沉：沉寂貌。柳永郭郎兒近拍詞：「庭院沉沉朱户閉。」吟弄：吟唱。李白鳳凰曲詩：「嬴女吹玉簫，吟弄天上春。」

〔二〕緑楊嬌眼：早春柳葉如人睡眼初展，又稱柳眼。回：回顧。歐陽修浣溪沙：「休回嬌眼斷人腸。」

〔三〕芳草深心：指芳草引發的離情相思。淮南小山招隱士：「王孫遊兮不歸，春草生兮萋萋。」

〔四〕離鳳：不成雙偶的鳳鳥。李賀湘妃詩：「離鸞别鳳煙梧中，巫雲蜀雨遥相通。」

〔五〕風情：風雅的情趣、韻致。李煜賜宫人慶奴詩：「風情漸老見春羞，到處芳魂感舊遊。」

〔六〕舊家心：念舊之心。

〔七〕蝴蝶句：莊子齊物論言莊子夢爲蝴蝶，「不知周之夢爲蝴蝶與，蝴蝶之夢爲周與」，後多形容物我迷亂的境地。此處蝴蝶暗喻遊子。李賀蝴蝶飛詩：「東家蝴蝶西家飛，白騎少年今日歸。」歐陽修望江南亦以江南蝶喻風流男子，謂其天賦輕狂，「長是爲花忙」。役夢，牽引夢魂。

又

去時梅萼初凝粉〔一〕。不覺小桃風力損〔二〕。梨花最晚又凋零，何事歸期無定準。

欄干倚遍重來凭〔三〕。淚粉偷將紅袖印〔四〕。蜘蛛喜鵲誤人多〔五〕，似此無憑安足信。

【注釋】

〔一〕梅萼：梅花的蓓蕾。凝粉：形容梅蕊初綻時的粉嫩。元稹新竹詩：「冉冉偏凝粉，蕭蕭漸引風。」

〔二〕小桃：一種正月間開放的桃花。陸游老學庵筆記卷四：「歐陽公、梅宛陵、王文恭集皆有小桃詩。歐詩云：『雪裏花開人未知，摘來相顧共驚疑。便當索酒花前醉，初見今年第一枝。』初但謂桃花有一種早開者耳。及游成都，始識所謂小桃者，上元前後即著花，狀如垂絲海棠。曾子固雜識云：『正月二十間，天章閣賞小桃。』正謂此也。」王珪小桃詩：「小桃常憶破正紅，今日相逢二月中。」

〔三〕凭：依韻讀仄聲。

〔四〕淚粉：沾濕了面上脂粉的淚水。

〔五〕蜘蛛句：陸璣毛詩草木鳥獸蟲魚疏：「此蟲（指喜蛛）來著人衣，當有親客至。」西京雜記卷三記陸賈語：「乾鵲噪而行人至，蜘蛛集而百事喜。」師曠禽經：「靈鵲兆喜。」張華注：「鵲噪則喜生。」馮延巳鵲踏枝：「只喜牆頭靈鵲語，不知青鳥全相誤。」歐陽修和較藝將畢詩：「拂面蜘蛛占喜事，入簾蝴蝶報家人。」

【輯評】

俞平伯唐宋詞選釋：「上片三折而下，作一句讀。」

又㈠

酒美春濃花世界。得意人人千萬態。莫教辜負艷陽天〔一〕，過了堆金何處買〔二〕。　已去少年無計奈〔三〕。且願芳心長恁在〔四〕。閑愁一點上心來，算得東風吹不解〔五〕。

【校記】

㈠ 琴本調名作轉調木蘭花。

【注釋】

〔一〕教：依調讀平聲。艷陽天：杜甫數陪李梓州泛江詩：「競將明媚色，偷眼艷陽天。」

〔二〕堆金：猶重金高價意。李賀馬詩：「堆金買駿骨。」

〔三〕無計奈：見漁家傲（妾本錢塘）注〔四〕。

〔四〕且願：只願。杜甫送高三十五書記詩：「崆峒小麥熟，且願休王師。」長恁：長久如此。

〔五〕算得：料想。柳永塞孤詞：「算得佳人凝恨切。應念念，歸時節。」東風：見蝶戀花（簾幕東風）注〔二〕。

又㈠

湖邊柳外樓高處。望斷雲山多少路。欄干倚遍使人愁，又是天涯初日暮〔一〕。

輕無管繫狂無數〔二〕。水畔花飛風裏絮㈡。算伊渾似薄情郎〔三〕，去便不來來便去。

【校記】

㈠唐圭璋全宋詞：「案此首別又誤作明人顧清詞，見詞的卷二。」

㈡花飛：吉州本又續添有注：「二十四篇，『花飛』一作『飛花』。」吉州本、天理本、宮内廳本同。文本校記：「『花飛』樂本卷二校記『一作飛花』，詞綜卷四作『飛花』。按作『飛花』是。」

【注釋】

〔一〕初日暮：謂日色稍晚。劉長卿北歸次秋浦界青溪館詩：「雁回初日暮。」

〔二〕管繫：限制，拘束。

〔三〕算：推測，料想。伊：見長相思（花似伊）注〔一〕。渾似：猶全似。徐夤十里煙籠詩：「浮世宦名渾似夢，半生勤苦謾爲文。」張相詩詞曲語辭匯釋卷二：「渾，猶全也。」

【輯評】

沈際飛草堂詩餘續集：「問人何似冶遊郎，疑信總妙。」

徐士俊評古今詞統卷八：「（評末句）李知已『坐待不來來又去』極肖。」

又〔一〕

南園粉蝶能無數〔一〕。度翠穿紅來復去〔二〕。倡條冶葉恣留連〔三〕，飄蕩輕於花上絮。　朱欄夜夜風兼露。宿粉棲香無定所〔四〕。多情翻却似無情〔五〕，贏得百花無限妬。

【校記】

㈠琴本題作「詠蝶」。黄本校記：「草堂詩餘續集題作『春景』。」

【注釋】

〔一〕南園：泛指園圃。粉蝶：蝴蝶身帶粉，故名。李白思邊詩：「去年何時君別妾，南園緑草飛蝴蝶。」李建勳蝶詩：「粉蝶翩翩若有期，南園長是到春歸。」能：如此，這樣。杜甫茅屋爲秋風所破歌：「忍能對面爲盜賊，公然抱茅入竹去。」

〔二〕度翠穿紅：徐夤蝴蝶詩：「拂緑穿紅麗日長，一生心事住春光。」

〔三〕倡條冶葉：形容婀娜招展的枝葉。李商隱燕臺詩：「蜜房羽客類芳心，冶葉倡條遍相識。」

〔四〕宿粉棲香：寄居花柳之意。宋人多有襲用，如曾覿採桑子「花裏游蜂，宿粉棲香錦繡中」；謝懋風入松「老年常憶少年狂，宿粉棲香」；何應龍粉蝶詩「宿粉棲香樂最深，暫依芳草避春禽」等。

〔五〕多情句：化用杜牧贈別詩：「多情却似總無情。」翻，反而。元稹贈雙文詩：「艷極翻含怨，憐多轉自嬌。」

又㈠　子規〔一〕

江南三月春光老〔二〕。月落禽啼天未曉㈡〔三〕。露和啼血染花紅〔四〕，恨過千家煙樹杪〔五〕。　雲垂玉枕屏山小〔六〕。夢欲成時驚覺了〔七〕。人心應不似伊心〔八〕，若解思歸歸合早〔九〕。

【校記】

㈠琴本調名作轉調木蘭花，無詞題。

㈡天未曉：吴訥輯本六一詞作「春未曉」。

【注釋】

〔一〕子規：杜鵑鳥的别名。傳説蜀帝杜宇禪位歸隱，蜀人思之，其魂魄化爲子規，至春二月則啼，聲甚淒切，似催人歸返。後人多藉以抒寫戀春思歸之情。事見常璩華陽國志蜀志。蜀中廣記卷五九引禽經：「江左曰子規，蜀右曰杜宇，甌越曰怨鳥。」禽經張華

注：「爾雅曰：巂周，甌越間曰怨鳥，夜啼達旦，血漬草木，凡鳴皆北向也。」

〔二〕春光老：言春色已盡。歐陽修六一詩話記石延年卒後，其魂魄留詩與一舉子，云：「鶯聲不逐春光老，花影長隨日脚流。」

〔三〕月落句：張繼楓橋夜泊詩：「月落烏啼霜滿天。」

〔四〕啼血：子規嘴呈紅色，古人以爲其哀鳴所出之血。本草綱目卷四九引異苑：「有人山行，見一群，聊學之，嘔血便殞。人言此鳥啼至血出乃止，故有嘔血之事。」羅鄴聞子規詩：「蜀魄千年尚怨誰，聲聲啼血向花枝。」

〔五〕煙樹：雲霧繚繞的樹木。孟浩然閑園懷蘇子詩：「鳥從煙樹宿，螢傍水軒飛。」歐陽修晚登菩提上方詩：「野色混晴嵐，蒼茫辨煙樹。」

〔六〕雲垂：女子的雲髻垂散枕上貌。李賀春懷引詩：「寶枕垂雲選春夢。」屏山：見蝶戀花（面旋落花）注〔五〕。

〔七〕驚覺：驚醒。李煜菩薩蠻：「驚覺銀屏夢。」

〔八〕伊：見長相思（花似伊）注〔一〕。此處指杜鵑鳥。

〔九〕合：應當。張蠙敘懷詩：「江邊身合幾時歸。」

【輯評】

潘游龍古今詩餘醉：「末語比擬精當，且矯健。」

又㊀

東風本是開花信〔一〕。及至花時風更緊。吹開吹謝苦忩忩〔二〕，春意到頭無處問。　把酒臨風千萬恨。欲掃殘紅猶未忍㊁。夜來風雨轉離披〔三〕，滿眼淒涼愁不盡。

【校記】

㊀琴本調名作轉調木蘭花。

㊁猶：琴本作「由」。

【注釋】

〔一〕開花信：見蝶戀花（南雁依俙）注〔九〕。

〔二〕忩忩：即忽忽，倉猝。

〔三〕離披：殘花紛落貌。楚辭九辯：「白露既下百草兮，奄離披此梧楸。」王逸注：「離披，分散貌。」李商隱七月二十九日崇讓宅作詩：「浮世本來多聚散，紅蕖何事亦離披。」

又㈠

陰陰樹色籠晴晝〔一〕。清淡園林春過後〔二〕。杏腮輕粉日催紅〔三〕，池面綠羅風卷皺〔四〕。　佳人向晚新粧就〔五〕。圓膩歌喉珠欲溜〔六〕。當筵莫放酒杯遲〔七〕，樂事良辰難入手〔八〕。

【校記】

㈠ 琴本調名作轉調木蘭花。

【注釋】

〔一〕陰陰：林木葱鬱貌。白居易官舍詩：「高樹換新葉，陰陰覆地隅。」晏殊踏莎行：「高臺樹色陰陰見。」

〔二〕清淡句：宋祁紅蓼詩：「花穗迎秋結晚紅，園林清淡更西風。」

〔三〕杏腮輕粉：以略施粉黛的女子臉龐比喻杏花。

〔四〕綠羅：以綠色的綺羅比喻水面微波。張祜題于越亭詩：「山銜落照欹紅蓋，水蹙斜紋卷綠羅。」

〔五〕向晚：傍晚。王維晚春閨思詩：「向晚多愁思，閑窗桃李時。」新粧：謂佳人早時粧面至此已暗淡，故重作梳粧。庾信七夕賦：「嫌朝妝之半故，憐晚飾之全新。」

〔六〕溜：圓轉、清滑。盧照鄰江中望月詩：「鏡圓珠溜徹，弦滿箭波長。」

〔七〕當筵句：柳永晝夜樂詞：「愛把歌喉當筵逞。」歐陽修會老堂致語附詩：「欲知盛集繼荀陳，請看當筵主與賓。」當，正值。

〔八〕樂事良辰：謝靈運擬魏太子鄴中集詩序：「朝遊夕燕，究歡愉之極，天下良辰、美景、賞心、樂事，四者難并。」入手：得到，獲取。白居易贈諸少年詩：「入手榮名取雖少，關心穩事得還多。」

又

芙蓉鬪暈燕支淺㊀〔一〕。留着晚花開小宴〔二〕。畫船紅日晚風清，柳色溪光晴照暖。 美人爭勸梨花盞〔三〕。舞困玉腰裙縷慢〔四〕。莫交銀燭促歸期㊁〔五〕，已祝斜陽休更晚〔六〕。

【校記】

㊀ 燕支：毛本作「胭脂」。

㊁ 莫交：吳訥輯本六一詞作「莫教」。冒校：「『交』應改『教』，宋本亦誤。」按，「交」、「教」相通，冒校非是。

【注釋】

〔一〕鬬：爭勝，比對。暈：去聲，塗抹，暈染。燕支：即胭脂。見歸自謠（春艷艷）注〔五〕。

〔二〕小宴：小型宴會。白居易江樓偶宴贈同座詩：「南浦閑行罷，西樓小宴時。」

〔三〕梨花盞：梨花狀的酒盞。此處指代酒。

〔四〕舞困句：李咸用長歌行詩：「舞腰困裹垂楊柔。」

〔五〕交：通「教」。張相詩詞曲語辭匯釋卷一：「教，猶使也。通作交。」銀燭：明亮的燭燈。穆天子傳：「天子之寶，玉果、璿珠、燭銀。」郭璞注：「銀有精光如燭。」杜牧秋夕詩：「銀燭秋光冷畫屏。」歐陽修玉樓春：「歸騎休交銀燭候。」

〔六〕祝：祝禱。

漁家傲㊀〔一〕

正月斗杓初轉勢〔二〕。金刀剪綵功夫異〔三〕。稱慶高堂歡幼稚〔四〕。看柳意〔五〕。偏從東面春風至。　十四新蟾圓尚未〔六〕。樓前乍看紅燈試〔七〕。冰散緑池泉細細。魚欲戲〔八〕。園林已是花天氣。

【校記】

㊀底本、吉州本、天理本、宮内廳本漁家傲十二篇，置於「又續添」中。叢刊本題下注：「續添。」毛本題注：「以下元刻續添，次玉樓春後。」

【注釋】

〔一〕漁家傲：底本卷二跋語云：「永叔在李太尉端愿席上所作十二月鼓子詞。」此首及以下十一首，爲聯章鼓子詞，即以同一詞調復唱多段唱詞，夾以説唱、配合鼓板的演唱形式。鼓子詞約産生於北宋，現存較早的鼓子詞有歐陽修詠西湖景物的採桑子十首，詠十二月風物的漁家傲十二首，趙令時詠會真記的商調蝶戀花十二首。王安石退居金陵時曾言：「三十年前見其（歐作）全篇。」以王卒年（一〇八六）上溯三十年爲至和二年（一〇五五），則此組詞約在一〇五五年以前即已流傳。李端愿，字公瑾，母爲宋太宗女。端愿與諸館閣之臣向有雅集高會，宋陳鵠耆舊續聞卷五：「趙子崧中外舊事云：嘉祐丁酉，李駙馬都尉和文之子少師端愿作來燕堂，會翰林趙叔平概、歐陽永叔修、王禹玉珪、侍讀王原叔洙、舍人韓子華絳。永叔命名，原叔題榜，聯句刻之石，可以想見一時人物之盛。」

〔二〕斗杓：北斗七星的第五至第七顆星，玉衡、開陽、瑶光形如斗柄，故稱。劉禹錫七夕詩：「初喜渡河漢，頻驚轉斗杓。」歐陽修除夜偶成拜上學士三丈詩：「萬瓦青煙夕靄生，斗杓迎歲轉東城。」初轉勢：北斗星的方位隨四時變化，斗柄指向東南西北分別對應了春夏秋冬。

〔三〕金刀剪綵：見蝶戀花（簾幕東風）注〔三〕。人日（正月初七）民間有剪綵爲人形，貼於屏風或戴於髮髻以祝祥和的風習。異：特出，不同一般。

〔四〕稱慶：猶道賀。世説新語術解：「王（導）從其語。數日中，果震柏粉碎，子弟皆稱慶。」高堂：家中老者，指父母。幼稚：指孩童。

〔五〕柳意：喻春意。韋應物曉坐西齋詩：「柳意不勝春，巖光已知曙。」李商隱向晚詩：「花情羞脈脈，柳意悵微微。」

〔六〕十四句：謂正月十四的月亮尚未圓滿。新蟾，新月。傳説月中有蟾蜍與兔，故以蟾代指月。温庭筠夜宴謡詩：「脉脉新蟾如瞪目。」

〔七〕紅燈試：元宵節前一日點燈以供王公貴族預賞，謂之試燈。歐陽修又三事上奏：「嘉祐八年上元，京師張燈如常歲。歲常以十四日，上晨出遊幸諸宫寺，賜從臣飲酒，留連至暮而歸。遂御宣德門，與從臣看燈，酒五行而罷。」梅堯臣和王景彝正月十四夜有感詩：「燈光暖熱夜催春，天半樓開飲近臣。」

〔八〕魚欲戲：古樂府江南曲：「魚戲蓮葉間。魚戲蓮葉東，魚戲蓮葉西。魚戲蓮葉南，魚戲蓮葉北。」

又

二月春耕昌杏密〔一〕。百花次第爭先出。惟有海棠梨第一〔二〕。深淺拂〔三〕。天生紅粉真無匹。　畫棟歸來巢未失。雙雙款語憐飛乙〔四〕。留客醉花迎曉日〔五〕。金盞溢。却憂風雨飄零疾。

【注釋】

〔一〕昌杏：菖蒲和杏花。昌，菖蒲，水生植物，葉似劍，有香氣。吕氏春秋任地：「冬至後五旬七日菖始生。菖者，百草之先生者也，於是始耕。」杏，杏花，一般農曆一二月杏樹展葉前開放。王融永明九年策秀才文：「將使杏花菖葉，耕穫不愆。」李善注：「氾勝之書曰：『杏始華（花）榮，輒耕輕土、弱土；望杏華落，復耕之，輒藺之，此謂一耕而五穫』。」李嶠田詩：「杏花開鳳軫，菖葉布龍鱗。」宋祁出野觀農詩：「杏蘂菖芽正及春，風煙萬頃縹陂勻。」

〔二〕海棠梨：又名棠梨、海紅、甘棠，春二月開紅花，花枝繁茂，果實八月成熟。本草綱目卷三〇：「海棠梨……大抵海棠花以紫綿色者爲正，餘皆棠梨耳。海棠花無香，惟蜀之嘉州者有香而木大。有黄海棠，花黄；貼榦海棠，花小而鮮；垂絲海棠，花粉紅向下；皆無子，非真海棠也。」韓偓以庭前海棠花一枝寄李十九員外詩：「二月春風澹蕩時，旅人虚對海棠梨。」温庭筠菩薩蠻：「池上海棠梨，雨晴紅滿枝。」

〔三〕深淺拂：花枝飄摇狀。段成式酉陽雜俎玉格：「其花拂拂然飛散空中。」

〔四〕款語：猶軟語，輕聲細語，此處指燕語。飛乙：乙同「鳦」，飛燕。

〔五〕醉花：沉醉花間。白居易對酒自勉詩：「猶堪三五歲，相伴醉花時。」劉禹錫杏園花下酬樂天見贈詩：「遊人莫笑白頭醉，老醉花間有幾人。」

又

三月清明天婉娩〔一〕。晴川祓禊歸來晚〔二〕。況是踏青來處遠〔三〕。猶不倦。鞦韆別閉深庭院㊀〔四〕。　更值牡丹開欲遍。酴醿壓架清香散〔五〕。花底一樽誰解勸㊁〔六〕。增眷戀。東風向晚無情絆㊂〔七〕。

【校記】

㊀深庭院：黄本作「深深院」。

㊁花底一樽：四字底本闕，據毛本補。

㊂向：原作「回」，據毛本改。冒校：「向晚，宋本『向』作『回』，誤。」林校：「向晚，元本作『回晚』，從毛本。」

【注釋】

〔一〕清明：見採桑子（清明上巳）注〔一〕。婉娩：天氣温和。南朝梁庾肩吾奉使北徐州參丞御：「年光正婉娩，春樹轉丰茸。」

〔二〕晴川：晴日下的水邊。袁嶠之蘭亭詩：「四眺華林茂，俯仰晴川涣。」郭鄖寒食寄李補闕詩：「蘭陵士女滿晴川，郊外紛紛拜古埏。」祓禊：舊俗三月三日聚於水邊舉火、飲酒、沐浴以祓除不祥。事物紀原歲時風俗部「祓禊」條：「韓詩曰：『三月桃花下水之時，鄭國之俗，以上巳於溱洧之上，執蘭招魂續魄，祓除不祥。』沈約宋書曰：『魏巳後，但用三日，不復用巳也。』……今歲三月西池之遊，其遺事爾。」

〔三〕況是：張相詩詞曲語辭匯釋卷一：「況是，猶云正是也。」踏青：清明節前後的郊遊賞春活動。孟浩然大堤行詩：「歲歲春草生，踏青二三月。」

〔四〕鞦韆：見阮郎歸（南園春早）注〔五〕。

〔五〕酴醿：即荼蘼，薔薇科植物，春末開花，色白，甚香。廣群芳譜卷四二：「酴醿，一名獨步春，一名百宜枝杖，一名瓊綬帶，一名雪纓絡，一名沈香蜜友。……大朵千瓣，香微而清，盤作高架，二三月間爛漫可觀。盛開時折置書册中，冬取插鬢，猶有餘香。本名荼蘼，一種色黄似酒，故加西字。」梅堯臣志來上人寄示酴醿花并壓塼茶有感詩：「京都三月酴醿開，高架交垂自爲洞。」

〔六〕解勸：猶能勸。

〔七〕東風句：白居易柳絮詩：「憑鶯爲向楊花道，絆惹春風莫放歸。」陸龜蒙閨怨詩：「愁絲墮絮相逢著，絆惹春風卒未休。」

又

四月園林春去後。深深密幄陰初茂〔一〕。折得花枝猶在手。香滿袖。葉間梅子青如豆。　風雨時時添氣候〔二〕。成行新筍霜筠厚〔三〕。題就送春詩幾首〔四〕。聊對酒。櫻桃色照銀盤溜〔五〕。

【注釋】

〔一〕密幄：密布的帳篷。釋名釋牀帳：「幄，屋也，以帛衣板施之，形如屋也。」陸機招引詩：「輕條象雲構，密葉成翠幄。」李邕楚州淮陰縣婆羅樹碑：「密幄足以綴飛飆，高蓋足以却流景。」

〔二〕添氣候：謂氣候時令變換。

〔三〕霜筠：指竹子。筠，竹子的青皮。歐陽修七交七首河南府張推官：「霜筠秀含潤，玉海湛無際。」

〔四〕題就句：韓愈柳巷詩：「吏人休報事，公作送春詩。」

〔五〕櫻桃句：韓愈和張水部敕賜櫻桃詩：「香隨翠籠擎初到，色映銀盤寫（瀉）未停。」溜，光滑、瑩亮。

又

五月榴花妖艷烘〔一〕。緑楊帶雨垂垂重〔二〕。五色新絲纏角粽㊀〔三〕。金盤送。生綃畫扇盤雙鳳〔四〕。正是浴蘭時節動〔五〕。昌蒲酒美清尊共㊁〔六〕。葉裏黃鸝時一弄㊂〔七〕。猶鬙鬆〔八〕，等閑驚破紗窗夢〔九〕。

【校記】

㊀新絲：毛本作「新詩」。

㊁昌：毛本作「菖」。冒校：「菖蒲，宋本『菖』作『昌』，誤。」按，「昌」通「菖」。

㊂弄：毛本作「哢」。

【注釋】

〔一〕榴花：即石榴花。韓愈榴花詩：「五月榴花照眼明。」烘：燒，形容花紅欲燃。依調此處用仄聲字。

〔二〕垂垂：漸漸。杜甫和裴迪登蜀州東亭送客逢早梅相憶見寄詩：「江邊一樹垂垂發，朝夕催人自白頭。」

〔三〕五色句：農曆五月初五端午節民間有懸艾、佩五色絲、食粽子，以蘭湯沐浴、祭屈原、競舟等習俗。續齊諧記：「屈原五月五日投汨羅水，楚人哀之，至此日，以竹筒子貯米，投水以祭之。漢建武中，長沙區曲忽見一士人，自云三閭大夫，謂曲曰：『聞君當見祭，甚善。常年爲蛟龍所竊，今若有惠，當以楝葉塞其上，以彩絲纏之，此二物蛟龍所憚。』曲依其言。今五月五日作粽，並帶楝葉五花絲，遺風也。」角粽，即粽子。太平御覽卷八五一引周處風土記：「俗以菰葉裹黍米，以淳濃灰汁煮之令爛熟，於五月五日及夏至啖之。一名粽，一名角黍。」

〔四〕生綃：由生絲織成的薄綢。韓愈桃源圖詩：「流水盤回山百轉，生綃數幅垂中堂。」

〔五〕浴蘭時節：端午節以蘭草湯沐浴，祛除不祥。大戴禮記夏小正載，五月五日「蓄蘭爲沐浴也」。屈原九歌雲中君：「浴蘭湯兮沐芳。」

〔六〕昌蒲酒句：端午節時飲用以菖蒲葉浸泡的藥酒，可以祛邪去疾。昌蒲，即菖蒲，見漁家傲（二月春耕）注〔一〕。孫思邈千金月令：「端午，以菖蒲或縷或屑以泛酒。」

〔七〕弄：同「哢」，鳴叫。

〔八〕鬅鬆：睡眼惺忪貌。同「瞢鬆」，上聲。晏殊木蘭花：「宿醉醒來長瞢鬆。」

〔九〕等閑：無端，平白。白居易琵琶行：「今年歡笑復明年，秋月春風等閑度。」劉禹錫竹枝詞：「長恨人心不如水，等閑平地起波瀾。」歐陽修定風波：「無情風雨等閑多。」

【輯評】

李調元雨村詞話卷一：「王荆公嘗對客誦永叔小闋云：『五彩新絲纏角粽。金盤送。生綃畫扇盤雙鳳。』曰三十年前見其全篇，今纔記三句，乃永叔在李太尉端愿席上所作十二月鼓子詞，數向人求之不可得。按公此詞名漁家傲，按十二月作，如其數，皆工膩熨帖，不獨『五彩絲』佳也。」

又

六月炎天時霎雨〔一〕。行雲涌出奇峰露〔二〕。沼上嫩蓮腰束素〔三〕。風兼露。梁王宫闕無煩暑〔四〕。畏日亭亭殘蕙炷〔五〕。傍簾乳燕雙飛去。碧盌敲冰傾玉處〔六〕。朝與莫〔七〕。故人風快涼輕度〔八〕。

【注釋】

〔一〕霎雨：陣雨。

〔二〕行雲句：陶淵明四時詩：「春水滿四澤，夏雲多奇峰。」

〔三〕沼：水塘。束素：本指成束的絹帛，多用以形容女子腰肢細柔，此處借以形容蓮莖。宋玉登徒子好色賦：「腰如束素，齒如含貝。」張率楚王吟：「相看重束素，唯欣爭細腰。」

〔四〕梁王宫闕：西漢梁孝王的宫苑，規模壯麗，文人雅士多聚於此遊賞馳獵，又稱梁苑。此處借指王公貴族的園林。

〔五〕畏日：形容夏日炎熱可畏。左傳文公七年杜預注：「冬日可愛，夏日可畏。」亭亭：直立靜處貌，形容爐煙直上。李璟望遠行詞：「爐香煙冷自亭亭。」蕙炷：爐香。陸龜蒙鄴宫詞詩：「楓膠蕙炷潔宫房。」

〔六〕碧盌：琉璃盌。唐彦謙敘別詩：「翠盤擘脯臙脂香，碧碗敲冰分蔗漿。」東京夢華録卷四「食店」：「吾輩入店，則用一等琉璃淺稜碗，謂之碧碗。」敲冰傾玉：敲冰以冷却瓜果茶水，碎冰如玉，故謂。古時冬日藏冰，夏日取用消暑，周禮天官中記「凌人掌冰」即爲專司貯冰的官員。詩經豳風七月：「二之日鑿冰沖沖，三之日納於凌陰。」暑日皇帝賜冰臣下亦成慣例，吴自牧夢粱録卷四：「六月季夏，正當三伏炎暑之時，内殿朝参之際，命翰林司供給冰雪，賜禁衛殿直觀從，以解暑氣。」孔武仲食冰詩：「冬冰冽冽雖可畏，夏冰皎皎人共喜。休論中使押金盤，荷葉裹來深宫裏。」唐宋時已有商人賣冰於市，夏日用冰相當普遍。韓愈李花詩：「冰盤夏薦碧實脆。」

〔七〕莫：同「暮」。

〔八〕故人：老友，舊交。風快：風吹得涼爽暢快。宋玉風賦：「快哉此風，寡人所與庶人共者邪。」歐陽修早夏鄭工部園池詩：「披襟楚風快，伏檻更臨流。」輕度：輕拂。孫光憲女冠子詞：「蕙風芝露，壇際殘香輕度。」

又

七月新秋風露早〔一〕。渚蓮尚拆庭梧老㊀〔二〕。是處瓜華時節好〔三〕。金樽倒。人間綵縷爭祈巧〔四〕。萬葉敲聲涼乍到〔五〕。百蟲啼晚煙如掃〔六〕。箭漏初長天杳杳〔七〕。人語悄。那堪夜雨催清曉〔八〕。

【校記】

㊀拆：毛本作「折」。冒校：「尚折，宋本『折』作『拆』，應依改。」

【注釋】

〔一〕新秋：初秋。庾信擬詠懷詩：「殘月如初月，新秋似舊秋。」

〔二〕渚蓮：池中的蓮花。渚，水中的小洲，此處指池塘。韓鄂歲華紀麗卷三「七月」條：「堤柳煙收，渚蓮香裊。」羅隱秋霽後詩：「渚蓮丹臉恨，堤柳翠眉顰。」拆：綻開。李紳杜鵑樓詩：「杜鵑如火千房拆。」

〔三〕是處：到處，處處。元行恭過故宅詩：「林中滿明月，是處來春風。」瓜華：泛指瓜果。禮記郊特牲：「天子樹瓜華。」鄭玄注：「華，瓜蓏也。」陳鴻長恨歌傳：「秋七月，牽牛織女相見之夕，秦人風俗，是夜張錦繡，陳飲食，樹瓜華，焚香於庭，號爲乞巧。」

〔四〕人間句：七夕女子多集庭院中以綵線穿針乞巧，見漁家傲（乞巧樓頭）注〔一〕。

〔五〕萬葉敲聲：風吹樹林枝葉觸碰的窸窣聲。

〔六〕煙如掃：煙消雲散如横掃。温庭筠漢皇迎春詞詩：「春草芊芊晴掃煙。」

〔七〕箭漏初長：謂七月以後開始夜長。箭漏，漏壺的一種。見漁家傲（楚國細腰）注〔四〕。宋史律曆志「皇祐漏刻」條：「分百刻於晝夜，冬至晝漏四十刻，夜漏六十刻；夏至晝漏六十刻，夜漏四十刻；春秋二分晝夜各五十刻。日未出前二刻半爲曉，日没後二刻半爲昏，減夜五刻以益晝漏，謂之昏旦漏刻。皆隨氣增損焉。」杳杳：深遠貌。楚辭九章哀郢：「瞭杳杳而薄天。」洪興祖補注：「杳杳，遠貌。」

〔八〕那堪：怎堪，怎麽能禁受。清曉：猶清晨。李白尋高鳳石門山中元丹丘詩：「留歡達永夜，清曉方言還。」晏殊迎春樂詞：「被啼鶯語燕催清曉。」

又〔一〕

八月秋高風歷亂〔二〕。衰蘭敗芷紅蓮岸〔三〕。皓月十分光正滿〔三〕。清光畔〔四〕。年年常願瓊筵看〔五〕。　社近愁看歸去燕〔六〕。江天空闊雲容漫〔七〕。宋玉當時情不淺〔八〕。成幽怨。鄉關千里危腸斷〔九〕。

【校記】

㊀吉州本篇末載無名氏及朱松跋兩篇。冒校：「宋本此首後低一格刻朱松等兩跋，跋後附校語五條，毛移兩跋於卷末。按，松字喬年，朱子之父。」按，底本、天理本、宮内廳本兩跋在本組漁家傲詞後。

【注釋】

〔一〕歷亂：紛繁雜亂貌。朱逵懷素上人草書歌詩：「飛絲歷亂如迴風。」

〔二〕衰蘭敗芷：蘭、芷，蘭草與白芷，皆香草，春夏開花。楚辭離騷：「蘭芷變而不芳兮，荃蕙化而爲茅。」歐陽修真州東園記文：「芙蕖芰荷之的歷，幽蘭白芷之芬芳。」

〔三〕皓月十分：即滿月。劉攽次韻和陳學士八月十六日省宿詩：「信宿依然十分月，黄昏正爾一番風。」

〔四〕畔：田界，地界。

〔五〕瓊筵：盛大的宴席。謝朓始出尚書省詩：「既通金閨籍，復酌瓊筵醴。」

〔六〕社近句：謂秋社將近，候鳥將返。立秋後第五個戊日爲秋社，是祭祀土神的日子。張揖廣雅：「社燕，巢于梁間，春社來，秋社去，故謂之社燕。」白居易秋池詩：「社近燕影稀，雨餘蟬聲歇。」

〔七〕雲容漫：秋雲散漫狀。鮑照和王護軍秋夕詩：「散漫秋雲遠，蕭蕭霜月寒。」

〔八〕宋玉：戰國時楚國人，其九辯開篇云：「悲哉秋之爲氣也。蕭瑟兮草木摇落而變衰。憭慄兮若在遠行，登山臨水兮送將歸。」後世多以宋玉爲悲時憫志的代表。韋莊奉和左司郎中春物暗度感而成章詩：「有時自患多情病，莫是生前宋玉身。」

〔九〕鄉關：故鄉。崔顥黄鶴樓詩：「日暮鄉關何處是，煙波江上使人愁。」危腸：猶愁腸。危，憂懼不安貌。李商隱曉坐詩：「淚續淺深綆，腸危高下絃。」唐彦謙寄懷詩：「腸比朱絃恐更危。」吴融途中偶懷詩：「回腸一寸危如線。」

又

九月霜秋秋已盡〔一〕。烘林敗葉紅相映〔二〕。惟有東籬黄菊盛㊀〔三〕。遺金粉〔四〕。人家簾幕重陽近〔五〕。　曉日陰陰晴未定。授衣時節輕寒嫩〔六〕。新雁一聲風又勁。雲欲凝〔七〕。雁來應有吾鄉信〔八〕。

【校記】

㈠ 東籬：吉州本闕。

【注釋】

〔一〕霜秋：深秋。盧仝感秋別怨詩：「霜秋自斷魂。」

〔二〕烘林句：形容霜葉紅豔，如同火烘。

〔三〕東籬黃菊：陶淵明飲酒詩：「采菊東籬下，悠然見南山。」劉長卿感懷詩：「秋風落葉正堪悲，黃菊殘花欲待誰。」王十朋和懷孫子尚二絶其一：「澤國蕭蕭晚吹涼，東籬黃菊爲誰香。」

〔四〕金粉：黃色的花粉。李白酬殷明佐見贈五雲裘歌詩：「輕如松花落金粉，濃似錦苔含碧滋。」

〔五〕人家句：指重陽節將近，家家户户裝點節物。重陽，古以九爲陽數之極，農曆九月九日稱「重九」或「重陽」，有登高、賞菊、佩茱萸、飲菊花酒等習俗。簾幕，用於門窗等處的簾子與帷幕。杜牧題宣州開元寺水閣閣下宛溪夾溪居人：「深秋簾幕千家雨。」

〔六〕授衣時節：農曆九月的別稱。授衣，古人以九月爲備製寒衣之時，詩經豳風七月：「七月流火，九月授衣。」毛傳：「九月霜始降，婦功成，可以授冬衣矣。」初學記卷三引梁元帝纂要：「九月季秋亦曰暮秋、末秋、暮商、季商、杪秋，亦曰授衣。」輕寒嫩：形容寒意尚弱。柳永甘草子詞：「動翠幕、曉寒猶嫩。」

〔七〕凝：聚集。依調此處用仄聲字押韻。白居易夜招晦叔詩：「黄昏鐘絶凍雲凝。」

〔八〕雁來句：謂鴻雁傳書。漢書蘇武傳：「天子射上林中，得雁，足有繫帛書。」

又㊀

十月小春梅蘂綻。紅爐畫閣新裝遍㊁。鴛帳美人貪睡暖。梳洗嬾。玉壺一夜輕澌滿。　樓上四垂簾不卷。天寒山色偏宜遠。風急雁行吹字斷。紅日晚。江天雪意雲撩亂。

【校記】

㊀底本題注：「此篇已載本卷，但數字不同。」吉州本、天理本、宮内廳本、叢刊本同。毛本題注：「重前，略異，仍舊並刻。『爐』作『樓』。」今遵從諸本并參毛刻例兩詞并録。異文及注釋見前録詞。

㈡ 紅爐：毛本作「紅樓」。新裝：毛本作「新粧」。

又

十一月新陽排壽宴〔一〕。黄鍾應管添宫線〔二〕。獵獵寒威雲不卷〔三〕。風頭轉。時看雪霰吹人面〔四〕。　南至迎長知漏箭〔五〕。書雲紀候冰生研〔六〕。臘近探春春尚遠〔七〕。閑庭院㈠。梅花落盡千千片〔八〕。

【校記】

㈠ 閑庭院：毛本作「閑亭院」。

【注釋】

〔一〕新陽：指冬至。周易復卦孔穎達疏：「冬至一陽生，是陽動用而陰復於静也；夏至一陰生，是陰動用而陽復於静也。」東京夢華録卷一〇「冬至」條：「十一月冬至，京師最重此節。雖至貧者，一年之間，積累假借，至此日更易新衣，備辦飲食，享祀先祖，官放關撲，慶賀往來，一如年節。」排：安排，準備。壽宴：初學記卷四引東漢崔寔四民月令：「冬至之日，薦黍羔，先薦玄冥及祖禰，其進酒肴及謁賀君師耆老，如正日。」姚合和李十二舍人冬至日詩：「獻壽人皆慶，南山復北堂。從今千萬日，此日又初長。」

〔二〕黄鍾：樂律十二律中的第一律，禮記月令：「仲冬之月……其音羽，律中黄鍾。」鄭玄注：「仲冬氣至，則黄鍾之律應。」古時預測節氣，將葦膜燒成灰放入律管，節氣到，相應律管的灰自然飛出，黄鍾律和冬至相應。應：迎合。管：測節氣的律管。添宫線：冬至時日照角最小，日影最長，古人利用測量日影長短而知節氣。梁宗懔荆楚歲時記：「晉魏間，宫中以紅線量日影，冬至後日影添長一線。」宋陳元靚歲時廣記卷三八引唐雜録：「宫中以女功揆日之長短，冬至後，日晷漸長，比常日增一線之功。」

〔三〕獵獵：象聲詞，形容寒風凜冽。文選鮑照還都道中作詩：「鱗鱗夕雲起，獵獵晚風遒。」吕延濟注：「獵獵，風聲。」歐陽修晏太尉西園賀雪歌詩：「寒風得勢獵獵走，瓦乾霰急落不停。」卷：收，收起。

〔四〕雪霰：冰粒，雪珠。説文通訓定聲：「雨已出雲，爲寒氣凝諸雨中者爲霰；雨未出雲，爲寒氣凝諸雲中者爲雪。故霰形如雨，其下必在雪前。」

〔五〕南至：即冬至。左傳僖公五年杜預注：「周正月，今十一月。冬至之日，日南極。」迎長：謂冬至以後，迎來白晝漸長的日子。禮記郊特牲：「郊之祭也，迎長日之至也，大報天而主日也。兆于南郊，就陽位也。」漏箭：即箭漏，參見漁家傲（楚國細腰）注〔四〕。此處代指時間。

〔六〕書雲：古人觀雲占來年凶吉，并加以記録。左傳僖公五年：「公既視朔，遂登觀臺以望，而書，禮也。凡分、至、啓、閉，必書雲物。」劉攽冬至登樓詩：「不妨野史書雲物，會伴南公進壽杯。」劉敞至日登樓詩：「亦復書雲占楚歲，不辭爲壽引湘醇。」宋人多以「書雲」指冬至，此處即是。洪邁容齋四筆卷一「用書雲之誤」條云：「今人以冬至日爲書雲，至用之於表啓中，雖前輩或不細考，然皆非也。」紀候：古人根據物候的變化推測節令。歐陽修東太一宫開啓保夏祝聖壽金録道場密詞：「伏以風薰紀候，阜庶物以蕃滋。」宋祁賜樞密副史孫沔生日禮物口宣：「迎長紀候，載誕協辰。」研：通「硯」。文選郭璞江賦：「緑苔鬖髿乎研上。」李善注：「説文曰：研，滑石也。研與硯同。」

〔七〕臘：歲末，農曆十二月。杜甫不離西閣詩：「臘近已含春。」探春：尋春。鄭谷巴江詩：「朝醉暮醉雪開霽，一枝兩枝梅探春。」

〔八〕千千：表示衆多。杜牧晚晴賦：「千千萬萬之容兮，不可得而狀也。」

又㈠

十二月嚴凝天地閉〔一〕。莫嫌臺榭無花卉。惟有酒能欺雪意〔二〕。增豪氣。直教耳熱笙歌沸〔三〕。隴上雕鞍惟數騎㈡〔四〕。獵圍半合新霜裏〔五〕。霜重鼓聲寒不起〔六〕。千人指。馬前一雁寒空墜。

【校記】

㈠底本、天理本、宫内廳本於本詞後録無名氏及朱松兩跋，而吉州本則録於本組詞第八首後，排列順序不同。按，兩跋之排列以底本等爲優。

㈡惟數騎：底本「惟」字下有陰文小字注：「疑。」

【注釋】

〔一〕嚴凝：猶嚴寒。白居易十二年冬江西温暖喜元八寄金石稜到因題此詩：「今冬臘候不嚴凝。」歐陽修新霜詩：「時行收斂歲將窮，冰雪嚴凝從此漸。」天地閉：指嚴冬天地陰陽氣不通順。禮記鄉飲酒：「天地嚴凝之氣，始於西南，而盛於西北，此天地之尊嚴氣也，此天地之義氣也。」禮記月令：「孟冬之月……天氣上騰，地氣下降，天地不通，閉塞而成冬。」白居易重賦詩：「歲暮天地閉，陰風生破村。」

〔二〕欺：壓倒，制勝。方干鑑湖西島言事詩：「偶斟藥酒欺梅雨，却著寒衣過麥秋。」

〔三〕教：依調讀平聲。耳熱：酒酣耳熱狀。楊惲報孫會宗書詩：「酒後耳熱，仰天撫缶而呼嗚嗚。」

〔四〕隴：通「壟」，原野。雕鞍：雕飾華美的馬鞍，代指寶馬。

〔五〕獵圍半合：此謂打獵時包抄合圍以追捕獵物。

〔六〕霜重句：李賀雁門太守行詩：「半卷紅旗臨易水，霜重鼓寒聲不起。」

【輯評】

歐陽玄漁家傲詞序：「余讀歐公李太尉席上作十二月漁家傲鼓子詞，王荆公亟稱賞之。心服其盛麗，生平思仿佛，一言不可得。近年竊官於朝，久客輦下，每欲仿此作十二闋，以道京師兩城人物之富，四時節令之華，他日歸農，或可資閑暇也。」（圭齋文集卷四）

曹貞吉蝶戀花詞序：「讀六一詞十二月鼓子詞，嫌其過於富麗，吾輩爲之，正不妨作酸餡語耳。閑中試筆，即以故鄉風物譜之。」（珂雪詞卷上）

馮金伯詞苑萃編卷二三：「朱晦翁示黃銖以歐陽永叔鼓子詞，蓋所以諷之也。」

歐陽修詞校注卷三

近體樂府三

南歌子〔一〕〔一〕

鳳髻金泥帶〔二〕，龍紋玉掌梳〔三〕。走來窗下笑相扶。愛道畫眉深淺、入時無〔四〕。　弄筆偎人久，描花試手初〔五〕。等閑妨了繡功夫〔六〕。笑問雙鴛鴦字、怎生書〔七〕。

【校記】

〔一〕白香詞譜調下有題「閨情」。唐圭璋全宋詞：「案樂府雅詞卷上云：『草堂作仲殊。』」黄本校記：「花草粹編調作南柯子，樂府雅詞調下注『草堂云僧仲殊作』，實誤。」

【注釋】

〔一〕南歌子：唐教坊曲名，後用作詞調名。又名春宵曲、水晶簾、碧窗夢、十愛詞、南柯子、望秦川、風蝶令。單、雙調並用，雙調五十二字，又有平韻、仄韻兩體。此詞前後闋各四句，均二、三、四句用平聲韻。按，李栖歐陽修詞研究及其校注推測此詞作於天聖九年（一〇三〇）三月後歐陽修與胥氏夫人初婚時。可作參考。

〔二〕鳳髻：亦稱「鳳凰髻」，女子的一種高髻，其式高翹，如鳳鳥之狀，或加金翠鳳凰爲飾。段成式髻鬟品：「髻始自燧人氏，以髮相纏而無繫縛。周文王加珠翠翹花，名曰鳳髻，又名步摇髻。」敦煌變文集維摩詰經講經文：「鬟釵斜墜，須鳳髻而如花倚藥欄；玉貌頻舒，素娥眉而似風吹蓮葉。」杜牧爲人題贈詩：「和簪抛鳳髻，將淚入鴛衾。」歐陽炯鳳樓春：「鳳髻緑雲叢，深掩房櫳。」金泥帶：指以金屑爲飾的頭繩，用以束髻。韓熙載書歌妓泥金帶詩：「風柳摇摇無定枝，陽臺雲雨夢中歸。他年蓬島音塵斷，留取尊前舊舞衣。」

〔三〕龍紋玉掌梳：雕刻龍紋的玉梳。掌，梳子的柄。唐段公路北户録卷二「通犀」條：「製梳掌多作禽魚。」今湖南臨澧新合元代金銀器窖藏有「金二龍戲珠紋梳背」（見揚之水奢華之色：宋元明金銀器研究），爲宋元時代龍紋梳的實物見證。按，挽著鳳髻，插著龍紋玉梳，象徵龍鳳呈祥，是女子新婚的標誌。

〔四〕愛道句：此新婦探問夫君語。語本朱慶餘近試上張水部詩：「洞房昨夜停紅燭，待曉堂前拜舅姑。粧罷低聲問夫婿，畫眉深淺入時無。」朱慶餘詩又用漢書張敞傳典：「敞無威儀……又爲婦畫眉，長安中傳張京兆眉憮。」入時，合乎時宜。

〔五〕描花：女子刺繡，先要在繡布上勾畫圖案，稱描花。試手：試手藝。

〔六〕等閑：無端，隨便。見漁家傲（五月榴花）注〔九〕。

〔七〕怎生：口語，猶怎樣，如何。馮延巳鵲踏枝：「新結同心香未落，怎生負得當初約。」

【輯評】

卓人月古今詞統卷七：「『愛道畫眉深淺、入時無』句，『蛾眉不肯讓人』即在入時句中。」

潘游龍古今詩餘醉：「首寫態，後描情，各盡其妙。」

先著詞潔輯評卷二：「公老成名德，而小詞當行乃爾。」

許昂霄詞綜偶評：「真覺娉娉嫋嫋。」

賀裳皺水軒詞筌：「詞家須使讀者如身履其地，親見其人，方爲蓬山頂上。如和魯公『幾度試香纖手暖，一回嘗酒絳脣光』……歐陽公『弄筆偎人久，描花試手初』……真覺儼然如在目前，疑於化工之筆。」

謝章鋌賭棋山莊詞話卷四：「純寫閨襜，不獨詞格之卑，抑亦靡薄無味，可厭之甚也；

然其中却有毫釐之辨。作情語，勿作綺語。綺語設爲淫思，壞人心術；情語則熱血所鍾，纏綿悱惻。而即近知遠，即微知著，其人一生大節，可於此得其端倪。『笑問雙鴛鴦字、怎生書』，出自歐陽文忠；『殘燈明月枕頭敧，諳盡孤眠滋味』，出自范文正。是皆一代名德，慎勿謂曲子相公皆輕薄者。」

梁啓勛曼殊室詞話卷一：「此六一居士南歌子也，不似理學名臣語氣。」

夏承燾、盛靜霞唐宋詞選講：「這首詞引用朱慶餘『畫眉深淺入時無』的詩句，當亦是詠新嫁娘的新婚生活。朱詩刻畫新婚夫婦的愛情生活，極爲生動。歐陽修這首詞，比朱詩尤爲細膩。」

御街行㊀〔一〕

天非華艷輕非霧〔二〕。來夜半，天明去。來如春夢不多時㊁，去似朝雲何處〔三〕。乳鷄酒燕㊂〔四〕，落星沉月〔五〕，紞紞城頭鼓〔三〕〔六〕。參差漸辨西池樹〔七〕。朱閣斜欹户㊃〔八〕。緑苔深徑少人行，苔上屐痕無數〔九〕。遺香餘粉㊄，剩衾閑枕㊅，天把多情賦㊆。

【校記】

㈠ 唐圭璋全宋詞：「案此首别見吴訥本、侯文燦本張子野詞。」冒校：「按此首見張子野詞，宋本亦未注出。」

㈡ 來如：樂府雅詞作「來時」。

㈢ 乳鷄酒燕：張子野詞作「遠鷄棲燕」。文本校記：「『乳鷄酒燕』，按此詞亦載張子野詞補遺上卷，『乳』作『遠』，注『一作「乳」』。『酒』作『栖』。按樂本、元本、琴本均作『酒燕』，字義不可解，『酒』字係『栖』字之訛。」

㈣ 欹户：張子野詞作「開户」。

㈤ 遺香餘粉：張子野詞注：「一作『殘香餘粉』。」

㈥ 剩衾閑枕：張子野詞注：「一作『閑衾剩枕』。」

㈦ 多情賦：張子野詞作「多情付」。

【注釋】

〔一〕御街行：調始自宋人，又名孤雁兒。此爲雙調，七十七字，前後闋各七句，均一、二、四、七句用仄聲韻。

〔二〕夭非華艷三句：謂女子貌美非花的嬌豔可以比擬，體態輕盈非薄霧之縹緲足以形容。

這是描寫男女夜會時香豔迷離莫可名狀之感。

〔三〕來夜半四句：白居易花非花詞：「花非花，霧非霧。夜半來，天明去。來如春夢幾多時，去似朝雲無覓處。」朝雲，見前玉樓春（燕鴻過後）注〔四〕。

〔四〕乳鷄酒燕：語本百里奚妻琴歌：「百里奚，初娶我時五羊皮。臨當別時烹乳鷄，今適富貴忘我爲。」（見樂府詩集琴曲歌辭）此處謂天將曉時離別之宴。

〔五〕落星沉月：謂天之將曉。

〔六〕紞紞：象聲詞，擊鼓聲。晉習鑿齒襄陽耆舊記卷二：「吳人歌之曰：『紞如打五鼓，雞鳴天欲曙。』」城頭鼓：謂天明宵禁終止時城頭鳴鼓通報。劉禹錫平蔡州詩：「汝南晨雞喔喔鳴，城頭鼓角音和平。」可以比照參證。

〔七〕參差：高低不齊貌。梁武帝臨高臺詩：「草樹無參差，山河同一色。」參差，一作「幾乎」解，説詳施蟄存北山樓詞話卷五「參差」條。西池：泛指西邊的池塘。晏殊玉堂春詞：「欲傍西池看，觸處楊花滿袖風。」

〔八〕朱閣：房門、樑柱塗以朱漆的樓閣。歐陽修（別作馮延巳）更漏子：「褰羅幕，凭朱閣，不獨堪悲搖落。」斜欹：斜靠。欹，亦作攲。陳陶泉州刺桐花詠兼呈趙使君詩：「今來樹似離宮色，紅翠斜攲十二樓。」

〔九〕屐：底爲木製的鞋子，多有兩齒，以行泥路。韋莊李氏小池亭十二韻詩：「踏蘚青粘屐，攀蘿緑映衫。」歐陽修答錢寺丞憶伊川詩：「山阿昔留賞，屐齒無遺跡。」

【輯評】

張德瀛詞徵卷一：「白太傅花非花詞：『來如春夢不多時，去似朝雲無覓處。』此二語歐陽永叔用之，張子野御街行、毛平仲玉樓春亦用之。」

桃源憶故人〔一〕

梅梢弄粉香猶嫩〔二〕。欲寄江南春信〔三〕。別後寸腸縈損〔四〕。說與伊爭穩〔五〕。　小爐獨守寒灰燼。忍泪低頭畫盡〔六〕。眉上萬重新恨〔七〕。竟日無人問。

【校記】

〔一〕底本題注：「一名虞美人影。」吉州本、天理本、宮内廳本、叢刊本同。醉翁琴趣外篇、毛本題作虞美人影。林校：「元本注：『一名虞美人影，毛本調作虞美人影，無注。』」冒校：

「虞美人影，宋本調作桃源憶故人，下注『一名虞美人影』。雅詞、粹編亦作桃源憶故人。」

㊁嫩：琴本作「泥」。冒校：「香猶嫩，琴趣『嫩』作『泥』，誤。」

㊂春：底本「春」下注：「一作『芳』。」吉州本、天理本、宮内廳本、叢刊本同。

㊃寸腸縈損：底本「縈」下注：「一作『愁』。」吉州本、天理本、宮内廳本、叢刊本同。琴本作「危腸愁損」。冒校：「琴趣『寸』作『危』，誤。宋本『縈』下注：『一作「愁」。』」

㊄說與：琴本作「筭得」。

㊅低頭：底本注：「二字一作『無言』。」吉州本、天理本、宮内廳本、叢刊本同。樂府雅詞作「無言」。

㊆萬重新恨：琴本作「萬般情」。冒校：「琴趣『恨』作『情』，誤。」

【注釋】

〔一〕桃源憶故人：此調又名虞美人影、搗胡練、醉桃園、杏花風。雙調，四十八字，前後闋各四句，押仄聲韻。

〔二〕弄粉：猶施粉。梅堯臣寄懷劉使君詩：「春遊丹水上，花竹弄粉黛。」

〔三〕欲寄句：太平御覽卷九七〇引南朝宋盛弘之荊州記：「陸凱與范曄相善，自江南寄梅花一枝，詣長安與曄，并贈花詩曰：『折花逢驛使，寄與隴頭人。江南無所有，聊贈一枝春』。」

〔四〕寸腸：腸斷成寸，形容憂傷之極。參踏莎行（候館梅殘）注〔六〕。縈損：愁思鬱結而憔悴。歐陽修怨春郎：「惱愁腸，成寸寸。已恁莫把人縈損。」

〔五〕爭穩：猶怎忍，怎能心安。

〔六〕忍泪句：指寂寞憂愁時畫寒灰的動作。方干雪中寄薛郎中詩：「深擁紅爐聽仙樂，忍教愁坐畫寒灰。」

又

鶯愁燕苦春歸去。寂寂花飄紅雨〔一〕。碧草緑楊岐路〔二〕。况是長亭暮〔三〕。

少年行客情難訴㊀。泣對東風無語。目斷兩三煙樹〔四〕。翠隔江淹浦〔五〕。

【校記】

㊀ 少年：毛本作「小年」。冒校：「小年，宋本『小』作『少』，粹編同，應依改。」文本校記：「『小』樂本卷三、元本卷三作『少』。按『小』字誤，作『少』是。」

【注釋】

〔一〕紅雨：喻落花紛繁。李賀將進酒詩：「況是青春日將暮，桃花亂落如紅雨。」

〔二〕岐路：岐，同「歧」，岔路。列子説符：「楊子之鄰人亡羊，既率其黨，又請楊子之豎追之。楊子曰：『嘻！亡一羊何追者之衆？』鄰人曰：『多歧路。』既反，問：『獲羊乎？』曰：『亡之矣。』曰：『奚亡之？』曰：『歧路之中又有歧焉，吾不知所之，所以反也。』」引申爲離别分手處。王勃送杜少府之任蜀州詩：「無爲在歧路，兒女共沾巾。」

〔三〕長亭：古時道路隔十里設長亭，五里設短亭，供行旅停息，近城者多爲送别之處。庾信哀江南賦：「十里五里，長亭短亭。」吴融金橋感事詩：「日暮長亭正愁絶，哀笳一曲戍煙中。」古代離别及思鄉詩多用之，如李白菩薩蠻詞：「何處是歸程，長亭更短亭。」杜牧題齊安城樓：「不用憑欄苦回首，故鄉七十五長亭。」

〔四〕目斷：猶望斷，望盡，縱目所及。李白江夏送林公上人遊衡岳序：「紫霞摇心，青楓夾岸，目斷川上，送君此行。」煙樹：雲煙繚繞之樹。鮑照從登香爐峰詩：「青冥摇煙樹，穹跨負天石。」

〔五〕江淹浦：江淹别賦：「春草碧色，春水緑波。送君南浦，傷如之何。」參玉樓春（雪雲乍變）注〔四〕。按，梅堯臣平山堂雜言詩：「歐公經始曰平山，山之迤邐蒼翠隔大江。」「翠隔江淹浦」或與歐陽修在揚州的生活有關。

臨江仙〔一〕

柳外輕雷池上雨㊀〔二〕，雨聲滴碎荷聲〔三〕。小樓西角斷虹明〔四〕。欄干倚處㊁，待得月華生㊂〔五〕。燕子飛來窺畫棟，玉鈎垂下簾旌〔六〕。涼波不動簟紋平〔七〕。水精雙枕㊃，傍有墮釵橫㊄〔八〕。

【校記】

㊀ 輕雷：堯山堂外紀引作「輕陰」。

㊁ 倚處：堯山堂外紀引作「倚遍」。

㊂ 待得：堯山堂外紀引作「留得」。

㊃ 水精：樂府雅詞、堯山堂外紀作「水晶」。文本校記：「『水精雙枕』，白香詞譜作『水精雙枕畔』，多『畔』字。」

㊄ 傍有墮釵橫：樂府雅詞「傍」作「畔」。叢刊本「畔」字圈畫，旁注「傍」。文本校記：「『傍』，白香詞譜作『猶』。按舒氏輯此詞，較各本多二字，不知所據何本。」

【注釋】

〔一〕臨江仙：唐教坊曲名，後用作詞調名。又名謝新恩、雁歸後、畫屏春、鴛鴦夢、庭院深深。雙調，有不同格體，此處五十八字，前後闋各五句，均二、三、五句用平聲韻。詞林紀事卷四引堯山堂外紀：「錢文僖宴客後園，一官妓與永叔後至，詰之，妓云：『中暑往涼堂睡覺，失金釵，猶未見。』錢曰：『乞得歐陽推官一詞，當即償汝。』永叔即席賦臨江仙詞云云，坐皆擊節。命妓滿斟送歐，而令公庫償錢。」按錢惟演曾任西京留守，明道二年（一〇三三）因阿附劉太后罷留守任，景祐元年（一〇三四）七月卒。歐陽修於天聖八年（一〇三〇）授西京留守推官，次年三月抵洛陽任，景祐元年三月任滿。此詞應作於天聖九年（一〇三一）歐陽修抵洛陽後，至明道二年錢惟演罷西京留守前。

〔二〕輕雷：隱隱的雷聲。詩經召南殷其雷：「殷其雷，在南山之陽。」朱熹詩集傳：「婦人以其君子從役在外而思念之。」李商隱無題詩：「颯颯東風細雨來，芙蓉塘外有輕雷。」

〔三〕雨聲句：韋莊撫州江口雨中作詩：「江上閑衝細雨行，滿衣風灑緑荷聲。」

〔四〕斷虹：殘虹。庾信奉報趙王出師在道賜詩：「雨歇殘虹斷，雲歸一雁征。」

〔五〕月華：月令廣義八月令「月華」條：「月之有華，未考群書所自，而今人歲歲見之。常出於中秋夜，次或十四、十六，又或見於十三、十七、十八夜，月華之狀如錦雲捧珠，五色鮮熒磊落，匝月如刺錦。」江淹效王徵君養疾：「清陰往來遠，月華散前墀。」宋祁對月詩：「林梢霞尾暗，海面月華新。」

〔六〕簾旌：即簾額，簾幕上端墜飾的布帛。皇甫松夢江南：「樓上寢，殘月下簾旌。」

〔七〕涼波句：形容席紋如波面一般。李商隱偶題詩：「水文簟上琥珀枕，傍有墮釵雙翠翹。」「鹿虔扆虞美人：「象牀珍簟冷光輕，水紋平。」

〔八〕水精二句：化用李商隱偶題二首其一：「水文簟上琥珀枕，傍有墮釵雙翠翹。」又彭乘墨客揮犀卷四引太真外傳：「上皇登沈香亭，詔妃子，妃子時卯醉未醒。命力士使侍兒扶掖而至，妃子醉顔殘粧，鬢亂釵横，不能再拜。」水精，即水晶，一種名貴的礦石，漢時由西域傳入中國。後漢書西域傳大秦：「宫室皆以水精爲柱，食器亦然。」

【輯評】

王楙野客叢書卷二四：「歐陽公詞曰『池外輕雷池上雨，雨聲滴碎荷聲』云云，末曰『水晶雙枕，傍有墮釵横』，此詞甚膾炙人口。舊説謂歐公爲郡幕日，因郡宴，與一官妓荏苒。郡守得知，令妓求歐詞以逸過。公遂賦此詞。僕觀此詞，正祖李商隱偶題詩云：『小亭閑眠微醉消，石榴海柏枝相交。水紋簟上琥珀枕，旁有墮釵雙翠翹。』又『池外輕雷』，亦用商隱『芙蓉塘外有輕雷』之語。」

錢世昭錢氏私志載：「歐文忠任河南推官，親一妓。時先文僖（錢惟演）罷政爲西京留守，梅聖俞、謝希深、尹師魯同在幕下，惜歐有才無行，共白於公，屢微諷而不之恤。一日，宴於後圃，客集而歐與妓俱不至，移時方來，在坐相視以目。公責妓云：『末至何也？』妓云：『中暑往涼堂睡著，覺而失金釵，猶未見。』公曰：『若得歐陽推官一詞，當爲償汝。』歐即席云……坐皆稱善。遂命妓滿酌賞歐，而令公庫償其失釵，謂歐當少戢。」

沈際飛草堂詩餘正集卷二：「雨忽虹，虹忽月，夏景爾爾，拈筆不同。玩末句風韻，直當凌厲秦、黄，一金釵曷足以償之。」

許昂霄詞綜偶評：「（煞拍三句）不假雕飾，自成絶唱。按義山偶題云：『水文簟上琥珀枕，傍有墮釵雙翠翹。』結語本此。」

陳廷焯閑情集卷一：「遺詞大雅，宜爲文僖所賞。」

王闓運緗綺樓評詞：「臨江仙（柳外輕雷池上雨），原鈔作『窺畫棟』，垂簾矣，何得始窺。且此寫閨人睡景，非狎語也。豈有自嘲自狀之人，因垂簾不能歸棟，故窺也。」

俞陛雲唐五代兩宋詞選釋：「後三句善寫麗情，未乖貞則，自是雅奏。」

俞平伯唐宋詞選釋：「下片只寫景，不言人物情致，和晚唐韓偓詩已涼一篇寫法亦相似。」

又〔一〕

記得金鑾同唱第〔二〕，春風上國繁華〔三〕。如今薄宦老天涯〔四〕。十年歧路，空負曲江花〔五〕。　聞説閬山通閬苑〔六〕，樓高不見君家。孤城寒日等閑斜〔七〕。離愁難盡，紅樹遠連霞〔八〕。

【注釋】

〔一〕慶曆六年（一〇四六）或七年作。釋文瑩湘山野録卷上：「歐陽公頃謫滁州，一同年（注：忘其人）將赴閬倅。因訪之，即席爲一曲，歌以送曰（見此詞）。其飄逸清遠，皆（李）白之品也。公不幸晚爲憸人構淫艷數曲射之，以成其毁。予皇祐中，都下已聞此闋歌於人口者二十年矣。嗟哉！不能爲之力辨。」歐陽修慶曆五年（一〇四五）八月貶知滁州，十月到任，八年閏正月轉起居舍人知揚州。詞有「紅樹遠連霞」之句，蓋作於秋，當在慶曆六年或七年。

〔二〕金鑾：唐朝宫殿名，西接翰林院，故常作文人學士待詔之所。程大昌雍録卷四「唐翰院位置」條：「金鑾殿又在學士院之左，則金鑾益近寢殿矣。自有金鑾殿後，宣對多在金鑾。」後泛指皇宫正殿。梅堯臣和永叔答劉原甫遊平山堂寄詩：「劉郎寄詠公酬處，夜對金鑾步輦還。」唱第：古時進士及第，朝廷於正殿前按名册宣唱其名，昭告天下。天聖八年（一〇三〇）正月資政殿學士晏殊知貢舉，以歐陽修爲第一。宋王銍默記卷中：「元獻微應曰：『今一場中，唯賢一人識題，正謂漢司空也。』蓋意欲舉人自理會得寓意於此。少年舉人，乃歐陽公也。是榜爲省元。」是年三月御試崇政殿，歐陽修中甲科第十四名。司馬光范景仁傳：「故事，殿廷唱第過三人，則爲奏名之首者，必執聲自陳以祈恩，雖考校在下，天子必擢置上列。以吴春卿、歐陽永叔之耿介，猶不免從衆。」梅堯臣殿中飛絮詩：「群公唱第魚龍化，列侍金階若堵墻。」歐陽修劉丞相挽詞：「賜袍聯唱第，命相見封侯。」

〔三〕上國：指京都。柳永臨江仙引：「上國、去客。停飛蓋、促離筵。長安古道綿綿。」歐陽修送吕夏卿詩：「去年東書來上國，欲以文字驚衆人。」

〔四〕薄宦：官職卑微。何遜登石頭城詩：「薄宦忝師表，屬辭慚愈疾。」

〔五〕曲江：位於唐長安城東南，今西安長安區東南，自唐中宗始在曲江池西杏園内賜新進士遊宴。康駢劇談録：「曲江池，本秦世隑洲，開元中疏鑿，遂爲勝景。其南有紫雲樓、芙蓉苑，其西有杏園、慈恩寺。花卉環周，煙水明媚。」韓鄂歲華紀麗卷一：「唐時春放榜，進士既捷列名於慈恩寺，謂之題名；大宴於曲江亭子，謂之曲江宴。」劉滄及第後宴曲江詩：「及第新春選勝遊，杏園初宴曲江頭。」後多代指進士及第，朝廷賞賜的宴席。李廓長安少年行：「還攜新市酒，遠醉曲江花。」

〔六〕閬山通閬苑：指歐陽修同年及第者莅任之地。閬山，指閬州之閬中山，在今四川省閬中縣南，閬苑即在閬州。宋王象之輿地紀勝利東路閬州：「閬苑，唐時魯王靈夔、滕王元嬰以衙宇卑陋，遂修飾宏大之，擬於宮苑，由是謂之隆苑。其後以明皇諱隆基，改謂之閬苑。」

〔七〕等閑：見漁家傲（五月榴花）注〔九〕。

〔八〕紅樹：經霜後葉變紅之樹，如楓葉、梨葉。杜牧秋晚早發新定詩：「涼風滿紅樹，曉月下秋江。」

聖無憂〔一〕

世路風波險㊀〔二〕，十年一別須臾㊁〔三〕。人生聚散長如此，相見且懽娛。

好酒能消光景〔四〕，春風不染髭鬚〔五〕。爲公一醉花前倒，紅袖莫來扶〔六〕。

【校記】

㈠世路：冒校：「琴趣『世』作『對』，誤。」

㈡十年：毛本作「千年」。文本校記：「『千年一別須臾』，『千』，樂本、元本卷三、琴本卷三均作『十』，是。」

【注釋】

〔一〕聖無憂：唐教坊曲名，後用作詞調名，即烏夜啼，又名珠簾捲。雙調，四十七字，前後闋各四句，均二、四句用平聲韻。歐陽修永春縣令歐君墓表記其寶元間任乾德縣令，與歐慶、歐世英父子相識。又皇祐初年知潁州時作秀才歐世英惠然見訪於其還也聊以贈之詩曰：「相逢十年舊，暫喜一樽同。昔日青衫令，今爲白髮翁。俟時君子守，求士有司公。況子之才美，焉能久困窮。」詞或同爲皇祐初作。此時歐陽修因支持范仲淹之改革遭貶抑，故有世路艱險之嘆。

〔二〕世路：杜甫春歸詩：「世路雖多梗，吾生亦有涯。」

〔三〕須臾：片刻。洪邁容齋三筆卷一四「瞬息須臾」條：「瞬息、須臾、頃刻，皆不久之辭，與釋氏『一彈指間』，『一剎那頃』之義同，而釋書分別甚備。……又毗曇論云：『一剎那者翻爲一念，一怛剎那翻爲一瞬，六十怛剎那爲一息，一息爲一羅婆，三十羅婆爲一摩睺羅，翻爲一須臾。』又僧祇律云：『二十念爲一瞬，二十瞬名一彈指，二十彈指名一羅預，二十羅預名一須臾，一日一夜有三十須臾。』」

〔四〕消：消磨，打發。曹植感節賦：「登高墉以永望，冀銷日以忘憂。」光景：光陰，時間。李白相逢行：「光景不待人，須臾成髮絲。」

〔五〕髭鬚：唇上鬍曰髭，唇下鬍曰鬚。辛棄疾鷓鴣天：「追往事，歎今吾。春風不染白髭鬚。」即本於歐陽修此詞。

〔六〕紅袖：借代歌姬美女。韋莊菩薩蠻：「騎馬倚斜橋，滿樓紅袖招。」歐陽修答通判吕太傅詩：「畫盆圍處花光合，紅袖傳來酒令行。」

浪淘沙〔一〕

把酒祝東風。且共從容〔二〕。垂楊紫陌洛城東〔三〕。總是當時攜手處，遊遍芳叢〔四〕。　聚散苦忽忽。此恨無窮。今年花勝去年紅。可惜明年花更好〔一〕，知與誰同。

【校記】

㊀可惜：底本卷末注：「浪淘沙第一篇，『可惜』一作『料得』。」吉州本、天理本、宫内廳本同。

【注釋】

〔一〕浪淘沙：唐教坊曲名，後用作詞調名。又名浪淘沙令、過龍門、賣花聲、曲入冥、煉丹砂。唐人所作本七言絶句體，南唐李煜創爲長短句。雙調，五十四字，前後段各五句，均一、二、三、五句用平聲韻。天聖九年（一〇三一）歐陽修至洛陽，補留守府推官，與尹洙、梅堯臣諸名士同在錢惟演幕。歐陽修有七交七首詩分詠張堯夫、尹洙、楊子聰、梅堯臣、張太素、王幾道六友，末篇自敘云：「賴有洛中俊，日許相躋攀。」宋王闢之澠水燕談録卷四：「天聖末，歐陽文忠公文章三冠多士，國學補試國學解，禮部奏登甲科，爲西京留守推官，府尹錢思公、通判謝希深皆當世偉人，待公優異。公與尹師魯、梅聖俞、楊子聰、張太素、張堯夫、王幾道爲七友，以文章道義相切劘。率嘗賦詩飲酒，間以談戲，相得尤樂。凡洛中山水園庭、塔廟佳處，莫不遊覽。」明道元年（一〇三二）七月梅聖俞北歸河陽，諸友餞於普明院竹林。未久歐陽修作寄聖俞詩（平沙漫飛雪）感慨「山陽人半在，洛社客無聊」，梅即作依韻和永叔雪後見寄兼云自尹家兄弟及幾道散後子聰下縣久不得歸頗有離索之嘆相慰藉。又明道二年（一〇三三）三月歐陽修妻胥氏卒，時新婚未滿二年。景祐元年（一〇三四）春歐陽修秩滿離洛。陳新、杜維沫歐陽修選集謂：「此詞當作於明道二年春回洛陽之後，悼亡惜別，感情悲痛低沉。」按，此詞或傷朋輩離散，亦或悼念亡妻，當作於明道二年春至景祐元年春之間。

〔二〕把酒二句：語本司空圖酒泉子詞：「黄昏把酒祝東風，且從容。」祝，祝禱，祈求。歐陽修鶴沖天：「花好却愁春去，戴花持酒祝東風。」

〔三〕紫陌：見蝶戀花（翠苑紅芳）注〔二〕。洛城東：洛城，洛陽，北宋時爲西京。漢洛陽城東父老遍植桃李，每至春時繁花夾道，紅翠相映。漢宋子侯樂府董嬌饒：「洛陽城東路，桃李生路旁。花花自相對，葉葉自相當。」唐宋時洛陽城東一帶種花更盛，遊人玩賞多聚於此。劉希夷代悲白頭翁詩：「洛陽城東桃李花，飛來飛去落誰家。」歐陽修謝觀文王尚書惠西京牡丹詩：「河南官屬盡賢俊，洛城池籞相連接。我時年纔二十餘，每到花開如蛺蝶。」

〔四〕芳叢：茂密的花叢。歐陽修答西京王尚書寄牡丹詩：「西望無由陪勝賞，但吟佳句想芳叢。」

【輯評】

李攀龍草堂詩餘雋：「意自『明年此會知誰健』中來。」

沈際飛草堂詩餘正集卷二：「末三句雖少含蓄，不失爲情語。」

沈雄古今詞話詞話上卷：「柳塘詞話曰：歐陽公云：『把酒祝東風，且共從容。』與東坡虞美人云：『持杯邀勸天邊月，願月圓無缺。』同一意致。」

許昂霄詞綜偶評：「酒泉子，司空圖：『黄昏把酒祝東風，且從容。』歐陽修浪淘沙起語本此。然删去黄昏二字，便覺寡味。」

黄蘇蓼園詞選：「按末二句，憂盛危明之義，持盈保泰之心，在天道則虧盈益謙之理，俱可悟得。大有理趣，却不庸腐，粹然儒者之言。令人玩味不盡。」

俞陛雲唐五代兩宋詞選釋：「因惜花而懷友，前歡寂寂，後會悠悠，至情語以一氣揮寫，可謂深情如水，行氣如虹矣。」

又

花外倒金翹〔一〕。飲散無憀㊀〔二〕。柔桑蔽日柳迷條〔三〕。此地年時曾一醉〔四〕，還是春朝㊁。　今日舉輕橈㊂。帆影飄飄。長亭回首短亭遥〔五〕。過盡長亭人更遠，特地魂銷㊃〔六〕。

【校記】

㈠ 憀：琴本作「寥」。

㈡ 還是：樂府雅詞作「還似」。叢刊本「似」字圈畫，旁注「是」。

㈢ 舉輕橈：琴本作「許輕橈」。冒校：「舉輕橈，琴趣『舉』作『許』，誤。」

㈣ 銷：琴本作「消」。

【注釋】

〔一〕倒金翹：指倒插金翹。金翹，金製的鳥尾形簪釵。毛熙震浣溪沙：「晚起紅房醉欲銷，緑鬟雲散裊金翹。」柳永荔枝香詞：「笑整金翹，一點芳心在嬌眼。」按，「金翹」本指黄色的菊花。陸機白雲賦：「紅蘂發而菡萏，金翹援而合葩。」梁元帝金樓子雜記下：「何時雲卷金翹，日輝合璧。」駱賓王初秋登王司馬樓宴賦：「酒泛金翹，映清罇而湛菊。」蓋因其色黄，後來演爲婦女金製首飾之稱。

〔二〕飲散：猶飲罷。見玉樓春（西亭飲散）注〔二〕。無憀：閑悶。李商隱離亭賦得楊柳詩：「暫憑樽酒送無憀，莫損愁眉與細腰。」

〔三〕柔桑：詩經豳風七月：「女執懿筐，遵彼微行，爰求柔桑。」曹植蟬賦：「隱柔桑之稠葉兮，快閑居而遁暑。」歐陽修依韻和杜相公喜雨之什詩：「桑陰蔽日交垂路，麥穗含風秀滿田。」柳迷條：杜牧朱坡詩：「眉點萱牙嫩，風條柳幄迷。」

〔四〕年時：當年，當時。陸機梁甫吟：「冉冉年時暮，迢迢天路徵。」盧殷雨霽登北岸寄友人詩：「憶得年時馮翊部，謝郎相引上樓頭。」

〔五〕長亭：見桃源憶故人（鶯愁燕苦）注〔三〕。

〔六〕特地：格外。五代尹鶚臨江仙詞：「西窗幽夢等閒成。逡巡覺後，特地恨難平。」魂銷：即銷魂、魂消。江淹別賦：「黯然銷魂者，唯别而已矣。」張先南鄉子：「何處可魂銷？京口終朝兩信潮。」

又

五嶺麥秋殘㊀〔一〕。荔子初丹〔二〕。絳紗囊裹水晶丸㊁〔三〕。可惜天教生處遠，不近長安。往事憶開元。妃子偏憐。一從魂散馬嵬關㊂〔四〕。只有紅塵無驛使㊃〔五〕，滿眼驪山〔六〕。

【校記】

㈠麥秋殘：底本卷末續添注：「浪淘沙第三篇，麥秋殘，『殘』一作『寒』。」吉州本、天理本、宫内廳本、叢刊本同。

㈡囊裏：底本卷末注：「第三篇，『囊裏』一作『囊裏』。」吉州本、天理本、宫内廳本、叢刊本同。全芳備祖作「囊間」。

㈢一從：底本卷末注：「『一從』一作『自從』。」吉州本、天理本、宫内廳本、叢刊本同。關：底本卷末注：「『關』一作『前』。」吉州本、天理本、宫内廳本、叢刊本同。

㈣無：毛本、樂府雅詞作「迷」。

【注釋】

〔一〕五嶺：指大庾、越城、騎田、萌渚、都龐五嶺，見漢書張耳傳顔師古注；一説指大庾、始安、臨賀、桂陽、揭陽五嶺，見文選陸機贈顧交趾公真李善注。大致位於今贛、湘、粤、桂省際處。杜甫寄李十二白二十韻詩：「五嶺炎蒸地，三危放逐臣。」麥秋：農曆四、五月爲麥收時節，禮記月令：「孟夏之月……靡草死，麥秋至。」歲華紀麗四月：「麥秋，百穀出生爲春，熟爲秋，故麥以孟夏爲秋。」鄭谷作尉鄠郊送進士潘爲下第南歸詩：「歸去宜春春水深，麥秋梅雨過湘陰。」

〔二〕荔子初丹：謂荔枝剛剛成熟。韓愈柳州羅池廟碑：「荔子丹兮蕉黄，雜肴蔬兮進侯堂。」

〔三〕絳紗句：宋人詠荔枝常用絳紗水晶丸之比喻。劉攽荔枝詩：「相見任誇雙蔕美，多情莫唱水晶丸。」

〔四〕往事三句：言唐玄宗寵溺楊貴妃，常命飛騎傳送嶺南荔枝至長安以博紅顔一笑，豪奢至極。安史之亂中楊貴妃被縊殺於馬嵬，終成千古恨事。唐李肇國史補卷上：「楊貴妃生於蜀，好食荔枝。南海所生尤勝蜀者，故每歲飛馳以進，然方暑而熟，經宿則敗，後人皆不知之。」開元，玄宗即位初廿九年之年號，此間天下清平、國富民安，世稱「開元之治」。歐陽修代人上王樞密求先集序書：「至唐之興，若太宗之政，開元之治，憲宗之功。」一從，自從。宋王安石少年見青春詩：「一從鬢上白，百不可見喜。」馬嵬關，在今陝西省興平縣。天寶十四載（七五五）安史之亂，玄宗奔蜀，途次馬嵬驛，軍隊不前，逼迫其賜死楊妃。

〔五〕紅塵：車馬奔馳揚起的塵土。班固西都賦：「紅塵四合，煙雲相連。」李善注引李陵詩：「紅塵塞天地，白日何冥冥。」杜牧華清宫詩：「一騎紅塵妃子笑，無人知是荔枝來。」驛使：傳遞文書的信使。

〔六〕驪山：今陝西省臨潼縣東南，古因驪戎所居而得名。唐玄宗曾置華清宫於此，其地多温泉。張説奉和聖製初入秦川路寒食應制詩：「漢家行樹直新豐，秦地驪山抱温泉。」

【輯評】

王灼碧雞漫志卷四：「荔枝香，唐史禮樂志云：『帝幸驪山，楊貴妃生日，命小部張樂長生殿，奏新曲，未有名。會南方進荔枝，因名曰荔枝香。』……史及楊妃外傳皆謂帝在驪山，故杜牧之華清絶句云：『長安回望繡成堆，山頂千門次第開。一騎紅塵妃子笑，無人知是荔枝來。』……予觀小杜華清長篇，又有『塵埃羯鼓索，片斷荔枝筐』之語，其後歐陽永叔詞亦云：『一從魂散馬嵬間。只有紅塵無驛使，滿眼驪山。』『唐史既出永叔，宜此詞亦爾也。今歇指、大石兩調，皆有近拍，不知何者爲本曲。」

林賓王荔子雜志：「詩餘荔子之詠，作者既少，遂無擅長，獨歐陽公浪淘沙一首，稍存感慨悲涼耳。」（徐釚詞苑叢談卷六引）

又

萬恨苦綿綿〔一〕。舊約前懽。桃花溪畔柳陰間。幾度日高春睡重〔二〕，繡户深關〔三〕。

樓外夕陽閑㊀。獨自憑欄。一重水隔一重山。水闊山高人不見，有淚無言。

【校記】

㊀夕陽閑：毛本作「斜陽閑」。冒校：「斜陽閑，宋本作『夕陽』，琴趣、雅詞、粹編並同，應依改。」

【注釋】

〔一〕綿綿：連綿不斷貌。白居易長恨歌：「此恨綿綿無絶期。」

〔二〕春睡重：見蝶戀花（海燕雙來）注〔三〕。

〔三〕繡户：此處指閨房。深關：幽深的門户。柳永錦堂春詞：「幾時得歸來，香閣深關。」

又〔一〕

今日北池遊〔二〕。漾漾輕舟〔三〕。波光瀲灧柳條柔〔四〕。如此春來春又去，白了人頭。

好妓好歌喉。不醉難休。勸君滿滿酌金甌〔五〕。縱使花時常病酒㈠〔六〕，也是風流。

【校記】

㈠縱使：毛本作「總使」。文本校記：「『總使花時常病酒』，『總』樂本、元本作『縱』，是。」

【注釋】

〔一〕陳新、杜維沬歐陽修選集謂：「本篇當作於慶曆五年（一〇四五）春，歐陽修權知真定府時。其時慶曆新政已失敗，主持者范仲淹、韓琦、富弼、杜衍等均解職，作者心情十分苦悶。不久即因上書爲范仲淹等辯白，被誣陷貶滁州。」

〔二〕北池：或指真定北潭。歐陽修選集謂：「真定府有五代王鎔所建海子園，也稱潭園，園中多池臺之勝。」真定府在今河北正定縣。歐陽修權知承德軍（今正定縣）時多次遊賞鎮陽潭園，有後潭遊船見岸上看者有感、寄秦州田元均、班班林間鳩寄内諸詩記其景。

〔三〕漾漾：水波蕩漾貌。白居易泛小䑺詩：「䑺頭漾漾知風起。」劉長卿登松江驛樓北望故園詩：「孤舟漾漾寒潮小，極浦蒼蒼遠樹微。」

〔四〕瀲灩：水波連綿蕩漾貌。木華海賦：「瀲淡瀲灩，浮天無岸。」李善注：「瀲灩，相連之貌。」集韻：「瀲灩，水溢貌。」何遜行經范僕射故宅詩：「瀲灩故池水，蒼茫落日暉。」

〔五〕酌金甌：言斟酒。金甌，酒盞的美稱。李煜漁父詞：「花滿渚，酒滿甌。」

〔六〕病酒：見蝶戀花（誰道閑情）注〔一〕。

【輯評】

潘遊龍古今詩餘醉卷三：「別病不可，病酒何妨。快甚。」

定風波〔一〕

把酒花前欲問他。對花何恡醉顏酡㊀〔二〕。春到幾人能爛賞㊁〔三〕。何況。無情風雨等閑多〔四〕。　艷樹香叢都幾許〔五〕。朝暮〔六〕。惜紅愁粉奈情何㊂。好是金船浮玉浪㊃〔七〕。相向〔八〕。十分深送一聲歌〔九〕。

【校記】

㊀何恡：底本「恡」下注：「一作『何惜』。」吉州本、天理本、宮内廳本同。琴本作「何惜」。文

本校記：「『悋』欒本卷三、元本卷三注『一作「惜」』。琴本作『惜』。按『悋』與『惜』義近。」

㊁爛賞：毛本作「爛嘖」。冒校：「宋本『嘖』作『賞』，雅詞、琴趣並同，應依改。」文本校記：「『春到人間能爛嘖』，『嘖』欒本、元本作『賞』，琴本並同。按『賞』字係韻脚，作『賞』是。」按，吉州本、天理本、宫内廳本、叢刊本均作「爛賞」，毛本誤。

㊂奈：琴本作「柔」。冒校：「琴趣『奈』作『柔』，誤。」

㊃船：琴本作「杯」。

【注釋】

〔一〕定風波：唐教坊曲名，後用作詞調名。又名定風流、定風波令。此調有不同格體，皆雙調。前闋五句，後闋六句，共六十二字。前闋一、二、五句和後闋三、六句用平聲韻，前闋三、四句和後闋一、二、四、五句用仄聲韻。按，本詞及以下四首，歐陽明亮歐陽修詞論稿以爲作於熙寧三年（一〇七〇），時歐陽修六十四歲，以兵部尚書、觀文殿學士知青州，兼京東東路安撫使。

〔二〕醉顔醃：醃同「酡」。楚辭招魂：「美人既醉，朱顔酡些。」張先南歌子：「相逢休惜醉顔酡。」

〔三〕爛賞：縱情玩賞。孟元老東京夢華録序：「僕數十年爛賞疊游，莫知厭足。」

〔四〕等閑：見漁家傲（五月榴花）注〔九〕。

〔五〕都：總共，總計。元稹蟻子詩：「徒市竟何意，生涯都幾時。」

〔六〕朝暮：早晚之間，言時光短暫。儲光羲夜到洛口入黄河詩：「客愁惜朝暮，枉渚暫停舟。」

〔七〕好是：好在，妙在。皮日休茶塢詩：「好是夏初時，白花滿煙雨。」金船：一種較大的酒器。庾信北園新齋成應趙王教詩：「玉節調笙管，金船代酒卮。」倪璠注：「八王故事曰：『陳思有神思，爲鴨頭杓，浮於九曲酒池。王意有所勸，鴨頭則回向之。』……按金船，即鴨頭杓之遺，陳思王所制也。」敦煌曲子詞浣溪沙：「長命杯中傾緑醑，滿金船。」孫光憲上行杯詞：「金船滿捧。綺羅愁，絲管咽。」歐陽修和晏尚書對雪招飲詩：「自把金船浮白蟻，應須紅粉唱梅花。」玉浪：喻美酒。

〔八〕相向：相對。世説新語任誕：「諸阮皆能飲酒，仲容（阮咸）至宗人間共集，不復用常杯斟酌，以大甕盛酒，圍坐相向，大酌。」

〔九〕十分：此指杯中酒滿。白居易和春深詩：「十分杯裏物，五色眼前花。」歐陽修奉送原甫侍讀出守永興詩：「一舉十分當覆盞。」深送：元稹哭女樊四十韻詩：「空垂兩行血，深送一枝瓊。」

又

把酒花前欲問伊。忍嫌金盞負春時〔一〕。紅艷不能旬日看〔二〕。宜算〔三〕。須知開謝只相隨〔四〕。蝶去蝶來猶解戀〔五〕。難見。回頭還是度年期〔六〕。莫候飲闌花已盡〔七〕。方信。無人堪與補殘枝〔八〕。

【注釋】

〔一〕金盞：酒杯的美稱，指代酒。唐杜甫江畔獨步尋花七絶句之四：「誰人載酒開金盞，喚取佳人舞繡筵。」

〔二〕旬日：十日爲一旬。陶淵明有會而作詩序：「旬日以來，始念飢乏。」

〔三〕算：作罷，不再計較。

〔四〕開謝只相隨：謂花開花謝都是接踵而至的事。

〔五〕解：懂得，理解。李白宣城送劉副使入秦詩：「同歡萬斛酒，未足解相思。」

〔六〕期：約定的時間。白居易草詞畢遇芍藥初開因詠小謝紅藥當階翻詩以爲一句未盡其狀偶成十六韻詩：「應愁明月落，如恨隔年期。」

〔七〕飲闌：猶飲罷。闌，將盡，將完。

〔八〕無人句：宋祁春雪詩：「光沈後牖將飛瓦，艷補南枝已落梅。」按，此句亦寓女子不要辜負青春之意，即杜秋娘金縷衣詩：「勸君莫惜金縷衣，勸君惜取少年時。花開堪折直須折，莫待無花空折枝。」

又

把酒花前欲問公㈠。對花何事訴金鍾〔一〕。爲問去年春甚處㈡。虛度。鶯聲撩亂一場空㈢〔二〕。今歲春來須愛惜。難得。須知花面不長紅〔三〕。待得酒醒君不見。千片。不隨流水即隨風㈣。

【校記】

㈠ 公：琴本作「翁」。

㈡ 爲問：毛本作「爲甚」。

㊂鶯聲撩亂：琴本作「鶯撩聲亂」。冒校：「聲撩，琴趣作『撩聲』，誤。」

㊃流水：李本校作「泫水」。

【注釋】

〔一〕訴：張相詩詞曲語辭匯釋卷五：「訴，辭酒之義。……歐陽修依韻答杜相公詩：『平生未省降詩敵，到處何嘗訴酒巡。』又定風波詞：『把酒花前欲問公，對花何事訴金鍾。』……皆其例也。」又采泉清真詞語：「詞在北宋猶爲俗文學，故詞人多用唐以來俗語、市語，今日讀之每多費解。周清真定風波詞云：『休訴金尊推玉臂，從醉。明朝有酒遣誰持。』此『訴』字，歐陽修、黃庭堅、秦少游詞中亦見之。蓋辭酒之義也。韋莊詞『離筵訴酒詩』，可知唐人已有此語。」韋莊菩薩蠻：「須愁春漏短，莫訴金杯滿。」金鍾，精美的酒杯。鍾，壺形盛酒器。方干漳州陽亭言事寄于使君詩：「謝守登城對遠峰，金英泛泛滿金鍾。」歐陽修去思堂會飲得春字詩：「自慚白髮隨年少，猶把金鍾勸主人。」

〔二〕撩亂：顧況箏詩：「莫遣黃鶯花裏囀，參差撩亂妬春風。」

〔三〕花面：多用以借喻少女的面龐，此處指花朵。施蟄存北山樓詞話卷四：「唐劉禹錫詩曰：『花面丫頭十三四，春來綽約向人時。』留青日札：『花面者，未開臉也。』此言今人亦已不能解。蓋舊時女子年及笄則開臉。開臉者，修飾其臉面，自此而施脂粉，掃眉黛矣。未開臉，猶童女也。不整容，故曰『花面』。」

又

把酒花前欲問君。世間何計可留春。縱使青春留得住㊀。虛語〔一〕。無情花對有情人〔二〕。任是好花須落去〔三〕。自古㊁。紅顔能得幾時新。暗想浮生何事好〔四〕。唯有。清歌一曲倒金樽〔五〕。

【校記】

㊀使：琴本作「便」。

㊁自古：樂府雅詞作「今古」。

【注釋】

〔一〕虛語：空話。史記高祖本紀：「漢王曰：『吾聞帝賢者有也，空言虛語，非所守也，吾不敢當帝位。』」胡曾武陵溪詩：「若道長生是虛語，洞中爭得有秦人。」

〔二〕無情句：歐陽修嘲少年惜花詩：「春風自是無情物，肯爲汝惜無情花。今年花落明年好，但見花開人自老。」

〔三〕任是：即便是，縱使。杜荀鶴時世行詩：「任是深山更深處，也應無計避征徭。」

〔四〕浮生：見玉樓春（燕鴻過後）注〔三〕。

〔五〕清歌：見蝶戀花（簾下清歌）注〔一〕。

又

過盡韶華不可添㈠〔一〕。小樓紅日下層簷〔二〕。春睡覺來情緒惡〔三〕。寂寞。楊花繚亂拂珠簾㈡〔四〕。　早是閑愁依舊在〔五〕。無奈。那堪更被宿酲兼〔六〕。把酒送春惆悵甚。長恁〔七〕。年年三月病厭厭㈢〔八〕。

【校記】

㈠ 韶華：底本「華」下注：「一作『光』。」吉州本、天理本、宮内廳本同。樂府雅詞作「韶光」。

㈡ 繚亂：毛本、樂府雅詞作「撩亂」。珠簾：琴本作「朱簾」。

㈢厭厭：毛本作「懨懨」。

【注釋】

〔一〕韶華：美好的春光。戴叔倫暮春感懷詩：「東皇去後韶華盡，老圃寒香别有秋。」

〔二〕層簷：猶重檐，兩層或更多層的屋簷構造。簷，同「檐」。李白明堂賦：「層簷屹其霞矯，廣廈鬱以雲布。」

〔三〕情緒惡：心情不快。韓偓春閨詩：「醒來情緒惡，簾外正黄昏。」

〔四〕楊花：即柳絮。晏殊蝶戀花：「珠簾繡户楊花滿。」歐陽修述懷送張總之詩：「去年送客亦曾到，正值楊花亂芳草。」繚亂：繚，通「撩」。見蝶戀花（簾幕風輕）注〔三〕。珠簾：見蝶戀花（梨葉初紅）注〔七〕。

〔五〕早是：已是。王勃秋江送别詩：「早是他鄉值早秋，江亭明月帶江流。」孫光憲浣溪沙：「早是銷魂殘燭影，更愁聞著品絃聲。」

〔六〕那堪：猶怎堪，怎能經受。梁元帝代舊姬有怨詩：「那堪眼前見，故愛逐新移。」宿醒：猶宿醉。史游急就章卷三：「侍酒行觴宿昔醒。」注：「昔，夜也。病酒曰醒，謂經宿飲酒，故致醒也。」徐幹情詩：「憂思連相屬，中心如宿醒。」兼：倍，加倍。

〔七〕長恁：長久如此。

〔八〕厭厭：亦作「懨懨」，衰弱、精神不振貌。唐韓偓春盡日詩：「把酒送春惆悵在，年年三月病厭厭。」歐陽修送張屯田歸洛歌：「季秋九月予喪婦，十月厭厭成病軀。」

又

對酒追歡莫負春〔一〕。春光歸去可饒人㊀。昨日紅芳今綠樹。已暮。殘花飛絮兩紛紛。　粉面麗姝歌窈窕〔二〕。清妙。樽前信任醉醺醺〔三〕。不是狂心貪燕樂〔四〕。自覺。年來白髮滿頭新。

【校記】

㊀可饒人：琴本作「肯饒人」。

【注釋】

〔一〕追歡：猶尋歡。杜甫九日登梓州城詩：「追歡筋力異，望遠歲時同。」

〔二〕窈窕：此處形容美妙動聽的歌聲。王建白紵歌：「月明燈光兩相照，後庭歌聲更窈窕。」

〔三〕信任：聽憑，任憑。高駢風箏詩：「夜静絃聲響碧空，宫商信任往來風。」

〔四〕狂心：柳永晝夜樂：「無限狂心乘酒興。」燕樂：宴飲歡樂。唐韋應物樂燕行：「良辰且燕樂，樂往不再來。」

【輯評】顧隨駝庵詞話卷五歐陽修定風波：「歐陽修的定風波乃其傷感詞之代表作。前所舉浣溪沙，傷感中仍有熱烈在，别人是臨死咽氣，六一至少還是迴光返照，距死已近，而究竟還迴一下，照一下。定風波則純是傷感。其六首前面四首一起照例是『把酒花前欲問』，前面四首還没有什麽，至五、六首突然一轉，真了不得：『過盡韶華不可添，小樓紅日下層簷。春睡覺來情緒惡，寂寞，楊花撩亂拂珠簾。』(第五首)前兩句一讀，如暮年看見死神的影子。没想到死的人活得最興高彩烈，過得最没勁的是時時看見死神的來襲。六一作此詞蓋在中年後轉進老年時。春天只剩今天一天，而今天又是『小樓紅日下層簷』，此是寫實，又是像徵人之青年是『過盡韶華不可添』，漸至老年是『小樓紅日下層簷』，一刻比一刻離黑暗近，一刻比一刻離滅亡近，這便是看見死神影子。楊花句亦非寫實，是寫内心之亂，這纔是情緒惡，是寂寞，而又不能説。人最寞寂是許多話要説找不到可談的人，許多本事可表現而不遇識者。第六首：『對酒追歡莫負春，春光歸去可饒人。昨日紅芳今緑樹，已暮，殘花飛絮雨紛紛。』此雖是傷感詞，然而瘦死的駱駝比馬還大，百足之蟲死而不僵，還有勁。」

驀山溪〔一〕

新正初破〔二〕，三五銀蟾滿〔三〕。纖手染香羅，剪紅蓮、滿城開遍〔四〕。樓臺上下，歌管咽春風㈠〔五〕，駕香輪〔六〕，停寶馬，只待金烏晚〔七〕。帝城今夜〔八〕，羅綺誰爲伴〔九〕。應卜紫姑神㈡〔一〇〕，問歸期、相思望斷。天涯情緒，對酒且開顔，春宵短。春寒淺。莫待金杯暖。

【校記】

㈠ 歌管：底本卷末注：「驀山溪，『歌管』一作『歌吹』。」吉州本、天理本、宫内廳本同。

㈡ 紫姑：琴本作「子姑」。冒校：「紫姑，琴趣作『子姑』，誤。」

【注釋】

〔一〕驀山溪：調名始見於歐陽修此詞，又名上陽春、弄珠英、陽春、心月照雲溪，宋人填作較多，格體亦有多種。此詞共八十二字，前闋九句，二、四、九句用仄韻；後闋九句，二、四、七、八、九句用仄韻。歐陽明亮歐陽修詞論稿以爲此詞作於嘉祐二年（一〇五七）元夕，從之。

〔二〕新正：農曆新年正月初一。破：張相詩詞曲語辭匯釋卷三：「破，猶過也。」杜甫絶句漫興：「二月已破三月來，漸老逢春能幾回。」李商隱和友人戲贈詩：「子夜休歌團扇掩，新正未破剪刀閑。」

〔三〕三五：指農曆正月十五上元節。銀蟾：月的别稱，傳説月中有蟾蜍，故謂。干寶搜神記卷一四：「嫦娥遂托身於月，是爲蟾蠩。」湖南長沙馬王堆一號漢墓出土的帛畫繪有蟾蜍、玉兔處月牙上，月下嫦娥作奔月狀。古詩十九首之一七：「三五明月滿，四五蟾兔缺。」

〔四〕纖手二句：謂女子浸染綾羅，剪出蓮瓣形以製花燈，元夕張掛。李頎送綦毋三寺中賦得紗燈詩：「長繩掛青竹，百尺垂紅蓮。」張先鵲橋仙：「星橋火樹，長安一夜，開遍紅蓮萬蘂。」

〔五〕樓臺二句：孟元老東京夢華録卷六「十六日」：「御座臨軒宣萬姓……諸幕次中家妓，競奏新聲，與山棚露臺上下，樂聲鼎沸。」咽，滯澀。顧況送柳宜城葬詩：「嗚笳已逐春風咽，匹馬猶依舊路嘶。」

〔六〕香輪：香木製的車輪，代指華美的馬車。鄭谷曲江春草詩：「香輪莫輾青青破，留與愁人一醉眠。」

〔七〕金烏：傳説日中有三足烏，故作太陽的代稱。淮南子精神訓：「日中有踆烏，而月中有蟾蜍。」高誘注：「踆，猶蹲也，謂三足烏。」湖南長沙馬王堆一號漢墓出土的帛畫即繪有踆烏立於紅日中。駱賓王贈李八騎曹詩序：「緑蟻傾而高宴終，金烏落而離言促。」

〔八〕帝城：京都，此處指汴京。

〔九〕羅綺：黄注：「穿綺羅的人，指想望的人。」韋莊江亭酒醒却寄維揚餞客詩：「滿座綺羅皆不見，覺來紅樹背銀屏。」

〔一〇〕紫姑神：劉敬叔異苑卷五：「世有紫姑神，古來相傳，云是人家妾。爲大婦所嫉，每以穢事相次役，正月十五日，感激而死。故世人以其日作其形，夜於厠間或猪欄邊迎之。祝曰：『子胥不在，曹姑亦歸去，小姑可出戲。』投者覺重，便是神來。……占從事，卜未來蠶桑。」梅堯臣上元從主人登尚書省東樓又和詩：「康莊咫尺有千山，欲問紫姑應已還。」

浣溪沙〔一〕

雲曳香綿彩柱高〔二〕。絳旗風颭出花梢〔三〕。一梭紅帶往來抛〔四〕。　束素美人羞不打〔五〕，却嫌裙慢褪纖腰〔六〕。日斜深院影空摇。

【注釋】

〔一〕浣溪沙：唐教坊曲名，後用作詞調名。沙或作紗，浣溪沙又作浣紗溪、小庭花、減字浣溪沙、滿院春、東風寒、醉木犀、霜菊黄、試香羅、清和風、怨啼鵑、廣寒枝。雙調，四十二字，前後闋各三句，前闋句句用韻，後闋二、三句用韻，押平聲韻。

〔二〕彩柱：指裝飾有彩綢的鞦韆架。荆楚歲時記引古今藝術圖曰：「鞦韆，本北方山戎之戲，以習輕蹻者。後中國女子學之，乃以彩繩懸木立架，士女炫服坐立其上，推引之。」歐陽修漁家傲（紅粉墻頭）：「緑索紅旗雙綵柱。」

〔三〕颭：正字通卷一一：「颭，凡風動物，與物受風摇曳者，皆謂之颭。」韋莊河傳：「翠旗高颭香風。」

〔四〕一梭紅帶：謂鞦韆架上裝飾的紅絲帶隨鞦韆擺動往來如梭，或以爲美人在鞦韆上裙帶飄動如梭。

〔五〕束素：形容女子的細腰。見漁家傲（六月炎天）注〔三〕。打：摇蕩。韓偓偶見詩：「鞦韆打困解羅裙。」

〔六〕却：猶正也。慢：寬鬆。白居易陵園妾詩：「青絲髮落叢鬢疏，紅玉膚銷繫裙慢。」

【輯評】

沈際飛草堂詩餘續集：「實粘鞦韆，紆回煥眩。」

陳霆渚山堂詞話卷二：「歐陽修舊有春日詞云：『綠楊樓外出鞦韆。』前輩歎賞，謂止一『出』字，是著力道不到處，他日詠鞦韆，作浣溪沙云：『雲曳香綿彩柱高，絳旗風颭出花梢。』予謂雖同用『出』字，然視前句，其風致大段不侔。」

又㊀

堤上遊人逐畫船。拍堤春水四垂天〔一〕。綠楊樓外出鞦韆㊁〔二〕。　白髮戴花君莫笑㊂〔三〕，六么催拍盞頻傳〔四〕。人生何處似樽前。

【校記】

㊀花庵詞選題作「湖上」。黃本調下有題「樓外」，校記：「花庵詞選題作『湖上』，樂府雅詞題作『草堂』。草堂詩餘雋卷二此首誤作黃庭堅詞。」

㊁樓外：底本詞末注：「樓外，一作『稍外』。」宮內廳本、叢刊本同。吉州本、天理本題下注：

「樓外，『樓』合作『梢』。」又詞末注：「樓外，一作『梢外』。」按，「稍」與「梢」通，清錢繹方言箋疏：「『稍』與『梢』通，『梢』猶尾也。玉篇：『尾，末後稍也。』」黄本將「樓外」作調下之題，誤。

㊂戴：古今詩餘醉作「帶」。

【注釋】

〔一〕四垂天：謂天幕四垂與水面相接。白居易和酬鄭侍御東陽春悶放懷追越遊見寄詩：「酒酣將歸未能去，悵然回望天四垂。」韓偓有憶詩：「愁腸泥酒人千里，淚眼倚樓天四垂。」

〔二〕緑楊句：王維寒食城東即事詩：「鞦韆競出垂楊裏。」馮延巳上行杯：「柳外鞦韆出畫墻。」

〔三〕白髮句：趙翼陔餘叢考卷三一簪花：「今俗惟婦女簪花，古人則無有不簪花者。其見於詩歌，如王昌齡『茱萸插鬢花宜壽』，戴叔倫『醉插茱萸來未盡』，杜牧之『菊花須插滿頭歸』，邵康節『頭上花姿照酒卮』，梅聖俞謝通判太傅惠庭花詩『欲插爲之醉，但慚髮星星』。」

〔四〕六么：琵琶舞曲名，又名緑腰。見玉樓春（西湖南北）注〔四〕。吴世昌讀花庵詞選：「永叔浣溪沙下片：『白髮戴花君莫笑，六么催拍盞頻傳。』『六么』應作『緑腰』，與『白髮』

相對。」白居易琵琶行：「輕攏慢捻抹復挑，初爲霓裳後緑腰。」唐段安節琵琶録載：「『緑腰』，即『録要』也。貞元中，樂工進曲，德宗令録出要者，因以爲名，後語訛爲『緑腰』。」

【輯評】

趙令畤侯鯖録卷八：「歐陽永叔浣溪沙云：『堤上遊人逐畫船。拍堤春水四垂天。緑楊樓外出鞦韆。』此翁語甚妙絶，只一『出』字，是後人著意道不到處。」

吴曾能改齋漫録卷八：「晁無咎評樂章，歐陽永叔浣溪沙詞云：『堤上遊人逐畫船。拍堤春水四垂天。緑楊樓外出鞦韆。』要皆絶妙，然只一『出』字，自是後人道不到處。余按，唐王摩詰寒食城東即事詩云：『蹴鞠屢過飛鳥上，鞦韆競出垂楊裏。』歐公用出字，蓋本此。」

吴幵優古堂詩話：「王摩詰寒食城東即事詩云：『蹴踘屢過飛鳥上，鞦韆競出緑楊裏。』歐公用『出』字蓋本此。」

楊慎批點本草堂詩餘卷一：「不惟調句宛藻，而造理甚微，足唤醒人。」

何孟春餘冬詩話卷下：「歐陽永叔詞『緑楊樓外出鞦韆』，妙在『出』字。」

沈際飛草堂詩餘正集：「一『出』字亦後人著意道不到處，達人之言。」

陳霆渚山堂詞話卷二：「歐陽舊有春日詞云：『緑楊樓外出鞦韆』，前輩歎賞，謂止一『出』字是著力道不到處，他日詠鞦韆，作浣溪沙云：『雲曳香綿彩柱高，絳旗風颭出花梢。』予謂雖同用『出』字，然視前句，其風致大段不侔。」

王士禛花草蒙拾：「『樓上晴天碧四垂』，本韓侍郎『淚眼倚樓天四垂』。不妨並佳。歐文忠『拍堤春水四垂天』，柳員外『目斷四天垂』，皆本韓句，而意致少減。」

陳廷焯別調集：「『白髮戴花君莫笑，六么催拍盞頻傳』，風流自賞。」

黄蘇蓼園詞選：「按第一闋，寫世上兒女多少得意歡娱。第二闋『白髮』句，寫老成意趣，自在衆人喧囂之外。末句寫得無限悽愴沉鬱，妙在含蓄不盡。」

徐釚詞苑叢談卷四歐詞用王詩：「李君實曰：『晁無咎評歐陽永叔浣溪沙云：「緑楊樓外出鞦韆。」只一「出」字，自是後人道不到處。』予按王摩詰詩：『鞦韆競出垂楊裏。』歐陽公詞意本此，晁偶忘之耶？」

王國維人間詞話：「歐九浣溪沙詞：『緑楊樓外出鞦韆』，晁補之謂『只一出字，便後人所不能道。』余謂此本於正中上行杯詞：『柳外鞦韆出畫牆』，但歐語尤工耳。」

梁啓勛曼殊室詞話卷二：「更有一種，寫的是習見景物，只將動詞活用之，意境便新。如歐陽永叔之『緑楊樓外出鞦韆』，佳處只在一『出』字。……只著力在一二動詞，而意境便新。」

俞陛雲唐五代兩宋詞選釋：「侯鯖録云：永叔浣溪沙云：……（前闋三句，此處略）此翁語甚絶妙。只一『出』字，是後人著意道不到處。」

吴世昌詞林新話：「永叔浣溪沙……人間詞話記曰：『緑楊樓外出鞦韆』，晁補之謂：只一『出』字，便後人所不能道。余謂：此本於正中上行杯詞而『柳外鞦韆出畫牆』；但歐語尤工耳。按鞦韆出柳外，源於王維詩寒食城東即事：『蹴踘屢過飛鳥上，鞦韆競出垂楊裏。少年分日作遨遊，不用清明兼上巳。』晁補之忘了王維詩，以爲只一『出』字自是後人道不到處，不知前人早已道過了。王國維也不記得王維詩。紛紛餘子，更無有探本求源者。此條可與譚獻論小山『落花』一聯爲『千古無人道』語作爲一對。」

邵祖平詞心箋評：「詩詞中有三出字最妙，杜甫『細雨魚兒出』，李白『秋水出芙蓉』，與此闋『緑楊樓外出鞦韆』是也。」

顧隨駝庵詞話卷五歐陽修浣溪沙：「歐陽修浣溪沙（堤上遊人）之後半闋是傷感的：『白髮戴花君莫笑，六么催拍盞頻傳。人生何處似尊前。』（「六么」假作「緑腰」以對「白髮」。）三句一句比一句傷感。第一句傷感中仍有熱烈；人生有許多路可走，許多事可作，何可説『人生何處似尊前』。」

顧隨駝庵詞話卷七歐九浣溪沙：「一出字，似欲將人心端出腔子外也。」

又㊀

湖上朱橋響畫輪〔一〕。溶溶春水浸春雲〔二〕。碧瑠璃滑淨無塵㊁〔三〕。當路遊絲縈醉客〔四〕，隔花啼鳥喚行人。日斜歸去奈何春。

【校記】

㊀花庵詞選題作「湖景」。

㊁瑠璃滑：吉州本、天理本、宮内廳本注：「瑠璃滑，『滑』一作『影』。」

【注釋】

〔一〕畫輪：晉書輿服志：「畫輪車，駕牛，以綵漆畫輪轂，故名曰『畫輪車』。上起四夾杖，左右開四望，緑油幢，朱絲絡，青交路，其上形制事事如輦，其下猶如犢車耳……自靈獻以來，天子至士遂以爲常乘。」唐鄭嵎津陽門詩：「畫輪寶軸從天來，雲中笑語聲融怡。」

〔二〕溶溶：韋莊春雲詩：「春雲春水兩溶溶，倚郭樓臺晚翠濃。」

〔三〕碧瑠璃句：見採桑子（輕舟短棹）注〔四〕。

〔四〕當路：猶路上。李賀春歸昌谷詩：「細綠及團紅，當路雜啼笑。」遊絲：見玉樓春（洛陽正值）注〔三〕。

【輯評】

楊慎批點本草堂詩餘卷一：「『奈何春』三字，新而遠。」

王世貞弇州詞評：「永叔極不能作麗語，乃亦有之。曰：『隔花啼鳥喚行人』，又『海棠經雨胭脂透』。」

董其昌便讀草堂詩餘：「觸景賦詩，古人胸次何等活波波地。」

沈際飛草堂詩餘正集卷一：「人謂永叔不能作麗語，如『隔花』，『海棠經雨』句，非麗語耶？『奈何』二字春色撩人。」

卓人月古今詞統卷四：「『日斜歸去奈何天』句，湯若士（湯顯祖）『良辰美景奈何天』本此。」

潘游龍古今詩餘醉卷三：「『隔花』句麗，『奈何』字，春色無邊。」

黄蘇蓼園詞選：「『奈何春』三字，從『縈』字『喚』字生來。『縈』字『喚』字，下得有情，而

『奈何』字，自然脱口而出，不拘是比是賦，讀之亹亹情長。」

俞陛雲唐五代兩宋詞選釋：「上闋寫水畔春光明媚，風景宛然；下闋言嬉春之『醉客』、『行人』，營營擾擾，而『遊絲』、『啼鳥』，復作意撩人，在冷眼觀之，徒唤奈何，惟有『日斜歸去』耳。」

唐圭璋唐宋詞簡釋：「此首寫湖上景色。起記橋上車馬之繁。『溶溶』兩句，寫足湖水之美，一碧無塵，春雲浸影，此景誠足令人忘返。下片，言遊絲縈客，啼鳥唤人，更有無限情味。末句，點明日斜不得不歸，又頗有惆悵之意。」

又〔一〕

葉底青青杏子垂。枝頭薄薄柳綿飛〔二〕〔一〕。日高深院晚鶯啼。　堪恨風流成薄倖〔二〕，斷無消息道歸期〔三〕。托腮無語翠眉低〔四〕。

【校記】

〔一〕花庵詞選調下有題「春思」。

㊁柳綿：全芳備祖作「柳絲」。

【注釋】

〔一〕柳綿：柳絮。李商隱臨發崇讓宅紫薇詩：「桃綬含情依露井，柳綿相憶隔章臺。」

〔二〕風流：這裏代指曾經多情的男子。薄倖：見蝶戀花（小院深深）注〔七〕。

〔三〕斷無：絕無。李商隱無題詩：「曾是寂寥金燼暗，斷無消息石榴紅。」

〔四〕托腮：凝思貌。李煜搗練子：「斜托香腮春筍嫩。」翠眉：女子以青黛描眉，故名。盧綸宴席賦得姚美人拍箏歌：「微收皓腕纏紅袖，深遏朱絃低翠眉。」李珣虞美人：「倚屏無語撚雲篦，翠眉低。」

又㊀

青杏園林煮酒香㊁〔一〕，佳人初着薄羅裳㊂。柳絲摇曳燕飛忙㊃〔二〕。　乍雨乍晴花自落，閑愁閑悶晝偏長㊄。爲誰消瘦損容光㊅〔三〕。

【校記】

㊀毛本題注：「或入珠玉詞，或入淮海詞。」唐圭璋全宋詞：「案此首別又見晏殊珠玉詞，別又誤入吴文英夢窗詞集，類編草堂詩餘卷一又誤作秦觀詞。」冒校：「宋本無『或入珠玉詞，或入淮海詞』十字。今珠玉、淮海兩集，亦均無此詞。花庵題作『春半』。」

㊁園林：全芳備祖作「園中」。

㊂初着：底本卷末注：「浣溪沙第五篇，『初着』一作『初試』。」吉州本、天理本、宮内廳本同。毛本、花庵詞選均作「初試」。晏殊珠玉詞亦作「初試」。羅裳：琴本作「衣裳」。

㊃摇曳：珠玉詞作「無力」。

㊄晝偏長：樂府雅詞、花庵詞選作「日偏長」。

㊅損容光：花庵詞選作「減容光」。

【注釋】

〔一〕煮酒：熱酒。歐陽修寄謝晏尚書二絶詩：「紅泥煮酒嘗青杏，猶向臨流藉落花。」

〔二〕柳絲：垂柳枝條細長如絲，故稱。李白下途歸石門舊居詩：「欲知悵别心易苦，向暮春風楊柳絲。」

〔三〕容光：儀容神采。元稹鶯鶯傳：「自從消瘦減容光，萬轉千回懶下床。」

又

紅粉佳人白玉杯〔一〕。木蘭船穩棹歌催〔二〕。緑荷風裏笑聲來。細雨輕煙籠草樹，斜橋曲水遶樓臺〔三〕。夕陽高處畫屏開〔四〕。

【注釋】

〔一〕紅粉佳人：見蝶戀花（永日環堤）注〔六〕。

〔二〕木蘭船：梁任昉述異記卷下：「木蘭川，在潯陽江中，多木蘭樹，昔吴王闔閭植木蘭於此，用構宫殿也。七里洲中，有魯班刻木蘭爲舟，舟至今在洲中。詩家云『木蘭舟』，出於此。」棹歌：行船時船夫唱的歌謡。漢武帝秋風辭詩：「簫鼓鳴兮發棹歌，歡樂極兮哀情多。」李善注：「棹歌，引棹而歌。」

〔三〕斜橋：韋莊菩薩蠻：「騎馬倚斜橋，滿樓紅袖招。」

〔四〕畫屏：彩繪的屏風。朱慶餘與龐復言攜酒望洞庭詩：「盡日與君同看望，了然勝見畫屏開。」

又〔一〕

翠袖嬌鬟舞石州〔二〕。兩行紅粉一時羞〔三〕。新聲難逐管絃愁〔四〕。白髮主人年未老〔五〕，清時賢相望偏優〔六〕。一樽風月爲公留〔七〕。

【注釋】

〔一〕熙寧五年（一〇七二）作。唐宋詞匯評兩宋卷：「熙寧五年趙概自睢陽來訪潁州時作。『白髮主人』爲歐陽修自指，『清時賢相』指趙概，時二人皆已致仕。」歐陽明亮歐陽修詞論稿以爲此詞作於皇祐二年至三年間，因詞中有「年未老」而否定匯評之説，並考證「清時賢相」爲杜衍。然細檢歐陽明亮之説，似佐證仍尚不足，姑備一説。

〔二〕翠袖嬌鬟：代指舞女。石州：舞曲名，唐南卓羯鼓録中列有此曲。唐代設石州郡，在今山西境内。郭茂倩樂府詩集近代曲辭：「石州，樂苑曰：石州商調曲也，又有舞石州。」李商隱代贈詩：「東南日出照高樓，樓上離人唱石州。」

〔三〕兩行句：語本唐孟棨本事詩載杜牧詩：「忽發狂言驚滿座，兩行紅粉一時回。」

〔四〕新聲：見西湖念語注〔一五〕。

〔五〕白髮主人句：自謂雖年老而生白髮，仍然精神矍鑠。按，熙寧五年歐陽修已六十六歲。

〔六〕清時賢相：謂清平之時的賢能宰相，此處指趙概，參漁家傲與趙康靖公注〔二〕。

〔七〕一樽句：歐陽修和劉原甫平山堂見寄詩：「萬井笙歌遺俗在，一樽風月屬君閑。」

又

燈燼垂花月似霜〔一〕。薄簾映月兩交光。酒醺紅粉自生香〔二〕。　雙手舞餘拖翠袖〔三〕，一聲歌已釂金觴〔四〕。休回嬌眼斷人腸〔五〕。

【注釋】

〔一〕燈燼垂花：謂燈油將盡時燈芯結成花狀物，名曰燈花。李賀八月詩：「傍簷蟲緝絲，向壁燈垂花。」

〔二〕紅粉：本爲女子臉上的粧粉，代指歌伎。歐陽修減字木蘭花：「紅粉輕盈。」又蝶戀花：「紅粉佳人翻麗唱。」

〔三〕舞餘：見玉樓春（西湖南北）注〔三〕。拖：拽，拉。杜牧贈沈學士張歌人詩：「拖袖事當年，郎教唱客前。」

〔四〕醽金觴：酒飲盡爲醽。禮記曲禮：「長者舉未醽，少者不敢飲。」歐陽修讀蟠桃詩寄子美詩：「快哉天下樂，一醽宜百觴。」金觴，猶金杯。觴，盛滿酒的酒杯。曹植侍太子坐詩：「清醴盈金觴，肴饌縱横陳。」

〔五〕嬌眼：詞人慣用之語。張泌浣溪沙：「慢回嬌眼笑盈盈。」柳永荔枝香：「笑整金翹，一點芳心在嬌眼。」歐陽修漁家傲：「緑楊嬌眼爲誰回。」

又

十載相逢酒一卮〔一〕。故人纔見便開眉〔二〕。老來遊舊更同誰〔三〕。　浮世歌歡真易失〔四〕，宦途離合信難期〔五〕。樽前莫惜醉如泥〔六〕。

【注釋】

〔一〕卮：玉篇卮部：「卮，酒漿器也，受四升。」

〔二〕開眉：舒暢喜悦貌。白居易夜招周協律兼答所贈詩：「滿眼雖多客，開眉復向誰。」

〔三〕遊舊：故交，舊時交遊。後漢書樊曄傳：「樊曄字仲華，南陽新野人也。與光武少遊舊。」

〔四〕浮世：浮沉不定的人世。阮籍大人先生傳：「逍遥浮世，與道俱成，變化聚散，不常其形。」李商隱七月二十九日崇讓宅宴作詩：「浮世本來多聚散，紅蕖何事亦離披。」歐陽修戲劉原甫詩：「仙家千載一何長，浮世空驚日月忙。」

〔五〕信：確實。期：預知，料想。曹植洛神賦：「進止難期，若往若還。」

〔六〕醉如泥：爛醉不醒貌。後漢書周澤傳李賢注：「一日不齋醉如泥。」杜甫將赴成都草堂途中有作先寄嚴鄭公詩：「肯藉荒亭春草色，先判一飲醉如泥。」

御帶花㈠〔一〕

青春何處風光好〔二〕，帝里偏愛元夕〔三〕。萬重繒綵，構一屏峰嶺㈡，半空金碧〔四〕。寶檠銀釭，耀絳幕、龍虎騰擲〔五〕。沙堤遠，雕輪繡轂，爭走五王宅〔六〕。雍容熙熙作晝㈢〔七〕，會樂府神姬〔八〕，海洞仙客〔九〕。拽香摇翠，稱執手行歌〔一〇〕，錦街天陌〔一一〕。月淡寒輕，漸向曉，漏聲寂寂。當年少狂心未已〔一二〕，不醉怎歸得。

【校記】

㈠琴本調名作御戴花。

㈡一屏峰嶺：琴本作「一㟗峰頂」。

㈢雍容熙熙作晝：冒校：「按萬氏詞律作『雍雍』，不知據何本，其注云：『「雍雍」本是去聲。』則所説甚是。蓋『雍容熙熙』四字連平，歌者將拗折嗓子。但歐公律小不諧，曲子中縛不住。當時山谷已有此語（見侯鯖録）。按之宋本及琴趣、粹編，均作『雍容』，不必改也。」文本校記：「『雍容熙熙作晝，會樂府神姬』，詞律萬樹注『「作晝會」三字欠妥，必有誤處。題是「元宵」，安得云作晝會？作字必是似字之誤，乃「雍雍熙熙似晝」一句，「會」字連下「樂府神姬」爲一句』。杜文瀾校注：『按葉譜後起「雍雍熙熙如晝」爲六字句，會字屬下，與萬氏注合，宜從。』」

【注釋】

〔一〕御帶花：調名始見於此詞，雙調，一百字，前闋十句，一、五、七、十句用仄聲韻；後闋十一句，三、六、九、十一句用仄聲韻。李栖注：「由『帝里偏愛元夕』，知詞中所記是在京師度上元的盛況。再由『當年少，狂心未已』，知當時的歐陽修尚在年輕時。三由『拽香摇翠，爲執手行歌，錦街天陌』，狂心未已，不醉怎得歸。知其歌呼招摇，行爲之放蕩了。……天聖九年三月赴西京任職。元夕這一天，正是他三次重要考試都得第一後，志得意滿，而職務已定，還未上任之際，極可能與朋友遊賞燈市，意猶未盡，填詞記事。景祐元年五月，西京秩滿，回京師，任館職，再娶楊夫人，二年的上元，也可能有此狂放的賞燈活動。因此，本詞姑繫於天聖九年或景祐元年的正月。」

〔二〕青春：指春天。見前長相思（花似伊）注〔二〕。

〔三〕帝里：京都，此指汴京。柳永滿朝歡：「帝里風光爛漫，偏愛春杪。」元夕：農曆正月十五日上元節之夜，亦稱元宵。宋敏求春明退朝録卷中：「上元然燈，或云沿漢祠太一自昏至晝故事。梁簡文帝有列燈賦，陳後主有光壁殿遥詠山燈詩。唐明皇先天中，東都設燈。文宗開成中，建燈迎三宫太后。是則唐以前歲不常設。本朝太宗時，三元不禁夜，上元御乾元門，中元、下元御東華門。後罷中元、下元，而初元遊觀之盛，冠於前代。」

〔四〕萬重繒綵三句：形容元宵燈會搭建的綵綢綴飾的燈山。繒綵，彩色的綢帛。賈誼新書勢卑：「以漢而歲致金絮繒綵，是入貢職於蠻夷也。」孟元老東京夢華録卷六「元宵」

條：「正月十五日元宵，大内前自歲前冬至後，開封府絞縛山棚，立木正對宣德樓，遊人已集御街……至正月七日，人使朝辭出門，燈山上綵，金碧相射，錦繡交輝。」宋史樂志：「每上元觀燈，樓前設露臺，臺上奏教坊樂、舞小兒隊。臺南設燈山，燈山前陳百戲，山棚上用散樂、女弟子舞。」

〔五〕寶檠銀釭二句：寶檠銀釭，形容華美絢麗的綵燈照耀著紅色的帷幕，騰擲於空中。檠，燈架。庾信對燭賦：「刺取燈花持桂燭，還却燈檠下燭盤。」銀釭，燈盞。説文通訓定聲豐部：「釭……後世謂膏燈曰銀釭。」魏成班訴衷情：「金風輕透碧窗紗，銀釭焰影斜。」絳幕，紅色帷幔。龍虎騰擲，李栖注：「謂將龍虎毬燈擲向空中。」淵鑑類函引宋范致能上元紀吴下節物俳諧體詩：『擲燭騰空穩。』注：『小毬燈時擲空。』」

〔六〕沙堤遠三句：沙堤，指通往宰相府第的道路，唐代爲宰相通行車馬而鋪設沙面大路，故稱。李肇唐國史補卷下：「凡拜相，禮絶班行，府縣載沙填路。自私第至子城東街，名曰沙堤。」梅堯臣依韻和永叔見寄詩：「長髯御史威正峭，沙堤來坐氣吐霓。」雕輪綉轂，形容富麗奢華的車子。王勃臨高臺詩：「銀鞍繡轂盛繁華。」五王宅，唐睿宗五子先後於洛陽、長安獲賜宅，分院同居，此處借指宋時的儲王府。新唐書讓皇帝憲傳：「初，帝五子列第東都積善坊，號五王子宅。及賜第上都隆慶坊，亦號五王宅。」

〔七〕雍容句：謂元夕街市熙攘，如同白晝。熙熙，漢書禮樂志顔師古注曰：「熙熙，和樂貌也。」老子：「衆人熙熙，如享太牢，如春登臺。」

〔八〕樂府神姬：指供奉宴會的官妓。樂府，朝廷掌管音樂的官署，始於漢代，漢書禮樂志：「至武帝定郊祀之禮……乃立樂府，采詩夜誦，有趙、代、秦、楚之謳。」柳永傾杯樂詞：「會樂府兩籍神仙，梨園四部絃管。」

〔九〕海洞仙客：指戲臺上表演的神仙故事。

〔一〇〕稱：配合，符合。行歌：邊走邊唱。東京夢華録卷六「十六日」條：「五陵年少，滿路行歌。萬户千門，笙簧未徹。」

〔一一〕錦街天陌：形容元夕繁華絢爛的京城大道。

〔一二〕當：在，值。釋齊己招湖上兄弟詩：「忍貪風月當年少。」

虞美人㊀〔一〕

爐香晝永龍煙白〔二〕。風動金鸞額〔三〕。畫屏寒掩小山川㊁〔四〕。睡容初起枕痕圓〔五〕。墜花鈿〔六〕。

樓高不及煙霄半〔七〕。望盡相思眼。艷陽剛愛挫愁人〔八〕。故生芳草碧連雲。怨王孫〔九〕。

【校記】

㈠ 唐圭璋全宋詞：「案此首別又見杜安世杜壽域詞。」

㈡ 寒掩：壽域詞作「細展」。

【注釋】

〔一〕虞美人：唐教坊曲名，後用作詞調名，取自項羽寵姬虞美人事。又名虞美人令、玉壺冰、憶柳曲、一江春水。王灼碧雞漫志卷四詞調考曰：「虞美人，脞說稱起於項籍虞兮之歌。予謂後世以此命名可也，曲起於當時，非也。……然舊曲三，其一屬中呂調，其一中呂宮，近世轉入黃鐘宮。」此詞雙調，五十八字，前後闋各五句，一、二句用仄聲韻，三、四、五句用平聲韻。

〔二〕龍煙：即龍涎香之煙。陳氏香譜卷一：「葉庭珪云：龍涎出大食國，其龍多蟠伏於洋中之大石，卧而吐涎。……然龍涎本無香，其氣近於臊。白者如百藥，煎而膩理，黑者亞之，如五靈脂，而光澤能發衆香。故多用之以和香焉。」

〔三〕金鸞額：飾有金鸞圖案的簾額。李賀宮娃歌詩：「寒入罘罳殿影昏，彩鸞簾額著霜痕。」額，簾額，簾子上端的外檐。李賀宮娃歌詩：「寒入罘罳殿影昏，彩鸞簾額著霜痕。」張泌南歌子：「畫堂開處遠風涼，高捲水精簾額，襯斜陽。」

〔四〕畫屏：見浣溪沙（紅粉佳人）注〔四〕。

〔五〕枕痕：指睡臉壓枕留下的紅印，唐宋詞人多所吟詠。周邦彦滿江紅：「蝶粉蜂黄都褪了，枕痕一線紅生肉。」陳鵠耆舊續聞卷一〇記載陸淞詞的一則本事：「士有得姬盼盼者，色藝殊絶，公（陸淞）每屬意焉。一日，宴客偶睡，不預捧觴之列。陸因問之，士即呼至，其枕痕猶在臉，公爲賦瑞鶴仙，有『臉霞紅印枕』之句，一時盛傳之，逮今爲雅唱。」

〔六〕花鈿：唐時流行的女子面飾，多以金箔、螺鈿、羽毛、雲母片等製成五彩花子貼於臉上。唐張夫人拾得韋氏花鈿以詩寄贈：「今朝粧閣前，拾得舊花鈿。粉污痕猶在，塵侵色尚鮮。曾經纖手裏，拈向翠眉邊。能助千金笑，如何忍棄捐。」歐陽修於劉功曹家見楊直講（褒）女奴彈琵琶戲作呈聖俞詩：「客來呼兒旋梳洗，滿額花鈿貼黄菊。」

〔七〕煙霄：雲霄。陳子昂春日登金華觀詩：「山川亂雲日，樓榭入煙霄。」

〔八〕剛：猶偏也，只也。皮日休奉酬魯望醉中戲贈詩：「剛戀水雲歸不得，前身應是太湖公。」挫：折磨。柳永鶴沖天：「迢迢良夜，自家只恁摧挫。」

〔九〕王孫：泛指遊子。楚辭招隱士：「王孫遊兮不歸，春草生兮萋萋。」隋唐曲辭有怨王孫，至晚唐時温庭筠又用作詞牌。

鶴沖天〔一〕

梅謝粉，柳拖金〔二〕。香滿舊園林。養花天氣半晴陰〔三〕。花好却愁深。花無數。愁無數。花好却愁春去。戴花持酒祝東風〔四〕。千萬莫怱怱。

【注釋】

〔一〕鶴沖天：即喜遷鶯，又名春光好、喜遷鶯令。任半塘教坊記箋訂曲名云：「喜遷鶯，專作進士及第之賀辭用者。」此詞雙調，四十七字，前闋一、二、三、四、五句用平聲韻；後闋二、三句用仄聲韻，四、五句用平聲韻。

〔二〕柳拖金：韓鄂歲華紀麗卷一「二月」條：「蘭芽吐玉，柳眼挑金。」拖，形容柳枝摇曳。孫光憲河傳：「柳拖金縷。」

〔三〕養花天氣：早春時節多輕雲微雨，適宜花草生長，故稱。鄭文寶送曹緯劉鼎二秀才詩：「小舟聞笛夜，微雨養花天。」歐陽修春寒效李長吉體詩：「呼雲鎖日恐紅蔫，幾日春陰養花魄。」

〔四〕戴花：見前浣溪沙（堤上遊人）注〔三〕。

夜行船〔一〕

憶昔西都歡縱〔二〕。自別後、有誰能共。伊川山水洛川花〔三〕，細尋思、舊遊如夢〔四〕。　今日相逢情愈重㊀。愁聞唱、畫樓鐘動。白髮天涯逢此景，倒金樽、殢誰相送〔五〕。

【校記】

㊀愈：琴本作「態」。

【注釋】

〔一〕夜行船：又名明月棹孤舟。此詞雙調，五十五字，前後闋各四句，均一、二、四句用仄聲韻。本詞及後詞慶曆八年（一〇四八）作。慶曆八年二月歐陽修知揚州，是年夏梅堯臣攜新婦刁氏歸宣城（據朱東潤梅堯臣集編年校注卷一八），途經揚州，與歐陽修夜話通宵，暢談經史。梅堯臣永叔進道堂夜話詩：「與公話平生，事不一毫及。……夜闌索酒巵，快意頻舉挹。未竟天已白，左右如啓蟄。」時距洛陽舊遊離散已十四年，尹洙、謝絳、楊子聰諸友皆謝世。是年秋梅堯臣應晏殊辟，任陳州鎮安軍節度判官，再經揚州，歐陽修留飲，多有唱和之作。歐陽明亮歐陽修詞論稿以爲作於寶元二年（一〇三九），亦備一說。

〔二〕西都歡縱：指作者在洛陽歡樂縱飲事。西都，北宋以洛陽爲陪都，因其在汴京西，故稱。天聖九年（一〇三一）歐陽修至洛陽，與尹洙、梅堯臣諸名士同在錢惟演幕，從遊唱和，極一時之盛。又歐陽修景祐五年（一〇三八）與梅聖俞書：「某自作令，每日區區，不敢似西都時放縱。」

〔三〕伊川：指伊水流經之地，伊水乃洛水支流，源出河南省欒川縣伏牛山北麓，流經洛陽城南。山海經中山經：「又西二百里，曰蔓渠之山，其上多金玉，其下多竹箭。伊水出焉，而東流注於洛。」洛川：洛水流經之地，洛水即今河南省洛河，源出陝西雒南縣，橫貫洛陽城向北注入黃河。歐陽修縣舍不種花惟栽楠木冬青茶竹之類因戲書七言四韻詩：「伊川洛浦尋芳遍，魏紫姚黃照眼明。」

〔四〕舊遊如夢：王闢之澠水燕談録卷四：「天聖末，歐陽文忠公文章三冠多士，國學補試國學解，禮部奏登甲科。爲西京留守推官，府尹錢思公、通判謝希深皆當世偉人，待公優異。公與尹師魯、梅聖俞、楊子聰、張太素、張堯夫、王幾道爲七友，以文章道義相切劘。率嘗賦詩飲酒，間以談戲，相得尤樂。凡洛中山水園庭，塔廟佳處，莫不遊覽。」

〔五〕殢：糾纏不清意。引申爲困於，沉溺於。見張相詩詞曲語辭匯釋卷五「尤殢」條：「宋詞中單用之殢字，尚多有『殢我不置』（資治通鑑記唐宣宗語）之遺意。如歐陽修夜行船詞：『白髮天涯逢此境，倒金樽，殢誰相送。』柳永玉蝴蝶詞：『要索新詞，殢人含笑立尊前。』」李山甫柳詩：「强扶柔態酒難醒，殢著春風別有情。」韓偓寄友人詩：「夫君亦是多情者，幾處將愁殢酒家。」

又

滿眼東風飛絮。催行色、短亭春暮〔一〕。落花流水草連雲㊀，看看是、斷腸南浦㊁〔二〕。　檀板未終人去去㊂〔三〕。扁舟在、緑楊深處。手把金樽難爲别，更那聽㊃〔四〕、亂鶯疏雨。

【校記】

㊀草連雲：吉州本題下注：「草連雲，一作『草連天』。」天理本、宫内廳本同。冒校：「草連雲，宋本於題下空三格，注云：『草連雲，一作「草連天」。』琴趣於『雲』字下衍『夜天』二字。」

㊁看看是：琴本作「夜天看看是」。

㊂人去去：底本卷末續添注：「夜行船第二篇，『人去去』，一作『人又去』。」吉州本、天理本、宫内廳本同。琴本作「人未去」。

㊃那聽：琴本作「那堪」。

【注釋】

〔一〕行色：行旅時的情狀、氣氛。吴融離岐下題西湖詩：「送夏迎秋幾醉來，不堪行色被蟬催。」短亭：見桃源憶故人（鶯愁燕苦）注〔三〕。

〔二〕看看：正當，當前。張相詩詞曲語辭匯釋卷六：「看看，估量時間之辭。有轉眼義；有當前義；又由當前義轉而爲剛剛義。」敦煌曲子詞别仙子：「曉樓鐘動，執纖手，看看别。」柳永傾杯：「離宴殷勤，蘭舟凝滯，看看送行南浦。」南浦：見玉樓春（雪雲乍變）注〔四〕。

〔三〕檀板：歌者用於掌握節拍的檀木拍板。杜牧自宣州赴官入京路逢裴坦判官歸宣州因題贈詩：「畫堂檀板秋拍碎，一引有時聯十觥。」丁紹儀聽秋聲館詞話卷一：「歌以木音爲節，古用祝敔，後世易以檀板，往往見於詞中。六一詞云：『檀板未終人又去。』子野詞云：『緩板香檀，唱徹伊家新制。』海野詞云：『絲管暗隨檀板。』曰緩、曰隨、曰未終，其節奏猶可想見。亦有用象牙者。」去去：遠去。何遜與沈助教同宿湓口夜別詩：「行人從此別，去去不淹留。」柳永雨霖鈴：「念去去、千里煙波，暮靄沉沉楚天闊。」

〔四〕那：猶奈也。敦煌變文集漢將王陵變：「項羽領兵至北面，不那南邊有灌嬰。」金剛般若波羅蜜經講經文：「深觀濁世苦偏多，惡業持身不那何。」

洛陽春㊀〔一〕

紅紗未曉黃鸝語㊁〔二〕。蕙爐銷蘭炷㊂〔三〕。錦屏羅幕護春寒㊃〔四〕，昨夜三更雨㊄。

繡簾閑倚吹輕絮〔五〕。斂眉山無緒〔六〕。看花拭淚向歸鴻㊅〔七〕，問來處逢郎否㊆。

【校記】

㈠李栖校記：「洛陽春，琴本二首，其一名一落索多一首。御制詞譜調作一落索。調下注：『歐陽修詞名洛陽春。張先詞名玉連環。辛棄疾詞名一落索。』詞律調作一落索。」按，本詞高麗史樂志卷七一收入，調亦作洛陽春。

㈡紅紗未曉黃鸝語：高麗史樂志作「紗窗未曉黃鶯語」。

㈢銷蘭：高麗史樂志作「燒殘」。詞譜作「消殘」。

㈣錦屏羅幕護春寒：高麗史樂志作「錦帷羅幕度春寒」。

㈤昨夜：高麗史樂志作「昨夜裏」。

㈥看花：高麗史樂志作「把花」。

㈦否：高麗史樂志作「不」。

【注釋】

〔一〕洛陽春：即一落索，又名玉連環、上林春，「一落索」乃宋人俗語，朱子語類卷一二三：「無道理底，也見他是那裏背馳，那裏欠闕，那一邊道理是如何。一見便一落索都見了。」一落索，一連串意，蓋謂曲調流麗宛轉。此詞雙調，四十九字，前後闋各四句，均一、二、四句用仄聲韻。

〔二〕紅紗：紅色薄紗做的帷幔。韋莊浣溪沙詞：「惆悵夢餘山月斜，孤燈照壁背窗紗。」

〔三〕蕙爐：即香爐。歐陽修內直對月寄子華舍人持國廷評：「蓮燭燒殘愁夢斷，蕙爐薰歇覺衣單。」蘭炷：線香的美稱。柳永祭天神：「金獸盛熏蘭炷。」

〔四〕錦屏：有繪飾圖案的屏風。李益長干行詩：「鴛鴦緑浦上，翡翠錦屏中。」

〔五〕綉簾：飾有刺綉的簾子。李商隱訪人不遇留别館詩：「閑倚繡簾吹柳絮。」

〔六〕眉山：見踏莎行（雨霽風光）注〔八〕。無緒：無聊，空虛。孫光憲風流子：「無語，無緒，慢曳羅裙歸去。」

〔七〕歸鴻：春季北歸的大雁。李益寄贈衡州楊使君詩：「朝來笑向歸鴻道，早晚南飛見主人。」

一叢花㊀

傷春懷遠幾時窮㊁〔一〕。無物似情濃。離愁正恁牽絲亂〔二〕，更南陌、飛絮濛濛㊂〔三〕。歸騎漸遥，征塵不斷〔四〕，何處認郎蹤。雙鴛池沼水溶溶㊃〔五〕。南北小橋通㊄。梯横畫閣黄昏後㊅，又還是新月簾櫳㊆〔六〕。沉恨細思㊇，不如桃李㊈，還解嫁春風㊉〔七〕。

【校記】

㊀底本題注：「此篇世傳張先子野詞。」吉州本、天理本、宮内廳本同。按，張子野詞卷一收入。楊湜古今詞話云：「張先字子野，嘗與一尼私約，其老尼性嚴，每卧於池島中一小閣上。俟夜深人静，其尼潛下梯，俾子野登閣相遇。臨别，子野不勝惓惓，作一叢花詞以道其懷。」再考范公偁過庭録云：「張先子野郎中一叢花詞云……一時盛傳，歐（陽）永叔尤愛之，恨未識其人。子野家南地，以故至都，謁永叔，閽者以通，永叔倒屣迎之，曰：『此乃桃杏嫁東風郎中！』」又宋人程垓孤雁兒詞末注：「有尼從人而復出者，戲用張子野事賦此。」宋談鑰嘉泰吴興志卷九郵驛武康縣：「餘英館在縣西南餘英溪上，即沈約宗族所居之地，館南有雙鴛沼。」注引「舊編」：「舊尼寺基地，張子野樂府之『雙鴛沼池水溶溶，南北小橋通』，即此處。」則是詞應爲張先所作，爲歐陽修所激賞，故編集時與歐詞相混。調名張子野詞作一叢花令。

㊁傷春：張子野詞作「傷高」。

㊂南陌：緑窗新話卷上作「南北」，張子野詞作「東陌」。濛濛：緑窗新話卷上作「蒙茸」。

㊃池沼：嘉泰吴興志卷九引「舊編」作「沼池」。

㊄小橋：緑窗新話卷上作「小橈」。

㊅梯横：緑窗新話卷上作「横看」。

㊆新月簾櫳：張子野詞作「斜月簾櫳」。緑窗新話卷上作「新月朦朧」。冒校：「新月簾櫳，子野『新』作『斜』。琴趣『櫳』作『籠』，誤。」

㊇沉恨細思：張子野詞作「沉思細恨」。彊村叢書本校記：「原本作『沉思細恨』。」黄校依注改。冒校：「沉恨細思，子野作『尋思細恨』，琴趣同，應依改。」

㊈桃李：緑窗新話卷上作「桃杏」。

㊉還解嫁春風：張子野詞作「猶解嫁東風」。

【注釋】

〔一〕傷春句：錢鍾書管錐編全上古三代文卷一〇：「招魂：『目極千里兮傷春心。』……以合之高唐賦：『長吏隳官，賢士失志，愁思無已，嘆息垂淚。登高遠望，使人心瘁。』二節爲吾國詞章增闢意境，即張先一叢花令所謂『傷高懷遠幾時窮』是也。」

〔二〕正恁：正如。參見玉樓春（酒美春濃）注〔四〕。牽絲：游絲牽連狀。參見玉樓春（洛陽正值）注〔三〕。

〔三〕南陌：南面的道路，泛指南郊之地。沈約鼓吹曲同諸公賦臨高臺：「所思竟何在，洛陽南陌頭。」

〔四〕征塵：即路塵。王勃別人詩：「自然堪下淚，誰忍望征塵。」

〔五〕溶溶：水流盛大貌。劉向九歎逢紛：「揚流波之潢潢兮，體溶溶而東回。」王逸注：「溶溶，波貌也。」温庭筠蓮浦謡：「鳴橈軋軋溪溶溶，廢緑平煙吴苑東。」

〔六〕梯横二句：李商隱代贈詩：「樓上黄昏欲望休，玉梯横絶月如鈎。」簾櫳，見採桑子（群芳過後）注〔五〕。

〔七〕嫁春風：謂花草托付於春風，競相開放意。韓偓寄恨詩：「死恨物情難會處，蓮花不肯嫁春風。」宋龐元英文昌雜録卷一引李冠卿語：「揚州所居，堂前杏一窠，極大，花多而不實。適有一媒姥見如此笑曰：『來春與嫁了此杏。』冬深，忽攜酒一樽來，云是婚家撞門酒。索處子裙一腰繫杏上，已而奠酒辭祝再三，家人莫不笑之。至來春此杏結子無數。」

雨中花〔一〕

千古都門行路〔二〕。能使離歌聲苦〔三〕。送盡行人，花殘春晚，又到君東去。醉藉落花吹暖絮〔四〕。多少曲堤芳樹〔五〕。且攜手留連〔六〕，良辰美景，留作相思處。

【注釋】

〔一〕雨中花：此調始自宋人，又名雨中花令，詞律、歷代詩餘皆謂雨中花即夜行船。此詞雙調，五十二字，前後闋各五句，均一、二、五句用仄聲韻。

〔二〕都門：京都的城門。歐陽修送王汲宰藍田詩：「喧喧動車馬，共出古都門。」行路：道路。顔延之秋胡詩：「驅車出郊郭，行路正威遲。」

〔三〕離歌：見玉樓春（樽前擬把）注〔五〕。

〔四〕藉：坐卧其上。孫綽遊天台山賦：「藉萋萋之纖草，蔭落落之長松。」李善注：「以草薦地而坐曰藉。」李白江夏送張丞詩：「藉草依流水，攀花贈遠人。」歐陽修寄謝晏尚書詩：「紅泥煮酒嘗青杏，猶向臨流藉落花。」

〔五〕曲堤：蜿蜒的堤岸。梅堯臣花娘歌詩：「曲堤別浦無人處，始笑鴛鴦浪得名。」

〔六〕留連：留戀不捨。曹丕燕歌行：「飛鳥晨鳴聲可憐，留連顧懷不自存。」李白友人會宿詩：「滌蕩千古愁，留連百壺飲。」

千秋歲㊀

數聲鶗鴂㊁。又報芳菲歇〔一〕。惜春更把殘紅折㊂〔二〕。雨輕風色暴〔三〕，梅子青時節。永豐柳㊃〔四〕，無人盡日花飛雪㊄。莫把絲絃撥㊅，怨極絃能説。天不老，情難絶。心似雙絲網〔五〕，終有千千結㊆。夜過也，東窗未白殘燈滅㊇。

【校記】

㊀吉州本題注：「蘭畹作張子野詞。」天理本、宫内廳本同。樂府雅詞調作千秋萬歲。唐圭璋全宋詞：「張先詞，見樂府雅詞卷上。」吴熊和、沈松勤張先集編年校注：「此首又見歐陽修近體樂府卷三，羅泌校曰：『蘭畹作張子野詞。』蘭畹曲集爲北宋元祐間孔夷所輯，其作張先詞必有所據。」

㊁數聲：樂府雅詞卷上、十名家詞作「幾聲」。

㊂更把：樂府雅詞作「更選」。

㊃永豐柳：冒校：「永豐柳，琴趣『豐』作『晝』，誤。」

㈤花飛：張子野詞作「飛花」。

㈥絲絃：張子野詞、樂府雅詞作「幺絃」。

㈦終有：張子野詞、樂府雅詞作「中有」。

㈧殘燈滅：樂府雅詞卷上作「孤燈滅」，張子野詞作「凝殘月」。

【注釋】

〔一〕數聲二句：語本離騷：「恐鶗鴂之先鳴兮，使百草爲之不芳。」鶗鴂，亦作「鶗鴃」，即杜鵑鳥。張衡思玄賦：「恃己知而華予兮，鶗鴂鳴而不芳。」李善注：「臨海異物志曰：『鶗鴂，一名杜鵑，至三月鳴，晝夜不止。』」

〔二〕殘紅：凋殘的花。王建宮詞之九〇：「樹頭樹底覓殘紅，一片西飛一片東。」

〔三〕風色暴：形容風疾之狀。詩經邶風終風：「終風且暴。」毛傳：「暴，疾也。」

〔四〕永豐柳：唐時洛陽永豐坊西南角園中，有垂柳一株，柔條極茂，白居易因賦楊柳枝詞而得名「永豐柳」。孟棨本事詩事感：「白尚書姬人樊素，善歌；妓人小蠻，善舞。嘗爲詩曰：『櫻桃樊素口，楊柳小蠻腰。』年既高邁，而小蠻方豐艷，因爲楊柳之詞以託意，曰：『一樹春風萬萬枝，嫩於金色軟於絲。永豐坊裏東南角，盡日無人屬阿誰？』及宣宗朝，國樂唱是詞，上問誰詞，永豐在何處，左右具以對之。遂因東使，命取永豐柳兩枝，植於禁中。」

〔五〕雙絲網：雙股絲線結成的網，「絲」與「思」雙關。絲網，門窗上懸掛的絲織網紗。程大昌演繁露罘罳：「罘罳云者，刻鏤物象，著之板上……至其不用合板鏤刻，而結網代之，以蒙冒户牖，使雀蟲不得穿入，則別名絲網。」

越溪春〔一〕

三月十三寒食日〔二〕，春色遍天涯。越溪閬苑繁華地〔三〕，傍禁垣、珠翠煙霞〔四〕。紅粉墻頭〔五〕，鞦韆影裏，臨水人家。　歸來晚駐香車〔六〕。銀箭透窗紗〔七〕。有時三點兩點雨霽〔八〕，朱門柳細風斜。沉麝不燒金鴨冷〔九〕，籠月照梨花㊀〔一〇〕。

【校記】

㊀沉麝二句：詞譜注：「結二句，詞綜作『沉麝不燒金鴨，玲瓏月照梨花』，六字兩句。查本集，『玲』係『冷』字，『瓏』字係『籠』字。『冷』字屬上作句，方有情韻，舊本皆然，今從

之。」冒校：「籠月，琴趣作『隴月』，誤。」文本校記：「詞綜卷四『冷籠』作『玲瓏』。按四庫全書總目提要卷一百九十八·集部五十一·詞曲類一·六一詞下『越溪春結語：沉麝不燒金鴨，玲瓏月照梨花。係六字二句，集内尚沿坊本，誤『玲』爲『冷』，『瓏』爲『籠』，遂以七字爲句，是校讎亦未盡無譌』。據此，這兩句應作六字句讀。」按，此二句以詞綜爲優，然版本較遲，故不遽改。

【注釋】

〔一〕越溪春：調始見歐陽修此詞，詠越溪春色，故以爲名。雙調，七十五字，前闋七句，二、四、七句用平聲韻；後闋六句，一、二、四、六句用平聲韻。又詞有「三月十三寒食日」語，據陳垣中西回史日曆推算，自歐陽修二十歲至其離世，唯嘉祐元年（一〇五六）的寒食在三月十二（三月十三爲小寒食），且本年春天歐陽修出使契丹還京，與詞中「傍禁垣」亦相合。故繫於嘉祐元年。

〔二〕寒食：參蝶戀花（幾日行雲）注〔三〕。

〔三〕越溪：又稱若耶溪，源出浙江紹興若耶山，相傳爲西施浣紗處，此泛指溪水。閬苑：閬風之苑，傳説中的仙人居住地。此處借指京中林苑。

〔四〕珠翠：珍珠翡翠一類的飾物，代指盛裝的女子。李山甫寒食詩：「萬井樓臺疑繡畫，九原珠翠似煙霞。」

〔五〕紅粉：見前漁家傲（紅粉牆頭）注〔一〕。

〔六〕香車：見蝶戀花（幾日行雲）注〔四〕。

〔七〕銀箭：比喻月光。按，「銀箭」句，似本於劉方平月夜詩：「今夜偏知春氣暖，蟲聲新透緑窗紗。」

〔八〕有時句：語本李山甫寒食詩：「有時三點兩點雨，到處十枝五枝花。」

〔九〕沉麝：沉香和麝香，泛指名貴的香料。李白清平樂令：「玉帳鴛鴦噴沉麝，時落銀燈香灺。」「金鴨：鴨形銅香爐。香譜卷下：「香獸以塗金爲狻猊、麒麟、鳧、鴨之狀，空中以然香，使烟自口出，以爲玩好。」李賀蘭香神女廟詩：「深幃金鴨冷，奩鏡幽鳳塵。」李商隱促漏詩：「舞鸞鏡匣收殘黛，睡鴨香爐換夕熏。」顧敻臨江仙：「香燼暗銷金鴨冷。」毛熙震小重山：「紅羅帳，金鴨冷沉煙。」魏承班滿宫花：「金鴨無香羅帳冷，羞更雙鸞交頸。」和凝河滿子：「却愛熏香小鴨，羨他長在屏幃。」説明唐宋貴婦人卧室中常放置金鴨等造型的香爐。

〔一〇〕籠月：朦朧的月光。

賀聖朝影〔一〕

白雪梨花紅粉桃。露華高〔二〕。垂楊慢舞緑絲條。草如袍〔三〕。風過小池輕浪起，似江臯〔四〕。千金莫惜買香醪〔五〕。且陶陶〔六〕。

【注釋】

〔一〕賀聖朝影：即添聲楊柳枝，雙調，四十字，前闋四句，均用平聲韻；後闋四句，一、二句用仄聲韻，三、四句用平聲韻。

〔二〕露華：露珠。李白清平調：「春風拂檻露華濃。」歐陽修鄭駕部射圃詩：「夢草西堂射圃連，蘭苕初日露華鮮。」

〔三〕草如袍：謂春草茂密覆地如青袍裹身。何遜與蘇九德别詩：「春草似青袍，秋月如團扇。」

〔四〕江臯：九歌湘君：「朝騁騖兮江臯，夕弭節兮北渚。」説文通訓定聲：「臯，按此字當訓澤邊地也。」

〔五〕香醪：美酒。杜甫崔駙馬山亭宴集詩：「清秋多宴會，終日困香醪。」

〔六〕陶陶：醉酒愜意貌。劉伶酒德頌「無思無慮，其樂陶陶。兀然而醉，豁爾而醒。」李咸用曉望詩：「好駕觥船去，陶陶入醉鄉。」

【輯評】

沈際飛草堂詩餘續集：「緑條青袍，一副春色。」

洞天春〔一〕

鶯啼緑樹聲早。檻外殘紅未掃〔二〕。露點真珠遍芳草〔三〕。正簾幃清曉〔四〕。
鞦韆宅院悄悄。又是清明過了。燕蝶輕狂，柳絲撩亂，春心多少〔五〕。

【注釋】

〔一〕洞天春：調始見此詞，詠宅院春景别有洞天，故名。雙調，四十八字，前闋四句，均用仄聲韻；後闋一、二、五句，用仄聲韻。

〔二〕殘紅：凋殘之花，落花。王建宫詞之九〇：「樹頭樹底覓殘紅，一片西飛一片東。」李清照怨王孫詞：「門外誰掃殘紅？夜來風。」可以比照。

〔三〕露點真珠：形容露水如珍珠一般光潔剔透。温庭筠遊南塘寄王知白詩：「煙光似帶侵垂柳，露點如珠落卷荷。」

〔四〕清曉：天剛亮時。温庭筠歸國遥：「錦帳繡幃斜掩，露珠清曉簟。」

〔五〕春心：春景引發的感慨。屈原招魂：「目極千里兮傷春心。」王臺卿陌上桑詩：「令月開和景，處處動春心。」

憶漢月〔一〕

紅艷幾枝輕裊〔二〕。新被東風開了。倚煙啼露爲誰嬌〔三〕。故惹蝶憐蜂惱〔四〕。

多情遊賞處，留戀向、緑叢千繞。酒闌歡罷不成歸〔五〕，腸斷月斜春老〔六〕。

【注釋】

〔一〕憶漢月：唐教坊曲名，後用作詞調名，又名望漢月。雙調，五十字，前闋四句，一、二、四句用仄聲韻；後闋四句，二、四句用仄聲韻。

〔二〕裊：摇曳，顫動。白居易楊柳枝：「枝裊輕風似舞腰。」

〔三〕倚煙啼露：温庭筠楊柳枝：「裊枝啼露動芳音。」煙，霧氣。

〔四〕惹：招引。羅隱春思詩：「蕩漾春風渌似波，惹情摇恨去傞傞。」

〔五〕酒闌：謂酒筵將盡。史記高祖本紀：「酒闌，吕公因目固留高祖。」裴駰集解引文穎曰：「闌言希也。謂飲酒者半罷半在，謂之闌。」毛文錫戀情深：「酒闌歌罷兩沉沉，一笑動君心。」

〔六〕春老：言春盡。岑參喜韓樽相過詩：「三月灞陵春已老，故人相逢耐醉倒。」

清平樂㊀〔一〕

雨晴煙晚。緑水新池滿㊁。雙燕飛來垂柳院。小閣畫簾高捲〔二〕。　黄昏獨倚朱欄。西南初月眉彎㊂。砌下落花風起〔三〕，羅衣特地春寒〔四〕。

【校記】

㊀底本卷末注：「清平樂第一篇，又載陽春録。」吉州本、天理本、宫内廳本同。唐圭璋全宋

詞：「馮延巳詞，見陽春集。」此篇互見於馮延巳、歐公詞集。

㈡綠：陽春集原注：「別作『淥』。」

㈢初：陽春集作「新」，原注：「別作『初』。」

【注釋】

〔一〕清平樂：漢樂府有清樂、平樂，詞調名本此。王灼碧雞漫志卷五云：「此曲在越調，唐至今盛行。今世又有黄鐘宫、黄鐘商兩音者。歐陽炯稱（李）白有應制清平樂四首，往往是也。」又名清平樂令、醉東風、憶蘿月。雙調，四十六字，前闋四句，句句用韻，押仄聲韻；後闋四句，一、二、四句用平聲韻。

〔二〕畫簾：有畫飾的簾子。韋莊荷葉杯：「水堂西面畫簾垂，攜手暗相期。」

〔三〕砌下落花：語本杜牧初冬夜飲詩：「砌下梨花一堆雪，明年誰此憑欄干。」

〔四〕特地：張相詩詞曲語辭匯釋卷四：「特地，猶云特別也。又猶云特爲或特意也。」

又

小庭春老〔一〕。碧砌紅萱草〔二〕。長憶小欄閑共遶〔三〕。攜手綠叢含笑。別來音信全乖。舊期前事堪猜㊀〔四〕。門掩日斜人靜，落花愁點青苔〔五〕。

【校記】

㊀ 堪猜：琴本作「堪清」。

【注釋】

〔一〕春老：見憶漢月（紅艷幾枝）注〔六〕。

〔二〕碧砌：青石臺階。白居易杏爲梁詩：「碧砌紅軒色未乾。」萱草：多年生草本，葉狹長叢生，花似漏斗狀，有紅橘等色。古人以爲種植此草可以忘憂，又名忘憂草。蔡琰胡笳十八拍詩：「對萱草兮憂不忘，彈鳴琴兮情何傷。」

〔三〕長憶：時常想念。李白金陵城西樓月下吟詩：「解道澄江靜如練，令人長憶謝玄暉。」

〔四〕舊期：從前的約定。鄭谷水詩：「晚晴一片連莎綠，悔與滄浪有舊期。」

〔五〕點：落花散落狀。歐陽修金鳳花詩：「中庭雨過無人跡，狼藉深紅點綠苔。」

應天長㊀〔一〕

一彎初月臨鸞鏡㊁〔二〕。雲鬟鳳釵慵不整㊂〔三〕。珠簾淨㊃〔四〕。重樓迥㊄〔五〕。

惆悵落花風不定㈥。緑煙低柳徑㈦。何處轆轤金井㈧〔六〕。昨夜更闌酒醒〔七〕。春愁勝却病㈨〔八〕。

【校記】

㈠吉州本題注：「李王詞。」天理本同。又底本卷末注：「應天長三篇，並載陽春録。」吉州本、天理本、宮内廳本同。陳振孫直齋書録解題卷二一云：「南唐二主詞一卷。中主李璟、後主李煜撰。卷首四闋，應天長、望遠行各一，浣溪沙二，中主所作。重光嘗書之，墨迹在盱江晁氏，題云『先皇御製歌詞』。余嘗見之，於麥光紙上作撥鐙書，有晁景迂題字。今不知何在矣。餘詞皆重光作。」林本校記：「應天長，考異三篇並載陽春録，毛本注：舊刻三首，考『緑槐陰裏黄鸝語』，花間集刻韋莊，今删去。」冒校：「宋本題下注『李王詞』三字，又卷末校云：『應天長三篇，並載陽春録。』陽春於第一首題下注：『別作李後主。』按：南唐二主詞作中主詞。」唐圭璋全宋詞：「李璟詞，見南唐二主詞。」詹安泰李璟李煜詞：「這詞並見馮延巳陽春集、歐陽修近體樂府。陽春集調下注：『李後主。』草堂詩餘續集、御選歷代詩餘均作李後主作；詞綜、欽定詞譜均作馮延巳作；萬樹詞律作歐陽修作。續集題作曉起。」王仲聞南唐二主詞校訂：「案此首別作李煜詞，見續選草堂詩餘卷上、古今詩餘醉卷三、古今詞統卷六（注「一刻永叔」，又注「一作緑煙低柳徑，何處轆轤金井」)，歷代詩餘卷十九、全唐詩第十二函第十册(詞一)。又作馮延巳詞，見陽春集、詞綜卷三、詞譜卷八。又作歐陽修詞，見歐陽文忠公近體樂府卷三(注「李王詞」)、醉翁琴趣外篇卷二、詞律卷五。吴訥唐宋名賢百家詞本、侯文燦十名家詞本陽春集注云「蘭畹集誤作歐陽永叔」，又注「此首與南唐詞首闋小異」。晨本二主詞校勘記云「此首别見馮延巳陽春集、歐陽修六一詞」。……陳氏所記與南唐二主詞所注相合。卷首四闋確爲李璟作。或以爲李煜作、馮延巳作、歐陽修作，皆非。」曾昭岷等全唐五代詞校語與王仲聞南唐二主詞校訂略同，不重録。又南唐二主詞調下注：「後主書云『先皇御製歌詞』，墨迹在晁公留家。」

㈡ 彎初：底本卷末注：「『彎初』一作『鈎新』。」吉州本、天理本、宫内廳本同。「彎」，琴本作「灣」，南唐二主詞作「鈎」。「初」，陽春集作「新」。「鸞」，南唐二主詞作「妝」。

㈢ 雲鬟：南唐二主詞作「蟬鬢」。慵：陽春集作「姑」。

㈣ 珠簾淨：南唐二主詞作「重簾靜」。冒校：「珠簾淨，陽春『珠』下注：『别作重。』『淨』作『靜』，應依改。」

㈤ 重樓：南唐二主詞作「層樓」。

㈥ 落花：林本校記：「落花，祠堂本作『落月』。」

㈦ 綠煙低柳：南唐二主詞作「柳堤芳草」。

㈧何處：南唐二主詞作「夢斷」。

㈨勝：南唐二主詞作「過」。

【注釋】

〔一〕應天長：有小令和長調兩種，此爲小令。仄韻。調名始見於韋莊詞。此詞雙調，四十九字，前闋五句，後闋四句，句句用韻，均用仄聲韻。又一體前闋一、二、四、五句，後闋四句，用仄聲韻。

〔二〕初月：新月。牛希濟生查子：「新月曲如眉，未有團圞意。」敦煌曲子詞鳳歸雲：「幸因今日，得覩嬌娥。眉如初月，目引横波。」鸞鏡：太平御覽卷九一六引南朝宋范泰鸞鳥詩序：「罽賓王結罝峻祁之山，獲一鸞鳥，王甚愛之，欲其鳴而不能致。乃飾以金樊，饗以珍羞。對之逾戚，三年不鳴。夫人曰：『聞鳥見其類而後鳴，何不縣鏡以映之！』王從言。鸞覩影感契，慨焉悲鳴，哀響中霄，一奮而絶。」後借指女子的粧鏡。駱賓王代女道士王靈妃贈道士李榮詩：「龍飆去去無消息，鸞鏡朝朝減容色。」

〔三〕雲鬢：形容女子濃密柔美的鬢髮。説文：「鬢，頰髮也。」段玉裁注：「謂髮之在面旁者。」李商隱無題詩：「曉鏡但愁雲鬢改，夜吟應覺月光寒。」鳳釵：以鳳凰形狀爲釵頭的首飾。韋莊思帝鄉：「雲髻墜，鳳釵垂。髻墜釵垂無力，枕函欹。」馬縞中華古今注卷中釵子：「釵子，蓋古笄之遺象也。……始皇又金銀作鳳頭，以玳瑁爲腳，號曰鳳釵。」

〔四〕珠簾：見蝶戀花（梨葉初紅）注〔七〕。

〔五〕迥：高。南朝宋鮑照學劉公幹體詩之二：「樹迥霧縈集。」

〔六〕轆轤：利用輪軸原理製成的井上汲水的起重裝置。賈思勰齊民要術卷三種葵：「井別作桔槔、轆轤。」原注：「井深用轆轤，井淺用桔槔。」金井：井欄上雕飾得金碧輝煌的井。費昶行路難詩：「唯聞啞啞城上烏，玉欄金井牽轆轤。」

〔七〕更闌：更深夜殘。方干元日詩：「晨雞兩遍報更闌，刁斗無聲曉漏乾。」

〔八〕勝却：超過。

又㊀

石城山下桃花綻〔一〕。宿雨初晴雲未散㊁〔二〕。南去棹，北飛雁㊂。水闊山遥腸欲斷㊃。　倚樓情緒懶。惆悵春心無限〔三〕。燕度蒹葭風晚㊄〔四〕。欲歸愁滿面。

【校記】

㈠唐圭璋全宋詞：「馮延巳詞，見陽春集。」此篇互見於馮延巳、歐公詞集。

㈡初晴：陽春集作「初收」。

㈢飛：陽春集作「歸」，原注：「別作『飛』。」

㈣山遥：底本卷末注：「『山遥』一作『天遥』。」吉州本、天理本、宫内廳本同。四印齋本陽春集作「天遥」。

㈤燕度：底本卷末注：「『燕度』一作『忍淚』。」吉州本、天理本、宫内廳本同。四印齋本陽春集作「忍淚」，原注：「別作『燕度』。」

【注釋】

〔一〕石城山：古山名。楚辭九嘆：「平明發兮蒼梧，夕投宿兮石城。」王逸注：「石城，山名也。言已動履大水，宿止名山，用志清潔且堅固也。」馮延巳應天長：「石城花落江樓雨，雲隔長洲蘭芷暮。」

〔二〕宿雨：夜雨。江總詒孔中丞奂詩：「初晴原野開，宿雨潤條枚。」

〔三〕春心：見洞天春（鶯啼緑樹）注〔五〕。

〔四〕蒹葭：蘆葦。語本詩經秦風蒹葭：「蒹葭蒼蒼，白露爲霜。所謂伊人，在水一方。」後以蒹葭喻懷念故人。

又㈠

緑槐陰裏黄鶯語㈡。深院無人日正午㈢〔一〕。繡簾垂㈣〔二〕，金鳳舞〔三〕。寂寞小屏香一炷㈤〔四〕。碧雲凝合處㈥。空役夢魂來去㈦。昨夜緑窗風雨㈧〔五〕。問君知也否㈨。

【校記】

㈠底本卷末注：「應天長三篇，並載陽春録。……第三篇，花間集作皇甫松詞，金奩集作温飛卿詞。」吉州本、天理本、宫内廳本同。林本校記：「考異，花間集作皇甫松詞，金奩集作温飛卿詞，毛本不載。」冒校：「宋本卷末校云：『花間集作皇甫松詞，金奩集作温飛卿詞。』毛以花間集刻『韋莊』，删去。今按花間此詞作『韋莊』，不作『皇甫松』，又按：琴趣無此首。」陳作楫陽春集箋：「此闋花間作韋莊。花草粹編、歷代詩餘、全唐詩、詞譜、詞律、續詞選因均作韋詞。金奩集亦收此詞，殆作韋作，粟香室刻本載侯注謂蘭畹集誤作韋莊。

詞律並謂：『後起用三字句，與前異。』歷代詩餘則另録一體。又按此闋原竄入六一集。毛晉以花間作韋莊删之。」唐圭璋全宋詞：「韋莊詞，見花間集卷二。」

㈡鶯語：底本卷末注：「『鶯語』，二集並作『梅雨』。」吉州本、天理本、宮内廳本同。詞綜作「黄鸝語」。冒校：「鶯語，宋本卷末校云：『二集並作「梅雨」。』按：所謂二集，指花間、金奩也。今世傳宋鄂州本花間集韋莊詞、明正統本金奩集温庭筠詞並作『鶯語』。陽春亦作『鶯語』。」

㈢日正午：底本卷末注：「『日正午』一作『春晝午』。」吉州本、天理本、宮内廳本同。冒校：「日正午，花間、金奩、陽春並作『春晝午』。陽春『晝』下注：『别作「日正」。』宋本卷末校云：『一作「春晝午」。』」

㈣繡簾：花間集、香奩集作「晝簾」。陽春集作「繡簾」，並注：「别作『晝』。」

㈤小屏香一炷：陽春集作「曉屏山一炷」，浣花集作「繡屏香一炷」，唐宋諸賢絶妙詞選卷一作「繡屏香一縷」。冒校：「花間、金奩『小』並作『繡』。陽春『小』作『曉』，『香』作『山』，『炷』作『柱』，下注：『别作「小屏香一炷」，又作「繡屏香一縷」。』」

㈥碧雲凝合處：陽春集作「碧雲凝，人何處」，浣花集作「碧天雲，無定處」。冒校：「碧雲凝合處，花間、金奩『碧』下並有『天』字。『凝合』花間作『無定』。陽春作『碧雲凝人何處』，下注：『别作「碧天雲，無定處」，又作五字一句「碧雲凝合處」。』」

㊆空役：陽春集作「空復」。冒校：「空役，花間、金奩並作『空有』。陽春作『空復』，下注：『別作「有」，又作「役」。』」

㊇昨夜：陽春集注：「別作『夜夜』。」

㊈問君知也否：底本卷末注：「『問君知也否』，諸集並作『斷腸君信否』。」吉州本、天理本、宮内廳本同。浣花集作「斷腸君信否」。冒校：「花間、金奩、陽春並作『斷腸君信否』。陽春『信』下注：『別作「問君知也」。』宋本卷末校云：『諸集並作「斷腸君信否」。』」

【注釋】

〔一〕緑槐二句：温庭筠訴衷情：「鶯語。花舞。春晝午。」王仁裕荆南席上詠胡琴妓詩：「寒敲白玉聲偏婉，暖逼黄鶯語自嬌。」

〔二〕繡簾：飾有刺繡織錦的簾子。杜牧八六子詞：「繡簾垂，遲遲漏傳丹禁。」

〔三〕金鳳：指簾子上所繡的金鳳凰圖案。牛嶠菩薩蠻：「金鳳小簾開，臉波和恨來。」

〔四〕小屏：唐宋時婦女置於榻上的小屏風。楊衡春日偶題：「就日移輕榻，遮風展小屏。」温庭筠酒泉子詞：「日映紗窗，金鴨小屏山碧。」

〔五〕緑窗：古以緑紗爲窗，故名緑窗，詩詞中常代指女子居處。李紳鶯鶯歌：「緑窗嬌女字鶯鶯，金雀婭鬟年十七。」韋莊菩薩蠻：「勸我早歸家，緑窗人似花。」

涼州令㈠〔一〕　東堂石榴〔二〕

翠樹芳條颭〔三〕。的的裙腰初染㈡〔四〕。佳人攜手弄芳菲，緑陰紅影，共展雙紋簟㈢〔五〕。插花照影窺鸞鑑〔六〕。只恐芳容減。不堪零落春晚，青苔雨後深紅點〔七〕。

一去門閑掩。重來却尋朱檻〔八〕。離離秋實弄輕霜〔九〕，嬌紅脉脉，似見燕脂臉〔一〇〕。人非事往眉空歛。誰把佳期賺。芳心只願長依舊，春風更放明年艷。

【校記】

㈠ 琴本調名作梁州令，全芳備祖同。

㈡ 裙腰：李栖校記：「琴本『裙』作『群』，誤。」

㈢ 共展：全芳備祖後集卷六作「芳展」，同書前集卷二四作「共展」。

【注釋】

〔一〕涼州令：唐教坊曲名，後用爲詞調名，又名梁州令，新唐書禮樂志：「天寶樂曲，皆以邊地名，若涼州、伊州、甘州之類。」此詞雙調，一百零五字，前後闋各九句，均一、二、五、六、七、九句用仄聲韻。

〔二〕東堂石榴：景祐元年（一〇三四）歐陽修有書懷感事寄梅聖俞詩，追憶天聖、明道間在洛陽錢惟演幕時的愜意生活，詩有「東堂榴花好，點綴裙腰鮮。插花雲髻上，展簟緑陰前」之句，與詞所詠相同，或以爲東堂即當時僚友會聚之所。歐陽明亮歐陽修詞論稿以爲作於天聖九年（一〇三一）至景祐元年（一〇三四）間，其説可參。

〔三〕颭：見浣溪沙（雲曳香綿）注〔三〕。

〔四〕的的：光鮮亮麗貌。淮南子齊説林訓：「的的者獲。」高誘注：「的的，明也。」裙腰：裙子上部繫於腰處的部份，此喻指榴花。歐陽修緑竹堂獨飲詩：「榴花最晚今又拆，紅緑點綴如裙腰。」

〔五〕雙紋簟：織有成雙紋飾的竹席。此處喻指樹陰花影。梅堯臣次韻和原甫閣下午寢晚歸見示詩：「簟展雙紋睡正涼。」

〔六〕鸞鑑：即鸞鏡。見應天長（一彎初月臨鸞鏡）注〔一〕。

〔七〕青苔句：蔡襄落花詩：「何事蒼苔數點紅，曉來花片落春風。」梅堯臣依韻和永叔景靈致齋見懷詩：「庭下陰苔未教掃，榴花紅落點青蒼。」

〔八〕却尋：張相詩詞曲語辭匯釋卷一：「却，猶還也，仍也。……歐陽修涼州令詞：『一去門閑掩，重來却尋朱檻。』却尋，還尋也。」朱檻：紅色的欄杆。白居易山石榴花十二韻詩：「照灼連朱檻，玲瓏映粉墻。」

〔九〕離離：盛多貌。詩經小雅湛露：「其桐其椅，其實離離。」毛傳：「離離，垂也。」左思蜀都賦：「布緑葉之萋萋，結朱實之離離。」吕向注：「萋萋、離離，茂盛貌。」

〔一〇〕燕脂臉：謂石榴紅豔如女子塗抹了胭脂的臉。白居易山石榴寄元九詩：「淚痕裛損燕支臉，翦刀裁破紅綃巾。」

南鄉子〔一〕

翠密紅繁。水國涼生未是寒。雨打荷花珠不定，輕翻〔二〕。冷潑鴛鴦錦翅斑〔三〕。　盡日凭欄。弄蘂拈花子細看。偷得裛蹄新鑄樣〔四〕，無端。藏在紅房艷粉間。

【注釋】

沈際飛草堂詩餘續集：「始終詳婉，不以爲纖。」

【注釋】

〔一〕南鄉子：唐教坊曲名，後用作詞調名，多詠江南風物。此詞雙調，五十四字，前後闋各五句，均一、二、四、五句用平聲韻。

〔二〕雨打兩句：王涯秋思詩：「一夜清風蘋末起，露珠翻盡滿池荷。」宋祁馬上遇雨詩：「翻珠不定紫荷低。」

〔三〕冷潑句：沈彬秋日詩：「芰荷翻雨潑鴛鴦。」

〔四〕裹蹄：漢代鑄金成馬蹄形。漢書武帝紀：「（太始二年）三月，詔曰：『有司議曰，往者朕郊見上帝，西登隴首，獲白麟以饋宗廟，渥洼水出天馬，泰山見黄金，宜改故名。今更黄金爲麟趾裹蹄，以協瑞焉。』」顔師古注：「武帝欲表祥瑞，故普改鑄爲麟足馬蹄之形以易舊法耳。今人往往於地中得馬蹄金，金甚精好，而形製巧妙。」本詞比喻蓮房的樣子就像是偷學了新鑄的馬蹄金樣式。

【輯評】

李調元雨村詞話：「歐陽永叔詞無一字無來處，如南鄉子詞：『偷得裹蹄新鑄樣。』俗作馬蹄。本漢書武帝詔，以黄金鑄麟趾裹蹄以叶瑞。」

又

雨後斜陽。細細風來細細香。風定波平花映水，休藏。照出輕盈半面粧〔一〕。　路隔秋江。蓮子深深隱翠房〔二〕。意在蓮心無問處㊀〔三〕，難忘。泪裛紅腮不記行㊁〔四〕。

【校記】

㊀ 意：琴本作「薏」。

㊁ 裛：琴本、毛本作「裹」。

【注釋】

〔一〕半面粧：本於南史后妃傳記徐妃「以帝眇一目，每知帝將至，必爲半面粧以俟，帝見則大怒而出」。比喻荷花被陽光照亮部分。

〔二〕翠房：即蓮蓬。李商隱韓翃舍人即事詩：「萱草含丹粉，荷花抱緑房。」

〔三〕蓮心：與「憐心」雙關，意在思戀遠人。李群玉寄人詩：「寄語雙蓮子，須知用意深。莫嫌一點苦，便擬棄蓮心。」

〔四〕裛：通「浥」，沾濕。李商隱戲題樞言草閣三十二韻詩：「徒令真珠肶，裛入珊瑚腮。」不記行：謂淚多不可計數。

【輯評】沈際飛草堂詩餘續集：「詩中有雙關二意，其法乃比之變。比本用事，一變而用意，再變而用聲。或有比事比意更比聲者。此比意比事若何？曰藕幾時蓮，更比聲。」

鵲橋仙〔一〕

月波清霽〔二〕，煙容明淡〔三〕，靈漢舊期還至〔四〕。鵲迎橋路接天津〔五〕，映夾岸、星榆點綴〔六〕。雲屏未卷〔七〕，仙鷄催曉〔八〕，腸斷去年情味。多應天意不交長，恁恐把、歡娛容易〔九〕。

【注釋】

〔一〕鵲橋仙：調名本此詞「鵲迎橋路接天津」句，專詠七夕相會之事。又名鵲橋仙令、廣寒秋、憶人人、金風玉露相逢曲。此詞雙調，五十六字，前後各五句，均三、五句用仄聲韻。

〔二〕月波：月光似水，故稱。王僧達七夕月下詩：「遠山斂雰祲，廣庭揚月波。」清霽：清朗澄明。水經注湘水注引羅含語曰：「（芙蓉峰）望若陣雲，非清霽素朝，不見其峰。」

〔三〕煙容：雲霧彌漫貌。孟浩然遊鳳林寺西嶺詩：「煙容開遠樹，春色滿幽山。」

〔四〕靈漢舊期：指七夕牛郎、織女銀河相會一事。靈漢，雲漢、天河。趙彦昭奉和七夕兩儀殿會宴應制詩：「今宵望靈漢，應得見蛾眉。」

〔五〕鵲迎橋路句：見漁家傲（喜鵲填河仙浪淺）注〔一〕。天津，銀河。李紳奉酬樂天立秋夕有懷見寄詩：「天津落星河，一葦安可航。」

〔六〕星榆：以白色的榆莢喻指繁星。古樂府隴西行：「天上何所有，歷歷種白榆。」王初即夕詩：「風幌涼生白袷衣，星榆纔亂絳河低。」

〔七〕雲屏：以雲霞爲屏風，形容仙界。

〔八〕仙鷄：任昉述異記卷下：「東南有桃都山，上有大樹，名曰桃都，枝相去三千里，上有天鷄。日初出照此木，天鷄即鳴，天下鷄皆隨之鳴。」

〔九〕多應二句：張相詩詞曲語辭匯釋卷一：「歐陽修鵲橋仙詞：『多應天意不交長，恁（恐）把歡娛容易。』意言牛、女每年一會，乃天意不給以長見之機會，恐其把歡娛看做容易也。」多應，大概，多半是。李宣古聽蜀道士琴歌詩：「人間豈合值仙蹤，此別多應不再逢。」

芳草渡㊀〔一〕

梧桐落，蓼花秋〔二〕。煙初冷，雨纔收。蕭條風物正堪愁〔三〕。人去後，多少恨，在心頭。

燕鴻遠〔四〕，羌笛怨。渺渺澄波一片㊁〔五〕。山如黛，月如鈎。笙歌散，夢魂斷㊂，倚高樓。

【校記】

㊀底本卷末注：「又載陽春録。」吉州本、天理本、宫内廳本同。陳作楫陽春集箋：「詞譜云：『此詞亦刻陽春集。後段起句作燕鴻羌笛怨，脱一「遠」字。又坊本第四句作「遠山如黛月如鈎」，多一「遠」字，不知所見何本。』按『多少恨，在心頭』，與李煜『別是一般滋味在心

頭』，同一悽惋。」唐圭璋全宋詞：「馮延巳詞，見陽春集。」此篇互見於馮延巳、歐公詞集。

㊁澄波：底本卷末注：「『澄波』，一作『清江』。」吉州本、天理本、宫内廳本同。陽春集作「澄江」，注：「别作『波』。」

㊂夢魂：陽春集作「魂夢」，注：「别作『夢魂』。」文本校記：「『夢魂斷』，『夢魂』陽春集作『魂夢』，是。」

【注釋】

〔一〕芳草渡：調名始見於此詞，又名繫裙腰，雙調，五十五字。前闋押平韻，後闋平仄韻兼押。清毛先舒填詞名解卷一：「芳草渡，取胡宿詩『蕩槳遠從芳草渡』。」

〔二〕蓼花：蓼，水草，花小，呈白色或淺紅色。

〔三〕風物：風光景物。陶潛遊斜川詩序：「天氣澄和，風物閑美。」張昇離亭燕詞：「一帶江山如畫，風物向秋瀟灑。」

〔四〕燕鴻：燕爲夏候鳥，鴻爲冬候鳥，因多以喻相距之遠，相見之難。司空圖歌者詩：「風霜一夜燕鴻斷，唱作江南祓禊天。」一説燕鴻指北雁。

〔五〕渺渺：悠遠的樣子。管子内業：「折折乎如在於側，忽忽乎如將不得，渺渺乎如窮無極。」尹知章注：「渺渺，微遠貌。」澄波：清澈的水波。鮑照河清頌：「澄波萬壑，潔瀾千里。」

聖無憂(一)〔一〕

珠簾捲〔二〕，暮雲愁。垂楊暗鎖青樓〔三〕。煙雨濛濛如畫，輕風吹旋收。

香斷錦屏新別〔四〕，人閑玉簟初秋〔五〕。多少舊歡新恨，書杳杳〔六〕，夢悠悠。

【校記】

(一)底本調名闕。吉州本、天理本、宮内廳本、同琴本調名作聖無憂。清沈辰垣輯歷代詩餘卷一七調作珠簾捲，注云：「以歐陽修詞起句爲調名，本雙調四十七字，或去起句雲字，今依六一詞正之。」萬樹詞律卷四注：「首句有『珠簾捲』字，想即因此名題也。又蘆川一詞名捲珠簾，查即蝶戀花，不可溷錯。」詞譜注：「調見歐陽修詞，因詞有『珠簾捲』句，取以爲名。」唐圭璋全宋詞調名作聖無憂，並云：「按此首調名原缺，據醉翁琴趣外篇卷六補。」今據琴本等補調名聖無憂。

【注釋】

〔一〕聖無憂：一名珠簾捲。雙調，四十七字，前後闋各五句，均二、三、五句用平聲韻。

〔二〕珠簾：見蝶戀花（梨葉初紅）注〔七〕。

〔三〕垂楊句：鎖，遮蔽意。段成式折楊柳詩：「枝枝交影鎖長門，嫩色曾沾雨露恩。」

〔四〕香斷：李珣菩薩蠻：「香斷畫屏深，舊歡何處尋。」錦屏：見洛陽春（紅紗未曉）注〔四〕。

〔五〕玉簟：竹席的美稱。劉禹錫竇朗州見示與澧州元郎中早秋贈答命同作詩：「玉簟微涼宜白晝，金笳入暮應清商。」

〔六〕杳杳：遥遠渺茫貌。楚辭哀郢：「瞭杳杳而薄天。」洪興祖注：「杳杳，遠貌。」賈島懷鄭從志詩：「音信兩杳杳，誰云昔綢繆。」

更漏子㊀〔一〕

風帶寒，枝正好㊁。蘭蕙無端先老㊂〔二〕。情悄悄〔三〕，夢依依㊃〔四〕。離人殊未歸。

褰羅幕，凭朱閣。不獨堪悲摇落〔五〕。月東出，雁南飛。誰家夜搗衣〔六〕。

【校記】

〔一〕底本卷末注：「更漏子，又載陽春録。」吉州本、天理本、宫内廳本同。曾昭岷温韋馮詞新校陽春集：「此首原注云：『别作歐陽修。』又見歐陽修近體樂府卷三，羅泌校云：『又載陽春録。』花草粹編注云：『歐集亦有。』〔曾按〕更漏子五首似爲聯章組詩，寫深秋思婦日夜懷遠之情，從『上高樓』望『寒江』到『落日渡頭雲散』，從『月東出』到『星移後，月圓時』，不僅此首在時序上不容分割，即以所寫景物言，如『雲』如『雁』，亦與前後緊密相連。近體樂府僅録此一首，正是誤收馮詞之證。諸家選本多作延巳，花草粹編、全唐詩、歷代詩餘、全宋詞皆斷爲馮作。當從陽春集作馮延巳詞。」

〔二〕風帶寒枝正好：陽春集「枝」作「秋」。文本校記：「『風帶寒枝正好』，陽春集『枝』作『秋』，注『别作「枝」』。按此詞係依温庭筠『玉爐煙，紅燭淚』體。『風帶寒』爲一句，『秋正好』爲一句，應依校正。」

〔三〕蘭蕙：陽春集作「蕙蘭」。

〔四〕情悄悄夢依依：陽春集作「雲杳杳，樹依依」，注：「别作『情悄悄，夢依依』。」底本卷末校：「情悄悄，一作『雲杳杳』。」吉州本、天理本、宫内廳本同。

【注釋】

〔一〕更漏子：此調始自温庭筠，因其多用之詠更漏，故得名。又名無漏子、獨倚樓、付金釵、翻翠袖。尊前集入「大石調」、「商調」。金奩集入「林鐘商調」。雙調，四十六字，前闋六句，二、三句用仄聲韻；後闋六句，一、二、三句用仄聲韻。

〔二〕蘭蕙：即蘭和蕙兩種香草。揚雄甘泉賦：「排玉户而颺金鋪兮，發蘭蕙與芎藭。」無端：無故。

〔三〕悄悄：憂傷貌。詩經邶風柏舟：「憂心悄悄，愠於群小。」權德輿薄命篇：「閑看雙燕淚霏霏，靜對空牀魂悄悄。」

〔四〕依依：後漢書章帝紀：「豈亡克慎肅雍之臣，辟公之相，皆助朕之依依。」李賢注：「依依，思慕之意。」歐陽修蝶戀花：「依依夢裏無尋處。」

〔五〕摇落：語本楚辭九辯：「悲哉秋之爲氣也！蕭瑟兮草木摇落而變衰。」

〔六〕誰家：即「誰」，或「何人」。杜甫吹笛詩：「吹笛秋山風月清，誰家巧作斷腸聲。」搗衣：古人將衣物置於石上以杵舂搗，使之柔軟，稱「搗衣」，又作「擣衣」。後亦泛指捶洗衣服。楊慎丹鉛總録卷二〇：「字林云：直舂曰搗，古人搗衣，兩女子對立，執一杵如舂米然。今易作卧杵，對坐搗之，取其便也。嘗見六朝人畫搗衣圖，其制如此。」謝朓秋夜詩：「秋夜促織鳴，南鄰擣衣急。」李白子夜吴歌：「長安一片月，萬户擣衣聲。」

摸魚兒〔一〕

卷繡簾、梧桐秋院落㊀，一霎雨添新緑㊁〔二〕。對小池閑立。殘粧淺〔三〕，向晚水紋如縠〔四〕。凝遠目。恨人去寂寂，鳳枕孤難宿〔五〕。倚欄不足。看燕拂風簷〔六〕，蝶翻露草〔七〕，兩兩長相逐。　雙眉促㊂〔八〕。可惜年華婉娩〔九〕，西風初弄庭菊〔一〇〕。况伊家年少〔一一〕，多情未已難拘束。那堪更趁涼景〔一二〕，追尋甚處垂楊曲〔一三〕。佳期過盡，但不説歸來，多應忘了，雲屏去時祝〔一四〕。

【校記】

㊀秋：琴本作「楸」。

㊁霎：琴本作「颯」。

㊂促：琴本作「蹙」。

【注釋】

〔一〕摸魚兒：唐教坊曲名，後用作詞調名。一名摸魚子，又名買陂塘、邁陂塘、雙蕖怨。此詞雙調，一百十七字，前闋二、四、五、七、八、十一句，後闋一、三、五、七、十一句用仄聲韻。

〔二〕一霎：見蝶戀花（六曲欄干）注〔六〕。

〔三〕殘粧：消褪的粧容。庾信鏡賦：「宿鬟尚卷，殘粧已薄。」

〔四〕向晚：見前玉樓春（陰陰樹色）注〔五〕。水紋如縠：語本杜牧江上偶見絶句：「草色連雲人去住，水紋如縠燕差池。」縠，輕薄的縐紗。

〔五〕鳳枕：繡有鳳鳥圖案的枕頭。韋莊江城子：「緩揭繡衾抽皓腕，移鳳枕，枕檀郎。」

〔六〕風簷：風拂屋簷意。李商隱二月二日詩：「新灘莫悟遊人意，更作風簷雨夜聲。」

〔七〕翻：飛舞。高爽寓居公廨懷何秀才詩：「風扉乍開闔，粉蝶時翻舞。」李煜臨江仙：「櫻桃落盡春歸去，蝶翻金粉雙飛。」

〔八〕促：即蹙，皺。

〔九〕婉娩：本謂女子的言語和容貌。禮記内則：「女子十年不出，姆教婉娩聽從。」鄭玄注：「婉，謂言語也，娩之言媚也。媚謂容貌也。」詩詞中「婉娩」，多有遲暮意。張説送高唐州詩：「淮流春婉娩，汝海路蹉跎。」吴融高侍御話皮博士池中白蓮奉呈詩：「已被亂蟬催晼晚，更禁涼雨動襹褷。」

〔一〇〕弄：撩撥。元稹襄陽爲盧竇紀事詩：「風弄花枝月照堦，醉和春睡倚香懷。」

〔一一〕伊家：張相詩詞曲語辭匯釋卷六：「伊家即你也。」柳永少年遊：「試問伊家，阿誰心緒，禁得恁無憀。」

〔一二〕趁：正當，趕上。劉禹錫罷郡歸洛途次山陽留辭郭中丞使君詩：「洛陽歸客明朝去，容趁城東花發時。」

〔一三〕甚處：何處。柳永荔枝香詞：「甚處尋芳賞翠，歸去晚。」垂楊曲：垂楊幽深處。隱寓煙花柳巷，少年遊冶之處。

〔一四〕雲屏：見鵲橋仙（月波清霽）注〔七〕。祝：囑咐，請求。歐陽修與韓公獻王書：「當還廟堂，以副公議，此非小子之私祝，真切真切。」

少年遊〔一〕

去年秋晚此園中。攜手玩芳叢〔二〕。拈花嗅蘂，惱煙撩霧〔三〕，拚醉倚西風㊀〔四〕。今年重對芳叢處，追往事、又成空。敲遍闌干，向人無語，惆悵滿枝紅。

【校記】

㈠ 拚醉：全芳備祖作「沉醉」。

【注釋】

〔一〕少年遊：晏殊詞有「長似少年時」句，調名本此。又名玉臘梅枝、小欄干。有不同體式，雙調，第一、三首五十字，第二首五十一字。前闋五句，一、二、五句用平聲韻；後闋五句，二、五句用平聲韻。明道二年（一〇三三）作。嚴杰歐陽修年譜：「明道二年：據詞意，似爲胥氏夫人卒後傷感之作。」歐陽修又有緑竹堂獨飲、述夢賦等詩文追懷胥氏。

〔二〕芳叢：叢生的繁花。劉憲奉和春日幸望春宫應制：「鶯藏嫩葉歌相喚，蝶礙芳叢舞不前。」晏殊鳳銜杯詞：「憑朱檻，把金卮。對芳叢、惆悵多時。」

〔三〕惱煙撩霧：惱，惹，撩撥。張相詩詞曲語辭匯釋卷五：「醉翁琴趣歐陽修少年遊詞：『拈花嗅蘂，惱煙撩霧，拚醉倚西風。』惱與撩互文，惱即撩也。」李商隱風詩：「撩釵盤孔雀，惱帶拂鴛鴦。」

〔四〕拚：不顧一切，心甘情願。張相詩詞曲語辭匯釋卷五：「判，割捨之辭；亦甘願之辭。自宋以後多用拚字或拼字。」牛嶠菩薩蠻：「須作一生拚，盡君今日歡。」

又㊀

肉紅圓樣淺心黄〔一〕。枝上巧如裝㊁。雨輕煙重，無憀天氣〔二〕，啼破曉來粧〔三〕。

寒輕貼體風頭冷〔四〕，忍抛棄、向秋光〔五〕。不會深心〔六〕，爲誰惆悵，回面恨斜陽〔七〕。

【校記】

㊀永樂大典卷五四〇引此詞，調下有題「木芙蓉」。

㊁如裝：永樂大典卷五四〇作「如粧」。

【注釋】

〔一〕肉紅句：形容紅潤飽滿的花瓣和淺黄的花蘂。肉紅，韓偓見花詩：「血染蜀羅山躑躅，肉紅宫錦海棠梨。」歐陽修洛陽牡丹記：「魏家花者，千葉肉紅。」

〔二〕無憀：見浪淘沙（花外倒金翹）注〔二〕。

〔三〕啼破曉來粧：以啼粧比喻荷花的形態。啼粧，見長相思（深花枝）注〔四〕。

〔四〕寒輕貼體：微微的涼意侵透肌膚。馮延巳拋球樂詞：「波搖梅蘂當心白，風入羅衣貼體寒。」風頭：風勢，此處指風。

〔五〕秋光：秋日的風光。羅隱金錢花詩：「占得佳名繞樹芳，依依相伴向秋光。」

〔六〕不會：不領會。唐元稹進田弘正碑文狀：「臣若苟務文章，廣徵經典，非唯將吏不會，亦恐弘正未詳。」

〔七〕回面恨斜陽：薛紹蘊浣溪沙：「不爲遠山凝翠黛，只應含恨向斜陽。」

又

玉壺冰瑩獸爐灰㈠〔一〕。人起繡簾開。春叢一夜，六花開盡，不待剪刀催〔二〕。

洛陽城闕中天起〔三〕，高下遍樓臺。絮亂風輕〔四〕，拂鞍霑袖，歸路似章街〔五〕。

【校記】

㈠ 獸爐灰：底本闕「獸」、「灰」二字，吉州本、天理本、宫内廳本同，據毛本、叢刊本、百家詞補。

【注釋】

〔一〕玉壺冰瑩：見漁家傲（十月小春）注〔四〕。獸爐：獸形的香爐。杜牧春思詩：「獸爐凝冷焰，羅幕蔽晴煙。」按，一九五五年西安曹氏墓出土的「唐代滑石獅子香爐」，就是典型的獸爐。

〔二〕春叢三句：形容雪花掛滿枝頭，如同春花遍開，但無須春風吹拂。春叢，花叢。六花，雪花結晶六瓣，故名。太平御覽卷一二引韓詩外傳：「凡草木花多五出，雪花獨六出，雪花曰霙。」賈島寄令狐綯相公詩：「自著衣偏暖，誰憂雪六花。」剪刀，喻指春風。宋之問奉和聖製立春剪綵花應制詩：「今年春色早，應爲剪刀催。」賀知章詠柳詩：「二月春風似剪刀。」

〔三〕中天：參天。曹植贈徐幹詩：「文昌鬱雲興，迎風高中天。」

〔四〕絮：喻雪。世説新語賢媛記謝道韞詠飄雪「未若柳絮因風起」。劉長卿奉酬辛大夫湖南臘月連日降雪見示之作詩：「柳絮三冬先北地，梅花一夜遍南枝。」

〔五〕章街：即章臺街，漢長安街名。章臺街道旁多植柳樹，故柳絮紛飛，如同飄雪。李商隱對雪詩：「梅花大庾嶺頭發，柳絮章臺街裏飛。」

【輯評】

李調元雨村詞話：「歐陽永叔詞無一字無來處。……少年遊詞：『歸路似章街。』本文選『走馬章臺街』，今俗作『草街』，誤。」

許昂霄詞綜偶評：「清勁。」

行香子㈠〔一〕

舞雪歌雲〔二〕，閑淡粧勻。藍溪水、染輕裙㈡。酒香醺臉，粉色生春。更雅談話，好性情，美精神。　空江不斷㈢，凌波何處〔三〕，向越橋邊、青柳朱門㈣〔四〕。斷鍾殘角，又送黃昏。奈眼中淚，心中事，意中人。

【校記】

㈠唐圭璋全宋詞：「張子野詞，見吴訥本張子野詞。」吴熊和、沈松勤張先集編年校注：「此詞又見歐陽文忠公近體樂府卷三。唐宋諸賢絶妙詞選卷五調下有題曰『美人』。胡仔苕溪漁隱叢話前集卷三七引古今詩話云：『有客謂子野曰：人皆謂公張三中，即心中事，眼中淚，意中人也。』

㊁染輕裙：張子野詞作「深染輕裙」。

㊂空江不斷：張子野詞作「江空無畔」。唐宋諸賢絶妙詞選作「空江無伴」。

㊃越橋：張子野詞作「月橋」。

【注釋】

〔一〕行香子：此詞雙調，六十六字，前、後闋各八句，前闋一、二、三、五、八句和後闋二、三、五、八句用平聲韻。

〔二〕舞雪：形容輕盈的舞姿。歌雲：形容動聽的歌聲，事出列子湯問：「薛譚學謳于秦青，未窮青之技，自謂盡之，遂辭歸。秦青弗止，餞於郊衢，撫節悲歌，聲振林木，響遏行雲。薛譚乃謝求反，終身不敢言歸。」張先鳳棲梧詞：「可惜歌雲容易去，東城楊柳東城路。」

〔三〕凌波：比喻美人步態輕盈，如乘碧波而行。曹植洛神賦：「凌波微步，羅襪生塵。」呂向注：「步於水波之上，如塵生也。」羊士諤彭州蕭使君出妓夜宴見送詩：「玉顏紅燭忽驚春，微步淩波拂暗塵。」

〔四〕朱門：見長相思（蘋滿溪）注〔六〕。

鷓鴣天㊀〔一〕

學畫宫眉細細長〔二〕。芙蓉出水鬬新粧〔三〕。只知一笑能傾國〔四〕，不信相看有斷腸。　雙黄鵠〔五〕，兩鴛鴦。迢迢雲水恨難忘〔六〕。早知今日長相憶，不及從初莫作雙㊁〔七〕。

【校記】

㊀琴本調名作思佳客。

㊁及：琴本作「若」。

【注釋】

〔一〕鷓鴣天：此調始見於宋人詞，又名於中好、思佳客、思越人、剪朝霞、醉梅花、驪歌一疊。

雙調，五十五字，前闋四句，一、二、四句用平聲韻；後闋五句，二、三、五句用平聲韻。

〔二〕宮眉：宮中流行的畫眉式樣。晉崔豹古今注雜注：「魏宮人好畫長眉，今人多作蛾眉、驚鶴髻。」李商隱效徐陵體贈更衣詩：「楚腰知便寵，宮眉正鬭强。」

〔三〕芙蓉句：謂人花相映。西京雜記卷二：「文君姣好，眉色如望遠山，臉際常若芙蓉。」傅玄美女篇：「美女一何麗，顔若芙蓉花。」

〔四〕傾國：形容女子貌美足以傾覆邦國。漢書外戚傳：「延年侍上起舞，歌曰：『北方有佳人，絶世而獨立。一顧傾人城，再顧傾人國。寧不知傾城與傾國，佳人難再得。』」李商隱北齊詩：「一笑相傾國便亡。」

〔五〕黄鵠：蘇武古詩：「願爲雙黄鵠，送子俱遠飛。」鮑照代陳思王京洛篇詩：「唯見雙黄鵠，千里一相從。」

〔六〕迢迢：渺遠貌。謝靈運初發石首城詩：「迢迢萬里帆，茫茫終何之。」吕向注：「迢迢，遠也。」

〔七〕不及句：語本庾信代人傷往詩：「青田松上一黄鶴，相思樹下兩鴛鴦。無事交渠更相失，不及從來莫作雙。」

歐陽修詞校注卷四

醉翁琴趣外篇及其他

千秋歲〔一〕

羅衫滿袖。盡是憶伊淚〔二〕。殘粧粉，餘香被。手把金樽酒，未飲先如醉。但向道，厭厭成病皆因你〔三〕。　離思迢迢遠，一似長江水〔四〕。去不斷，來無際。紅箋着意寫〔五〕，不盡相思意。爲个甚，相思只在心兒裏。

【注釋】

〔一〕千秋歲：唐教坊大曲有千秋歲，據郭茂倩樂府詩集解題，唐玄宗生日在八月初五，百官上表請定爲千秋節，千秋歲調名或由此而來。宋史樂志入「歇指調」。張子野詞入「仙吕調」。雙調，七十一字，前後闋各五仄韻。别有千秋歲引，雙調，八十二字，前闋四仄韻，後闋五仄韻。

〔一〕伊：見長相思（花似伊）注〔一〕。

〔三〕厭厭：見定風波（過盡韶華）注〔八〕。

〔四〕離思二句：歐陽修踏莎行：「離愁漸遠漸無窮，迢迢不斷如春水。」與此同義。

〔五〕紅箋：紅色箋紙，多用以題寫詩詞或作名片等，此處代指情書。王仁裕開元天寶遺事卷二風流藪澤：「長安有平康坊，妓女所居之地，京都俠少，萃集於此。兼每年新進士以紅箋名紙，遊謁其中，時人謂此坊爲風流藪澤。」晏殊清平樂：「紅箋小字，説盡平生意。」着意：用心。楚辭九辯：「罔流涕以聊慮兮，惟着意而得之。」朱熹集注：「着意，猶言著乎心，言存於心而不釋也。」

又

畫堂人静〔一〕，翡翠簾前月〔二〕。鸞帷鳳枕虚鋪設〔三〕。風流難管束。一去音書歇。到而今，高梧冷落西風切。　未語先垂淚，滴盡相思血。魂欲斷，情難絶。都來些子事〔四〕，更與何人説。爲个甚，心頭見底多離别〔五〕。

【注釋】

〔一〕畫堂：見減字木蘭花（畫堂雅宴）注〔一〕。

〔二〕翡翠簾：綴飾有翡翠珠片的簾子。王諲後庭怨：「秋日聞蟲翡翠簾，春晴照面鴛鴦水。」

〔三〕鸞帷：繡有鸞鳥圖案的帷幔。鳳枕：見摸魚兒（卷繡簾）注〔五〕。

〔四〕些子：少許，一點兒。柳永滿江紅：「不會得都來些子事，甚恁底死難拚棄。」

〔五〕心頭見底：指心無雜念。吴融赴闕次留獻荆南成相公三十韻：「骨格凌秋聳，心源見底空。神清餐沆瀣，氣逸飲洪濛。」

醉蓬萊〔一〕

見羞容斂翠〔二〕，嫩臉匀紅，素腰裊娜〔三〕。紅藥欄邊〔四〕，惱不教伊過〔五〕。半掩嬌羞，語聲低顫，問道有人知麽。强整羅裙，偷回波眼〔六〕，佯行佯坐。更問假如，事還成後，亂了雲鬟〔七〕，被娘猜破。我且歸家，你而今休呵。更爲娘行，有些針線，誚未曾收囉〔八〕。却待更闌〔九〕，庭花影下，重來則個〔一〇〕。

【注釋】

〔一〕醉蓬萊：本詞牌又見於柳永樂章集，入林鐘商。此首雙調，九十七字，前後闋各四仄韻。王闢之澠水燕談録卷八：「柳三變，景祐末登進士第。少有俊才，尤精樂章。後以疾更名永，字耆卿。皇祐中，久困選調，入内都知史某愛其才而憐其潦倒。會教坊進新曲醉蓬萊，時司天臺奏『老人星見』，史乘仁宗之悦，以耆卿應制。耆卿方冀進用，欣然走筆，甚自得意，詞名醉蓬萊慢。」

〔二〕斂翠：皺眉意。牛嶠菩薩蠻：「緑雲鬢上飛金雀，愁眉斂翠春煙薄。」尹鶚菩薩蠻：「蛾眉應斂翠，咫尺同千里。」

〔三〕素腰：本於宋玉登徒子好色賦：「眉如翠羽，肌如白雪，腰如束素，齒如含貝。」裊娜：柔美細長貌。白居易楊柳枝詩：「枝柔腰裊娜，荑嫩手葳蕤。」

〔四〕紅藥欄：即謂芍藥花圃。白居易傷宅詩：「繞廊紫藤架，夾砌紅藥欄。」藥欄，花圃。岑參初授官題高冠草堂：「澗水吞樵路，山花醉藥欄。」張祜開元寺牡丹：「濃豔初開小藥欄，人人惆悵出長安。」

〔五〕伊：見長相思（花似伊）注〔一〕。

〔六〕波眼：女子目光流轉如横吹水波，故稱「波眼」。温庭筠南歌子：「轉盼如波眼，娉婷似柳腰。」

〔七〕雲鬟：高聳的環形髮髻。李白久別離詩：「至此腸斷彼心絶，雲鬟緑鬢罷梳結。」和凝春光好：「紗窗暖，畫屏間，嚲雲鬟，睡起四肢無力，半春間。」

〔八〕囉：語氣助詞。

〔九〕更闌：見應天長（一彎初月）注〔七〕。

〔一〇〕則個：張相詩詞曲語辭匯釋卷三：「則個，表示動作進行時之語助辭，近於『着』或『者』。」黄庭堅少年心：「待來時、鬲上與厮噷則個。温存著、且教推磨。」

【輯評】

沈雄古今詞話詞評上卷引名臣録：「仁宗景祐中，歐陽修爲館閣校理，兩宫之隙，奏事簾前，復主濮議，舉朝倚重。後知貢舉，爲下第劉煇等所忌，以醉蓬萊、望江南誣之。」

陳振孫直齋書録解題卷一七劉狀元東歸集下云：「大理評事鉛山劉煇之道撰。煇，嘉祐四年進士第一人，堯舜性仁賦，至今人所傳誦。始在場屋有聲，文體奇澀，歐公惡之，下第。及是在殿廬得其賦，大喜，既唱名，乃煇也，公爲之愕然。蓋與前所試文如出二人手，可謂速化矣。仕止於郡幕，年三十六以卒。世傳煇既黜於歐陽公，怨憤造謗，爲猥褻之詞。今觀楊傑志煇墓，稱其祖母死，雖有諸叔，援古誼以適孫解官承重服；又嘗買田數百畝，以聚其族而餉給之；蓋篤厚之士也，肯以一試之淹，而爲此憸薄之事哉？」

夏承燾四庫全書詞籍提要校議：「北宋士夫如范仲淹、司馬光亦爲豔詞，不必爲歐陽修諱。……案，歐陽文忠全集九十三載乞根究蔣之奇彈疏劄子共十餘篇，有『閨門内事』、『禽獸不爲之醜行』等語，雖不及此詞與錢穆父所誚語，想即爲此事作。時在治平四年，修年六十一矣。詞人綺語，攻擊之者乃資爲口實；醉翁琴趣中豔體若『江南柳』者尚甚多，吾人讀詞，固不致信以爲真也。」（按，夏承燾先生之説較爲通達，故不必懷疑醉蓬萊詞爲仇人攻訐也。）

于飛樂㊀〔一〕

寶奩開〔二〕，美鑑靜㊁，一掬清蟾〔三〕。新粧臉，旋學花添〔四〕。蜀紅衫〔五〕，雙繡蝶，裙縷鶼鶼〔六〕。尋思前事，小屏風、仍畫江南。怎空教㊂、草解宜男〔七〕。柔桑密、又過春蠶。正陰晴天氣，更瞑色相兼。佳期消息，曲房西〔八〕、碎月篩簾。

【校記】

㊀唐圭璋全宋詞：「案此首别又見張子野詞卷二。」張詞調作于飛樂令。吴熊和、沈松勤張先

集編年校注：「此首又見歐陽修醉翁琴趣外篇卷一，百家詞本、歷代詩餘卷四七、詞綜卷五、十名家詞本、詞律卷一一、詞譜卷一六、安陸集、汪潮生本調無『令』字。」此篇互見於張先、歐公詞集。

㈡ 美鑑：張子野詞作「菱鑑」。

㈢ 怎空教：詞律拾遺卷八注：「詞本七十六字，後起『怎空教』下脱『花解語』三字句。」詞律卷一一杜文瀾按：「詞律拾遺云：後半起句『怎空教』下有『花解語』三字，與下三字相偶，語氣亦足，宜從。」

【注釋】

〔一〕于飛樂：一名鴛鴦怨曲，有不同體式，此首雙調，七十三字，前闋十句四平韻，後闋六句四平韻。于飛，比翼齊飛，比喻夫妻間親密和諧。本於左傳莊公二十二年：「懿氏卜妻敬仲，其妻占之，曰：『吉，是謂鳳凰于飛，和鳴鏘鏘，有嬀之後，將育于姜。』」

〔二〕寶奩：梳妝鏡匣的美稱。李商隱垂柳詩：「寶匳抛擲久，一任景陽鐘。」

〔三〕一掬：一捧。晏殊漁家傲：「一掬蕊黄霑雨潤。」清蟾：澄澈的月亮。因傳説月中有蟾蜍，故以蟾代稱月。這裏用以比喻圓鏡。賀鑄採桑子羅敷歌：「犀塵流連。喜見清蟾似舊圓。」

〔四〕旋：見蝶戀花（簾幕東風）注〔四〕。花添：指女子面貼飾花鈿。

〔五〕蜀紅衫：海棠花色的衣衫。蜀紅，指海棠。海棠一稱蜀客，花色紅豔。劉圻父花發沁園春呈史滄洲：「年年佳會。長是傍清明天氣。正魏紫衣染天香，蜀紅妝破春睡。」

〔六〕鶼鶼：比翼鳥。爾雅釋地：「南方有比翼鳥焉，不比不飛，其名謂之鶼鶼。」郭璞注：「似鳧，青赤色，一目一翼，相得乃飛。」張華博物志卷一〇：「崇吾之山有鳥，一足一翼一目，相得而飛，名曰鶼鶼。」

〔七〕宜男：指宜男草，又名萱草，又名忘憂草。曹植宜男花頌：「草號宜男，既曄且貞。」齊民要術卷一〇鹿葱引晉周處風土記：「宜男，草也，高六尺，花如蓮。懷妊人帶佩，必生男。」

〔八〕曲房：指内室，密室。枚乘七發：「往來遊醼，縱恣于曲房隱間之中。」

鼓笛慢〔一〕

縷金裙窣輕紗〔二〕，透紅瑩玉真堪愛。多情更把，眼兒斜盼，眉兒斂黛〔三〕。舞態歌闌，困偎香臉，酒紅微帶。便直饒、更有丹青妙手〔四〕，應難寫天然態。

長恐有時不見，每餞伊、百般嬌騃。眼穿腸斷〔五〕，如今千種，思量無奈。花謝春歸，夢回雲散，欲尋難再。暗消魂〔六〕，但覺鴛衾鳳枕〔七〕，有餘香在。

【注釋】

〔一〕鼓笛慢：即水龍吟。稱「鼓笛慢」即首見於歐陽修此詞。只是首句六字，次句七字，與水龍吟正體稍異。

〔二〕縷金裙：即金縷裙，以柔軟的絲織物爲之，上以金絲線盤成花樣，或鑲以金邊。顧敻酒泉子：「羅帶縷金，蘭麝煙凝魂斷。」輕紗：宋時流行的穿在女子衣衫外的服飾。陸游老學庵筆記卷六：「亳州出輕紗，舉之若無，裁以爲衣，真若煙霧。」

〔三〕斂黛：皺眉。唐五代詞中常見，李群玉王内人琵琶引：「三千宮嬪推第一，斂黛傾鬟豔蘭室。」韋莊悔恨詩：「幾爲妬來頻斂黛，每思閑事不梳頭。」顧敻應天長：「斂黛春情暗許，倚屏慵不語。」

〔四〕直饒：縱使，即使。李咸用依韻修睦上人山居詩：「兼濟直饒同巨楫，自由何似學孤雲。」黄庭堅望江東詞：「燈前寫了書無數，算没箇人傳與。直饒尋得雁分付，又還是秋將暮。」丹青：指畫像。杜甫過郭代公故宅詩：「迥出名臣上，丹青照臺閣。」楊倫注：「丹青，謂畫像也。」

〔五〕眼穿腸斷：柳永安公子詞：「當初不合輕分散，及至厭厭獨自箇，却眼穿腸斷。」

〔六〕消魂：形容極度悲愁、歡樂或恐懼的情緒。綦毋潛送宋秀才詩：「秋風一送別，江上黯消魂。」

〔七〕鴛衾：繡有鴛鴦圖案的被子。顧敻甘州子：「醉歸青瑣入鴛衾。」鳳枕：見摸魚兒（卷繡簾）注〔五〕。

看花回〔一〕

曉色初透東窗，醉魂方覺〔二〕。戀戀繡衾半擁〔三〕，動萬感脈脈〔四〕，春思無托。追想少年，何處青樓貪歡樂〔五〕。當媚景〔六〕，恨月愁花，算伊全妄鳳幃約〔七〕。空淚滴、真珠暗落〔八〕。又被誰、連宵留著。不曉高天甚意，既付與風流，却恁情薄。細把身心自解，只與猛拚却〔九〕。又及至、見來了，怎生教人惡〔一〇〕。

【注釋】

〔一〕看花回：詞牌名。填詞名解謂本於劉禹錫元和十年自朗州承召至京戲贈看花諸君子：

「無人不道看花回。」詞譜謂本於琴曲看花回。柳永有看花回詞，樂章集編於大石調。本調有兩體，一體爲六十八字，一體爲一百零一字。此詞爲後一體，雙調，前闋九句四仄韻，後闋九句五仄韻。

〔二〕醉魂：此處指醉夢。韓愈答張徹詩：「怪花醉魂馨。」張耒觀梅詩：「不如痛飲卧其下，醉魂爲蝶棲其房。」

〔三〕戀戀：依依不捨貌。裴鉶傳奇陶尹二君：「吾與子邂逅相遇，那無戀戀耶？」

〔四〕萬感：形容感觸紛繁。柳永十二時詞：「萬感並生，都在離人愁耳。」脈脈：見漁家傲（幽鷺謾來）注〔八〕。

〔五〕青樓：見踏莎行（雨霽風光）注〔七〕。

〔六〕媚景：美好的春景。初學記卷三引梁元帝纂要：「春曰青陽……景曰媚景、和景、韶景。」杜甫奉和嚴中丞西城晚眺詩：「層城臨媚景，絶域望餘春。」

〔七〕伊：見長相思（花似伊）注〔二〕。鳳幃：閨中的幃帳，借指女子的居所。柳永宣清詞：「更相將、鳳幃鴛寢，玉釵亂橫。」

〔八〕真珠：喻指淚珠。温庭筠菩薩蠻：「玉纖彈處真珠落，流多暗濕鉛華薄。」

〔九〕拚：見少年游（去年秋晚）注〔四〕。

〔一〇〕怎生：怎麽，怎樣。吕岩絶句：「不問黄芽肘後方，妙道通微怎生説？」辛棄疾醜奴兒近：「更遠樹斜陽，風景怎生圖畫？」

蝶戀花

幾度蘭房聽禁漏〔一〕。臂上殘粧，印得香盈袖〔二〕。酒力融融香汗透〔三〕。春嬌入眼橫波溜〔四〕。　不見些時眉已皺〔五〕。水闊山遥，乍向分飛後〔六〕。大抵有情須感舊。肌膚拼爲伊消瘦〔七〕。

【注釋】

〔一〕蘭房：香閨。宋玉諷賦：「獨有主人女在。女欲置臣……乃更於蘭房芝室，止臣其中。」潘岳哀永逝文：「委蘭房兮繁華，襲窮泉兮朽壤。」呂延濟注：「蘭房，妻嘗所居室也。」劉孝綽淇上戲蕩子婦示行事詩：「日闇人聲靜，微步出蘭房。」王績詠妓：「妖姬飾靚妝，窈窕出蘭房。」

〔二〕臂上殘粧二句：指被藝妓親咬而留在臂上的粧痕。類似描述在唐宋詩詞中頗爲常見。閻選虞美人：「偷期錦浪荷深處，一夢雲兼雨。臂留檀印齒痕香，深秋不寐漏初長，盡思量。」爲歐詞所本。秦觀臨江仙：「不忍殘紅猶在臂，翻疑夢裏相逢。」石孝友更漏子：「酒香唇，粧印臂。」可參讀。又元稹鶯鶯傳：「及明，覩粧在臂，香在衣，淚光熒熒然，猶瑩於茵席而已。」

〔三〕融融：和暖。白居易酒功贊：「沃諸心胸之中，熙熙融融，膏澤和風。」

〔四〕橫波：見蝶戀花（簾幕東風）注〔五〕。溜：流轉。

〔五〕些時：片刻，一會兒。李清照訴衷情：「更挼殘蕊，更撚餘香，更得些時。」

〔六〕分飛：見漁家傲（葉有清風）注〔七〕。

〔七〕肌膚句：柳永蝶戀花：「衣帶漸寬終不悔，爲伊消得人憔悴。」與此同一機杼。

【輯評】

吴熊和批點全宋詞：「較柳詞更俗。」（手稿）

又

詠枕兒

寶琢珊瑚山樣瘦〔一〕。緩髻輕攏，一朵雲生袖。昨夜佳人初命偶〔二〕。論情旋旋移相就〔三〕。　幾疊鴛衾紅浪皺〔四〕。暗覺金釵，磔磔聲相扣。一自楚臺人夢後〔五〕。淒涼暮雨霑裀繡〔六〕。

【注釋】

〔一〕山樣瘦：珊瑚枕面中凹，兩端突起，其形如山，故有「山枕」之稱。温庭筠更漏子：「山枕膩，錦衾寒，覺來更漏殘。」

〔二〕命偶：與好運爲偶，這裏指遇到心愛的人。

〔三〕論情：本義爲論理，這裏指言情。旋旋：張相詩詞曲語辭匯釋卷二：「醉翁琴趣歐陽修蝶戀花詞，詠枕：『昨夜佳人初命偶，論情旋旋移相就。』此猶云已而相就或漸漸相就也。」

〔四〕鴛衾：繡有鴛鴦圖案的被子。錢起長信怨詩：「鴛衾久別難爲夢，鳳管遥聞更起愁。」紅浪：喻繡被。柳永鳳棲梧：「鴛鴦繡被翻紅浪。」

〔五〕楚臺人夢：比喻男女歡合。語本宋玉高唐賦序：「昔者先王嘗遊高唐，怠而晝寢，夢見一婦人，曰：『妾巫山之女也，爲高唐之客。聞君遊高唐，願薦枕席。』王因幸之，去而辭曰：『妾在巫山之陽，高丘之阻。旦爲朝雲，暮爲行雨，朝朝暮暮，陽臺之下。』」

〔六〕裀繡：錦繡的墊褥。

又

一掬天和金粉膩㊀〔一〕。蓮子心中㊁，自有深深意。意密蓮深秋正媚。將花寄恨無人會。　橋上少年橋下水。小棹歸時〔二〕，不語牽紅袂㊂。浪濺荷心圓又碎。無端欲伴相思淚。

【校記】

㊀一掬天和：全芳備祖作「一曲天香」。

㊁心中：全芳備祖作「中心」。

㊂不語：全芳備祖作「不許」。

【注釋】

〔一〕天和：天然調和。淮南子俶真訓：「含哺而遊，鼓腹而熙，交被天和，食於地德。」孟郊蜘蛛諷詩：「萬類皆有性，各各稟天和。」金粉：指黃色的花粉。李白酬殷明佐見贈五雲裘歌：「輕如松花落金粉，濃以錦苔含碧滋。」膩：光鮮潤澤，參望江南（江南蝶）注〔六〕。

〔二〕小棹：短槳，代指小船。周邦彦長相思：「沙棠舟，小棹遊。池水澄澄人影浮。」

又

百種相思千種恨。早是傷春，那更春醪困〔一〕。薄倖辜人終不憤〔二〕。何時枕畔分明問。　懊惱風流心一寸。强醉偷眠，也即依前悶。此意爲君君不信。淚珠滴盡愁難盡。

【注釋】

〔一〕那更：張相詩詞曲語辭匯釋卷二：「那更，猶云況更也，兼之也。」柳永祭天神詞：「柔腸斷，還是黄昏，那更滿庭風雨。」春醪：春酒。説文：「醪，汁滓酒也。」徐灝箋：「醪與醴皆汁滓相將，醴一宿熟，味至薄。醪則醇酒，味甜。」陶潛擬挽歌辭：「春醪生浮蟻，何時更能嘗？」

〔二〕薄倖：見蝶戀花（小院深深）注〔七〕。本指男子薄情負心，這裏是女子對所歡男子的昵稱，猶言冤家。不憤：指不平。張相詩詞曲語辭匯釋卷四：「不分，猶云不滿或不平。……不分亦作不憤。蘇舜欽送人還吴江道中作詩：『不憤東流促行棹，羨他雙燕逆風飛。』此爲不服氣義。牛嶠楊柳枝詞：『不憤錢唐蘇小小，引郎松下結同心。』此爲不服氣或妬忌義。歐陽修蝶戀花詞：『薄倖辜人終不憤，何時枕畔分明問。』此不服氣義。」

【輯評】

俞文豹吹劍録：「杜子美流離兵革中，其詠内子云：『香霧雲鬟濕，清輝玉臂寒。何時倚虚幌，雙照淚痕乾。』歐陽文忠、范文正矯矯風節，而歐公詞云：『寸寸柔腸，盈盈粉泪，樓高莫近危欄倚。』又：『薄倖辜人終不憤，何時枕上分明問。』……情之所鍾，雖賢者不能免，豈少年所作耶？」

武陵春〔一〕

寶幄華燈相見夜〔二〕，粧臉小桃紅。斗帳香檀翡翠籠〔三〕。攜手恨忽忽。

金泥雙結同心帶〔四〕，留與記情濃。却望行雲十二峰〔五〕。腸斷月斜鐘。

【注釋】

〔一〕武陵春：又名武林春、花想容。雙調，四十八字，前後闋各四句三平韻。

〔二〕寶幄：精美的帳子。李白擣衣篇：「横垂寶幄同心結，半拂瓊筵蘇合香。」華燈：雕飾精美的燈具。楚辭招魂：「蘭膏明燭，華鐙錯些。」朱熹集注：「徐鉉曰：『錠中置燭，故謂之鐙。』華，謂其刻飾華好，或爲禽獸之形也。」

〔三〕斗帳：小帳，因形如覆斗，故稱。釋名釋牀帳：「小帳曰斗帳，形如覆斗也。」古詩爲焦仲卿妻作：「紅羅複斗帳，四角垂香囊。」香檀：指枕頭。檀爲香料，古人常將其置於枕内，故稱。徐陵中婦織流黄詩：「帶衫行幛口，覓釧枕檀邊。」一説香檀爲女子描畫口唇的化粧品。敦煌曲子詞破陣子：「雪落庭梅愁地，香檀枉注歌唇。」顧夐虞美人：「香檀細畫侵桃臉，羅袂輕輕斂。」翡翠：指繡有翡翠鳥圖案的被子。李商隱無題詩：「蠟照半籠金翡翠，麝熏微度繡芙蓉。」

〔四〕金泥：見南歌子（鳳髻金泥帶）注〔二〕。同心帶：指綰有同心結的裝飾綵帶，古人常用同心帶贈别，有時打上同心結，以示永不變心。楊衡夷陵郡内敍别詩：「留念同心帶，贈遠芙蓉簪。」

〔五〕行雲十二峰：即巫山十二峰。據明陳耀文天中記所載，巫山十二峰爲望霞、翠屏、朝雲、松巒、集仙、聚鶴、淨壇、上升、起雲、飛鳳、登龍、聖泉。因望霞峰（即神女峰）傳説楚襄王遊高唐，宋玉爲作高唐賦、神女賦而隱寓男女情愛之事。

（以上醉翁琴趣外篇卷一　共十一首）

梁州令〔一〕

紅杏牆頭樹〔二〕，紫萼香心初吐〔三〕。新年花發舊時枝，徘徊千繞，獨共東風語。陽臺一夢如雲雨〔四〕。爲問今何處。離情別恨多少，條條結向垂楊縷。此事難分付〔五〕。初心本誰先許〔六〕。竊香解佩兩沉沉〔七〕，知他而今，記得當初否。誰教薄倖輕相悮〔八〕。不信道、相思苦。如今却恁空追悔，元來也會憶人去〔九〕。

【注釋】

〔一〕梁州令：又名涼州令、梁州令疊韻。柳永樂章集入中吕宫。正體雙調五十字。此詞雙調一百零六字，前後闋各九句六仄韻，爲別體。

〔二〕紅杏牆頭樹：本於吴融途中見杏花：「一枝紅豔出牆頭，牆外行人正獨愁。」後有葉紹翁遊園不值詩：「春色滿園關不住，一枝紅杏出牆來。」

〔三〕紫萼：包在花瓣外面的萼片。李紳過梅里早梅橋詩：「紫萼迎風玉珠裂。」香心：指花苞。庾信正旦上司憲府詩：「短筍猶埋竹，香心未啓蘭。」李商隱燕臺詩冬：「凍壁霜華交隱起，芳根中斷香心死。」

〔四〕陽臺句：見長相思（深畫眉）注〔二〕。

〔五〕分付：交付，安排。張相詩詞曲語辭匯釋卷五：「高觀國祝英臺近詞：『幾時挑菜踏青，雲沈雨斷，盡分付楚天之外。』此暗用楚襄王神女雲雨事。意言與彼美久曠，無計奈何，亦祇有交付於楚天之外，聽憑其雲沈雨斷而已。以上爲交付義。」按，高觀國詞與歐陽修用意相同，可以參讀。

〔六〕初心：本意。干寶搜神記卷一五：「既不契於初心，生死永訣。」王禹偁求致仕第一表：「岑文本之初心，止於縣令。」許：張相詩詞曲語辭匯釋卷三：「許，猶服也，心服之服。」

〔七〕竊香：用韓壽偷香的典故，見望江南（江南蝶）注〔四〕。解佩：用鄭交甫偶遇神女事，見玉樓春（燕鴻過後）注〔五〕。

〔八〕薄倖：見蝶戀花（小院深深）注〔七〕。

〔九〕元來：即「原來」。顧炎武日知録卷三二「元」條：「元者，本也。本官曰元官，本籍曰元籍，本來曰元來，唐宋人多此語。後人以『原』字代之，不知何解。原者，再也。……與本來之義全不相同。或以爲洪武中臣下有稱元任官者，嫌於元朝之官，故改此字。」

漁家傲㊀

爲愛蓮房都一柄。雙苞雙蘂雙紅影〔一〕。雨勢斷來風色定。秋水靜。仙郎彩女臨鸞鏡〔二〕。　妾有容華君不省〔三〕。花無恩愛猶相並。花却有情人薄倖〔四〕。心耿耿〔五〕。因花又染相思病。

【校記】

㊀唐圭璋宋詞互見考：「案此首歐陽修詞，見六一詞。花草粹編卷七誤作潁上陶生詞。」

【注釋】

〔一〕雙苞句：指並蒂蓮花。王勃採蓮曲：「牽花憐並蒂，折藕愛新絲。」皇甫松竹枝詞：「芙蓉並蔕一心連，花侵槅子眼應穿。」

〔二〕仙郎：借稱俊美的青年男子。和凝柳枝詞：「醉來咬損新花子，拽住仙郎儘放嬌。」彩女：本指宫女，此處泛指一般的年青女子。鮑照代淮南王詩：「紫房彩女弄明璫，鸞歌鳳舞斷君腸。」鸞鏡：見應天長（一彎初月臨鸞鏡）注〔二〕。

〔三〕容華：指女子美麗的容顔。曹植雜詩：「南國有佳人，容華若桃李。」

〔四〕薄倖：見蝶戀花（小院深深）注〔七〕。

〔五〕耿耿：煩躁不安、心事重重貌。楚辭遠遊：「夜耿耿而不寐兮，魂營營而至曙。」洪興祖補注：「耿耿，不安也。」李郢秦處士移家富春發樟亭懷寄詩：「離别幾宵魂耿耿，相思一座鬓星星。」

【輯評】

吴熊和批點全宋詞：「鼓子詞一套。」（手稿）

又

昨日採花花欲盡。隔花聞道潮來近。風獵紫荷聲又緊〔一〕。低難奔〔二〕。蓮莖刺惹香腮損。一縷艷痕紅隱隱。新霞點破秋蟾暈〔三〕。羅袖挹殘心不穩〔四〕。羞人問。歸來剩把煙脂襯〔五〕。

【注釋】

〔一〕獵：吹過，越過。劉禹錫寄楊八壽州詩：「風獵紅旗入壽春，滿城歌舞向朱輪。」

〔二〕奔：指船快行。

〔三〕新霞：天空初現的彩霞，此處比喻女子臉上被劃的印痕。秋蟾暈：秋月周圍的光圈，比喻女子的臉龐。

〔四〕挹：牽引，纏繞。李煜一斛珠：「羅袖裛殘殷色可，杯深旋被香醪涴。」「裛」與「挹」通。

〔五〕剩把：張相詩詞曲辭詞匯釋卷二：「剩把，儘把也。」晏幾道鷓鴣天詞：『今宵賸把銀釭照，猶恐相逢是夢中。』

又

一夜越溪秋水滿〔一〕。荷花開過溪南岸。貪採嫩香星眼慢〔二〕。疏回眄〔三〕。郎船不覺來身畔。罷採金英收玉腕〔四〕。回身急打船頭轉。荷葉又濃波又淺。無方便〔五〕。教人只得擡嬌面。

【注釋】

〔一〕越溪：傳爲越國美女西施浣紗之處，泛指越地河流。李白送祝八之江東賦得浣紗石詩：「西施越溪女，明艷光雲海。」王維西施詠：「朝爲越溪女，暮作吳宮妃。」

〔二〕星眼：明麗的眼眸。閻選虞美人：「月蛾星眼笑微頻，柳夭桃艷不勝春。」

〔三〕疏：疏忽，懈怠。回眄：回望。

〔四〕金英：指水金英，開黃色的花。

〔五〕方便：方法，計策。妙法蓮華經卷二譬喻品：「爾時長者，將欲誘引其子而設方便，密遣二人形色憔悴無威德者：汝可詣彼，徐語窮子，此有作處，倍與汝直。」大莊嚴論經卷三：「復作是思惟，當設何方便。得使諸珍寶，隨我至後世。」

又〔一〕

近日門前溪水漲。郎船幾度偷相訪。船小難開紅斗帳〔二〕。無計向〔三〕。合歡影裏空惆悵〔三〕。　願妾身爲紅菡萏〔四〕。年年生在秋江上〔五〕。更願郎爲花底浪。無隔障。隨風逐雨長來往。

【校記】

㊀唐圭璋全宋詞：「案花草粹編卷七此首誤作潁上陶生詞。」

【注釋】

〔一〕斗帳：小帳，因形如覆斗，故稱。見前武陵春（寶幄華燈）注〔三〕。

〔二〕無計向：張相詩詞曲語辭匯釋卷三：「向，語助辭，專用於『怎奈』、『如何』一類之語，加强其語氣而爲其語尾。……無計向，即無計奈何之意也。」

〔三〕合歡：即合歡蓮，又名雙頭蓮、同心蓮、嘉蓮。因蓮爲憐之諧音，故常以喻男女戀情。明胡侍真珠船雙頭蓮：「雙頭蓮，即合歡蓮，一名嘉蓮，一名同心蓮，自是一種，不足爲瑞。」

〔四〕菡萏：即荷花。爾雅釋草：「荷，芙渠，其莖茄，其葉蕸，其本密，其華菡萏。」

〔五〕年年句：本於高蟾下第後上永崇高侍郎詩：「芙蓉生在秋江上，不向東風怨未開。」

又

妾解清歌並巧笑〔一〕。郎多才俊兼年少。何事抛兒行遠道。無音耗〔二〕。江頭又綠王孫草〔三〕。　昔日採花呈窈窕〔四〕。玉容長笑花枝老〔五〕。今日採花添懊惱。傷懷抱。玉容不及花枝好。

【注釋】

〔一〕清歌：見蝶戀花（簾下清歌）注〔一〕。巧笑：詩經衛風碩人：「巧笑倩兮，美目盼兮。」梅堯臣依韻和希深新秋會東堂詩：「巧笑承歡劇，新詞度曲長。」

〔二〕音耗：音信，消息。周書晉蕩公護傳：「既許歸吾於汝，又聽先致音耗。」

〔三〕王孫草：指牽人離愁的景色。本於淮南小山招隱士：「王孫游兮不歸，春草生兮萋萋。」李頎題少府監李丞山池詩：「窗外王孫草，牀頭中散琴。」

〔四〕窈窕：形容女子嫻靜美好的姿態。詩經周南關雎：「窈窕淑女，君子好逑。」毛傳：「窈窕，幽閑也。」

〔五〕玉容：女子容貌的美稱。陸機擬西北有高樓詩：「玉容誰得顧，傾城在一彈。」王建調笑令：「玉容顦顇三年，誰復商量管絃。」

一斛珠〔一〕

今朝祖宴〔二〕。可憐明夜孤燈館〔三〕。酒醒明月空床滿。翠被重重，不似香肌暖。愁腸恰似沉香篆〔四〕。千回萬轉縈還斷。夢中若得相尋見。却願春宵，一夜如年遠。

【注釋】

〔一〕一斛珠：又名醉落魄、怨春風。唐時爲聲詩。據舊題曹鄴小説梅妃傳，謂唐玄宗寵愛梅妃江采蘋，曾命封珍珠一斛密賜之。梅妃不受，報以詩曰：「柳葉雙眉久不描，殘粧和淚濕紅綃。長門自是無梳洗，何必珍珠慰寂寥。」玄宗見詩悵然不樂，令樂府以新聲度之，名一斛珠。至宋時沿爲詞調。雙調，五十七字。前後闋各五句，四仄韻。

〔二〕祖宴：餞別的宴會。見玉樓春（春山斂黛）注〔三〕。

〔三〕可憐：清汪師韓詩學纂聞「可憐有二義」條：「鮑明遠東飛伯勞歌云：『三月已暮花從風，空留可憐與誰同。』按『憐』字有二解：莊子庚桑楚篇：『汝欲反汝性情而無由入，可憐哉！』宋玉九辯曰：『惆悵兮而私自憐。』王逸注曰：『竊内念己，自閔傷也。』五行志成帝時歌謡曰：『故爲人所羨，今爲人所憐。』又孫會宗謂楊惲：『大臣廢退，當闔門惶懼，爲可憐之意。』陶詩：『榮華誠足貴，亦復可憐傷。』此『可憐』者，皆謂可閔也。戰國策趙太后曰：『丈夫亦愛憐其少子乎？』列子曰：『生相憐，死相捐。』魯連子引古諺曰：『心誠憐，白髮元（玄）。』此『憐』字與明遠詩所云『可憐』者，謂可愛也。凡唐詩可憐宵、可憐生，多作可愛意。」張相詩詞曲語辭匯釋卷五：「可憐，猶云可惜也。」

〔四〕沉香篆：指用沉香料製成的盤香。沉香，又名沉水香，蘇敬唐本草注：「沉香、青桂、雞骨、馬蹄、煎香等同是一樹。葉似橘葉，花白，子似檳榔，大如桑椹，紫色而味辛；樹皮青色，木似欅柳。」

惜芳時〔一〕

困倚蘭臺翠雲亸〔二〕。睡未足、雙眉尚鎖。潛身走向伊行坐〔三〕。孜孜地〔四〕、告佗梳裹〔五〕。發粧酒冷重温過〔六〕。道要飲、除非伴我。丁香嚼碎偎人睡㊀〔七〕，猶記恨、夜來些个〔八〕。

【校記】

㊀假人睡：冒校：「『唾』誤『睡』」。

【注釋】

〔一〕惜芳時：即思歸樂。本詞調最早即見於歐陽修此詞。冒云：「詞律、詞律拾遺、補遺均不載此調。按：即步蟾宫也。」雙調，五十六字，前後闋各八句，四仄韻。

〔二〕蘭臺：本爲戰國楚臺名，後泛指樓臺。宋玉風賦序：「楚襄王游於蘭臺之宫，宋玉、景差侍。」李周翰注：「蘭臺，臺名。」翠雲：形容女子烏黑濃密的秀髮。李煜菩薩蠻：「抛枕翠雲光，繡衣聞異香。」嚲：下垂。柳永玉蝴蝶：「翠眉開、嬌横遠岫，緑鬢嚲、濃染春煙。」

〔三〕伊：見長相思（花似伊）注〔一〕。行坐：行動或居止。張籍過賈島野居詩：「青門坊外住，行坐見南山。」

〔四〕孜孜：仔細專注貌。晁端禮殢人嬌詞：「孜孜地、看伊模樣。」

〔五〕梳裹：梳理頭髮，繫裹巾帕。泛指梳妝打扮。柳永定風波：「暖酥消，膩雲嚲，終日厭所以裹帽則必用篦子約髮。客至即言容梳裹。」

〔六〕發粧：化粧。詩詞中常以「發粧」與酒釅花紅相聯繫，映襯女子的紅顏。柳永少年游：「香幃睡起，發粧酒釅，紅臉杏花春。」范成大攜家石湖賞拒霜詩：「艷粉發粧朝日麗，濕紅浮影晚波清。」釋惠洪長春花詩：「人間花亦有仙骨，卯酒發粧呼不醒。」史達祖瑞鶴仙賦紅梅：「館娃春睡起，爲發粧酒煖，臉霞輕膩。」李之儀次韻君俞瑞香詩：「牡丹獨賞慈恩句，只解金杯比發粧。」

〔七〕丁香：又名雞舌香，花氣芳香，故古人常含於口中以去異味。李煜一斛珠：「向人微露丁香顆，一曲清歌，暫引櫻桃破。」

〔八〕些个：即「些箇」，猶言多少，若干。張相詩詞曲語辭匯釋卷三：「箇，估量某種光景之辭，等於價或家。凡少則曰些兒箇。李後主一斛珠詞：『曉粧初過，沈檀輕注些兒箇。』……或曰些箇。」

（以上醉翁琴趣外篇卷二　共八首）

洞仙歌令〔一〕

樓前亂草，是離人方寸〔二〕。倚遍闌干意無盡。羅巾掩，宿粉殘眉、香未減，人與天涯共遠。　香閨知人否，長是厭厭〔三〕，擬寫相思寄歸信。未寫了，淚成行、早滿香牋〔四〕。相思字、一時滴損。便直饒〔五〕、伊家總無情〔六〕，也拚了一生〔七〕，爲伊成病。

【注釋】

〔一〕洞仙歌令：即洞仙歌。唐教坊曲，用作詞調名。敦煌雲謡集雜曲子已見此調。夏敬觀詞調溯源：「林鍾商，俗呼歇指調。……洞仙歌，見教坊記。宋志因舊曲造新聲，入本調，又入夷則商。柳永詞入夾鍾羽，又一首入夷則羽，又一首入黄鍾羽。」此調單、雙調並用，有諸種格體，此處雙調，八十二字，下一首八十四字。

〔二〕方寸：見蝶戀花（南雁依稀）注〔七〕。

〔三〕厭厭：見定風波（過盡韶華）注〔八〕。

〔四〕香牋：加多種香料的詩箋或信箋。皮日休寒夜文宴得泉字詩：「分明競襞七香牋，玉朗風姿盡列仙。」

〔五〕直饒：張相詩詞曲語辭匯釋卷一：「饒，猶任也，儘也。假定之辭。……有作直饒者。直字亦假定辭，與饒同義。……直字與饒字聯用，假定之義更顯，曲筆之力量亦愈足。」

〔六〕伊家：見摸魚兒（卷繡簾）「伊家」注。

〔七〕拚：甘願之辭，見少年遊（去年秋晚）注〔四〕。

又

情知須病〔一〕，奈自家先肯〔二〕。天甚教伊恁端正〔三〕。憶年時、蘭棹獨倚春風〔四〕，相憐處、月影花光相映〔五〕。別來憑誰訴，空寄香牋〔六〕，擬問前歡甚時更〔七〕。後約與新期，易失難尋。空腸斷〔一〕，損風流心性〔八〕。除只把、芳尊強開顏〔九〕，奈酒到愁腸，醉了還醒。

【校記】

㊀空腸斷：冒校：「『空』字衍，或襯。」

【注釋】

〔一〕情知：明知。後漢書王符傳載潛夫論：「情知積粟腐倉，而不忍貸人一斗。」敦煌曲禪門十二時：「日出卯，取鏡當心照，情知内外空，更莫生煩惱。」

〔二〕自家：自己。張鷟遊仙窟：「面非他舍面，心是自家心。」原注：「言我之曰美麗，何關別外人之事也。」「舍」、「家」都是代詞詞尾，無義。清顧張思土風録卷九自家：「自己曰自家，見釋林寶訓文悦禪師云：『自家閨閣中物，不肯放下。』又楊廉夫香匳詩：『自家揉碎砑繚綾。』」肯：自願之辭，與「拚」相近，謂拚命相思。

〔三〕恁：如此，這麼。

〔四〕年時：宋時方言，猶當年或那時。蘇庠菩薩蠻：「年時憶著花前醉。而今花落人憔悴。」蘭棹：木蘭舟。任昉述異記卷下：「木蘭川在潯陽江中，多木蘭樹。昔吴王闔閭植木蘭於此，用構宫殿也。七里洲中有魯班刻木蘭爲舟，舟至今在洲中。詩家云木蘭舟，出於此。」張志和漁父：「蘭棹快，草衣輕，只釣鱸魚不釣名。」

〔五〕花光：花容。柳永夜半樂詞：「擡粉面、韶容花光相妒。」

〔六〕香牋：見洞仙歌令（樓前亂草）注〔四〕。

〔七〕擬問：試問。甚時更：幾時能重來。

〔八〕心性：性情，性格。葛洪抱朴子交際：「今先生所交必清澄其行業，所厚必沙汰其心性。」柳永紅窗睡詞：「二年三歲同鴛寢，表温柔心性。」

〔九〕芳尊：即芳樽，本指精緻的酒器，這裏借指美酒。杜甫贈虞十五司馬詩：「過逢連客位，日夜倒芳樽。」

鵲踏枝〔一〕

一曲樽前開畫扇〔二〕。暫近還遥，不語仍低面。直至情多緣少見。千金不直雙回眄〔三〕。　苦恨行雲容易散〔四〕。過盡佳期，争向年芳晚〔五〕。百種尋思千萬遍。愁腸不似情難斷。

【注釋】

〔一〕鵲踏枝：即蝶戀花，又名鳳棲梧。唐教坊曲。雙調，六十字，前後闋各四仄韻。

〔二〕畫扇：有繪飾的扇子。鮑泉落日看還詩：「雕甍斜落影，畫扇拂遊塵。」杜甫傷秋詩：「高秋收畫扇，久客掩荆扉。」

〔三〕千金句：語本藝文類聚卷三二王僧孺寵姬詩：「再顧連城易，一眄千金買。」回眄，見漁家傲（一夜越溪）注〔三〕。

〔四〕苦恨句：參生查子（含羞整翠鬟）注〔六〕。

〔五〕争向：張相詩詞曲語辭匯釋卷三：「向，語助辭，專用於『怎奈』、『如何』一類之語，加强其語氣而爲其語尾。有曰争向者。」柳永減字木蘭花：「深房密宴。争向好天多聚散。」年芳：指美好的春色。沈約三月三日率爾成篇詩：「麗日屬元巳，年芳具在斯。」李商隱判春詩：「一桃復一李，井上占年芳。」

品令〔一〕

漸素景〔二〕，金風勁〔三〕。早是淒涼孤冷。那堪聞、蛩吟穿金井〔四〕。喚愁緒難整。　懊惱人人薄倖〔五〕。負雲期雨信〔六〕。終日望伊來，無憑準〔七〕。悶損我〔八〕、也不定。

【注釋】

〔一〕品令：又名思越人、品字令、海月謡，有不同格體，此處雙調，五十字，前闋四句三仄韻，後闋四句二仄韻。周邦彦清真集入商調。

〔二〕素景：秋季的景色。古代五行之説，秋屬金，其色白，故稱素秋。柳永木蘭花慢：「漸素景衰殘，風砧韻響，霜樹紅疏。」歐陽修清商怨：「關河愁思望處滿。漸素秋向晚。」

〔三〕金風：即秋風。見玉樓春（蝶飛芳草）注〔五〕。

〔四〕蛩：蟋蟀。鮑照擬古詩：「秋蛩扶户吟，寒婦晨夜織。」金井：井欄上有雕飾的井。費昶行路難詩：「唯聞啞啞城上烏，玉欄金井牽轆轤。」

〔五〕人人：人兒，那個人，特指親近昵愛者。見前蝶戀花（海燕雙來）注〔六〕。薄倖：見蝶戀花（小院深深）注〔七〕。

〔六〕雲期雨信：指男女幽期之約。

〔七〕憑準：準信，確信。

〔八〕悶損：即煩悶。李清照玉樓春：「道人憔悴春窗底，悶損闌干愁不倚。」

燕歸梁〔一〕

風擺紅藤捲繡簾〔二〕。寶鑑慵拈〔三〕。日高梳洗幾時忺〔四〕。金盆水弄纖纖〔五〕。

鬠雲謾嚲殘花淡〔六〕。和嬌媚、瘦巖巖〔七〕。離情更被宿酲兼〔八〕。空惹得、病猒猒〔九〕。

【校記】

㊀ 冒校：「此詞又見杜安世壽域詞，『藤』作『縚』，『繡簾』作『畫簾』，『漫』作『鬆』，『殘花淡』作『衣斜褪』，『媚』作『懶』，『被』字無，是落『被』字，『惹』作『贏』。」唐圭璋全宋詞：「案此首別又見杜安世杜壽域詞。」

【注釋】

〔一〕燕歸梁：又名悟黄粱。晏殊珠玉詞有「雙燕歸飛繞畫堂，似留戀虹梁」句，故用爲調名。有多種體式，此處雙調，五十字，下一首五十一字。前闋四句四平韻，後闋五句三平韻。

〔二〕紅藤：藤本植物，莖可作手杖，加工後可用以編織器物。李時珍本草綱目卷一八下引陳藏器語：「紅藤……生南地深山。皮赤，大如指，堪縛物，片片自解也。」白居易紅藤杖詩：「唯有紅藤杖，相隨萬里來。」

〔三〕寶鑑：鏡子的美稱。劉過蝶戀花贈張守寵姬詞：「寶鑑年來微有暈。懶照容華，人遠天涯近。」可以比照。

〔四〕忺：高興，願意。方言：「青、齊呼意所欲爲忺。」韋應物寄二嚴詩：「絲竹久已懶，今日遇君忺。」

〔五〕金盆：盥洗盆具的美稱。王建宫詞：「叢叢洗手遶金盆，旋拭紅巾入殿門。」纖纖：代指女子的玉手。古詩十九首之二：「娥娥紅粉粧，纖纖出素手。」羅鄴題笙詩：「最宜輕動纖纖玉，醉送當觀灩灩金。」

〔六〕髻雲：即雲髻，濃黑如雲的髮髻。曹植洛神賦：「雲髻峨峨。」白居易長恨歌：「雲髻半偏新睡覺，花冠不整下堂來。」謾：張相詩詞曲語辭匯釋卷二：「漫，本爲漫不經意之漫，爲聊且義或胡亂義；轉變而爲徒義或空義。字亦作謾，又作慢。」此有不經意之意。嚲：見惜芳時（困倚蘭臺翠雲嚲）注〔二〕。

〔七〕瘦巖巖：瘦削柔弱貌，如山石崚峋。薛能吴姬詩：「夜鎖重門晝亦監，眼波嬌利瘦巖巖。」

〔八〕宿酲：見定風波（過盡韶華）注〔六〕。

〔九〕猒猒：同厭厭，見定風波（過盡韶華）注〔八〕。

又

帡裹金爐帳外燈〔一〕。掩春睡騰騰〔二〕。緑雲堆枕亂鬅鬙〔三〕。猶依約〔四〕、那回曾。人生少有，相憐到老，寧不被天憎。而今前事總无憑。空贏得、瘦稜稜〔五〕。

【注釋】

〔一〕㠊：同「屏」，屏風。金爐：見蝶戀花（簾幕東風）注〔四〕。

〔二〕騰騰：王鍈詩詞曲語辭例釋：「騰騰，等於説悠悠。或描寫動作之悠閑，或描寫動作之遲緩。它本身是形容詞而不是詞尾。」韓偓倚醉詩：「抱柱立時風細細，繞廊行處思騰騰。」

〔三〕緑雲：形容烏黑發亮的秀髮。鬅鬙：頭髮散亂貌。段成式酉陽雜俎續集支諾皋上：「忽見一小鬼鬅鬙，頭長二尺餘。」

〔四〕依約：仿佛，隱約。晏殊少年游：「風流妙舞，櫻桃清唱，依約駐行雲。」

〔五〕稜稜：瘦削貌。李建勳贈送致仕郎中詩：「鶴立瘦稜稜，髭長白似銀。」

聖無憂㊀〔一〕

相別重相遇。恬如一夢須臾〔二〕。樽前今日歡娛事，放盞旋成虛〔三〕。莫惜斗量珠玉，隨他雪白髭鬚。人間長久身難得，鬭在不如吾〔四〕。

【校記】

㈠冒校：「□□□，琴趣調作聖無憂，宋本墨丁。萬氏詞律收此詞，調作珠簾卷，不知何據。又於錦堂春後，謂五字起者名聖無憂，六字起者名錦堂春，均源於烏夜啼詞。詞律不收聖無憂調，以歐詞之聖無憂『世路風波險』、李後主之烏夜啼附趙令時四十八字之錦堂春後。又別收程泌五十九字之錦堂春一首，而諸首參校，字句均各不同。」文本校記：「『□□□』，樂本卷三、元本卷三調名均缺。琴本卷六調名『聖無憂』。按『聖無憂』即『錦堂春』，亦即『烏夜啼』，四十四字體。此詞與前『聖無憂』一調，句讀略異，但字數正同，當係同調另一體。詞律卷四於此詞另列『珠簾捲』一調，似未見琴本原刻。」

【注釋】

〔一〕聖無憂：即烏夜啼。詞譜卷六注南唐李煜烏夜啼「昨夜風兼雨」一首云：「此詞前段起句五字，歐陽修聖無憂詞及權無染詞正與此同。」

〔二〕須臾：見聖無憂（世路風波險）注〔三〕。

〔三〕旋：見蝶戀花（簾幕東風）注〔四〕。

〔四〕鬭在句：張相詩詞曲語辭匯釋卷一：「鬭，喜樂戲耍之辭。牛僧孺席上贈劉夢得詩：『休論世上升沉事，且鬭樽前見在身。』鬭者，受用之義，猶云且受用樽前見在也，亦猶云且樂樽前見在也。……白居易代夢得吟詩：『世上争先從盡汝，人間鬭在不如吾。』即代夢得答牛詩鬭見在意而省之曰鬭在，鬭在亦猶云樂見在也。歐陽修聖無憂詞：『人間長久身難得，鬭在不如吾。』即本白詩意。」

錦香囊㈠〔一〕

一寸相思無着處〔二〕。甚夜長難度。燈花前、幾轉寒更，桐葉上、數聲秋雨〔三〕。　真个此心終難負。況少年情緒。已交共、春繭纏綿，終不學、鈿箏移柱㈡〔四〕。

【校記】

㈠冒校：「詞律、詞律拾遺、補遺均不收此調。按，高麗史樂志其舞隊曲有名壽延長者，字句與此悉同。『已交共』『交』字應作『教』。」黄本校記：「此詞詞律、詞律拾遺均不收，按高麗史樂志其舞隊曲有名壽延長者，字句與此悉同。」

㈡ 鈿：原作「細」，全宋詞：「案『鈿』原作『細』，疑形近之誤。」今據改。

【注釋】

〔一〕錦香囊：雙調五十二字，前後闋各四句三仄韻。此調名爲歐陽修首創，詞律、詞譜均未載。香囊是古代牀帳中所設熏香的一種。古詩爲焦仲卿妻作：「紅羅覆斗帳，四角垂香囊。」而「錦香囊」則又縫有絲帶，可以掛在胸前，或繫結懷中或袖內。孫光憲遐方怨詞：「紅綬帶，錦香囊。爲表花前意，殷勤贈玉郎。」皇甫枚飛煙傳：「（飛煙）因授象以連蟬錦香囊並碧苔箋，詩曰：『無力嚴粧倚繡櫳，暗題蟬錦思難窮。近來贏得傷春病，柳弱花欹怯曉風。』象結錦囊於懷。」或爲此調之本。

〔二〕一寸句：李商隱無題：「春心莫共花争發，一寸相思一寸灰。」

〔三〕桐葉句：白居易長恨歌：「秋雨梧桐葉落時。」

〔四〕鈿箏移柱：本於馮延巳蝶戀花：「誰把鈿箏玉柱移。」鈿箏，用花鈿裝飾之箏。柱，箏上的絃柱。每絃一柱，可移動以調定聲音。詩詞中常以移柱喻移心。盧綸宴席賦得姚美人拍箏歌：「出簾仍有鈿箏隨，見罷翻令恨識遲。」李商隱獨居有懷詩：「浦冷鴛鴦去，園空蛺蝶尋。蠟花長遞淚，箏柱鎮移心。」

繫裙腰〔一〕

水軒檐幕透薰風〔二〕。銀塘外、柳煙濃〔三〕。方牀遍展魚鱗簟〔四〕，碧紗籠〔五〕。小墀面〔六〕、對芙蓉。玉人共處雙鴛枕〔七〕，和嬌困、睡朦朧。起來意懶含羞態，汗香融〔八〕。繫裙腰，映酥胸〔九〕。

【注釋】

〔一〕繫裙腰：又名繫雲腰。詞譜卷一三列張先「清霜蟾照夜雲天」爲正體，雙調，六十一字。此處爲别體，雙調，五十八字。詞譜注：「宋媛魏氏詞名芳草渡。」

〔二〕水軒：臨水的屋室。

〔三〕銀塘：清澈明淨的池塘。梁簡文帝和武帝宴詩：「銀塘瀉清渭，銅溝引直漪。」柳煙：形容柳枝葱鬱茂密。韋莊酒泉子：「子規啼破相思夢，曙色東方纔動。柳煙輕，花露重，思難任。」

〔四〕方牀：卧榻。南史賀革傳：「（革）有六尺方牀，思義未達，則横卧其上，不盡其義，終不肯食。」歐陽修憎蒼蠅賦：「華榱廣廈，珍簟方牀。炎風之燠，夏日之長。」魚鱗簟：編織精密紋理如同魚鱗的簟席。柳永玉蝴蝶：「銀塘静、魚鱗簟展，煙岫翠、龜甲屏開。」

〔五〕碧紗籠：緑紗燈罩。齊己燈詩：「紅燼自凝清夜朵，赤心長謝碧紗籠。」一説碧紗籠即碧紗廚，用木頭做成架子，頂上和四周圍蒙上碧紗。夏天置於室内或園中，坐卧在裏面，可避蚊蠅。

〔六〕墀面：臺階上的空地。

〔七〕玉人：貌美之人，古代常以玉人稱譽男子。世説新語容止：「（裴楷）粗服亂頭皆好，時人以爲玉人。」初學記卷一九引衛玠别傳：「玠在龆齓中，乘羊車於洛陽市，舉市咸曰：誰家玉人。」

〔八〕汗香融：牛嶠菩薩蠻：「玉爐冰簟鴛鴦錦，粉融香汗流山枕。」

〔九〕酥胸：宣和遺事前集：「簾兒底笑語喧呼，門兒裏簫韶盈耳，一個粉頸酥胸，一個桃腮杏臉，天子觀之私喜。」

阮郎歸

濃香搓粉細腰肢。青螺深畫眉〔一〕。玉釵撩亂挽人衣。嬌多常睡遲。繡簾角，月痕低〔二〕。仙郎東路歸〔三〕。泪紅滿面濕臙脂〔四〕。蘭房怨别離〔五〕。

【注釋】

〔一〕青螺：指螺子黛粧，畫濃深的長蛾眉。螺是女子用以描眉的青黑色礦物顔料。説郛卷七八引顔師古隋遺録：「絳仙（吴絳仙）善畫長蛾眉……由是殿腳女争效爲長蛾眉，司宫吏日給螺子黛五斛，號爲蛾緑。螺子黛出波斯國，每顆直十金。」

〔二〕月痕：月影。比喻女子的粧痕。唐詩紀事卷五七「段成式」條：「妓有醉毆者，温飛卿曰：『若狀此，便可以疻面對捽胡。』成式乃曰：『捽胡雲彩落，疻面月痕消。』」

〔三〕仙郎：見漁家傲（爲愛蓮房）注〔一〕。東路：語本曹植洛神賦：「命僕夫而就駕，吾將歸乎東路。」

〔四〕泪紅句：杜甫曲江對雨詩：「林花著雨臙脂濕，水荇牽風翠帶長。」

〔五〕蘭房：見蝶戀花（幾度蘭房聽禁漏）注〔一〕。

又

去年今日落花時。依前又見伊。淡匀雙臉淺匀眉〔一〕。青衫透玉肌。纔會面，便相思。相思無盡期。這回相見好相知。相知已是遲〔二〕。

【注釋】

〔一〕雙臉：指兩頰。徐伯陽日出東南隅行：「五馬停珂遣借問，雙臉含嬌特好羞。」李中春閨辭：「塵昏菱鑑懶修容，雙臉桃花落盡紅。」

〔二〕相知句：暗用杜牧歎花詩：「自是尋春去較遲，不須惆悵怨芳時。狂風落盡深紅色，緑葉成陰子滿枝。」

又

玉肌花臉柳腰肢〔一〕。紅粧淺黛眉〔二〕。翠鬟斜嚲語聲低〔三〕。嬌羞雲雨時〔四〕。伊怜我，我怜伊。心兒與眼兒。繡屏深處説深期〔五〕。幽情誰得知〔六〕。

【注釋】

〔一〕花臉：形容女子姣好的面龐。元稹恨粧成詩：「凝翠暈蛾眉，輕紅拂花臉。」白居易聽崔七妓人筝詩：「花臉雲鬟坐玉樓，十三絃裏一時愁。」

〔二〕紅粧：指女子的粧面。元稹瘴塞詩：「瘴塞巴山哭鳥悲，紅粧少婦斂啼眉。」淺黛眉：黛（青黑色顔料）描畫的淡眉。温庭筠春日詩：「草色將林彩，相添入黛眉。」和凝柳枝：「瑟瑟羅裙金縷腰，黛眉偎破未重描。」

〔三〕翠鬟：見生查子（含羞整翠鬟）注〔二〕。鞞：見惜芳時（困倚蘭臺翠雲鞞）注〔二〕。

〔四〕雲雨：指男女歡會。語本宋玉高唐賦序，參長相思（深畫眉）注〔二〕。

〔五〕繡屏：指繡有紋飾的屏風。魏承班滿宫花詞：「愁見繡屏孤枕。」

〔六〕幽情：隱秘的感情。白居易琵琶行：「别有幽情暗恨生，此時無聲勝有聲。」

【輯評】

楊希閔詞軌卷四：「吾友陳廣敷云：『詞中六一是金碧山水，子瞻是淡墨煙雲。金碧山水非富麗之爲，尚正貴其妍妙耳。又評六一阮郎歸詞云：「此人眷屬，四時太平。」字句間，了無感怨，然其音節，仍不免令人回愁引思，蓋六一雖富貴人傑而一生多難，其發也不期而然。聲音之道與政通，信哉！……』閔按：陳評微妙之至，一隅可以三反也。」

怨春郎㊀〔一〕

爲伊家〔二〕，終日悶。受盡恓惶誰問〔三〕。不知不覺上心頭，悄一霎身心頓也没處頓〔四〕。惱愁腸，成寸寸〔五〕。已恁莫把人縈損。奈每每人前道着伊，空把相思淚眼和衣揾〔六〕。

【校記】

㊀冒校：「詞律、詞律拾遺、補遺均不收此調。疑即臨江仙也。『悄』字、『奈』字均襯。『莫』字疑。」

【注釋】

〔一〕怨春郎：雙調，五十九字，前後闋各五句三仄韻。此調詞律、詞譜均未載。

〔二〕伊家：見摸魚兒（卷繡簾）注〔一一〕。

〔三〕恓惶：悲傷淒涼貌。韋應物簡盧陟詩：「恓惶戎旅下，蹉跎淮海濱。」

〔四〕悄：渾是，直是。劉禹錫送李策秀還南湖詩：「悄如促柱絃，掩抑多不平。」頓：安排，安頓。

〔五〕惱愁腸二句：形容心腸寸斷的極端痛苦。參踏莎行（候館梅殘）注〔六〕。

〔六〕揾：揩拭。

滴滴金〔一〕

樽前一把横波溜〔二〕。彼此心兒有。曲屏深幌解香羅〔三〕，花燈微透。　偎人欲語眉先皺。紅玉困春酒〔四〕。爲問鴛衾這回後。幾時重又。

【注釋】

〔一〕滴滴金：又名縷縷金。毛先舒填詞名解卷一以爲取菊名調，並引史鑄菊譜辨疑：「越俗有菊，由花梢引露滴入土，却生新根而出，故名滴滴金。」正體雙調，五十字，前後闋各四句三仄韻。此處四十六字。

〔二〕横波溜：見蝶戀花（簾幕東風）注〔五〕。

〔三〕曲屏：可折叠的多面屏風。秦觀御街行：「夜闌人静曲屏深。」幌：簾幔。陸龜蒙奉和襲美病中書情寄上崔諫議次韻：「行藥不離深幌底，寄書多向遠山中。」香羅：綾羅的美稱，此處指女子的羅衣。杜甫端午日賜衣詩：「細葛含風軟，香羅疊雪輕。」

〔四〕紅玉：本指紅色寶玉，古人常以之比喻美人肌色。語本西京雜記卷一：「趙后體輕腰弱，善行步進退，女弟昭儀，不能及也。但昭儀弱骨豐肌，尤工笑語。二人並色如紅玉。」施肩吾夜宴曲：「被郎嗔罰琉璃盞，酒入四肢紅玉軟。」温庭筠採蓮曲：「蘭膏墜髪紅玉春。」和凝臨江仙：「肌骨細匀紅玉軟，臉波微送春心。」春酒：冬釀春熟之酒。詩經豳風七月：「爲此春酒，以介眉壽。」馬瑞辰通釋：「春酒即酎酒也。漢制，以正月旦作酒，八月成，名酎酒。周制，蓋以冬釀經春始成，因名春酒。」杜甫宴戎州楊使君東樓詩：「重碧拈春酒，輕紅擘荔枝。」

卜算子〔一〕

極得醉中眠〔二〕，迤邐翻成病〔三〕。莫是前生負你來，今世裏、教孤冷。言約全無定。是誰先薄倖〔四〕。不慣孤眠慣成雙，奈奴子〔五〕、心腸硬。

【注釋】

〔一〕卜算子：又名卜運算元令、百尺樓、眉峰碧、楚天遥等。北宋時盛行此曲。萬樹詞律以爲取義於「賣卜算命之人」。雙調，四十六字，前後闋各兩仄韻。此調體格甚多。

〔二〕極得醉中眠：謂醉酒之後很適合睡眠。極得，即得極，得中、得其宜之義。史記周本紀：「夫王人者，將導利而布之上下者也。使神人百物無不得極，猶日怵惕懼怨之來也。」裴駰集解引韋昭曰：「極，中也。」

〔三〕迤邐：逐漸，漸次。蘇軾與楊元素書：「先只要二百來千，餘可迤邐還。」雒：却，反而。

〔四〕薄倖：見蝶戀花（小院深深）注〔七〕。

〔五〕奴子：本爲僮僕、奴僕之義，此處乃女子對於男方的稱呼。李咸用遠公亭牡丹詩：「潺潺緑醴當風傾，平頭奴子啾銀笙。」

感庭秋〔一〕

紅牋封了還重拆〔二〕。這添追憶。且教伊見我，别來翠減香銷端的〔三〕。

淥波平遠，暮山重疊，筭難憑鱗翼〔四〕。倚危樓極目，無情細草長天色。

【校記】

㈠冒校：「與通行撼庭秋詞異。次句『這』字下疑奪一字或二字。」

【注釋】

〔一〕感庭秋：此調與又名撼庭秋之感庭秋體式不同。詩話總龜後集卷三九引高道傳，謂蜀道士「惟唱感庭秋一詞，其意感蜀之將亡，如秋庭之衰落。然人未之曉，但呼爲『感庭秋道士』。」此處雙調，四十九字，前闋四句三仄韻，後闋五句二仄韻。

〔二〕紅牋：見千秋歲（羅衫滿袖）注〔五〕。

〔三〕端的：真的，確實。晏殊鳳銜杯：「端的自家心下、眼中人，到處覺尖新。」

〔四〕筭：料想，推測。鱗翼：魚雁。古人以錦鱗代書信，又有鴻雁傳書之説，故「鱗翼」即指書信。杜牧春思詩：「綿羽啼來久，錦鱗書未傳。」柳永傾杯：「爲憶芳容别後，水遥山遠，何計憑鱗翼？」

（以上醉翁琴趣外篇卷三　共十六首）

滿路花㊀〔一〕

銅荷融燭淚〔二〕，金獸齧扉環〔三〕。蘭堂春夜〔四〕，疑惜更殘。落花風雨，向曉作輕寒〔五〕。金龜朝早〔六〕，香衾餘暖〔七〕，殢嬌由自慵眠〔八〕。小鬟無事須來喚〔九〕，呵破點脣檀〔一〇〕。迴身還、却背屏山〔一一〕。春禽飛下，簾外日三竿〔一二〕。起來雲鬢亂〔一三〕，不粧紅粉〔一四〕，下堦且上鞦韆。

【校記】

㊀冒校：『「疑」字衍，「金龜」句奪一字，「由自」應作「猶自」，「須來」是「頻來」之誤。』

【注釋】

〔一〕滿路花：又名促拍滿路花、歸去難、一枝花等。有平仄二韻，平韻者始自柳永，仄韻者即當始自歐陽修。此處雙調，八十四字，前闋九句，四平韻；後闋八句，四平韻。

〔二〕銅荷：銅製荷葉狀燭臺。庾信對燭賦：「銅荷承淚蠟，鐵鋏染浮煙。」燭淚：白居易房家夜宴喜雪戲贈主人詩：「酒鈎送盞推蓮子，燭淚粘盤壘蒲萄。」

〔三〕金獸：指金色獸面鋪首。薛逢宫詞：「鎖銜金獸連環冷，水滴銅龍晝漏長。」

〔四〕蘭堂：廳堂的美稱。張衡南都賦：「揖讓而升，宴於蘭堂。」吕延濟注：「蘭者，取其芬芳也。」馮延巳應天長：「當時心事偷相許，宴罷蘭堂腸斷處。」

〔五〕向曉：見減字木蘭花（樓臺向曉）注〔一〕。

〔六〕金龜：即金龜婿，代指身份高貴的夫婿。金龜是黄金鑄的龜紐官印，漢代皇太子、列侯、丞相、大將軍等所用。後泛指高官之印。武則天時，三品以上官員佩金飾的龜袋。李商隱爲有詩：「爲有雲屏無限嬌，鳳城寒盡怕春宵。無端嫁得金龜婿，辜負香衾事早朝。」

〔七〕香衾：散發香氣的被子。柳永晝夜樂：「洞房飲散簾幃静。擁香衾。歡心稱。」

〔八〕殢嬌：嬌柔貌。由自：猶自，尚自。由，通「猶」。

〔九〕小鬟：舊時幼女飾髮爲鬟，用以代稱小婢。

〔一〇〕呵破點脣檀：即「呵破點檀脣」之倒裝。謂女子脣粧脱落，因而「破脣」。張先醉落魄：「朱脣淺破桃花萼。」檀脣，紅脣。檀，指淺紅色，淺絳色。秦韜玉吹笙歌：「檀脣呼吸宫商改，怨情漸逐清新舉。」秦觀南歌子：「獨倚玉闌無語、點檀脣。」

〔一一〕屏山：見蝶戀花（面旋落花）注〔五〕。

〔二〕日三竿：語本南齊書天文志上：「日出高三竿。」歐陽修答樞密吴給事見寄詩：「春寒擁被三竿日，宴坐忘言一炷香。」

〔三〕雲鬟：見應天長（一彎初月）注〔三〕。

〔四〕紅粉：化粧用的胭脂和鉛粉。古詩十九首之二：「娥娥紅粉粧，纖纖出素手。」

好女兒令〔一〕

眼細眉長，宫樣梳粧〔二〕，靸鞋兒、走向花下立着〔三〕。一身繡出，兩同心字〔四〕，淺淺金黄。　早是肌膚輕渺，抱着了、暖仍香。姿姿媚媚端正好〔五〕，怎教人別後，從頭子細、斷得思量。

【注釋】

〔一〕好女兒令：即好女兒，調名始自歐陽修此詞，雙調六十一字。詞律、詞譜均不載。晏幾道亦有好女兒，雙調六十二字。

〔二〕宫樣梳粧：謂學宫中女子畫長眉細眼的裝飾。劉禹錫贈李司空妓：「高髻雲鬟宫樣粧，春風一曲杜韋娘。」

〔三〕靸鞋兒：穿著拖鞋。馬縞中華古今注靸鞋：「蓋古之履也，秦始皇常靸望僊鞋，衣蓑雲短褐，以對隱逸、求神仙。至梁天監年中武帝解脱靸鞋，以絲爲之，今天子所履也。」

〔四〕兩同心字：指衣服上繡出兩個篆書心字結成的連環圖案。長孫佐輔答邊信詩：「揮刀就燭裁紅綺，結作同心答千里。」晏幾道臨江仙：「記得小蘋初見，兩重心字羅衣。」

〔五〕姿姿媚媚：柳永擊梧桐：「香靨深深，姿姿媚媚，雅格奇容天與。」

南鄉子〔一〕

淺淺畫雙眉。取次梳粧也便宜〔二〕。酒着臙脂紅撲面〔三〕，須知。更有何人得似伊。　寶帳燭殘時〔四〕。好个温柔模樣兒。月裏仙郎清似玉〔五〕，相期。些子精神更與誰〔六〕。

【注釋】

〔一〕南鄉子：本爲唐教坊曲，金奩集入「黄鐘宫」。單調二十七字，兩平韻，三仄韻。宋時張先張子野詞入「中呂宮」，雙調五十六字。歐陽修此調共兩首，下一首五十四字。皆前後闋五句，四平韻。

〔二〕取次：見阮郎歸（落花浮水）注〔五〕。便宜：適宜。

〔三〕臙脂：見阮郎歸（濃香搓粉）注〔四〕。

〔四〕寶帳：華美的帳子。鮑照代陳思王京洛篇：「寶帳三千萬，爲爾一朝容。」張先菩薩蠻頻見：「嬌香堆寶帳，月到梨花上。」

〔五〕仙郎：見漁家傲（爲愛蓮房）注〔二〕。

〔六〕些子：少許，一點兒。李白清平樂：「花貌些子時光，抛人遠泛瀟湘。」

又

好個人人〔一〕，深點唇兒淡抹腮。花下相逢，忙走怕人猜。遺下弓弓小繡鞋〔二〕。　剗襪重來〔三〕。半嚲烏雲金鳳釵〔四〕。行笑行行連抱得〔五〕，相挨。一向嬌癡不下懷〔六〕。

【注釋】

〔一〕人人：見蝶戀花（海燕雙來）注〔六〕。

〔二〕弓弓小繡鞋：指纏足女子的繡花小鞋。弓弓，形容女子的小脚纏後彎曲如弓，亦指女子的小脚。黄庭堅兩同心：「隱隱似、朝雲行雨，弓弓樣、羅襪生塵。」按，浙江衢州南宋墓出土的三寸金蓮，其頭高翹，底尖鋭，長十四釐米，寬四點五釐米，高六點七釐米。

〔三〕剗襪：只穿著襪子著地。唐無名氏醉公子詞：「門外猧兒吠，知是蕭郎至。剗襪下香階，冤家今夜醉。」李煜菩薩蠻詞：「剗襪步香階，手提金縷鞋。」

〔四〕彈：見惜芳時（困倚蘭臺翠雲彈）注〔二〕。烏雲：形容女子的秀髮。

〔五〕行行：古詩十九首之一：「行行重行行，與君生别離。」張孝祥鷓鴣天：「行行又入笙歌裏，人在珠簾第幾重？」

〔六〕嬌癡：天真可愛不解事之態。宋之問放白鷴篇：「著書晚下麒麟閣，幼稚嬌癡候門樂。」

踏莎行〔一〕

碧蘚回廊〔二〕，緑楊深院。偷期夜入簾猶捲〔三〕。照人無奈月華明，潛身却恨張先張子野詞入「中呂宫」，雙調五十六字。歐陽修此調共兩首，下一首五十四字。皆前後闋五句，四平韻。

〔二〕取次：見阮郎歸（落花浮水）注〔五〕。便宜：適宜。

〔三〕臙脂：見阮郎歸（濃香搓粉）注〔四〕。

〔四〕寶帳：華美的帳子。鮑照代陳思王京洛篇：「寶帳三千萬，爲爾一朝容。」張先菩薩蠻頻見：「嬌香堆寶帳，月到梨花上。」

〔五〕仙郎：見漁家傲（爲愛蓮房）注〔二〕。

〔六〕些子：少許，一點兒。李白清平樂：「花貌些子時光，抛入遠泛瀟湘。」

又

好個人人〔一〕，深點唇兒淡抹腮。花下相逢，忙走怕人猜。遺下弓弓小繡鞋〔二〕。　剗襪重來〔三〕。半嚲烏雲金鳳釵〔四〕。行笑行行連抱得〔五〕，相挨。一向嬌癡不下懷〔六〕。

【注釋】

〔一〕人人：見蝶戀花（海燕雙來）注〔六〕。

〔二〕弓弓小繡鞋：指纏足女子的繡花小鞋。弓弓，形容女子的小脚纏後彎曲如弓，亦指女子的小脚。黄庭堅兩同心：「隱隱似、朝雲行雨，弓弓樣、羅襪生塵。」按，浙江衢州南宋墓出土的三寸金蓮，其頭高翹，底尖鋭，長十四釐米，寬四點五釐米，高六點七釐米。

〔三〕剗襪：只穿著襪子著地。唐無名氏醉公子詞：「門外猧兒吠，知是蕭郎至。剗襪下香階，冤家今夜醉。」李煜菩薩蠻詞：「剗襪步香階，手提金縷鞋。」

〔四〕嚲：見惜芳時（困倚蘭臺翠雲嚲）注〔二〕。烏雲：形容女子的秀髮。

〔五〕行行：古詩十九首之一：「行行重行行，與君生別離。」張孝祥鷓鴣天：「行行又入笙歌裏，人在珠簾第幾重？」

〔六〕嬌癡：天真可愛不解事之態。宋之問放白鷴篇：「著書晚下麒麟閣，幼稚嬌癡候門樂。」

踏莎行〔一〕

碧蘚回廊〔二〕，緑楊深院。偷期夜入簾猶捲〔三〕。照人無奈月華明，潛身却恨花深淺。密約如沉〔三〕，前懽未便。看看擲盡金壺箭〔四〕。欄干敲遍不應人，分明簾下聞裁剪〔五〕。

【校記】

㈠唐圭璋全宋詞：「案此首別誤作明人袁宏道詞，見古今別腸詞選卷二。」

【注釋】

〔一〕碧蘚：指緑竹。權德輿崔君墓誌銘序：「築室於毗陵，疏清流，蔭碧蘚，樹藝偃仰，有終焉之志。」一説碧蘚指青苔。崔豹古今注草木：「空室中無人行則生苔蘚，或紫或青，名曰圓蘚，又曰緑錢。」

〔二〕偷期：私會。陶穀清異録仙宗：「諸夙緣冥數當合者，須鴛鴦牒下乃成。雖伉儷之正，婢妾之微，買笑之略，偷期之秘，仙凡交會，華戎配接，率由一道焉。」

〔三〕密約：秘密約會。韓偓幽窗詩：「密約臨行怯，私書欲報難。」

〔四〕看看：見夜行船(滿眼東風)注〔二〕。金壺箭：即刻漏。見漁家傲(十月小春)注〔四〕。金壺，銅壺的美稱。崔液蹋歌詞：「金壺催夜盡，羅袖舞寒輕。」毛熙震更漏子：「煙月寒，秋夜靜。漏轉金壺初永。」

〔五〕欄干敲遍二句：本於韓偓倚醉詩：「分明窗下聞裁剪，敲遍欄干喚不應。」歐陽修少年遊：「敲遍欄干，向人無語，惆悵滿枝紅。」

又

雲母屏低〔一〕，流蘇帳小〔二〕。矮床薄被秋將曉。乍涼天氣未寒時，平明窗外聞啼鳥〔三〕。　困殢榴花〔四〕，香添蕙草〔五〕。佳期須及朱顏好。莫言多病爲多情，此身甘向情中老。

【注釋】

〔一〕雲母：礦石名，主要是白色和黑色，能切割成透明的薄片，用來裝飾屏風和窗户等。李商隱嫦娥：「雲母屏風燭影深，長河漸落曉星沉。」

〔二〕流蘇：用彩色羽毛或絲線等製成的穗狀垂飾物。常飾於車馬、帷帳等物上。張衡東京賦：「駙承華之蒲梢，飛流蘇之騷殺。」李善注：「流蘇，五采毛雜之，以爲馬飾而垂之。」張師正倦遊録：「流蘇者，乃盤線繪繡之球，五色錯爲之，同心而下垂者是也。」

今此謂流蘇者，乃百子帳之流蘇也，蓋昔人以流蘇繫帳之四隅爲飾耳。」韋莊菩薩蠻：「紅樓別夜堪惆悵，香燈半捲流蘇帳。」

〔三〕平明：黎明，天剛亮。王昌齡長信秋詞：「奉帚平明金殿開。」李商隱昨日詩：「平明鐘後更何事，笑倚牆邊梅樹花。」

〔四〕困殢：困於，沉溺於。

〔五〕蕙草：香草名，又名薰草、零陵香。晉嵇含南方草木狀蕙：「蕙草，一名薰草，葉如麻，兩兩相對，氣如蘼蕪，可以止癘。」

訴衷情

歌時眉黛舞時腰。無處不妖饒〔一〕。初剪菊、欲登高〔二〕。天氣怯鮫綃〔三〕。

紫絲障〔四〕，緑楊橋。路迢迢。酒闌歌罷〔五〕，一度歸時，一度魂消〔六〕。

【注釋】

〔一〕妖饒：即妖嬈，嫵媚多姿貌。柳永合歡帶：「身材兒，早是妖嬈。算風措，實難描。」

〔二〕初剪句：指九月九日重陽節賞菊登高之習俗。孫思邈千金月令：「重陽之日，必以肴酒登高眺遠，爲時宴之遊。賞以暢秋志，酒必採茱萸、甘菊以泛之。」（説郛卷六九上引）

〔三〕鮫綃：傳説中鮫人所織的綃，借指薄絹、輕紗。梁任昉述異記卷上：「南海出鮫綃紗，泉先潛織，一名龍紗。其價百餘金，以爲服，入水不濡。」温庭筠張靜婉採蓮曲：「掌中無力舞衣輕，剪斷鮫綃破春碧。」

〔四〕紫絲障：即以紫絲作成的步障，用以遮蔽風塵或視線的屏幕。晉書石崇傳：「（崇）與貴戚王愷、羊琇之徒，以奢靡相尚……愷作紫絲布步障四十里，崇作錦步障五十里以敵之。」李商隱木蘭詩：「紫絲何日障。」

〔五〕酒闌：見憶漢月（紅艷幾枝）注〔五〕。

〔六〕魂消：見浪淘沙（花外倒金翹）注〔六〕。

又

離懷酒病兩忡忡〔一〕。敧枕夢無蹤。可怜有人今夜〔二〕，膽小怯房空。　楊柳緑，杏梢紅。負春風。迢迢别恨，脉脉歸心〔三〕，付與征鴻〔四〕。

【注釋】

〔一〕酒病：見蝶戀花（面旋落花）注〔四〕。忡忡：憂愁貌。詩經召南草蟲：「未見君子，憂心忡忡。」

〔二〕可怜：見一斛珠（今朝祖宴）注〔三〕。

〔三〕脉脉：見漁家傲（幽鷺謾來）注〔八〕。

〔四〕征鴻：指秋日南飛、春日北歸往返遷徙的大雁。江淹赤亭渚詩：「遠心何所類，雲邊有征鴻。」

恨春遲㈠〔一〕

欲借江梅薦飲〔二〕。望隴驛、音息沉沉〔三〕。住在柳州東，彼此相思，夢回雲去難尋。

歸燕來時花期寖〔四〕。淡月墜〔五〕、將曉還陰。争奈多情易感〔六〕，風信無憑〔七〕，如何消遣初心〔八〕。

【校注】

㈠ 唐圭璋全宋詞：「案此首別又見張先張子野詞卷一。」冒校：「此首又見張子野詞。『江梅』

作『紅梅』，『音息』作『音信』，『州』作『洲』。『東』下有『岸』字，應照補。『回雲』二字無，『風信』作『音信』，『消遣』下有『得』字。」按，張子野詞調作「恨遲春」。

【注釋】

〔一〕恨春遲：詞譜雙調五十九字，而本詞則五十八字。所詠内容與調名切合，應爲首創。此詞張子野詞收入，入大石調。

〔二〕江梅：一種野生梅花。范成大梅譜：「江梅，遺核野生、不經栽接者，又名直脚梅，或謂之野梅。凡山間水濱，荒寒清絶之趣，皆此本也。花稍小而疏瘦有韻，香最清，實小而瘦。」杜甫江梅詩：「梅蘂臘前破，梅花年後多。絶知春意好，最奈客愁何。雪樹元同色，江風亦自波。故園不可見，巫岫鬱嵯峨。」薦飲：敬酒。全唐文無名氏對酒正以水入王酒判：「分八鐏之立儀，斯成薦飲。」

〔三〕望隴驛二句：用陸凱贈范曄梅花詩典故，太平廣記卷九七〇荆州記：「陸凱與范曄相善，自江南寄梅花一枝，詣長安與曄，並贈詩曰：『折梅逢驛使，寄與隴頭人。江南無所有，聊贈一枝春。』」

〔四〕寖：同「浸」，漸漸。

〔五〕淡月：不太明亮的月光。蘇軾上元侍宴詩：「淡月疏星繞建章，仙風吹下御爐香。」

〔六〕争奈：怎奈。柳永望漢月詞：「明月明月明月。争奈乍圓還缺。」張先百媚娘詞：「樂事也知存後會，争奈眼前心裏？」

〔七〕風信：應季節變化而吹的風。參蝶戀花（南雁依俙）注〔九〕。張繼江上送客遊廬山詩：「晚來風信好，併發上江船。」

〔八〕消遣：排遣。鄭谷渼陂詩：「澘然四顧難消遣，祇有佯狂泥酒杯。」初心：本意。干寶搜神記卷一五：「既不契於初心，生死永訣。」

鹽角兒〔一〕

增之太長，減之太短，出群風格。施朱太赤，施粉太白。傾城顔色〔二〕。慧多多〔三〕，嬌的的〔四〕。天付與、教誰怜惜。除非我、偎着抱着。更有何人消得〔五〕。

【注釋】

〔一〕鹽角兒：王灼碧雞漫志卷五：「鹽角兒，嘉祐雜志云：梅聖俞説：『始教坊家人市鹽，於紙角中得一曲譜，翻之，遂以名。』今雙調鹽角兒令是也。歐陽永叔嘗製詞。」雙調，五十字，下一首五十一字。前闋六句三仄韻，後闋六句四仄韻。

〔二〕增之六句：本於宋玉登徒子好色賦：「天下之佳人莫若楚國，楚國之麗者莫若臣里，臣里之美者莫若臣東家之子。東家之子，增之一分則太長，減之一分則太短；著粉則太白，施朱則太赤；眉如翠羽，肌如白雪；腰如束素，齒如含貝；嫣然一笑，惑陽城，迷下蔡。」又漢書外戚傳上李夫人：「延年侍上起舞，歌曰：『北方有佳人，絕世而獨立，一顧傾人城，再顧傾人國。寧不知傾城與傾國，佳人難再得！』」後以「傾城傾國」形容女子的絕色美貌。

〔三〕多多：形容極多。元積善歌如貫珠賦：「漸杳杳而無極，以多多而益貴。」

〔四〕的的：此處同「滴滴」，量滿之意，猶很。唐彥謙留別詩：「野花紅滴滴，江燕語喃喃。」歐陽修初夏劉氏竹林小飲詩：「猗猗色可餐，滴滴翠欲溜。」嬌的的，專以形容女子嬌柔之態。

〔五〕消得：齊己靜坐詩：「也應長日月，消得個身心。」趙長卿念奴嬌席上即事詞：「高唐雲雨，甚人有分消得？」

又

人生最苦，少年不得，鴛幃相守〔一〕。西風時節〔二〕，那堪話別，雙娥頻皺㊀〔三〕。暗消魂〔四〕，重回首。奈心兒裏、彼此皆有。後時我、兩個相見，管取一雙清瘦〔五〕。

【校記】

㊀ 雙娥：黄本校記作「雙蛾」。

【注釋】

〔一〕鴛幃：繡有鴛鴦圖案的帷帳。顧敻楊柳枝：「鴛幃羅幌麝煙銷。」

〔二〕西風時節：指秋季。李白長干行：「八月西風起，想君發揚子。」

〔三〕雙娥：雙眉。顧敻虞美人：「憑欄愁立雙娥細。」

〔四〕消魂：見鼓笛慢（縷金裙窣）注〔六〕。

〔五〕管取：包管，保證。王安石拟寒山拾得詩：「但能一切舍，管取佛歡喜。」

憶秦娥〔一〕

十五六，脱羅裳，長恁黛眉蹙〔二〕。紅玉暖〔三〕，入人懷，春困熟。展香裀〔四〕，帳前明畫燭〔五〕。眼波長，斜浸鬢雲緑〔六〕。看不足〔七〕。苦殘宵、更漏促〔八〕。

【注釋】

〔一〕憶秦娥：又名秦樓月、雙荷葉、碧雲深等。相傳始自李白「秦娥夢斷秦樓月」詞。秦娥爲秦穆公女弄玉，見於列仙傳。詞譜列李白詞爲正體，雙調四十六字，前後闋各五句，三仄韻一疊韻。歐陽修此詞則爲變體四十五字，亦無疊韻。

〔二〕長恁：見玉樓春（酒美春濃）注〔四〕。黛眉：見阮郎歸（玉肌花臉）注〔二〕。

〔三〕紅玉：見滴滴金（樽前一把）注〔四〕。

〔四〕香裀：散發香氛的墊褥。

〔五〕畫燭：有畫飾或彩色的蠟燭。李嶠燭詩：「兔月清光隱，龍盤畫燭新。」

〔六〕鬢雲緑：形容鬢髮濃密烏黑。

〔七〕看不足：語本白居易長恨歌：「緩歌慢舞凝絲竹，盡日君王看不足。」

〔八〕更漏：見蝶戀花（梨葉初紅）注〔三〕。李肇唐國史補卷中：「惠遠以山中不知更漏，乃取銅葉製器，狀如蓮花，置盆水之上，底孔漏水，半之則沉，每晝夜十二沉，爲行道之節，雖冬夏短長，雲陰月黑，亦無差也。」

少年遊

緑雲雙亸插金翹〔一〕。年紀正妖饒〔二〕。漢妃束素〔三〕，小蠻垂柳〔四〕，都占洛城腰〔五〕。

錦幃春過衣初減〔六〕，香雪暖凝消〔七〕。試問當筵眼波恨，滴滴爲誰嬌〔八〕。

【注釋】

〔一〕亸：見惜芳時（困倚蘭臺翠雲亸）注〔二〕。金翹：見浪淘沙（花外倒金翹）注〔一〕。李存勖陽臺夢詞：「笑迎移步小蘭叢，亸金翹玉鳳。」

〔二〕妖饒：見訴衷情（歌時眉黛）注〔一〕。

〔三〕漢妃句：漢成帝宫妃趙飛燕，以體態輕盈能爲掌中舞而著名。束素：形容女子的細腰。見漁家傲（六月炎天）注〔三〕。

〔四〕小蠻：白居易的家妓。孟棨本事詩事感：「白尚書姬人樊素善歌，妓人小蠻善舞。嘗爲詩曰：『櫻桃樊素口，楊柳小蠻腰。』」

〔五〕洛城腰：趙飛燕昭陽宫殿在洛陽，白居易住所在洛陽履道里，故稱。晁補之臨江仙：「清風居士手，楊柳洛城腰。」即用歐詞語意。又黄注：「洛城腰：東漢梁冀妻孫壽作『折腰步』，成爲風氣。東漢都洛陽，洛城腰或指此。」可備一説。

〔六〕錦屛：飾有錦繡的屏風，代指女子的閨閣。屛，同「屏」。温庭筠蕃女怨詞：「年年征戰，畫樓離恨錦屏空，杏花紅。」

〔七〕香雪：喻指女子所用的粧粉。韋莊閨怨詩：「啼粧曉不乾，素面凝香雪。」

〔八〕滴滴：見鹽角兒（增之太長）注〔四〕。

（以上醉翁琴趣外篇卷四　共十三首）

踏莎行慢〔一〕

獨自上孤舟，倚危檣目斷〔二〕。難成暮雨，更朝雲散〔三〕。涼勁殘葉亂。新月照、澄波淺。今夜裏，猒猒離緒難銷遣〔四〕。强來就枕，燈殘漏永〔五〕，合相思眼。分明夢見如花面。依前是舊庭院。新月照，羅幕挂〔六〕，珠簾捲〔七〕。漸向曉〔八〕，脉然睡覺如天遠〔九〕。

【注釋】

〔一〕踏莎行慢：此調爲歐陽修所創，雙調，八十三字，前闋八句五仄韻，後闋十句五仄韻。詞律、詞譜均不載。

〔二〕危檣：高聳的桅杆。陰鏗渡青草湖詩：「行舟逗遠樹，度鳥息危檣。」

〔三〕難成二句：用宋玉高唐賦序事：「昔者先王嘗遊高唐，怠而晝寢，夢見一婦人，曰：『妾巫山之女也，爲高唐之客。聞君遊高唐，願薦枕席。』王因幸之，去而辭曰：『妾在巫山之陽，高丘之阻。旦爲朝雲，暮爲行雨，朝朝暮暮，陽臺之下。』」

〔四〕猒猒：見定風波（過盡韶華）注〔八〕。銷遣：見恨春遲（欲借江梅）注〔八〕。

〔五〕漏：即刻漏，漏壺。

〔六〕羅幕：文選陸機君子有所思行：「邃宇列綺窗，蘭室接羅幕。」張銑注：「羅幕即羅帳。」晏殊蝶戀花：「檻菊愁煙蘭泣露。羅幕輕寒，燕子雙飛去。」

〔七〕珠簾：見蝶戀花（梨葉初紅）注〔七〕。

〔八〕向曉：見減字木蘭花（樓臺向曉）注〔一〕。

〔九〕脉然：連續不斷貌。

蕙香囊〔一〕

身作琵琶，調全宮羽〔二〕，佳人自然用意〔三〕。寶檀槽在雪胸前〔四〕，倚香臍、橫枕瓊臂〔五〕。　組帶金鈎〔六〕，背垂紅綬〔七〕，纖指轉絃韻細〔八〕。願伊只恁撥梁州〔九〕，且多時、得在懷裏。

【注釋】

〔一〕蕙香囊：即鵲橋仙。作「蕙香囊」以賦調名本意，始自歐陽修。雙調，五十六字，前後闋均五句兩仄韻。香囊是古代牀帳中所設熏香的一種，古人也常配掛胸前，或繫結懷中或袖内。詳見錦香囊（一寸相思）注〔一〕。

〔二〕宮羽：古代乐曲中的兩種聲調，分别代表了「宮、商、角、徵、羽」五聲中的最低音和最高音。國語周語下：「大不逾宮，細不過羽。」沈約宋書謝靈運傳論：「欲使宮羽相變，低昂舛節，若前有浮聲，則後須切響。一簡之内，音韻盡殊；兩句之中，輕重悉異。妙達此旨，始可言文。」

〔三〕用意：著意，用心。李中贈朐山孫明府詩：「買將病鶴勞心養，移得閒花用意栽。」

〔四〕檀槽：見玉樓春（檀槽碎響金絲撥）注〔一〕。雪胸：唐宋詩詞多用「雪胸」、「胸雪」之辭描寫歌妓的豔麗。温庭筠女冠子：「雪胸鸞鏡裏，琪樹鳳樓前。」歐陽炯南鄉子：「二八花鈿，胸前如雪臉如蓮。」

〔五〕倚香臼：李商隱和孫樸韋蟾孔雀詠：「屏風臨燭釦，捍撥倚香臍。」瓊臂，形容女子光潔白潤的臂腕。

〔六〕組帶：絲織繫帶。金鈎：金項圈。詩經大雅崧高「鈎膺濯濯」孔穎達疏：「又賜以在首之金鈎，在膺之樊纓，濯濯然而光明。」

〔七〕紅綬：白居易醉歌：「腰間紅綬繫未穩，鏡裏朱顏看已失。」薛紹蘊小重山：「舞衣紅綬帶，繡鴛鴦。」

〔八〕轉絃：轉動絃軸。宋史樂志七：「三準各具十二律聲，按絃附木而取。然須轉絃合本律所用之字，若不轉絃，則誤觸散聲，落別律矣。每一絃各具三十六聲，皆自然也。分五、七、九絃琴，各述轉絃合調圖。」

〔九〕梁州：唐教坊大曲有涼州，由大曲摘遍而爲小令詞調，因稱涼州令，宋以後訛稱梁州令。見涼州令（翠樹芳條颭）注〔一〕。梅堯臣莫登樓詩：「腰鼓百面紅臂韝，先打六么後梁州。」

玉樓春

艷冶風情天與措〔一〕。清瘦肌膚冰雪妬〔二〕。百年心事一宵同，愁聽雞聲窗外度。

信阻青禽雲雨暮〔三〕。海月空驚人兩處。强將離恨倚江樓〔四〕，江水不能流恨去。

【注釋】

〔一〕艷冶：形容女子容姿艷麗。庾肩吾長安有狹斜行：「少婦多艷冶，花鈿繫石榴。」白行簡李娃傳：「（李娃）明眸皓腕，舉步艷冶。」天與措：天所賦予的，天然的。措，安排，措置。

〔二〕冰雪妬：形容肌膚晶瑩潔白。莊子逍遥遊：「藐姑射之山，有神人居焉，肌膚若冰雪，綽約若處子。」

〔三〕青禽：即青鳥。神話中的西王母取食傳訊的神鳥，此處指傳遞消息的人。山海經西山經：「三危之山，三青鳥居之。」郭璞注：「三青鳥，主爲西王母取食者。」李白寓言詩：「遥裔雙綵鳳，婉孌三青禽。」王琦注引山海經：「三青鳥，皆西王母使也。」

〔四〕倚江樓：許渾獻韶陽相國崔公詩：「獨倚江樓笑范增。」

【輯評】

楊慎批點本草堂詩餘卷二：「白樂天詞云：『門前冷落車馬稀，老大嫁作商人婦。』此是翻案。」

董其昌便讀草堂詩餘：「雞既鳴則東方白矣。雖有迷花戀酒之情，不能久留。故用一『愁』字是巧。」

沈際飛草堂詩餘正集：「不能流恨，想從天落。子瞻『流不到楚江東』，少游『爲誰流下瀟湘去』，識見略同。」

沈際飛草堂詩餘後集：「司馬槱贈妓一詞，名蝶戀花也，云：『妾本錢塘江上住。花落花開，不管流年度。燕子銜將春色去。紗窗幾陣黄梅雨。斜插犀梳雲半吐。檀板輕敲，唱徹黄金縷。望斷行雲無覓處。夢回明月生南浦。』又毛澤民有贈錢塘妓惜分飛詞，云：『淚濕闌干花著露。愁到眉峰碧聚。此恨平分取，更無言語，空相覷。斷雨殘雲無意緒。寂寞朝朝暮暮。今夜山深處，斷魂分付，潮回去。』大爲東坡贊賞。澤民由此得名。此二詞話語皆祖六一翁詞意。」

俞陛雲唐五代兩宋詞簡釋：「此詞未見新警，而爲時人傳誦。司馬櫄『妾本錢塘江上住』詞、毛澤民『淚濕闌干花著露』詞，草堂詩餘云：此二詞皆祖六一翁玉樓春詞意。」

又

印眉〔一〕

半幅霜綃親手剪〔二〕。香染青蛾和淚卷〔三〕。畫時横接媚霞長〔四〕，印處雙沾愁黛淺。　當時付我情何限。欲使粧痕長在眼。一回憶着一拈看。便似花前重見面。

【注釋】

〔一〕印眉：先畫好雙眉，接著把白絹覆蓋於額前，使眉影印染到絹面上。印眉的風氣在唐時就有，韓偓余作探使以繚綾手帛子寄賀因而有詩：「解寄繚綾小字封，探花筵上映春叢。黛眉印在微微緑，檀口消來薄薄紅。」

〔二〕霜綃：白綾。唐玄宗題梅妃畫真詩：「霜綃雖似當時態，争奈嬌波不顧人。」柳永西施詞：「恐伊不信芳容改，將憔悴、寫霜綃。」

〔三〕青蛾：一種眉粧樣式，通常以黛染畫而成，眉長如蛾觸須，色青而豔，故名。劉鑠白紵曲：「佳人舉袖耀青蛾，摻摻擢手映鮮羅。」和淚：連著淚水。韋莊菩薩蠻：「殘月出門時，美人和淚辭。」史達祖綺羅香春雨：「隱約遥峰，和淚謝娘眉嫵。」

〔四〕媚霞：指臉上所畫額黄，如同彩霞。早期女子化粧，僅施朱傅粉，至六朝時兼尚黄色，唐以後漸趨紛繁。温庭筠南歌子：「臉上金霞細，眉間翠鈿深。」韓偓席上有贈即描繪了晚唐女子粧後儀容：「矜嚴標格絶嫌猜，嗔怒雖逢笑靨開。小雁斜侵眉柳去，媚霞横接眼波來。鬟垂香頸雲遮藕，粉著蘭胸雪壓梅。莫道風流無宋玉，好將心力事粧臺。」

【輯評】

沈曾植菌閣瑣談：「醉翁琴趣玉樓春印眉詞，細膩曲折，紀實而有風味。此情狀他詞罕見，惟樂章集洞仙歌『愛印了雙眉，索人重畫』，足相印耳。」

又

紅樓昨夜相將飲〔一〕。月近珠簾花近枕〔二〕。銀釭照客酒方酣〔三〕，玉漏催人街已禁〔四〕。晚潮去棹浮清浸。古岸平蕪蕭索甚〔五〕。大都薄宦足離愁〔六〕，不放雙鴛長恁恁〔七〕。

【注釋】

〔一〕紅樓：韋莊菩薩蠻：「紅樓別夜堪惆悵，香燈半捲流蘇帳。」相將：見採桑子（清明上巳）注〔四〕。

〔二〕珠簾：見蝶戀花（梨葉初紅）「珠簾」注〔七〕。

〔三〕銀缸：銀製的燈盞、燭臺。梁元帝草名詩：「金錢買含笑，銀缸影梳頭。」晏幾道鷓鴣天：「今宵剩把銀缸照，猶恐相逢是夢中。」

〔四〕玉漏：漏壺的美稱。見蝶戀花（梨葉初紅）注〔三〕。蘇味道正月十五夜詩：「金吾不禁夜，玉漏莫相催。」街已禁：即街禁，宵禁。

〔五〕平蕪：見踏莎行（候館梅殘）注〔九〕。蕭索：蕭條冷落。陶潛自祭文：「天寒夜長，風氣蕭索，鴻雁於征，草木黃落。」

〔六〕薄宦：卑微的官職。陶潛尚長禽慶贊：「尚子昔薄宦，妻孥共早晚。」逯欽立注：「薄宦，作下吏。」

〔七〕長恁恁：常常如此。

又〔一〕

金雀雙鬟年紀小〔二〕。學畫蛾眉紅淡掃㊀〔三〕。儘人言語儘人怜〔四〕，不解此情惟解笑。　穩着舞衣行動俏。走向綺筵呈曲妙〔五〕。劉郎大有惜花心〔六〕，只恨尋花來較早〔七〕。

【校記】

㊀蛾眉：原作「娥眉」，黄注本作「蛾眉」，全宋詞亦改作「蛾眉」，今據改。

【注釋】

〔一〕歐陽明亮歐陽修詞論稿以爲此詞或作於至和二年（一〇五四）至嘉祐元年（一〇五六）間，從之。

〔二〕金雀：釵名。白居易長恨歌：「翠翹金雀玉搔頭。」温庭筠菩薩蠻：「金雀釵，紅粉面。花裏暫時相見。」牛嶠菩薩蠻：「緑雲鬢上飛金雀，愁眉斂翠春煙薄。」雙鬟：成雙的環形髮髻。李嘉祐古興詩：「十五小家女，雙鬟人不知。」

〔三〕學畫句：語本張祜集靈臺詩：「却嫌脂粉汙顔色，淡掃蛾眉朝至尊。」蛾眉，蠶蛾觸鬚細長而彎曲，喻指女子俏麗的眉毛。詩經衛風碩人：「螓首蛾眉，巧笑倩兮。」

〔四〕儘人：人人，所有的人。

〔五〕綺筵：華麗豐盛的筵席。陳子昂春夜別友人詩：「銀燭吐青煙，金樽對綺筵。」

〔六〕劉郎：傳説東漢劉晨和阮肇同入天台山採藥，遇見兩位仙女，成爲眷屬，被留半年始歸。見阮郎歸（東風臨水）注〔一〕。

〔七〕只恨句：用杜牧歎花詩典故：「自是尋春去較遲，不須惆悵怨芳時。狂風落盡深紅色，緑葉成陰子滿枝。」趙令時侯鯖録卷一：「歐公閑居汝陰時，一妓甚韻文，公歌詞盡記之。筵上戲約他年當來作守。後數年，公自維揚果移汝陰，其人已不復見矣。視事之明日，飲同官湖上，種黄楊樹子，有詩留纈芳亭云：『柳絮已將春去遠，海棠應恨我來遲。』後三十年東坡作守，見詩笑曰：『杜牧之緑葉成陰之句耶！』」可參。

又

夜來枕上爭閑事。推倒屏山褰綉被〔一〕。儘人求守不應人〔二〕，走向碧紗窗下睡〔三〕。直到起來由自殢〔四〕。向道夜來真个醉。大家惡發大家休〔五〕，畢竟到頭誰不是。

【注釋】

〔一〕屏山：見蝶戀花（面旋落花）注〔五〕。

〔二〕儘人：見玉樓春（金雀雙鬟）注〔四〕。

〔三〕碧紗窗：裝有緑色薄紗的窗子。李珣酒泉子：「秋月嬋娟，皎潔碧紗窗外。」

〔四〕由自：見滿路花（銅荷融燭淚）注〔八〕。殢：困擾、糾纏。李山甫柳詩：「强扶柔態酒難醒，殢著春風别有情。」呂渭老思佳客詞：「秋意早，暑衣輕。殢人索酒復同傾。」

〔五〕惡發：宋人口語，猶云發怒，發脾氣。錢鍾書管錐編全後漢文卷九〇：「『惡發』嗔怒也。……陸游老學庵筆記卷八『北方民族吉凶』條：『惡發猶云怒也。』……實則唐宋詩詞即不乏其例……歐陽修玉樓春：『大家惡發大家休，畢竟到頭誰不是。』」陸游老學庵筆記卷八：「北方民家，吉凶輒有相禮者，謂之白席，多鄙俚可笑。韓魏公自樞密歸鄴，赴一姻家禮席，偶取盤中一荔枝，欲啗之。白席者遽唱言曰：『資政喫荔枝，請衆客同喫荔枝。』魏公憎其喋喋，因置不復取。白席者又曰：『資政惡發也，却請衆客放下荔枝。』魏公爲一笑。惡發，猶云怒也。」柳永滿江紅：「惡發姿顔歡喜面，細追想處皆堪惜。」

南鄉子(一)

細雨濕花，芳草年年惹恨長。煙鎖畫樓無限事(二)，茫茫。粉鑒鴛衾兩斷腸(三)。　魂夢悠揚。嚥起楊花滿綉床(三)。薄倖不來門半掩(四)，斜陽。負你殘春泪兩行。

【校記】

(一) 南鄉子：唐圭璋全宋詞：「此首又見歐陽修醉翁琴趣外篇卷五。……此首近體樂府未收，汲古閣宋六十名家詞本六一詞亦未收。全宋詞歐陽修存目詞亦斷作馮詞。當從陽春集作馮延巳詞。又苕溪漁隱叢話前集卷五九引雪浪齋日記謂荊公云李後主『細雨濕流光』最好。此又誤作李煜詞。王仲聞南唐二主詞校訂斷爲馮作。又張端義貴耳集卷上引周文璞語云：『花間集祇有五字佳，細雨濕流光，景意俱微妙。』花間集無此五字，周氏所云非是。」

【注釋】

〔一〕畫樓：見采桑子（畫樓鍾動）注〔一〕。

〔二〕鴛衾：見鼓笛慢（縷金裙窣）注〔七〕。

〔三〕綉床：裝飾華麗的床，多指女子睡床。司空圖楊柳枝壽杯詞：「池邊影動散鴛鴦，更引微風亂繡牀。」李煜一斛珠：「繡牀斜憑嬌無那。」

〔四〕薄倖：見蝶戀花（小院深深）注〔七〕。

（以上醉翁琴趣外篇卷五　共八首）

定風波

把酒花前欲問伊。問伊還記那回時。黯淡梨花籠月影〔一〕。人靜。畫堂東畔藥欄西〔一〕〔二〕。　及至如今都不認。難問。有情誰道不相思。何事碧窗春睡覺〔三〕。偷照。粉痕勻却濕臙脂〔四〕。

【校記】

㊀東畔：原作「東伴」。黄校：「東畔，宋本醉翁琴趣外篇誤作『東伴』，依汲古閣六一詞改正。」全宋詞亦改爲「東畔」。今從之。

【注釋】

〔一〕黯淡：昏沉不清貌。杜牧代吴興妓春初寄薛軍事詩：「柳暗霏微雨，花愁黯淡天。」

〔二〕畫堂：見減字木蘭花（畫堂雅宴）注〔一〕。藥欄：見醉蓬萊（見羞容斂翠）注〔四〕。

〔三〕碧窗：「碧紗窗」的省稱，見玉樓春（夜來枕上）注〔三〕。張泌南歌子：「驚斷碧窗殘夢，畫屏空。」

〔四〕臙脂：見阮郎歸（濃香搓粉）注〔四〕。

減字木蘭花

去年殘臘〔一〕。曾折梅花相對插〔二〕。人面而今。空有花開無處尋〔三〕。　天天不遠。把酒拈花重發願㊀。願得和伊。偎雪眠香似舊時。

【校記】

㈠重發願：梅苑作「須發願」。

【注釋】

〔一〕殘臘：指臘月將盡。李頻湘口送友人詩：「零落梅花過殘臘，故園歸去又新年。」

〔二〕曾折句：李清照清平樂：「年年雪裏，常插梅花醉。」沈從文中國古代服飾研究：「婦女頭上戴真牡丹、芍藥，或羅帛作生色花，在宋代特別流行。……宋代不僅婦女喜戴花，男子也戴它。」

〔三〕人面二句：用崔護過都城南莊詩：「去年今日此門中，人面桃花相映紅。人面不知何處去，桃花依舊笑春風。」

又

年來方寸〔一〕。十日幽懽千日恨〔二〕。未會此情。白盡人頭可得平。區區堪比〔三〕。水趁浮萍風趁水。試望瑶京〔四〕。芳草隨人上古城〔五〕。

【注釋】

〔一〕方寸：見蝶戀花（南雁依稀）注〔七〕。

〔二〕幽懽：幽會之樂。柳永晝夜樂詞：「何期小會幽懽，變作離情别緒。」

〔三〕區區：清黄生義府區區：「『區區』，少意，蓋指此心而言，猶云『方寸』耳。」

〔四〕瑶京：繁華的帝京。柳永輪臺子詞：「又争似，却返瑶京，重買千金笑。」

〔五〕芳草：語本楚辭招隱士：「王孫遊兮不歸，春草生兮萋萋。」後以芳草兼寓懷人之典。

迎春樂〔一〕

薄紗衫子裙腰匝。步輕輕、小羅靸〔二〕。人前愛把眼兒劄〔三〕。香汗透、臙脂蠟〔四〕。　良夜永、幽期懽則洽〔五〕。約重會、玉纖頻插㊀〔六〕。執手臨歸，猶且更待留時霎。

【校記】

㊀插：冒校：「『搯』誤『插』。」

【注釋】

〔一〕迎春樂：又名迎春樂令。雙調，字數自四十九字至五十三字不等。歐詞五十二字，前闋四仄韻，後闋三仄韻。

〔二〕羅靸：絲織品作的拖鞋。參好女兒令（眼細眉長）注〔三〕。

〔三〕眼兒劄：劄，眨眼。言相看時間極短。朱子全書卷四三：「且説世間甚物事似人心危，且如一日之間，内而思慮，外而應接，千變萬化，劄眼中便走失了，劄眼中便有千里萬里之遠。」

〔四〕臙脂蠟：即紅蠟。

〔五〕幽期：見玉樓春（西亭飲散）注〔六〕。

〔六〕玉纖：纖細如玉的手指。温庭筠菩薩蠻：「玉纖彈處珍珠落，流多暗濕鉛華薄。」亦作「纖玉」，李煜菩薩蠻：「銅簧韻脆鏘寒竹，新聲慢奏移纖玉。」

一落索〔一〕

小桃風撼香紅碎〔二〕。滿簾籠花氣。看花何事却成愁，悄不會、春風意〔三〕。

窗在梧桐葉底。更黄昏雨細。枕前前事上心來，獨自个、怎生睡〔四〕。

【注釋】

〔一〕一落索：本係宋人俗語，猶言一大串，用以爲詞調。又名洛陽春、玉連環等。見洛陽春注〔一〕。

〔二〕小桃句：韋莊謁金門：「一夜簾前風撼竹。」小桃，見玉樓春（去時梅萼）注〔二〕。香紅，指花。顧況春懷詩：「園鶯啼已倦，樹樹隕香紅。」温庭筠菩薩蠻：「雙鬢隔香紅，玉釵頭上風。」

〔三〕悄：張相詩詞曲語辭匯釋卷二：「誚，猶渾也，直也。字亦作悄作俏。」不會：不領會，不知道。辛棄疾水龍吟登建康賞心亭：「無人會，登臨意。」與此用意相同。

〔四〕怎生：怎麽，如何。柳永慢卷紬詞：「怎生得依前，似恁偎香倚暖，抱著日高猶睡。」

夜行船

閑把鴛衾横枕〔一〕。損眉尖、淚痕紅沁〔二〕。花時良夜不歸來，忍頻聽、漏移清禁〔三〕。

一餉無言都未寢〔四〕。憶當初、是誰先恁〔五〕。及至如今、教人成病，風流萬般徒甚〔六〕。

【注釋】

〔一〕鴛衾：見鼓笛慢（縷金裙窣輕紗）注〔七〕。

〔二〕眉尖：眉頭。張先江城子：「夜厭厭，下重簾，曲屏斜燭，心事入眉尖。」

〔三〕漏：刻漏，漏壺，見踏莎行慢（獨自上孤舟）注〔五〕。清禁：指皇宮，因皇宮中清禁嚴肅，故稱。杜牧洛陽秋夕詩：「清禁漏閑煙樹寂，月輪移在上陽宮。」

〔四〕一餉：見蝶戀花（水浸秋天）注〔三〕。

〔五〕恁：如此，這樣。

〔六〕徒甚：徒勞無益到極點。

又

輕捧香腮低枕。眼波媚、向人相浸〔一〕。佯嬌佯醉索如今〔二〕，這風情、怎教人禁。

却與和衣推未寢。低聲地、告人休恁〔三〕。月夕花朝〔四〕、不成虛過，芳年嫁君徒甚〔五〕。

【注釋】

〔一〕浸：微視，瞥眼。淮南子要略：「覽取撟掇，浸想宵類。」高誘注：「浸，微視也。」

〔二〕索：張相詩詞曲語辭匯釋卷四：「索，猶須也，應也，得也。」

〔三〕休恁：休如此，不要這樣。

〔四〕月夕花朝：柳永尉遲杯：「每相逢、月夕花朝，自有憐才深意。」

〔五〕芳年：青春年華。柳永看花回：「雅俗熙熙物態妍，忍負芳年。」徒甚：見夜行船（閑把鴛衾）注〔六〕。

望江南㊀

江南柳，花柳兩相柔。花片落時粘酒盞〔一〕，柳條低處拂人頭〔二〕。各自是風流。

江南月，如鏡復如鈎。似鏡不侵紅粉面〔三〕，似鈎不掛畫簾頭〔四〕。長是照離愁。

【校記】

㈠ 唐圭璋全宋詞：「案此闋下半首或附會作元僧竺月華詞，見留青日札卷二十一。」

【注釋】

〔一〕花片句：顧況石竇泉：「野客漱洗時，杯粘落花片。」

〔二〕柳條句：李煜柳枝詞：「多謝長條似相識，强垂煙穗拂人頭。」

〔三〕侵：迫近，接近。顧夐虞美人：「香檀細畫侵桃臉。」紅粉面：指女子修飾艷美的面龐。參蝶戀花（永日環堤）注〔六〕。

〔四〕簾頭：即簾幕頂端簾鈎繫掛處。

又㈠

江南柳，葉小未成陰。人爲絲輕那忍折，鶯嫌枝嫩不勝吟㈡。留着待春深㈢。十四五，閑抱琵琶尋〔一〕。堦上簸錢堦下走㈣〔二〕，恁時相見早留心㈤〔三〕。何況到如今。

【校記】

〔一〕唐圭璋全宋詞：「案此首上半闋或附會作宋高宗趙構詞，見詞苑萃編卷十三引周淙輦下紀事。別又附會作元僧竺月華詞，見留青日札卷二十一。」按，關於此詞作者，前人或疑非歐陽修所作，或證實爲歐陽修作，衆説紛紜。諸説見本詞輯評所引。夏承燾四庫全書詞籍提要校議：「北宋士夫如范仲淹、司馬光亦爲豔詞，不必爲歐陽修諱。……歐陽文忠全集九十三載乞根究蔣之奇彈疏劄子共十餘篇，有『閨門内事』、『禽獸不爲之醜行』等語，雖不及此詞與錢穆父所誚語，想即爲此事作。時在治平四年，修年六十一矣。詞人綺語，攻擊之者乃資爲口實；醉翁琴趣中艷體若『江南柳』者尚甚多，吾人讀歐詞，固不致信以爲真也。」夏承燾先生之説較爲通達，故不必懷疑醉蓬萊詞爲仇人攻訐也。又楊寶霖詞林紀事補正卷一九辨之云：「此詞見醉翁琴趣外篇卷六，當是歐陽修作。宋高宗之賜小劉妃，竺月華或延慶寺僧之調柳含春或方國珍女，殆援引流傳之舊詞也。留青日札、閑中今古録中所謂竺月華或延慶寺僧所作之『江南月』一首，亦見醉翁琴趣外篇卷六，爲望江南之後片。方國珍作之『江南竹』一首，宋人羅曄醉翁談録庚集卷二判僧奸情條已載之，其文曰：『鎮江僧名法聰，犯童尼，訴之，判云：江南竹，巧匠織成籠。贈與吾師藏法體，碧潭深處伴蛟龍。色即是成空。』留青日札、閑中今古録所載，近於小説，不可據，黃溥不察，竟據『江南竹』一詞而評『國珍雖不讀書，而此詞可美』，正所謂差之毫釐，謬以千里也。」是詞爲歐陽修作，蓋無可疑。

㊁鶯嫌：古今詞統作「鶯憐」。

㊂留着：古今詞統作「留取」。

㊃二「堦」字：古今詞統均作「堂」。

㊄早：古今詞統作「已」。

【注釋】

〔一〕十四五二句：唐宋時常以彈琵琶寓憂愁和相思，如韋莊謁金門：「閑抱琵琶尋舊曲，遠山眉黛緑。」柳永隔簾聽：「琵琶閑抱，愛品相思調。」賀鑄減字浣溪沙：「閑把琵琶舊譜尋，四絃聲怨却沈吟。」

〔二〕簸錢：古代一種以擲錢賭輸贏的遊戲。王建宫詞：「暫向玉花階上坐，簸錢贏得兩三籌。」錢世昭錢氏私志：「内翰伯見而笑云：『年方七歲，正是學簸錢時也。』」知宋時少年女子，喜歡擲錢的遊戲。

〔三〕恁時：那個時候。馮延巳憶江南：「東風次第有花開，恁時須約却重來。」柳永受恩深：「待宴賞重陽，恁時盡把芳心吐。」

【輯評】

錢世昭錢氏私志：「歐後爲人言其盜甥，表云：『喪厥夫而無託，攜孤女以來歸。』張氏此時，年方七歲。内翰伯見而笑云：『年方七歲，正是學簸錢時也。』歐詞云：『江南柳，葉小未成陰。人爲絲輕那忍折，鶯憐枝嫩不勝吟。留取待春深。　十四五，閑抱琵琶尋。堂上簸錢堂下走，恁時相見已留心。何況到如今。』」

周淙輦下紀事：「德壽宮劉妃，臨安人，入宮爲紅霞帔，後拜貴妃。又有小劉妃者，以紫霞帔轉爲宜春郡夫人，進婕妤，復封婉儀。皆有寵。宮中號妃爲大劉娘子，婉儀爲小劉娘子。婉儀入宮時，年尚幼，德壽賜以詞云：『江南柳，嫩綠未成陰。攀枝尚憐枝葉嫩，黄鸝飛上力難禁。留取待春深。』」（詞苑萃編卷一三引）

田藝蘅留青日札卷二一：「含春姓柳氏，國初明州女子也。年十六患病，禱於關王祠而愈，因繡幡往酬之。一少年僧頗聰慧，窺柳氏之姿而悦之，因以其姓戲作咒語誦之於神云：『江南柳，嫩綠未成陰。攀折尚憐枝葉小，黄鸝飛上力難禁。留取待春深。』女亦甚慧，聞之不勝其怒，歸告於父，父訟之於方國珍。時國珍據明州，捕僧至，問之曰：『何姓？』對曰：『姓竺，名月華。』國珍命以竹籠盛之，將沈之江。又曰：『我亦取汝姓，當作一偈送汝歸東流。』因吟曰：『江南竹，巧匠結成籠。好與吾師藏法體，碧波深處伴蛟龍。方知色是空。』其僧痛哭哀訴曰：『死，吾分也，乞容一言。』國珍許之。僧曰：『江南月，如鏡亦如鈎。明鏡不臨紅粉面，曲鉤不上畫簾頭。空自照東流。』國珍知其以名爲答，大笑而釋之。且令蓄髮，以柳氏配爲夫婦。」

詞苑：「王銍默記載歐陽公望江南雙調云：『江南柳，葉小未成陰。人爲綠輕那忍折，鶯憐枝嫩不勝吟。留取待春深。　十四五，閑抱琵琶尋。堂上簸錢堂下走，恁時相見已留心。何況到如今。』初奸黨誣公盜甥，公上表自白云：『喪厥夫而無托，攜孤女以來歸。』張氏此時年方十歲，錢穆父素恨公，笑曰：『此正學簸錢時也。』歐知貢舉，下第舉人復作醉蓬萊譏之。按歐公此詞，出錢氏私志。蓋錢世昭因公五代史中多毀吳越，故醜詆之。其詞之猥弱，必非公作，不足信也。」（歷代詩餘卷一一四詞話引）

郎瑛七修類稿卷三一：「王銍默記記歐陽文忠公私通甥女事，爲此降官，事亦詳矣。而錢氏私志又述其自作之詞曰：『江南柳，葉小未成陰。人爲絲輕那忍折，鶯憐枝嫩不勝吟。留取待春深。　十四五，閑抱琵琶尋。堂上簸錢堂下走，恁時已留心。何況到如今。』蓋甥女依公時，方七歲故也。予意公因甥女無依，領回方七歲，公何便有此心？況此詞後一拍全似他人之説公者。但事之有無，未可與辯；詞非公爲，決然也。或者錢世昭因公五代史中多毀吳越，故抵之，如落第士子作醉蓬萊以嘲公也。讀者理推。」

徐士俊評古今詞統卷七：「安知非讒夫揑爲此詞，知周秦行紀之出於贊皇客也。」

王士禛花草蒙拾：「『堂上簸錢堂下走』，小人以蔑歐陽。『有情爭似無情』，忌者以誣司馬。至『諳盡孤眠滋味』及『落花流水別離多』，范、趙二鉅公作如許語，又非但廣平梅花之比矣。」

宋翔鳳樂府餘論：「按此詞極佳，當別有寄托，蓋以嘗爲人口實，故編集去之。然緣情綺靡之作，必欲附會穢事，則凡在詞人，皆無全行，正不必爲歐公辯也。」

宋翔鳳論詞絶句二十首：「廬陵餘力非遊戲，小令篇篇積遠思。都可誣成輕薄意，何論堂上簸錢時。」

況周頤歷代詞人考略卷九：「按，歐公江南柳之誣，詞苑叢談嘗辨之矣。周淙輦下紀事云：德壽宫劉妃，臨安人，入宫，爲紅霞帔，後拜貴妃。又有小劉妃者，以紫霞帔轉宜春郡夫人，進婕妤，復封婉容，皆有寵。宫中號妃爲大劉孃子，婉容爲小劉孃子。婉容入宫時，年尚幼，德壽賜以詞云：『江南柳，嫩緑未成陰。攀折尚憐枝葉小，黄鸝飛上力難禁。留取待春深。』德壽之詞，與默記所傳歐陽公之作，僅小異耳。錢世昭私志稱彭城王錢景臻爲先王，景臻追封當建炎二年，世昭爲景臻之孫愐（景臻第三子）之猶子，以時代考之，蓋亦南宋中葉矣。（四庫全書提要於錢世昭、王銍時代並未考定詳確。）竊疑後人就德壽詞，衍爲雙調以誣歐公，世昭遂録入私志，王銍因載之默記。唯錢穆父固與歐公同時，然公詞既可假託，即自白之表，穆父之言亦何不可造作之有，竊意歐陽文集中未必有此表也。」

鄭方坤蔗尾詩集卷五論詞絶句：「范韓司馬漢三君，綺語翻題數幅裙。更唱望江南一曲，太清未遽淬微雲。」原注：「三公俱有艷詞傳世，而歐陽以江南柳一調，遂來讒慝之口。」

宴瑶池〔一〕

戀眼噥心終未改〔二〕。向意間長在〔三〕。都緣爲、顔色殊常，見餘花、盡無心愛〔四〕。

都爲是風流嗽〔五〕。至他人、强來厮壞〔六〕。從今後、若得相逢，繡幃裏、痛惜嬌態。

【注釋】

〔一〕宴瑶池：爲歐陽修首創，雙調，五十三字，前後闋各四句三仄韻。詞律、詞譜均不載。

〔二〕戀眼噥心：謂眼中迷戀，心中思念。噥，本義爲低聲絮語，引申爲心中念叨。

〔三〕向意：傾心，一心一意。

〔四〕見餘句：元稹離思詩：「曾經滄海難爲水，除却巫山不是雲。取次花叢懶回顧，半緣修道半緣君。」此化用元詩第三句意。

〔五〕噉：參漁家傲（妾本錢塘）注〔三〕。

〔六〕廝壞：相擾亂。張相詩詞曲語辭匯釋卷二：「廝，猶相也。」

解仙佩㈠〔一〕

有个人人牽繫〔二〕。淚成痕、滴盡羅衣。問海約山盟何時〔三〕。鎮教人、目斷魂飛〔四〕。

夢裏似偎人睡。肌膚依舊骨香膩〔五〕。覺來但堆鴛被。想忡忡、那裏爭知〔六〕。

【校記】

㈠冒校：「詞律、詞律拾遺、補遺均不收此調，字句又錯誤特甚。姑以意逆之，『成』字衍，『骨香』二字誤。此處應叶，『膩』疑『睡』。」

【注釋】

〔一〕解仙佩：列仙傳江妃二女載，江妃二女遊於江漢之濱，逢鄭交甫，鄭見而悅之，請其珮。二女「遂手解珮與交甫，交甫悦，受而懷之中當心。趨去數十步，視珮，空懷無珮。顧二女，忽然不見」，調名本此。雙調，五十三字，前闋四句，四平韻；後闋四句，四仄韻。

〔二〕人人：見蝶戀花（海燕雙來）注〔六〕。

〔三〕海約山盟：柳永洞仙歌：「共有海約山盟，記得翠雲偷剪。」

〔四〕鎮：張相詩詞曲語辭匯釋卷一：「鎮，猶常也；長也；儘也。」魂飛：形容受外界的誘惑而精神不集中。

〔五〕肌膚句：此句互文。香膩，形容女子的肌膚芬香滑膩。韋莊傷灼灼詩：「桃臉曼長横緑水，玉肌香膩透紅紗。」

〔六〕忡忡：見訴衷情（離愁酒病兩忡忡）注〔一〕。争知：怎麼知道。柳永八聲甘州：「争知我，倚闌干處，正恁凝愁？」

（以上醉翁琴趣外篇卷六　共十一首）

漁家傲㈠

正月新陽生翠琯〔二〕。花苞柳線春猶淺〔三〕。簾幕千重方半卷。池冰泮〔三〕。東風吹水琉璃軟〔四〕。漸好凭欄醒醉眼。隴梅暗落芳英斷〔五〕。初日已知長一線〔六〕。清宵短。夢魂怎奈珠宫遠〔七〕。

【校記】

㈠底本題注：「京本時賢本事曲子後集云：『歐陽文忠公，文章之宗師也。其於小詞尤膾炙人口，有十二月詞，寄漁家傲調中。』本集亦未嘗載，今列之於此。前已有十二篇鼓子詞。此未知果公作否。」按，時賢本事曲子集爲宋人楊繪撰。楊繪，字元素，四川綿竹人。仁宗時進士，官至翰林學士。與歐陽修、蘇軾前後相接，其撰著此集時，歐陽修剛去世不久，故亦稱「時賢」。是該組詞作者雖尚難斷定，但在北宋中期即已流傳。有關時賢本事曲子集，可參趙萬里時賢本事曲子集輯本跋、朱崇才時賢本事曲子集新考訂（載文獻二〇〇〇年第三期）。今歐集諸宋本如宋吉州本，日本天理圖書館所藏宋慶元（一一九五—一二〇〇）、嘉泰（一二〇一—一二〇四）年間刊本置於歐陽文忠公集卷一三二，録入又續添中。而中華再造善本近體樂府、宫内廳本、毛本皆未收此組漁家傲十二首，則此組詞之作者頗爲可疑，但其他兩種宋本收入，故本書仍録於此。作者歸屬，以俟詳考。

【注釋】

〔一〕新陽：猶初春。謝靈運登池上樓詩：「初景革緒風，新陽改故陰。」歐陽修舒州靈仙觀開啓上元節道場青詞：「伏以萬物熙春，肇新陽於首歲。」翠琯：玉管，有孔如笛，古人用律管測知節候。參漁家傲（十一月新陽）注〔二〕。韓鄂歲華紀麗正月：「星始運於銅渾，氣微生於玉琯。」

〔二〕柳線：柳枝細長，下垂如線，故名。范雲送別詩：「東風柳線長，送郎上河梁。」孟郊春日有感詩：「風吹柳線垂，一枝連一枝。」

〔三〕泮：冰雪消融。韋應物除日詩：「冰池始泮緑，梅梢還飄素。」

〔四〕琉璃：喻水面。見採桑子（輕舟短棹）注〔四〕。

〔五〕隴梅：見阮郎歸（角聲吹斷隴梅枝）注〔一〕。

〔六〕初日句：見漁家傲（十一月新陽）注〔二〕。

〔七〕珠宮：仙宮。蘇軾張龍公祠記：「貝闕珠宮。」

又

二月春期看已半。江邊春色青猶短〔一〕。天氣養花紅日暖〔二〕。深深院。真珠簾額初飛燕〔三〕。漸覺銜杯心緒懶〔四〕。酒侵花臉嬌波慢〔五〕。一捻閑愁無處遣〔六〕。牽不斷。游絲百尺隨風遠〔七〕。

【注釋】

〔一〕青猶短：張先蝶戀花：「移得綠楊栽後院，學舞宫腰，二月青猶短。」

〔二〕天氣養花：見鶴沖天（梅謝粉）注〔三〕。

〔三〕真珠：即珍珠，用以穿製垂簾。李璟浣溪沙：「手捲真珠上玉鈎，依前春恨鎖重樓。」簾額：見虞美人（爐香晝永）注〔三〕。

〔四〕銜杯：指飲酒。劉伶酒德頌：「先生於是方捧罌承槽，銜杯漱醪。」

〔五〕花臉：形容女子如花般美艷的臉龐。元稹恨粧成詩：「凝翠暈蛾眉，輕紅拂花臉。」白居易聽崔七妓人箏詩：「花臉雲鬟坐玉樓，十三絃裏一時愁。」嬌波：形容女子嫵媚動人的眼神。慢：通「曼」，柔美貌。閻選虞美人：「粉融紅膩蓮房綻，臉動雙波慢。」毛熙震南歌子：「遠山愁黛碧，橫波慢臉明。」

〔六〕一捻：一點點，形容小而纖細可搓於指間。

〔七〕游絲：見蝶戀花（六曲欄干）注〔五〕。

又

三月芳菲看欲暮〔一〕，烟脂淚洒梨花雨〔二〕。寶馬綉軒南陌路〔三〕。笙歌舉〔四〕。踏青鬭草人無數〔五〕。　强欲留春春不住，東皇肯信韶容故〔六〕。安得此身如柳絮。隨風去。穿簾透幕尋朱户。

【注釋】

〔一〕暮：將盡。杜甫送韋郎司直歸成都詩：「别筵花欲暮，春日鬢俱蒼。」

〔二〕烟脂：即胭脂。見歸自謡（春艷艷）注〔五〕。梨花雨：梨花開時的雨水，謂時已暮春。孫光憲虞美人：「紅窗寂寂無人語，暗澹梨花雨。」

〔三〕綉軒：雕飾花紋的車子。江淹别賦：「龍馬銀鞍，朱軒繡軸。」張先宴春臺慢詞：「轔轔繡軒，遠近輕雷。」南陌：南面的道路。唐沈佺期李舍人山園送龐邵：「南陌駐驂騑。」

〔四〕笙歌：合笙之歌。禮記檀弓上：「孔子既祥，五日彈琴而不成聲，十日成笙歌。」亦謂吹笙唱歌。舉：演奏，演唱。詩經周頌有瞽：「既備乃奏，簫管備舉。」

〔五〕鬭草：春夏時流行的民間游戲，以草的品種及韌性相較勝負。白居易觀兒戲詩：「弄塵復鬭草，盡日樂嬉嬉。」晏殊破陣子：「疑怪昨宵春夢好，元是今朝鬭草贏。」

〔六〕東皇句：馮延巳採桑子：「後約難期，肯信韶華得幾時。」東皇，司春之神，古代五行説認爲東方屬木，以青色代表，主宰春天。尚書緯：「春爲東皇，又爲青帝。」戴叔倫暮春感懷詩：「東皇去後韶華盡，老圃寒香別有秋。」

又

四月芳林何悄悄〔一〕。緑陰滿地青梅小〔二〕。南陌採桑何窈窕〔三〕。争語笑。亂絲滿腹吴蠶老〔四〕。　宿酒半醒新睡覺〔五〕。雛鶯相語怱怱曉。惹得此情縈寸抱〔六〕。休臨眺。樓頭一望皆芳草。

【注釋】

〔一〕芳林：初學記卷三引梁元帝纂要：「春曰青陽……木曰華木、華樹、芳林、芳樹。」韋應物送宣州周録事詩：「方念清宵宴，已度芳林春。」

〔二〕青梅小：寇準踏莎行詞：「春色將闌，鶯聲漸老，紅英落盡青梅小。」

〔三〕南陌：見漁家傲（三月芳菲）注〔三〕。窈窕：形容女子貌美。馬驌繹史卷八六引衝波傳：「孔子去衛適陳，途中見二女採桑，子曰：『南枝窈窕北枝長。』」

〔四〕亂絲句：謂春蠶蜕皮成熟後，即將吐絲作繭。吴蠶，吴地盛養蠶，故稱良蠶爲吴蠶。李群玉洞庭入澧江寄巴丘故人詩：「四月桑半枝，吴蠶初弄絲。」

〔五〕宿酒：猶宿醉，見蝶戀花（梨葉初紅）注〔五〕。新睡覺：剛剛睡醒。張泌柳枝詞：「倚著雲屏新睡覺，思夢笑。」

〔六〕縈寸抱：牽掛在心。寸抱，指心。參蝶戀花（南雁依俙）注〔七〕。孟郊讀經詩：「當時把齋中，方寸抱萬靈。」

又

五月薰風才一信〔一〕。初荷出水清香嫩。乳燕學飛簾額峻〔二〕。誰借問。東鄰期約嘗佳醖〔三〕。漏短日長人乍困〔四〕。裙腰減盡柔肌損。一撮眉尖千疊恨〔五〕。慵整頓〔六〕。黄梅雨細多閑悶〔七〕。

【注釋】

〔一〕薰風：夏季的東南風，暖風。皇甫謐帝王世紀五帝：「舜恭己無爲，彈五絃琴，歌南風之詩，詩曰：『南風之時兮，可以阜吾民之財兮；南風之薰兮，可以解吾民之愠兮。』」王粲初征賦：「薰風温温以增熱，體爗爗其若焚。」韓鄂歲華紀麗「五月」條引風土記：「東南長有風至，曰黄雀、長風，亦曰薰風。」一信：參蝶戀花（南雁依俙）注〔九〕，此處謂暖風吹了不多日。

〔二〕簾額：見虞美人（爐香晝永）注〔三〕。

〔三〕東鄰：即東家子，代指美女。用宋玉登徒子好色賦事：「天下之佳人，莫若楚國；楚國之麗者，莫若臣里；臣里之美者，莫若臣東家之子。臣東家之子增之一分則太長，減之一分則太短；著粉則太白，施朱則太赤；眉如翠羽，肌如白雪；腰如束素，齒如含貝；嫣然一笑，惑陽城，迷下蔡。」佳醖：美酒。張華輕薄篇：「蒼梧竹葉清，宜城九醖醝。」

〔四〕漏短日長：指夏日晝長夜短。

〔五〕眉尖：見夜行船（閑把鴛衾）注〔二〕。

〔六〕整頓：梳洗妝扮。白居易琵琶引：「整頓衣裳起斂容。」

〔七〕黄梅雨：陳元靚歲時廣記卷二「黄梅雨」條：「風土記：『夏至雨名黄梅雨，霑衣服皆敗黴。』四時纂要云：『梅熟而雨曰梅雨。』又閩人以立夏後逢庚日爲入梅，芒種後逢壬爲出梅。」隋煬帝江都夏詩：「黄梅雨細麥秋輕。」

又

六月炎蒸何太盛〔一〕。海榴灼灼紅相映〔二〕。天外奇峰千掌迥〔三〕。風影定。漢宫圓扇初成詠〔四〕。　珠箔初褰深院静〔五〕。絳綃衣窄冰膚瑩〔六〕。睡起日高堆酒興。猒猒病〔七〕。宿酲和夢何時醒〔八〕。

【注釋】

〔一〕炎蒸：形容暑熱。庾信奉和夏日應令詩：「五月炎蒸氣，三時刻漏長。」梅堯臣次韻和永叔石枕與笛竹簟詩：「京師貴豪空有力，六月耐此炎蒸劇。」

〔二〕海榴：即石榴，由古安息國傳入，又稱安石榴、海石榴。此處指石榴花。江總山庭春日詩：「岸緑開河柳，池紅照海榴。」温庭筠海榴詩：「海榴開似火，先解報春風。」灼灼：鮮明貌，形容石榴花紅似火。詩經周南桃夭：「桃之夭夭，灼灼其華。」

〔三〕天外奇峰：形容夏雲堆簇。參漁家傲（六月炎天）注〔一〕。迥：曠遠貌。

〔四〕漢宮句：用漢成帝時班婕妤以扇爲喻作詩自傷事。玉臺新詠録其怨歌行詩：「新裂齊紈素，鮮潔如霜雪。裁爲合歡扇，團團似明月。」

〔五〕珠箔：即珠簾。箔，簾子。李白陌上贈美人詩：「美人一笑褰珠箔，遥指紅樓是妾家。」馮延巳虞美人：「畫堂新霽情蕭索，深夜垂珠箔。」

〔六〕絳綃：紅色的細絹。柳永夜半樂：「絳綃袖舉，雲鬟風顫。」衣窄：謂舞女腰身纖細。韓偓春晝詩：「楚殿衣窄，南朝髻高。」冰膚瑩：形容肌膚光潔凉滑。

〔七〕猒猒：見定風波（過盡韶華）注〔八〕。

〔八〕宿酲：猶宿醉。見定風波（過盡韶華）注〔六〕。

又

七月芙蓉生翠水。明霞拂臉新粧媚〔一〕。疑是楚宫歌舞妓。争寵麗。臨風起舞誇腰細〔二〕。

烏鵲橋邊新雨霽〔三〕。長河清水冰無地〔四〕。此夕有人千里外。經年歲。猶嗟不及牽牛會。

【注釋】

〔一〕新粧：見玉樓春（陰陰樹色）注〔五〕。

〔二〕誇：誇示，展露。

〔三〕烏鵲橋：烏鵲，指喜鵲。見漁家傲（喜鵲填河仙浪淺）注〔一〕。杜甫玉臺觀詩：「石勢參差烏鵲橋。」白居易送蘇州李使君赴郡詩：「館娃宮深春日長，烏鵲橋高秋夜涼。」

〔四〕冰無地：形容清涼之極。無地，猶言不盡，至極。

又

八月微涼生枕簟〔一〕。金盤露洗秋光淡〔二〕。池上月華開寶鑑〔三〕。波瀲灩〔四〕。故人千里應凭檻〔五〕。　蟬樹無情風苒苒〔六〕。燕歸碧海珠簾捲〔七〕。沈臂冒霜潘鬢減㊀〔八〕。愁黯黯〔九〕。年年此夕多悲感。

【校記】

㊀沈臂：底本下有陰文注：「疑。」

【注釋】

〔一〕枕簟：見蝶戀花（梨葉初紅）注〔三〕。

〔二〕金盤：承露盤。班固西都賦云漢宮苑有金莖承露盤。韓偓中秋禁直詩：「露和玉屑金盤冷，月射珠光貝闕寒。」秋光：庾信和炅法師遊昆明池詩：「秋光麗晚天，鷁舸泛中川。」

〔三〕月華：見臨江仙（柳外輕雷池上雨）注〔五〕。寶鑑：喻指明月。歐陽修送子野詩：「天開寶鑑露寒月，海拍積雪卷怒潮。」

〔四〕瀲灩：見浪淘沙（今日北池遊）注〔四〕。

〔五〕凭檻：柳永望漢月：「小樓凭檻處，正是去年時節。千里清光又依舊，奈夜永、厭厭人絶。」

〔六〕蟬樹無情：李商隱蟬詩：「五更疎欲斷，一樹碧無情。」苒苒：輕柔貌。王粲迷迭賦：「布萋萋之茂葉兮，挺苒苒之柔莖。」

〔七〕燕歸碧海：謂秋社後燕子南飛。孔子家語執轡第二十五：「立冬則燕雀入於海，化爲蛤。」掩：遮掩，遮蓋。馮延巳醉花間：「屏掩畫堂深，簾捲蕭蕭雨。」

〔八〕沈臂冒霜：如沈約之臂既瘦又白。梁書沈約傳載，沈約年衰，致書徐勉曰：「百日數旬，革帶常應移孔，以手握臂，率計月小半分。」冒霜，形容膚色蒼白。潘鬢：潘岳姿容俊美，但鬢髮早白。其秋興賦序曰：「余春秋三十有二，始見二毛。」

〔九〕黯黯：沮喪憂愁貌。韋應物寄李儋元錫詩：「春愁黯黯獨成眠。」

又

九月重陽還又到。東籬菊放金錢小〔一〕。月下風前愁不少。誰語笑。吴娘擣練腰肢裊〔二〕。　槁葉半軒慵更掃〔三〕。凭欄豈是閑臨眺。欲向南雲新雁道〔四〕。休草草。來時覓取伊消耗〔五〕。

【注釋】

〔一〕東籬菊：見漁家傲（九月霜秋）注〔三〕。金錢：即金錢菊，一種小而密的黄菊。宋史鑄百菊集譜卷一：「金錢菊，出西京。深黄雙紋重葉，似大金菊，而花形圓齊，頗類滴金。」劉敞菊花枕詩：「鮮鮮秋菊花，燦燦黄金錢。」

〔二〕吴娘：吴地美女。夢溪筆談卷五：「唐曲有突厥鹽、阿鵲鹽。施肩吾詩云：『顛狂楚客歌成雪，嫵媚吴娘笑是鹽。』蓋當時語也。」擣練：春擣洗煮過的熟絹。練，煮熟的絲絹，柔軟潔白。今美國波士頓博物館尚存宋摹本唐張萱擣練圖，爲四位女子以木杵擣練的情景。裊：摇曳，晃動。陸雲爲顧彦先贈婦往返詩：「雅步裊纖腰，巧笑發皓齒。」

〔三〕槁葉：枯葉。傅咸贈何劭王濟詩：「槁葉待風飄，逝將與君違。」軒：堂前屋檐下的平臺。更：去聲，再。劉兼秋夕書懷詩：「直氣從來不入時，掩關慵更釣磻溪。」

〔四〕南雲：南飛之雲，古人多寄托懷鄉之情。陸機思親賦：「指南雲以寄欽，望歸風而效誠。」江總於長安歸還揚州九月九日行薇山亭賦韻詩：「心逐南雲逝，形隨北雁來。」新雁：入秋南飛過冬的大雁，古有鴻雁傳書之説，事見漢書蘇武傳。賈島思遊邊友人詩：「葉下古人去，天中新雁來。」柳永木蘭花慢：「見新雁過，奈佳人自别阻音書。」

〔五〕伊：見長相思（花似伊）注〔一〕。消耗：音信，消息。

又

十月輕寒生晚暮。霜華暗卷樓南樹〔一〕。十二欄干堪倚處〔二〕。聊一顧。亂山衰草還家路。　悔别情懷多感慕。胡笳不管離心苦〔三〕。猶喜清宵長數鼓。雙繡户〔四〕。夢魂儘遠還須去〔五〕。

【注釋】

〔一〕霜華：晏殊少年遊：「霜華滿樹，蘭凋蕙慘，秋艷入芙蓉。」

〔二〕十二欄干：十二，形容曲折之多。南朝樂府西洲曲：「欄干十二曲，垂手明如玉。」李商隱碧城詩：「碧城十二曲闌干，犀辟塵埃玉辟寒。」

〔三〕胡笳：西北胡人吹奏的管樂器。蔡琰有胡笳十八拍。岑參胡笳歌送顔真卿使赴河隴詩：「君不聞胡笳聲最悲，紫髯緑眼胡人吹。吹之一曲猶未了，愁殺樓蘭征戍兒。」歐陽修寄渭州王仲儀龍圖詩：「羨君三作臨邊守，慣聽胡笳不慘然。」

〔四〕雙繡户：指佳偶團圓。繡户，女子的閨房。韋莊木蘭花：「消息斷，不逢人，却斂細眉歸繡户。」

〔五〕儘：儘管，雖然。張先蝶戀花：「行行儘遠猶回面。」

又

律應黄鍾寒氣苦〔一〕。冰生玉水雲如絮〔二〕。千里鄉關空倚慕〔三〕。無尺素〔四〕。雙魚不食南鴻渡〔五〕。　把酒遣愁愁已去。風催酒力愁還聚。却憶獸爐追舊處〔六〕。頭懶舉。爐灰剔盡痕無數〔七〕。

【注釋】

〔一〕律應黄鍾：謂十一月冬至日到。見漁家傲（十一月新陽）注〔一〕。

〔二〕玉水：形容冰水。白居易寄崔少監詩：「彈爲古宫調，玉水寒泠泠。」雲如絮：庾信擬詠懷詩：「秋雲粉絮結，白露水銀團。」

〔三〕鄉關：見漁家傲（八月秋高）注〔九〕。

〔四〕尺素：小幅絹帛，代指書信。周書王褒傳：「猶冀蒼雁頳鯉，時傳尺素；清風朗月，俱寄相思。」

〔五〕雙魚句：謂信使無蹤，音訊不得。魚、雁皆可傳書。漢樂府飲馬長城窟行：「客從遠方來，遺我雙鯉魚。呼兒烹鯉魚，中有尺素書。」

〔六〕獸爐：獸形香爐。見少年遊（玉壺冰瑩獸爐灰）注〔一〕。

〔七〕剔：把爐灰撥出以使其繼續燃燒。崔道融酒醒詩：「酒醒撥剔殘灰火，多少淒涼在此中。」

又

臘月年光如激浪〔一〕。凍雲欲折寒根向㊀。謝女雪詩真絶唱〔二〕。無比況〔三〕。長堤柳絮飛來往。　便好開樽誇酒量〔四〕。酒闌莫遣笙歌放〔五〕。此去青春都一餉〔六〕。休悵望。瑶林即日堪尋訪〔七〕。

【校記】

㊀底本「向」下有陰文注：「疑。」天理本同。

【注釋】

〔一〕年光：年華，時日。徐陵答李顒之書：「年光遒盡，觸目崩心。」歐陽修奉答聖俞歲日書事詩：「積雪照清晨，東風冷著人。年光向老速，物意逐時新。」激浪：比喻時光飛逝。

〔二〕謝女雪詩：謝安侄女謝道韞，聰敏而富辯才。世説新語言語：「謝太傅寒雪日内集，與兒女講論文義。俄而雪驟，公欣然曰：『白雪紛紛何所似。』兄子胡兒（謝朗）曰：『撒鹽空中差可擬。』兄女（謝道韞）曰：『未若柳絮因風起。』公大笑樂。」

〔三〕比況：比類。權德輿雜詩：「魂交復目斷，縹緲難比況。」

〔四〕便好：正好，正可。柳永剔銀燈：「漸漸園林明媚，便好安排歡計。」詩：顯耀，誇示。

〔五〕酒闌：見憶漢月（紅艷幾枝）注〔五〕。笙歌放：謂歌舞結束散場。馮延巳採桑子：「笙歌放散人歸去，獨宿江樓。」

〔六〕此去句：柳永鶴沖天：「青春都一餉，忍把浮名，換了淺斟低唱。」

〔七〕瑶林：玉樹瓊林，比喻雪後的林木。歐陽修和晏尚書對雪招飲詩：「瑶林瓊樹影交加，誰伴山翁醉帽斜。」

（以上吉州本近體樂府卷二又續添　共十二首）

少年遊〔一〕　詠草

欄杆十二獨凭春〔二〕。晴碧遠連雲〔三〕。千里萬里，二月三月，行色苦愁人〔三〕。謝家池上〔四〕，江淹浦畔〔五〕，吟魄與離魂〔六〕。那堪疏雨滴黄昏〔七〕。更特地、憶王孫〔八〕。

【校記】

㈠唐圭璋全宋詞：「案詞律卷五此首誤作梅堯臣詞。」

【注釋】

〔一〕欄杆十二：見漁家傲（十月輕寒）注〔二〕。

〔二〕晴碧：晴日下的碧草。温庭筠郭處士擊甌歌：「晴碧煙滋重疊山，羅屏半掩桃花月。」

〔三〕行色：見夜行船（滿眼東風）注〔一〕。

〔四〕謝家池上：用謝靈運「池塘生春草」的典故，暗寓春草。詩品引謝氏家録云：「康樂每對惠連，輒得佳語。後在永嘉西堂，思詩竟日不就。寤寐間，忽見惠連，即成『池塘生春草』。故嘗云：『此語有神助，非吾語也。』」

〔五〕江淹浦畔：見桃源憶故人（鶯愁燕苦）注〔五〕。

〔六〕吟魄與離魂：「吟魄」指謝靈運詩「池塘生春草」，即上句「謝家池上」；「離魂」指江淹别賦「春草碧色，春水緑波。送君南浦，傷如之何」，即上句「江淹浦畔」。

〔七〕疏雨滴黄昏：用孟浩然秋懷「微雲淡河漢，疏雨滴梧桐」詩意。又温庭筠更漏子：「梧桐樹。三更雨。不道離情正苦。一葉葉、一聲聲。空階滴到明。」

〔八〕特地：王鍈詩詞曲語辭例釋：「特地，等於説突然，忽地，副詞。」尹鶚臨江仙：「西窗幽夢等閑成。逡巡覺後，特地恨難平。」憶王孫：楚辭：「王孫遊兮不歸，芳草生兮萋萋。」淮南小山招隱士：「王孫兮歸來，山中兮不可久留。」孫棨北里志楊妙兒：「光遠嘗以長句詩題萊兒室曰：『魚鑰獸環斜掩門，萋萋芳草憶王孫。醉憑青瑣窺韓壽，困擲金梭惱謝鯤。不夜珠光連玉匣，辟寒釵影落瑶樽。欲知明惠多情態，役盡江淹别後魂。』」宋時又以「憶王孫」作爲詞牌名。

【輯評】

吴曾能改齋漫録卷一七：「詠草詞。梅聖俞在歐陽公座，有以林逋草詞『金谷年年，亂生青草誰爲主』爲美者，聖俞因别爲蘇幕遮一闋云：『露堤平，煙墅杳。亂碧萋萋，雨後江天曉。獨有庾郎年最少，窣地春袍，嫩色宜相照。　接長亭，迷遠道。堪怨王孫，不記歸期早。落盡梨花春又了。滿地殘陽，翠色和煙老。』歐公擊節賞之。又自爲一詞云：『欄杆十二獨凭春。晴碧遠連雲。千里萬里，二月三月，行色苦愁人。　謝家池上，江淹浦畔，吟魄與離魂。那堪疏雨滴黄昏。更特地，憶王孫。』蓋少年游令也。不惟前二公所不及，雖置諸唐人温、李集中，殆與之爲一矣。今集本不載此篇，惜哉。」

先著詞潔輯評卷一：「拙處已是工處，與『金谷年年』一調又別。『千里萬里，二月三月』，此數字甚不易下。」

許昂霄詞綜偶評：「清勁。」

世經堂刻詞綜批語：「此詞似不及君復、聖俞，何况温、李。」

王國維人間詞話：「人知和靖點絳唇、聖俞蘇幕遮、永叔少年遊三闋爲詠春草絕調。不知先有正中『細雨濕流光』五字，皆能攝春草之魂者也。」「即以一人一詞論，如歐陽公少年遊詠春草上半闋云：『闌干十二獨凴春，晴碧遠連雲。二月三月，千里萬里，行色苦愁人。』語語都在目前，便是不隔。至云『謝家池上，江淹浦畔』，則隔矣。」

吴梅詞學通論：「余按公詞以此（候館梅殘）爲最婉轉。以少年遊詠草爲最工切超脱。當亦百世之公論也。」

唐圭璋唐宋詞簡釋：「此首詠草詞。吴虎臣謂『君復、聖俞二詞，皆不及也』。首從凴欄寫起。『碧晴』一句，實寫草色無際。『千里』句，就空間説；『二月』句，就時間説；『行色』句，點出愁人之意。换頭，用謝靈運、江淹詠草故實。『那堪』兩句，深入一層，添出黄昏疏雨，更令人苦憶王孫遊衍也。」

劉永濟唐五代兩宋詞簡析：「此詠春草之詞也。上半闋前四句言草生之地與時，結句聯繫行人。後半闋三用春草故事，吟魄指謝詩，離魂指江賦，以見謝池、江浦之草雖亦感人，不如疏雨黄昏中之草，使人更特别思念王孫，隱喻時衰則思賢更切也。」

吴世昌詞林新話：「永叔少年遊（詞略）。有選家解爲：『後半闋三用春草故事。』『以見謝池、江浦之草雖亦感人，不如疏雨黄昏中之草，使人更特别思念王孫，隱喻時衰則思賢更切也。』按：『那堪』此處應解爲『何況』，不是『不如』。即謝池江浦之草尚且感人，何況疏雨黄昏中之草。末句何來『時衰』？增字以誣古人，心勞日拙！」

周振甫詩詞例話隔與不隔：「這裏舉『謝家池上，江郎浦畔』爲隔的例，主要是因爲它用典。謝靈運有『池塘生春草』，所以『謝家池上』就是指春草。江淹的别賦裏有『春草碧色，春水緑波。送君南浦，傷如之何』！因此『江淹浦畔』也是指春草。這樣用典不容易懂，表情不真切，所以説隔。」

（以上能改齋漫録卷一七　共一首）

桃源憶故人㈠

碧紗影弄東風曉〔一〕。一夜海棠開了。枝上數聲啼鳥。妝點愁多少。　妒雲恨雨腰支裊〔二〕。眉黛不忺重掃〔三〕。薄倖不來春已老〔四〕。羞帶宜男草〔五〕。

【校記】

㈠唐圭璋全宋詞：「案草堂詩餘前集卷下此首無撰人姓氏。類編草堂詩餘卷一誤作秦觀詞。文津閣四庫全書本全芳備祖亦作秦觀詞，蓋館臣誤改。」清李調元雨村詞話卷一：「秦淮海遺詞散失，多見別本，而時刻不載，如虞美人影云（詞略）。可知此外軼事更多矣。」徐培均淮海居士長短句箋注：「録自毛本，調下附注：『時刻不載。』草堂詩餘正集卷一作『桃源憶故人』，附注云：『新譜作虞美人影』。亦見鄧本、歷代詩餘卷十九、類編草堂詩餘卷一、王本補遺、蓼園詞選及秦本詩餘，調名俱作『桃源憶故人』，題作『春閨』。粹編卷四列在少游『玉樓深鎖薄情種』與山谷『碧天露洗春容淨』之間，下注『詩餘』二字。全宋詞謂『歐陽修詞，見全芳備祖前集卷七海棠門』。然檢六一詞，無此首；文津閣四庫全書本全芳備祖作秦觀詞。姑存疑。」今從全宋詞及毛氏汲古閣鈔本全芳備祖作歐陽修詞。

【注釋】

〔一〕碧紗影：謂燈影。唐宋時常以緑紗作燈罩。齊己燈詩：「紅燼自凝清夜朵，赤心長謝碧紗籠。」

〔二〕腰支裊：輕盈纖美貌。梁武帝白紵辭：「纖腰裊裊不任衣，嬌態獨立特爲誰？」柳永木蘭花：「酥娘一搦腰肢裊，回雪縈塵皆盡妙。」

〔三〕 忺：見燕歸梁（風擺紅藤）注〔四〕。

〔四〕 薄倖：見蝶戀花（小院深深）注〔七〕。

〔五〕 羞帶句：化用于鵠題美人詩：「秦女窺人不解羞，攀花趁蝶出牆頭。胸前空帶宜男草，嫁得蕭郎愛遠遊。」宜男草，又名萱草，又名忘憂草。見于飛樂（寶奩開）注〔七〕。

【輯評】 李攀龍草堂詩餘雋卷二：「憶故人還爲誤佳期也。」「詞調清新，誦之自膾炙人口，玩之又羈絆人情。」

沈際飛草堂詩餘正集卷一：「『海棠開了』下轉出『啼鳥』、『妝點』，趣溢不窘，奇筆！句末慧。」

黃蘇蓼園詞選：「沈際飛曰：『「海棠開了」下轉出「啼鳥」、「妝點」，趣溢不窘，奇筆。』按第一闋言春色明艷，動閨中春思耳。次闋言抑鬱無聊，青春已老，羞望恩澤耳。托興自娟秀。」

（以上毛氏汲古閣鈔本全芳備祖前集卷七海棠門　共一首）

阮郎歸

雪霜林際見依稀。清香已暗期。前村已遍倚南枝〔一〕。群花猶未知。　情似舊，賞休遲。看看隴上吹〔二〕。便從今日賞芳菲。韶華取次歸〔三〕。

【注釋】

〔一〕前村句：用齊己早梅詩：「前村深雪裏，昨夜一枝開。」南枝：借指梅花。白孔六帖卷九九南枝：「大庾嶺上梅，南枝落，北枝開。」朱翌猗覺寮雜記卷上：「梅用『南枝』事，共知青瑣紅梅詩云：『南枝向暖北枝寒。』李嶠云：『大庾天寒少，南枝獨早芳。』張方注云：『大庾嶺上梅，南枝落，北枝開。』南唐馮延巳詞云：『北枝梅蕊犯寒開。』則南北枝事，其來遠矣。」吳震方嶺南雜記卷上：「庾嶺又名梅嶺，以漢庾勝、梅鋗得名。然庾嶺多梅，古昔已然。自有『折梅逢驛使』、『淚盡北枝花』之句，而好事者往往增植之。」李清照臨江仙梅：「夜來清夢好，應是發南枝。」

〔二〕看看：見夜行船（滿眼東風）注〔二〕。隴：見阮郎歸（角聲吹斷隴梅枝）注〔一〕。

〔三〕韶華：指春光。見定風波（過盡韶華）注〔一〕。取次：見阮郎歸（落花浮水）注〔五〕。

（以上花草粹編卷四　共一首）

漁家傲㊀〔一〕

儒將不須躬甲冑。指揮玉麈風雲走〔二〕。戰罷揮毫飛捷奏㊁。傾賀酒。三杯遥獻南山壽㊂〔三〕。　草軟沙平春日透。蕭蕭下馬長川逗〔四〕。馬上醉中山色秀。光一一〔五〕。旌戈矛戟山前後。

【校記】

㊀此詞全宋詞僅存三句，而孔凡禮全宋詞補輯收其全詞，調爲漁家傲，作者爲龐籍。録自詩淵。又孔凡禮全宋詞補輯：「案：此詞上闋『戰罷揮毫』三句，見全一五八頁，爲歐陽修作。魏泰東軒筆録卷十一，謂此詞乃歐陽修送『王尚書素出守平涼』所作。」按，魏氏之説似更可信，參本詞注〔一〕。今録該詞於此。

㈡戰罷揮毫：能改齋漫録作「戰勝歸來」。

㈢三杯：能改齋漫録作「玉階」。

【注釋】

〔一〕宋魏泰東軒筆録卷一一：「范文正公守邊日，作漁家傲樂歌數闋，皆以『塞下秋來』爲首句，頗述邊鎮之勞苦。歐陽公嘗呼爲窮塞主之詞。及王尚書素出守平涼，文忠亦作漁家傲一詞以送之，其斷章曰：『戰勝歸來飛捷奏。傾賀酒。玉階遥獻南山壽。』顧謂王曰：『此真元帥之事也。』」考王珪華陽集卷三七王懿敏公素墓誌銘：「治平元年秋，敵寇静邊寨，權涇原帥陳述古與副總管劉几議進兵，不合，敵寢圍童家堡。天子西憂，以端明殿學士又知渭州。既入見，英宗諭曰：『朕知學士久，今邊陲有警，顧朝廷誰可屬者。其勉爲朕行。』」歐詞作於治平元年秋。時歐陽修爲吏部侍郎。而王素出任前亦爲吏部侍郎，與歐同官，故其相送也。詳參宋代文學研究叢刊第六期胡可先全宋詞綜考。

〔二〕玉麈：指玉柄麈尾，東晉士大夫清談時常執之。風雲：古軍陣名有「風」、「雲」等，後即以「風雲」泛稱軍陣。王涯從軍詞：「戈甲從軍久，風雲識陣難。」

〔三〕南山壽：典出詩經小雅天保：「如南山之壽，不騫不崩。」孔穎達疏：「天定其基業長久，且又堅固，如南山之壽。」

〔四〕蕭蕭：形容馬的嘶叫聲。詩經小雅車攻：「蕭蕭馬鳴，悠悠旆旌。」長川：廣闊的平原。

〔五〕光一一：謂山色川光全景。一一，全部之義。劉仙倫江神子：「燕語鶯啼，一一付春情。」按，此處「一一」爲押韻字，與前後不協，疑應爲「光又又」。

【輯評】

賀裳皺水軒詞筌：「廬陵譏范希文漁家傲爲『窮塞主』詞，自矜『戰勝歸來飛捷奏，傾賀酒，玉階遥獻南山壽』，爲真元帥之事。按宋以小詞爲樂府，被之管絃，往往傳於宫掖。范詞如『長煙落日孤城閉，羌管悠悠霜滿地，將軍白髮征夫淚』，令『緑樹碧簾相掩映，無人知道外邊寒』者聽之，知邊庭之苦如是，庶有所警觸，此深得采薇、出車『楊柳』、『雨雪』之意。若歐詞止於諛耳，何所感耶？」

彭孫遹金粟詞話：「范希文蘇幕遮一調，前段多入麗語，後段純寫柔情，遂成絶唱。『將軍白髮征夫淚』，亦復蒼涼悲壯，慷慨生哀。永叔欲以『玉階遥獻南山壽』敵之，終覺讓一頭地。窮塞主故是雅言，非實録也。」

（以上詩淵影印本第六册　共一首）

水調歌頭㈠和蘇子美滄浪亭詞〔一〕

萬頃太湖上〔二〕，朝暮浸寒光。吴王去後，臺榭千古鎖悲凉〔三〕。誰信蓬山仙子〔四〕，天與經綸才器〔五〕，等閑厭名韁〔六〕。斂翼下霄漢〔七〕，雅意在滄浪〔八〕。晚秋裏，煙寂靜，雨微凉。危亭好景，佳樹修竹繞回塘。不用移舟酌酒，自有青山緑水，掩映似瀟湘〔九〕。莫問平生意，别有好思量〔一〇〕。

【校記】

㈠此首詞吉州本收於歐陽修近體樂府卷三續添之中，天理本續添中亦有此詞，宫内廳本近體樂府卷三則無。吉州本詞後有注：「此詞載蘭畹集第五卷。重押『凉』字疑。」唐圭璋全宋詞：「案此首原作歐陽修詞，見近體樂府卷三引蘭畹集。龔鼎臣東原録引『吴王去後』四字句，云是尹師魯和蘇子美水調歌頭。今從之。」陳尚君歐陽修著述考：「雙照樓影宋吉州本歐陽文忠公近體樂府三卷，續添入漁家傲十二月詞及水調歌頭和蘇子美滄浪亭詞，共十三闋。前者云自京本時賢曲子後集增入，題注謂：『前已有十二月鼓子詞，此未知公作否？』尚可存疑。後者録自蘭畹集。龔鼎臣東原録引『吴王去後』一句，以爲尹洙作，全宋詞據此定爲尹作。檢討之下，似未妥。蘭畹集，據王灼碧雞漫志及影宋本陽春集校記引，知爲孔夷纂。夷，字方平，元祐中隱士，所作詞皆託名魯逸仲。其父旼，事蹟詳王安石王文公文集卷九六孔處士墓誌銘，嘉祐五年六月卒。夷與龔鼎臣爲同時人。尹洙幾不能詩，更無詞名，與蘇舜欽交誼頗疏。舜欽於慶曆五年春削籍歸吴，至秋始營滄浪之居。據東軒筆録卷十五云，水調歌頭爲其憾潘師旦阻遊丹陽作，約作於次年夏。時尹洙遠在南陽，七年初染疴卧床，旋卒，恐不及和詞。歐陽修時在滁州，相去不遠，與舜欽多次詩簡來往。故此詞仍當以歐作爲是。」今從陳説録爲歐陽修詞。

【注釋】

〔一〕蘇子美滄浪亭：宋范成大吴郡志卷一四園亭載：「滄浪亭在郡學之南，積水彌數十畝，傍有小山，高下曲折，與水相縈帶。」龔明之中吴紀聞卷二滄浪亭條：「滄浪亭在郡學之東，中吴軍節度使孫承祐之池館。其後蘇子美得之，爲錢不過四萬。歐公詩所謂『清風明月本無價，可惜只賣四萬錢』是也。予家舊與章莊敏俱有其半，今盡爲韓王所得矣。」據沈文倬蘇舜欽年譜（蘇舜欽集附録一）：「慶曆五年……舜欽三十八歲。四月來吴中，始居回車院，盛夏蒸燠，不能出氣，乃以四萬錢購郡學旁棄地，吴越時錢氏近戚中吴節度使孫承祐之舊館也。葺爲園，自記之云：『構亭北碕，號滄浪焉。前竹後水，水之陽又竹，無窮極，澄川翠幹，光影會合於軒户之間，尤與風月爲相宜。予時榜小舟，幅巾以往，至則灑然忘其歸，箕而浩歌，踞而仰嘯，野老不至，魚鳥共樂。』」詞乃慶曆五年（一〇四五）所作。唐宋諸賢絶妙詞選卷三載蘇舜欽水調歌頭滄浪亭詞：「瀟灑太湖岸，淡竚洞庭山。魚龍隱處，煙霧深鎖渺瀰間。方念陶朱張翰，忽有扁舟急槳，撇浪載鱸還。落日暴風雨，歸路繞汀灣。丈夫志，當景盛，耻疏閑。壯年何事憔悴，華髮改朱顔。擬借寒潭垂釣，又恐鷗鳥相猜，不肯傍青綸。刺棹穿蘆荻，無語看波瀾。」

〔二〕太湖：古稱震澤，又稱五湖、笠澤，位於今江蘇省南部，連接浙江省，煙波浩渺，景色多姿，自古稱勝景。

〔三〕吴王二句：李白烏棲曲詩：「姑蘇臺上烏棲時，吴王宫裏醉西施。」吴王，指春秋吴國之主夫差。

〔四〕蓬山仙子：喻在朝廷秘书省做官的人。蓬山，官署名，秘書省的别稱。王勃上明員外啓：「更掌蓬山之務，麟圖緝謐。」大唐新語卷九劉子玄奏記云：「蓬山之下，良直差肩；芸閣之中，英奇接武。」蘇舜欽曾任集賢殿校理、監進奏院，罷職閑居蘇州，故稱。

〔五〕經綸：整理絲縷並編結成繩，比喻治理國家。周易屯：「雲雷屯，君子以經綸。」孔穎達疏：「經謂經緯，綸謂綱綸，言君子法此屯象有爲之時，以經綸天下，約束於物。」

〔六〕等閑：見漁家傲（五月榴花）注〔九〕。名韁：因功名能束縛人，故稱。東方朔與友人書：「不可使塵網名韁拘鎖，怡然長笑，脱去十洲三島，相期拾瑶草，吞日月之光華，共輕舉耳！」

〔七〕斂翼：收攏翅膀，比喻隱退。劉禹錫送裴處士應制舉詩：「白帝城邊又相遇，斂翼三年不飛去。」霄漢：本指天空，喻指京都附近或帝王左右。杜牧書懷寄中朝往還詩：「霄漢幾多同學伴？可憐頭角盡卿材！」

〔八〕雅意：指素來之意，本意。漢書外戚傳上孝武李夫人：「大將軍霍光緣上雅意，以李夫人配食，追上尊號，曰孝武皇后。」顏師古注：「雅意，素舊之意。」歐陽修送京西提點刑獄張駕部詩：「職清事簡稱雅意，蠹書古篋晨裝輕。」滄浪：指蘇舜欽的滄浪亭。又化用孟子離婁上事：「有孺子歌曰：『滄浪之水清兮，可以濯我纓。滄浪之水濁兮，可以濯我足。』」

〔九〕掩映：遮映襯托。馮延巳虞美人：「春山拂拂横秋水，掩映遥相對。」瀟湘：瀟水和湘江的合稱。李白遠别離詩：「古有皇英之二女，乃在洞庭之南，瀟湘之浦。」王琦注引湘中記：「湘川清照五六丈，下見底石如樗蒱矣，五色鮮明。」

〔一〇〕思量：志趣和器量。三國志蜀志黄權傳評：「黄權弘雅思量，李恢公亮志業……咸以所長，顯名發跡。」

（以上吉州本近體樂府卷三續添　共一首）

附録一　樂語

聖節五方老人祝壽文〔一〕

東方老人

但某太山老叟〔二〕，東海真仙〔三〕。溜穿石而曾究初終㊀〔四〕，松避雨而備知歲月㊁〔五〕。羲氏定三百六日，嘗守寅賓之官〔六〕；夷吾紀七十二君㊂，盡覩登封之事〔七〕。遇安期而遺棗〔八〕，笑方朔之偷桃〔九〕。風入律而來自巖前〔一〇〕，斗指春而光臨洞口〔一一〕。昔漢武帝嘗懷三島之勝遊〔一二〕，有羨門生欲謁巨公於昭代〔一三〕。今則紫庭降聖〔一四〕，華渚開祥〔一五〕，遠離朝日之方〔一六〕，來展望雲之懇〔一七〕。千八百國咸歸至治之風〔一八〕，億萬斯年共禱無疆之壽〔一九〕。遙望天庭〔二〇〕，敢進祝聖之頌：

東海蓬萊第一仙，遥瞻西北祝堯天〔二〕。願皇長似東君壽〔三〕，與物爲春億萬年。

【校記】

㊀溜穿石：底本、吉州本、天理本、叢刊本「溜」上注：「一有『一』字。」

㊁松避雨：底本、吉州本、天理本、叢刊本「松」上注：「一有『五』字。」

㊂七十二：吉州本作「七十一」。

【注釋】

〔一〕近體樂府卷首標「樂語　長短句」，「樂語」包括本篇及會老堂致語、西湖念語共七篇。宋史樂志記載了皇家教坊舞隊表演時樂語使用的情況，即作爲歌舞表演前的導引致辭，或祝酒辭。樂語，又稱致語、念語。明徐師曾文體明辨序説云：「案樂語者，優伶獻伎之詞，亦名致語……宋制，正旦、春秋、興龍、地成諸節，皆設大宴，仍用聲伎，於是命詞臣撰致語以畀教坊，習而誦之；而吏民宴會，雖無雜戲，亦有首章：皆謂之樂語。」胡適致語考：「致語本是舞隊奏舞以前的頌辭。皇帝大宴與私家會宴，凡用樂舞的，都有致語。」聖節，皇帝誕生之日。五方老人，即道教所謂五靈五老天君，東方青靈始老天君、南方丹靈真老天君、西方皓靈黄老天君、北方五靈玄老天君、中央元靈元老天君，亦稱「五帝」。五方老人皆自然之神，對應五岳，分屬五行，乃萬物之精。洪邁容齋隨筆之五筆卷三「五方老人祝聖壽」條記：「聖節所用祝頌樂語，外方州縣各當筵致語一篇，又有王母隊者，若教坊，唯祝聖而已。……集中不云何處所作，今無復用之。」

〔二〕太山：即東岳泰山，古帝王行封禪之地，今山東泰安市北。

〔三〕東海：指東方的海域，廣博而罕有人渡，海上時有蜃景，世人以爲仙人所居，齊威王、齊宣王、燕昭王、秦始皇都曾使方士入東海求仙。據杜光庭洞天福地記：「第七玉溜山，在東海近蓬萊島上，多真仙居之，屬地仙許邁治之。」

〔四〕溜穿石：謂山裏的溜水可以把石頭滴穿。溜，水流。此句及下句皆記泰山景物。

〔五〕松避雨：史記秦始皇本紀載，始皇二十八年，「上泰山，立石，封，祠祀。下，風雨暴至，休於樹下，因封其樹爲五大夫。」

〔六〕羲氏二句：指羲仲受命居日出之所，治東方之官，訓導民耕期程。羲氏，遠古世代掌管天文曆法之部族，堯時任命羲仲、羲叔、和仲、和叔分治四方，其功在於定三百六十六日，正四時。尚書堯典：「帝曰：『咨！汝羲暨和。期三百有六旬有六日，以閏月定四時，成歲。允釐百工，庶績咸熙。』」寅賓，恭敬導引，謂敬導秩序以務農。尚書堯典記：「分命羲仲，宅嵎夷曰暘谷，寅賓出日，平秩東作。」孔安國傳：「寅，敬。賓，導。」孔穎達疏：「令此羲仲恭敬導引將出之日。」尚書考靈曜卷二：「春夏民欲早作，故令民日出而作，是謂寅賓出日。」

〔七〕夷吾二句：管仲，字夷吾。史記封禪書記：「齊桓公既霸，會諸侯於葵丘，而欲封禪。管仲曰：『古者封泰山禪梁父者七十二家，而夷吾所記者十有二焉。……今鳳凰麒麟不來，嘉穀不生，而蓬蒿藜莠茂，鴟梟數至，而欲封禪，毋乃不可乎？』於是桓公乃止。」梁玉繩史記志疑卷一六以爲史記所録管仲諫桓公語乃「作僞者造爲成文，史全録之耳」。登封，登山封禪，指古帝王登泰山以祭天地。史記封禪書：「（武帝）遂登封太山，至於梁父，而後禪肅然。」賈島送蔡京詩：「登封多泰岳，巡狩徧滄溟。」

〔八〕遇安期句：安期，即安期生，道家方士傳説的仙人。史記封禪書記，漢時方士李少君向武帝講長生事，曰：「臣嘗游海上，見安期生，安期生食臣棗大如瓜。安期生，仙者。通蓬萊中，合則見人，不合則隱。」

〔九〕笑方朔句：傳説西王母種桃，三千年結子，漢臣東方朔乃天上謫仙，曾三偷仙桃。漢武帝内傳：「須臾，殿南朱雀窗中，忽有一人來窺看仙官。帝驚問：『何人？』王母曰：『女不識此人耶？是女侍郎東方朔，是我鄰家小兒也，性多滑稽，曾三來偷此桃。』」

〔一〇〕風入律：古時測知節氣的方法，將葭灰放入律管中，埋於地下，管口露出，冬至灰從管中自然飛出。此處謂春風和暢，律吕調協。海内十洲記聚窟洲記月支使者言曰：「臣國去此三十萬里，國有常占，東風入律，百旬不休，青雲干呂，連月不散者，當知中國時有好道之君。」晉書地理志：「而玉環楛矢，夷裘風駕，南翬表晛，東風入律，光乎上德，奚遠弗臻。」

〔一〕斗指春：北斗指東，因爲春天的黄昏，北斗七星的斗勺正指向東方。斗，指北斗的第五至第七星，即玉衡、開陽、摇光。

〔二〕三島：傳説中位於渤海的三座仙島，名蓬萊、瀛洲、方丈。燕齊方士以爲島上有仙人及不死之藥，禽獸盡白色，宫闕皆金銀。漢武帝聽信方士李少君，曾使人入海尋蓬萊仙島及長生藥。

〔三〕羨門生：羨門，或名子高，傳説中的仙人。史記封禪書：「宋毋忌、正伯僑、充尚、羨門高最後皆燕人，爲方仙道，形解銷化，依於鬼神之事。……上遂東巡海上，行禮祠八神。齊人之上疏言神怪奇方者以萬數，然無驗者。乃益發船，令言海中神山者數千人求蓬萊神人。公孫卿持節常先行候名山，至東萊，言夜見大人，長數丈，就之則不見，見其跡甚大，類禽獸云。群臣有言見一老父牽狗，言『吾欲見巨公』，已忽不見。」

〔四〕紫庭：帝王宫庭居所。後漢書皇甫規傳：「臣生長邊遠，希涉紫庭。怖慑失守，言不盡心。」左思悼離贈妹詩：「以蘭之芳，以膏之明，永去骨肉，内充紫庭。」白居易驃國樂詩：「德宗立仗御紫庭，黈纊不塞爲爾聽。」或言神仙棲身之宫闕。嵇康代秋胡歌詩：

「受道王母，遂升紫庭。」李康成玉華仙子歌：「溶溶紫庭步，渺渺瀛臺路。」此處應是宫廷與仙府兼而言之。

〔五〕華渚開祥：華渚，古傳説地名，少昊帝誕生於此，意指吉祥顯聖之地。皇甫謐帝王世紀五帝載：「黄帝時有大星如虹，下流華渚，女節夢接意感生少昊。」開祥：開啓吉祥瑞兆。南齊書樂志：「昭皇后神室奏凱容樂歌辭：『月靈誕慶，雲瑞開祥。』」

〔六〕朝日：帝王坐朝聽政之日。戰國策齊策六：「王至朝日，宜召田單而揖之於庭，口勞之。」漢書于定國傳：「上於是數以朝日引見丞相、御史，入受詔，條責以職事。」顔師古注：「五日一聽朝，故云朝日也。」

〔七〕望雲：本指仰望白雲，比喻仰慕君王。語出史記五帝本紀：「帝堯者，放勳。其仁如天，其知如神。就之如日，望之如雲。」駱賓王夏日游德州贈高四序：「因仰長安而就日，赴帝鄉以望雲。」

〔八〕千八百國：周時有千八百諸侯國，後世嘗借此言國基强盛、君德昌明。史記殷本紀：「西伯既卒，周武王之東伐，至盟津，諸侯叛殷會周者八百。」

〔九〕億萬斯年：千秋萬代意。斯，語助詞。詩經大雅下武：「于萬斯年，受天之佑。」

〔一〇〕天庭：帝王之宫廷。左思蜀都賦：「幽思絢道德，摛藻掞天庭。」沈佺期奉和洛陽玩雪應制：「灑瑞天庭裏，驚春御苑中。」

〔二二〕堯天：指明君盛世。論語泰伯曰：「子曰：『巍巍乎，唯天爲大，唯堯則之。』」

〔二三〕東君：本指司春之神。王初立春後作詩：「東君珂佩響珊珊，青馭多時下九關。方信玉霄千萬里，春風猶未到人間。」這裏指本文所祝頌的東方老人。

西方老人

但某秦川故老〔一〕，華岳幽人〔二〕。詢仙掌之遺蹤〔三〕，咸知始末；戀蓮峰之絶頂〔四〕，不記歲時。漱流玉乳之泉，枕石雲陽之洞〔五〕。逍遥物外〔六〕，笑傲林間。奉王母之蟠桃，嘗延漢帝〔七〕；指老聃之仙李，永佑唐基〔八〕。掌中五色之丸〔九〕，世上千年之壽。欣逢聖代，來至塵寰〔一〇〕。當洪河澄九曲之時〔一一〕，是甲觀誕一人之日〔一二〕。祥麟遊於泰時〔一三〕，天馬來於大宛〔一四〕。景星見而朱草生，瑞露降而赤烏集〔一五〕。既遇無爲之化〔一六〕，宜歌有道之君〔一七〕。是以駕青牛而度函關〔一八〕，指丹鳳而趨魏闕〔一九〕。唯願慶源流遠〔二〇〕，齊河海以無窮。睿筭緜長〔二一〕，等乾坤而不老；遥望天庭，敢進祝聖之頌：

華岳峰頭萬葉蓮，開花今古世相傳。願皇長似蓮峰久，結實盤根不記年。

【注釋】

〔一〕秦川：今陝西、甘肅境内，秦嶺以北的平原地帶，因春秋戰國時屬秦國而得名。故老：年高而見識多的人，元老。詩經小雅正月：「召彼故老，訊之占夢。」鄭玄箋：「君臣在朝，侮慢元老，召之不問政事，但問占夢。」陶潛詠二疏：「促席延故老，揮觴道平素。」

〔二〕華岳：即西岳華山，今陝西渭南、華陰境内。幽人：隱士。易經履：「履道坦坦，幽人貞吉。」孔穎達疏：「幽人貞吉者，既無險難，故在幽隱之人，守正得吉。」

〔三〕仙掌：水經注河水篇：「國語云：『華、岳本一山，當河，河水過而曲行。河神巨靈手蕩脚蹋，開而爲兩，今掌足之跡仍存華巖。』」今華山東峰尚存巨靈神開山導河之掌印。

〔四〕蓮峰：華山西峰，三大主峰之一，因峰巔巨石狀似蓮花而得名，是華山最險峻秀麗的山峰。嘉慶重修一統志卷二四三引華岳志：「岳頂中峰曰蓮花峰。上有宫，宫前有池爲玉井，生千葉白蓮花，服之令人羽化。……蓋峰之最高處也。」

〔五〕雲陽：古縣名，故地即秦雲陽邑。漢時改縣，屬左馮翊。潘岳西征賦：「面終南而背雲陽，跨平原而連嶓冢。」李善注：「漢書左馮翊有雲陽縣。」雲陽之洞蓋即位於雲陽境内之山洞。

〔六〕逍遥物外：指不受外界事物的拘束，自由自在。張孝祥减字木蘭花贈尼師舊角奴也：

「識破囂塵，作箇逍遥物外人。」

〔七〕奉王母二句：漢武帝内傳有西王母降臨會武帝、分食仙桃事。王母命侍女更索桃果。須臾，以玉盤盛仙桃七顆，大如鴨卵，形圓色青，以呈王母。母以四顆與帝，三顆自食。桃味甘美，口有盈味。帝食輒收其核，王母問帝，帝曰：「欲種之。」王母曰：「此桃三千年一生實，中夏地薄，種之不生。」帝乃止。

〔八〕指老聃二句，太平廣記神仙記：「老子之母適至李樹下，而生老子，生而能言，指李樹曰：『以此爲我姓。』」唐高宗時追封老子爲太上玄元皇帝，玄宗時又兩次追加封號。

〔九〕五色之丸：謂道家所煉長生不老的仙丹。白居易尋王道士藥堂因有題贈詩：「常悲東郭千家塚，欲乞西山五色丸」。

〔一〇〕塵寰：指人世間。權德輿送李城門罷官歸嵩陽詩：「歸去塵寰外，春山桂樹叢。」

〔一一〕洪河：指黄河。班固西都賦：「右界褒、斜，隴首之險，帶以洪河、涇、渭之川，衆流之隈，汧湧其西。」李白爲宋中丞請都金陵表：「雖平嵩丘、填伊洛，不足以掩宫城之骸骨；決洪河、灑秦雍，不足以蕩犬羊之羶臊。」九曲，即指黄河迂回曲折。黄滔融結爲河岳賦：「三門九曲，競呈升没之源；太華維嵩，交辟奔沖之路。」

〔一二〕甲觀：漢代太子居所。漢書成帝紀載：「元帝在太子宫生甲觀畫堂，爲世嫡皇孫。」顔師古注：「應劭曰：『甲觀在太子宫甲地，主用乳生也。畫堂畫九子母。』如淳曰：『甲觀，觀名。……三輔黄圖云太子宫有甲觀。』」

〔一三〕祥麟：瑞獸。廣雅釋獸云：「遊必擇土，翔必後處，不履生蟲，不折生草。」漢書武帝紀記：「元狩元年冬十月，行幸雍，祠五時，獲白麟。」泰時：古天子祭祀之處。漢武帝時在甘泉宫郊建泰時壇以應神靈。漢書武帝紀：「（元鼎五年）十一月辛巳朔旦，冬至。立泰時於甘泉。天子親郊見。」顔師古注：「祠太一也。漢儀注：『郊泰時，皇帝平旦出竹宫，東向揖日，其夕，西南向揖月，便用郊日，不用春秋也。』春朝朝日，秋暮夕月，蓋常禮也。郊泰時而揖日月，此又別儀。」

〔一四〕天馬：駿馬的美稱。史記大宛列傳記：「及得大宛汗血馬……名大宛馬曰『天馬』云。」大宛：古西域國，北通康居，南面和西南面與大月氏接，産汗血馬。大約在今中亞的費爾幹納盆地。

〔一五〕景星二句：景星、朱草、瑞露、赤烏皆祥瑞之物。帝王世紀五帝記堯陶唐氏時天下和泰，出現了一系列盛世徵兆：「景星曜於天，甘露降於地，朱草生於郊，鳳皇止於庭，嘉禾孳於畝，醴泉湧於山。」赤烏，漢書郊祀志：「周得火德，有赤烏之符。」顔師古注：「謂武王伐紂師渡孟津之時也。尚書中候曰：『有火自天止於王屋，流爲赤烏，五至，以穀俱來。』」

〔一六〕無爲之化：謂無爲而治，順應自然，不必求有所爲的訓導方式。語本老子：「我無爲而民自化。」史記老子韓非列傳：「李耳無爲自化，清淨自正。」張守節正義：「言無所造爲而自化，清淨不撓而民自歸正也。」

〔一七〕有道之君：語本管子：「有道之君，行治修制，先民服也。」劉長卿長沙過賈誼宅：「漢文有道恩猶薄，湘水無情吊豈知。」

〔一八〕是以句：列仙傳云：「周德衰，（老子）乃乘青牛車去，入大秦，過西關。關令尹喜待而迎之，知真人也，乃强使著書，作道德上、下經二卷。」函關，即函谷關。在今河南省靈寶市境内。

〔一九〕指丹鳳句：丹鳳，魏闕，都是指長安城，朝廷。古代宫門外兩邊高聳的樓觀稱魏闕。莊子讓王：「身在江海之上，心居乎魏闕之下。」杜甫送覃二判官詩：「餞爾白頭日，永懷丹鳳城。」蔡夢弼注：「公懷長安帝城也。」

〔二〇〕慶源：福澤。

〔二一〕睿筭：敬稱皇帝的壽齡。

中央老人

但某棲心嵩極〔一〕，振跡伊川〔二〕。年高而可等松椿〔三〕，氣粹而嘗餐芝朮〔四〕。洞裏之煙霞不老〔五〕，壺中之日月偏長〔六〕。當聖主之盛時，居天心之奥壤〔七〕。但見璿璣運而寒暑正〔八〕，土圭測而陰陽和〔九〕。冠帶被於百蠻〔一〇〕，玉帛來於萬國〔一一〕。龍在沼而麟在藪〔一二〕，河出圖而洛出書〔一三〕。民躋壽域之中〔一四〕，俗樂春臺之上〔一五〕。今則堯眉誕秀，舜目開祥〔一六〕。遠離王屋之間〔一七〕，來入帝畿之內。仰瞻天表〔一八〕，莫非嶽降之神〔一九〕；上祝皇圖〔二〇〕，豈止山呼之歲〔二一〕。遥望天庭，敢進祝聖之頌：

嵩高維嶽鎮中天，王氣盤基降壽仙。惟願吾皇等嵩嶽，三靈齊祝萬斯年㊀〔二二〕。

【校記】

㊀祝萬斯年：底本「祝」下注：「一作『壽』。」吉州本、天理本同。林本校記：「祝萬斯年　元本注：『祝，一作壽。』」

【注釋】

〔一〕棲心嵩極：指寄心於嵩山。棲心，猶寄心。嵇康釋私論：「若質乎中人之性，運乎在用之質，而棲心古烈，擬足公塗。」晉書陸雲傳：「伏見衛將軍舍人同郡張贍，茂德清粹，器思深通。初慕聖門，棲心重仞，啓塗及階，遂升樞奧。」雲笈七籤卷一〇一：「散形靈馥之煙，棲心霄霞之境。」嵩極，嵩山之巔。中岳嵩山，今在河南登封縣西北。魏書裴衍傳：「伏見嵩岑極天，苞育名草，修生救疾，多遊此岫。」

〔二〕伊川：伊水流經之地，見夜行船（憶昔西都）注〔三〕。

〔三〕松椿：松樹和椿樹，皆代指高壽。莊子逍遥遊：「上古有大椿者，以八千歲爲春，八千歲爲秋。」賈島靈準上人院詩：「掩扉當太白，臘數等松椿。」晏殊拂霓裳詞：「今朝祝壽，祝壽數，比松椿。」

〔四〕芝朮：靈芝一類菌科藥草，道教以爲瑞草，服之可成仙。太平御覽卷九二二引茅君内傳：「句曲山有神芝五種，第三名燕胎芝，其色紫，形如葵藿，葉上有燕象如欲飛狀，光明洞澈，食一株，拜爲太清龍虎仙君。」謝靈運曇隆法師誄：「茹芝朮而共餌，披法言而同卷。」蕭統擬古詩：「安得紫芝朮，終然獲難老」。

〔五〕煙霞：指山水、山林。蕭統錦帶書十二月啓夾鐘二月：「敬想足下，優遊泉石，放曠煙霞。」楊炯原州百泉縣令李君神道碑：「不掃一室，自懷包括之心；獨守大玄，且忘名利之境。於時魏特進、房僕射、杜相州等，並以江海相期，煙霞相許。」

〔六〕壺中句：張君房雲笈七籤卷二八引雲臺治中録云：「施存，魯人，夫子弟子，學大丹之道三百年，十煉不成，唯得變化之術。後遇張申爲雲臺治官，常懸一壺，如五升器大，變化爲天地，中有日月如世間，夜宿其内。自號『壺天』，人謂曰：『壺公』。」又後漢書費長房傳：「費長房者，汝南人也。曾爲市掾。市中有老翁賣藥，懸一壺於肆頭，及市罷，輒跳入壺中。市人莫之見，唯長房於樓上覩之，異焉，因往再拜，奉酒脯。翁知長房之意其神也，謂之曰：『子明日可更來。』長房旦日復詣翁，翁乃與俱入壺中。唯見玉堂嚴麗，旨酒甘肴盈衍其中，共飲畢而出。」此道家所言長生幻境。邵雍聽張道人彈琴詩云：「更聞數弄神仙曲，始信壺中日月長。」

〔七〕奥壤：隱幽的腹地。沈約齊故安陸昭王碑文：「姑蘇奥壤，任切關河。」李善注：「奥壤，猶奥區也。」

〔八〕璿璣：古代觀測天象的儀器中能運轉的部分。亦指整個測天儀器。尚書舜典曰：「在璿璣玉衡，以齊七政。」孔穎達疏引馬融曰：「渾天儀，可旋轉，故曰璣；衡，其中横簫，所以視星宿也。以璿爲璣，以玉爲衡，蓋貴天象也。」後漢書張衡傳：「（張衡）遂乃研核陰陽，妙盡璇機之正，作渾天儀。」

〔九〕土圭：玉器，測日影、正四時的丈量工具。周禮地官司徒：「以土圭之法，測土深，正日景，以求地中。」北齊書顔之推傳：「土圭測影，璿璣審度。」

〔一〇〕冠帶：帽子與腰帶，喻指禮制、教化。韓非子有度：「兵四布於天下，威行於冠帶之國。」洪邁容齋四筆饒州風俗：「宋受天命，然後七閩、二浙與江之西東，冠帶詩、書，翕然大肆。」百蠻：南方少數民族的總稱。詩經大雅韓奕：「以先祖受命，因時百蠻。」毛傳：「因時百蠻，長是蠻服之百國也。」漢書外戚傳下孝成許皇后：「方外内鄉，百蠻賓服，殊俗慕義，八州懷德。」

〔二〕玉帛：圭璋和束帛。諸侯邦國會盟，執玉帛以示和好，借指執獻玉帛的使者。左傳僖公十五年：「上天降災，使我兩君匪以玉帛相見，而以興戎。」

〔三〕龍在沼句：禮記禮運：「龜龍在宫沼。」揚雄羽獵賦：「鳳凰巢其樹，黄龍遊其沼，麒麟臻其囿，神爵棲其林。」桓寬鹽鐵論和親：「鳳凰在列樹，騏驎在郊藪，群生庶物，莫不被澤。」沼，指宫沼，宫廷中的沼澤。藪，水少而草木茂盛的沼澤。

〔三〕河出圖句：傳説伏羲時龍馬背龍圖出於黄河，伏羲取以畫八卦生蓍法，見於周易；夏禹治水時神龜背文字出於洛水，禹取作「九疇」，見於尚書洪範。河，黄河。洛，洛水。易繫辭上：「河出圖，洛出書，聖人則之。」古人認爲出現「河圖洛書」是帝王聖者受命之祥瑞。

〔四〕壽域：謂人人盡享天年的太平盛世。漢書禮樂志：「願與大臣延及儒生，述舊禮，明王制，驅一世之民，濟之仁壽之域。」顔師古注：「言以仁道治之，皆得其性，則壽考也。域，界也。」

〔五〕春臺：春日登臨玩賞之高臺。老子：「荒兮其未央哉。衆人熙熙，如享太牢，如登春臺。」

〔一六〕堯眉二句：傳説堯爲八眉，或堯眉八彩，舜目重瞳，皆言帝王異相，預示祥瑞。堯眉，尚書大傳卷五：「堯八眉，舜四瞳子。……八眉者如八字。」孔叢子居衛：「昔堯身修十尺，眉乃八彩。」誕秀，誕生才能優異的人。徐陵梁禪陳璽書：「惟王應期誕秀，開籙握圖。」舜目，史記項羽本紀：「吾聞之周生曰舜目蓋重瞳子，又聞項羽亦重瞳子。」開祥，展現祥和瑞氣。

〔一七〕王屋：相傳黄帝曾訪道於王屋山，故以泛指修道之山。尚書禹貢：「厎柱、析城至於王屋。」王維送張道士歸山詩：「先生何處去？王屋訪茅君。」

〔一八〕天表：指天子儀容。晉書裴秀傳：「秀後言於文帝曰：『中撫軍人望既茂，天表如此，固非人臣之相也。』」

〔一九〕嶽降之神：即嶽神，謂山神化身。詩經大雅崧高「維嶽降神，生甫及申」，鄭玄箋：「四嶽，卿士之官，掌四時者也，因主方嶽巡守之事。在堯時姜姓爲之，德當嶽神之意而福興，其子孫歷虞、夏、商，世有國土，周之甫也、申也、齊也、許也，皆其苗胄。」

〔二〇〕皇圖：皇位。舊五代史唐書明宗紀三：「詔曰：『朕今纘皇圖，恭修帝道。』」

〔二一〕山呼：對皇帝的祝頌儀式，群臣百姓叩頭高呼「萬歲」三次。盧綸皇帝感詞詩：「山呼一萬歲，直入九重城。」

〔二二〕三靈：日、月、星。漢書揚雄傳上：「方將上獵三靈之流，下決醴泉之滋。」顔師古注引如淳曰：「三靈，日、月、星垂象之應也。」

南方老人

但某託迹炎洲〔一〕，游神衡嶽〔二〕。非海濱之野叟，迺星極之老人〔三〕。當火德爲治之朝〔四〕，是離明繼照之日〔五〕。里社鳴而聖人出〔六〕，泰階正而王道平〔七〕。百蠻向風〔八〕，重譯來貢〔九〕。屢覩豐年之上瑞〔一〇〕，故知百姓之懽心。鼓腹而歌〔一一〕，治世之音安以樂〔一二〕；曲肱而枕〔一三〕，化國之日舒以長〔一四〕。斯可謂唐、虞之民〔一五〕，又豈止成、康之俗〔一六〕。今則流虹誕聖〔一七〕，繞電開祥〔一八〕。來趨北闕之前〔一九〕，上祝南山之永。雲翔霧集，既羅仙籍之班；地久天長，以禱皇家之祚。遥望天庭，敢進祝聖之頌：

南極星中一老人，南山爲壽祝吾君。願君永奏南薰曲〔二〇〕，當使淳音萬國聞。

【注釋】

〔一〕炎洲：同「炎州」，指南方廣大地區。本於楚辭遠遊：「嘉南州之炎德兮，麗桂樹之冬榮。」江淹空青賦：「西海之草，炎州之煙。」或爲傳説位於南海的炎熱島嶼。海内十洲記炎洲：「炎洲在南海中，地方二千里，去北岸九萬里。」

〔二〕衡嶽：南嶽衡山，今湖南衡陽市境内。

〔三〕星極之老人：即南極星，又稱壽星，寓意福泰安康。中國長江以南地區可見，亮度僅次於天狼星。史記天官書載：「狼比地有大星，曰南極老人。老人見，治安；不見，兵起。」

〔四〕火德：戰國陰陽家鄒衍的五行終始學説認爲，王朝運數遵循五行相克相生之法，後世多依附此説，如秦謂周火德，自謂水德。五代後周爲木德，宋立，自謂火德，事見宋史律曆志。此因南嶽屬火，故言。

〔五〕離明繼照：周易離卦曰：「明兩作離，大人以繼明照于四方。」孔穎達疏：「明兩作離者，離爲日，日爲明。」

〔六〕里社：祭祀土地神之所。蔡邕獨斷卷上：「大夫不得特立社，與民族居，百姓已上則共一社，今之里社是也。」

〔七〕泰階：即三台。漢書東方朔傳：「願陳泰階六符，以觀天變。」顔師古注：「孟康曰：『泰階，三台也。每台二星，凡六星。符，六星之符驗也。』應劭曰：『黄帝泰階六符經曰：泰階者，天之三階也。……三階平則陰陽和，風雨時，社稷神祇咸獲其宜，天下大安，是爲太平。』」晉書天文志上：「三台六星，兩兩而居，起文昌，列抵太微……一曰泰階。」

〔八〕向風：歸依，仰慕。賈誼過秦論下：「天下之士，斐然向風，若是者何也？」

〔九〕重譯來貢：謂南方的民族來進貢。重譯，語言不通而輾轉翻譯，此借指南方荒遠之地。漢書張騫傳：「廣地萬里，重九譯，致殊俗，威德遍於四海。」

〔一〇〕上瑞：最大的吉兆。韓愈賀慶雲表：「臣所領州，今月十六日申時有慶雲現於西北……斯爲上瑞，實應太平。」

〔一一〕鼓腹而歌：謂飽食而有餘閑遊戲。語本莊子馬蹄：「夫赫胥氏之時，民居不知所爲，行不知所之，含哺而熙，鼓腹而遊。」又柳宗元與裴塤書：「聖上日興太平之理，不貢不王者，悉以誅討，而制度大立，長使僕輩爲匪人耶？其終無以見明，而不得擊壤鼓腹，樂堯、舜之道耶？」

〔一二〕治世句：語本禮記樂記：「是故治世之音安以樂，其政和；亂世之音怨以怒，其政乖；亡國之音哀以思，其民困。聲音之道，與政通矣。」

〔一三〕曲肱而枕：喻閑適自在的生活。論語述而：「飯疏食飲水，曲肱而枕之，樂亦在其中矣。不義而富且貴，於我如浮雲。」

〔一四〕化國句：語本後漢書王符傳：「化國之日舒以長，故其民閑暇而力有餘；亂國之日促以短，故其民困務而力不足。舒長者，非謂羲和安行，乃君明民靜而力有餘也。」化國，治理國家，施行教化。

〔一五〕唐、虞：唐堯和虞舜，遠古時代的賢明首領，代指太平盛世。

〔一六〕成、康：周成王和周康王，史稱其時天下安寧，代指至治之世。

〔一七〕流虹：少昊出生時出現流星隕落的祥瑞景象，皇甫謐帝王世紀五帝：「黄帝時有大星如虹，下流華渚。」參東方老人注〔一五〕。

〔一八〕繞電：黄帝出生時出現的極光景象，帝王世紀五帝：「大電光繞北斗樞星，感附寶而生黄帝」。

〔一九〕北闕：宫殿北面的門樓，臣子覲見處，代指朝廷。

〔二〇〕南薰曲：指南風歌，相傳虞舜作。孔子家語辨樂解：「昔者舜彈五絃之琴，造南風之詩。其詩曰：『南風之薰兮，可以解吾民之愠兮；南風之時兮，可以阜吾民之財兮。』」

北方老人

但某修真北嶽〔一〕，常傾葵藿之心〔二〕；混俗幽都〔三〕，不避草茅之迹〔四〕。潛神自得〔五〕，味道爲娱〔六〕。易水歌風，曾識荆軻於往歲〔七〕；燕山勒石，親逢竇憲於當年〔八〕。仙家之景物常春，人世之光陰易老。華表之鶴未久還來〔九〕，蓮葉之龜於時屢見〔一〇〕。但處積陰之境〔一一〕，每輸就日之誠〔一二〕。望干呂之青雲〔一三〕，慶流虹於華渚〔一四〕。當萬域來王之際〔一五〕，是千齡誕聖之初。是以歷沙漠而朝宗〔一六〕，叩天閽而祝頌〔一七〕。惟願慶基不朽〔一八〕，永齊金石之堅；寶祚無疆〔一九〕，更等山河之固。遥望天庭，敢進祝聖之頌：

北嶽神仙九轉丹〔二〇〕，持來北闕獻君前㊀。願將北極齊君壽，萬國陶陶共戴天〔二一〕。

【校記】

㊀持來：林本校記：「持來，清乾隆丙寅廬陵祠堂刊本作『特來』。」

【注釋】

〔一〕修真：道教謂學道修行爲修真。唐玄宗送道士薛季昌還山詩：「洞府修真客，衡陽念舊居。」北嶽：即恒山，今山西渾源縣境内。

〔二〕葵藿：指向日葵。曹植求通親親表：「若葵藿之傾葉，太陽雖不爲之回光，然終向之者，誠也。臣竊自比葵藿，若降天地之施，垂三光之明者，實在陛下。」

〔三〕混俗：混跡於世俗。楊於陵贈毛仙翁詩：「先生赤松侶，混俗遊人間。」幽都：指北方之地。尚書堯典：「申命和叔宅朔方，曰幽都。」孔安國傳：「北稱幽，則南稱明，從可知也。都，謂所聚也。」蔡沈集傳：「朔方，北荒之地。……日行至是，則淪於地中，萬象幽暗，故曰幽都。」淮南子修務訓：「北撫幽都，南道交趾。」高誘注：「陰氣所聚，故曰幽都，今鴈門以北是。」

〔四〕草茅：儀禮士相見禮：「凡自稱於君，士大夫則曰下臣，宅者在邦則曰市井之臣，在野則曰草茅之臣。」歐陽修上范司諫書：「夫布衣韋帶之士，窮居草茅，坐誦書史，常恨不見用。」新唐書馬周傳贊：「周之遇太宗，顧不異哉。由一介草茅言天下事。」

〔五〕潛神：謂專心致志。班固答賓戲：「潛神默記，緪以年歲。」劉良注：「言常用神思，潛默記事，以終年歲也。」

〔六〕味道爲娱：體悟道理以爲消遣。阮籍詠懷詩：「道真信可娱，清潔存精神。」蔡邕被州辟辭讓申屠蟠：「安貧樂潛，味道守真。」

〔七〕易水二句：戰國時衛國人荆軻入秦行刺秦王，燕太子丹餞别於此，時高漸離擊筑，荆軻和而作歌曰：「風蕭蕭兮易水寒，壯士一去兮不復還。」事見戰國策燕策三。易水，在今河北省西部，源出易縣境。

〔八〕燕山二句：東漢和帝時大將竇憲追擊匈奴，大破之，直至塞外三千餘里，登燕然山，勒石紀功，使中護軍班固作銘，事見後漢書竇憲傳。燕山，燕然山，即今蒙古境内杭愛山。

〔九〕華表句：謂得道仙人即將現身。搜神後記卷一：「丁令威，本遼東人，學道於靈虚山。後化鶴歸遼，集城門華表柱。時有少年，舉弓欲射之。鶴乃飛，徘徊空中而言曰：『有鳥有鳥丁令威，去家千年今始歸。城郭如故人民非，何不學仙冢纍纍。』遂高上沖天。」

〔一〇〕蓮葉句：蓮葉上時有烏龜出現，此祥瑞之兆。史記龜策列傳：「余至江南，觀其行事，問其長老，云龜千歲乃游蓮葉之上，蓍百莖共一根。」

〔一一〕積陰之境：形容北嶽爲酷寒之地。漢書晁錯傳：「夫胡貉之地，積陰之處也，木皮三寸，冰厚六尺，食肉而飲酪，其人密理，鳥獸毳毛，其性能寒。」

〔一二〕就日之誠：比喻對天子的赤誠忠心。史記五帝本紀：「帝堯者，放勳。其仁如天，其知如神。就之如日，望之如雲。」裴漼請封東岳表：「咸申就日之誠，願覩封巒之慶」。

〔一三〕干呂：猶入呂。古稱律爲陽，呂爲陰，故以「干呂」謂陰氣調和。海内十洲記聚窟洲：「東風入律，百旬不休，青雲干呂，連月不散者，中國時有好道之君。」王履貞青雲干呂詩：「異方占瑞氣，干呂見青雲。」

〔一四〕流虹句：參東方老人注〔一五〕。

〔一五〕來王：朝見天子以示臣服。詩經商頌殷武：「昔有成湯，自彼氐羌，莫不來享，莫敢不來王。」

〔一六〕朝宗：臣下朝見帝王。

〔一七〕天閽：宫殿之門。蔣防藩臣戀魏闕詩：「恩波懷魏闕，獻納望天閽。」

〔一八〕慶基：昌盛之根基。後漢書荀韓鍾陳列傳贊：「慶基既啓，有蔚潁濱。」

〔一九〕寶祚：國運。宋書恩幸傳論：「民忘宋德，雖非一塗，寶祚夙傾，實由於此。」黄滔御試良弓獻問賦：「何以弘丕國於赫赫，垂寶祚於綿綿者哉！」

〔二〇〕九轉丹：道教謂經九次提煉，服之能成仙的丹藥。葛洪神仙傳左慈：「慈告葛仙公（葛玄）言：『當入霍山中合九轉丹。』丹成，遂仙去矣」。

〔二一〕陶陶：和樂貌。詩經王風君子陽陽：「君子陶陶。」

會老堂致語㈠〔一〕

某聞安車以適四方〔二〕，禮典雖存於往制〔三〕；命駕而之千里〔四〕，交情罕見於今人。伏惟致政少師一德元臣〔五〕，三朝宿望㈡〔六〕。挺立始終之節〔七〕，從容進退之宜〔八〕。謂青衫早並於儁遊〔九〕，白首各諧於歸老〔一〇〕。已釋軒裳之累〔一一〕，却尋雞黍之期〔一二〕。遠無憚於川塗，信不渝於風雨。幸會北堂之學士〔一三〕，方爲東道之主人。遂令潁水之濱，復見德星之聚〔一四〕。里閭拭目，覺陋巷以生光；風義聳聞〔一五〕，爲一時之盛事。敢陳口號〔一六〕，上贊清歡〔一七〕。

欲知盛集繼荀陳〔一八〕，請看當筵主與賓。金馬玉堂三學士〔一九〕，清風明月兩閑人〔二〇〕。紅芳已盡鶯猶囀，青杏初嘗酒正醇。美景難並良會少，乘歡舉白莫辭頻〔二一〕。

【校記】

〔一〕底本題下有注：「熙寧壬子，趙康靖公自南京訪公於潁，時呂正獻公爲守。」吉州本、天理本同。今案宋史趙概傳：「元豐六年薨，年八十八。贈太子太師，謚曰康靖。」趙概卒於元豐六年（一〇八三），時歐陽修已亡。題注稱趙謚號，稱呂亦用謚號，當爲人後加，非歐陽修自注。

〔二〕三朝：吉州本作「二朝」。按，趙概歷事仁、英、神三朝。歐陽修漁家傲與趙康靖公詞：「四紀才名天下重，三朝構廈爲梁棟。」

【注釋】

〔一〕會老堂：熙寧五年（一〇七二）春，趙概、歐陽修皆已告老致仕（趙、歐二人事參見漁家傲與趙康靖公注〔一〕），踐約相晤於潁州，從遊逾月。時呂夷簡子呂公著通判潁州，設宴西湖上，一時盛會，因題其堂曰「會老堂」。歐陽修會老堂詩：「古來交道愧難終，此會今時豈易逢。出處三朝俱白首，凋零萬木見青松。」時韓琦悉知二公興會亦有詩聞致政趙少師遠訪歐陽少師於潁川相寄。趙去後，歐陽修又作擬剥啄行寄趙少師、叔平少師去後會老堂獨坐偶成詩以致意。其與吴正獻公書曰：「近叔平自南都惠然見訪，此事古人所重，近世絶稀，始知風月屬閑人也。呵呵。有會老堂三篇，方刻石，續納。」同年夏，歐陽修未及向南京回訪趙概便病離人世。蘇軾題永叔會老堂詩：「三朝出處共雍容，歲晚交情見二公。」致語，宋代宫廷藝人在演出開始時説唱的頌辭。孟元老東京夢華録駕登寶津樓諸軍呈百戲：「諸軍百戲，呈於樓下。先列鼓子十數輩，一人摇雙鼓子，近前進致語，多唱『青春三月驀山溪』也。」宋史禮志十六：「（元祐）三年，六月罷春宴，八月罷秋宴，以魏王出殯，翰林學士蘇軾不進教坊致語故也。」其致語由翰林學士所撰爲多。趙翼陔餘叢考卷二四帖子詞條：「宋時八節内宴，翰苑皆撰帖子詞，如歐陽公、司馬温公集中皆有之。……按宋史：鄒浩爲教授，范純仁托撰致語，浩不肯。純仁曰：『翰林學士嘗爲之。』浩曰：『翰林學士則可，祭酒司業則不可。』致語與帖子詞同類，是浩亦未嘗以翰林爲不可撰也，况高季迪詩云：『去歲端陽直禁闈，新題帖子進彤扉。』則明初猶有此例，而仲昭等並不知，其不學甚矣。潤色太平，翰林本職，歐陽、司馬何害其爲名臣，亦何損於朝政乎？」

〔二〕安車：可以坐乘的車子，因車行穩當平緩而得稱。一般供年老的高級官員及婦人乘坐，告老還鄉或德高望重者，往往賜乘安車。禮記曲禮上：「大夫七十而致事，若不得謝，則必賜之几杖，行役以婦人，適四方，乘安車。」

〔三〕禮典：禮法。周禮天官大宰：「三曰禮典，以和邦國，以統百官，以諧萬民。」晉書阮籍傳：「楷曰：『阮籍既方外之士，故不崇禮典；我俗中之士，故以軌儀自居。』」往制，古時的法式制度。曹冏六代論：「然高祖封建，地過古制……故有吴、楚七國之患。」

〔四〕命駕：使人驅車前往。熙寧四年冬（一〇七一），歐陽修致信趙概以謝明春約訪，云：「所承寵諭，春首命駕見訪。此自山陰訪戴之後，數百年間，未有此盛事。」

〔五〕伏惟：奏疏、信函中慣用的下對上的敬詞，猶念及、想到。李密陳情表：「伏惟聖朝以孝治天下，凡在故老，猶蒙矜育。」致政少師：致政，猶致仕，官員將執政的權柄交還給君主。此句指熙寧初趙概以太子少師致仕。一德元臣：明德如一的朝廷重臣。周易繫辭下：「恒以一德，損以遠害。益以興利，困以寡怨。」孔穎達疏：「恒能始終不移，是純一其德也。」歐陽修贈太子太傅胡公墓誌銘：「惟初暨終，一德之恭。」元臣，重臣，老臣。韓愈送汴州監軍俱文珍序：「當藩垣屏翰之任，有弓矢鈇鉞之權，皆國之元臣，天子所左右。」

〔六〕三朝：指宋仁宗、英宗、神宗三朝。宿望：素負重望的人。三國志魏志張既傳裴松之注引摯虞三輔決録注：「（游殷）以子楚托之；既謙不受，殷固托之。既以殷邦之宿望，難違其旨，乃許之。」

〔七〕挺立：持身正直。曾鞏司徒員外郎蔡公墓誌銘：「屬將佐交惡，府中多向背；公獨挺立，無所與。」

〔八〕進退：謂出仕和退隱。王安石得孫正之詩因寄兼呈曾子固詩：「未有詩書論進退，謾期身世托林泉。」

〔九〕青衫：代言官職卑微時。歐陽修聖俞會飲詩：「嗟余身賤不敢薦，四十白髮猶青衫。」後遊：快意的遊賞。

〔一〇〕白首句：潘岳金谷集作詩：「春榮誰不慕，歲寒良獨希。投分寄石友，白首同所歸。」

〔一一〕軒裳：引申爲官位爵祿。元結忝官引：「而可愛軒裳，其心又干進。」歐陽修與王懿敏公書：「軒裳外物，爲累於人，細較其得失，何用區區？」

〔一二〕雞黍之期：東漢范式少時與張劭爲友，同游太學，後並告老歸鄉，范與張相約兩年後造訪其家。至期，張劭殺雞作黍以待，范式果至，二人盡歡暢飲而別。事見干寶搜神記卷一一。唐彦謙道中逢故人詩：「良會若同雞黍約，暫時不放酒杯空。」

〔三〕北堂之學士：北堂，相對正堂而言的居室。隋虞世南曾於秘書省後堂彙編北堂書鈔，後唐太宗時又任弘文館學士，故其稱北堂學士。此處借指趙概、吕公著二人，慶曆中，趙、歐二人同在館閣修起居注，皆曾拜翰林學士，吕此時爲龍圖閣學士，故稱。

〔四〕德星之聚：形容賢達雅士的聚會。劉敬叔異苑卷四：「陳仲弓（陳寔）從諸子侄造荀季和（荀淑）父子，於時德星聚。太史奏：『五百里内有賢人聚。』」

〔五〕風義：此指交遊情誼。高適同衛八題陸少府書齋詩：「深房臘酒熟，高院梅花新。若是周旋地，當令風義親。」李商隱哭劉蕡詩：「平生風義兼師友。」

〔六〕口號：古詩專用術語，表示隨口吟成。始見於梁簡文帝仰和衛尉新渝侯巡城口號詩，後爲詩人襲用。張説有十五日夜御前口號踏歌詞二首，李白有口號吴王美人半醉詩等。

〔七〕清歡：指清雅恬適之樂。馮贄雲仙雜記少延清歡：「陶淵明得太守送酒，多以春秫水雜投之，曰：『少延清歡數日。』」

〔八〕盛集句：指與趙、吕諸人的雅集高會。荀陳：見前「德星之聚」注。

〔九〕金馬玉堂：漢時金馬門與玉堂署爲學士待詔之處，後藉以稱翰林院或翰林學士。陸以淛冷廬雜識卷四：「漢玉堂乃天子所居，又爲孌倖之舍。文翁立石室曰玉堂，則又爲講舍。宋學士院有玉堂，太宗曾親幸，又飛白書『玉堂之署』以賜蘇易簡，歐陽公詩云『金馬並遊年最少，玉堂初直夜猶寒』，自是，玉堂遂專屬之翰林。」揚雄解嘲：「今子幸得遭明聖之世，處不諱之朝，與群賢同行，歷金門、上玉堂有日矣。」歐陽修、趙概、吕公著都曾授職學士，故言。

〔二〇〕清風句：徐夤寄華山司空侍郎詩：「莫言疏野全無事，明月清風肯放君。」吕巖題黄鶴樓石照詩：「衷情欲訴誰能會，惟有清風明月知。」又作「清風朗月」，劉義慶世説新語言語：「劉尹曰：『清風朗月，輒思玄度。』」李白襄陽歌：「清風朗月不用一錢買，玉山自倒非人推。」吴處厚青箱雜記卷八：「少師趙公概，字叔平，天聖初王堯臣下第三人及第。爲人寬厚長者，留滯内相十餘年，晚始大用，參貳大政。治平中，退老睢陽，素與歐陽文忠公友善，時文忠退居東潁，公即自睢陽乘興拏舟訪之，文忠喜公之來，特爲展宴，而潁守翰林吕公亦預會。文忠乃自爲口號一聯云：『金馬玉堂三學士，清風明月兩閑人。』兩閑人，謂公與文忠也。」王闢之澠水燕談録卷四：「初，歐陽文忠公與趙少師概，同在中書，嘗約還政後再相會。及告老，趙自南京訪文忠公於潁上，文忠公所居之西堂曰『會老』。仍賦詩以志一時盛事。時翰林吕學士公著方牧潁，職兼侍讀及龍圖，特置酒於堂，宴二公。文忠公親作口號，有『金馬玉堂三學士，清風明月兩閑人』之句，天下傳之。」

〔三〕舉白：舉杯告盡，猶乾杯。張表臣珊瑚鉤詩話卷二：「飲酒痛釂，謂之舉白。」

【輯評】

胡仔苕溪漁隱叢話後集卷二三引蔡寬夫詩話：「文忠與趙康靖公概同在政府，相得歡甚，康靖先告老歸睢陽，文忠相繼謝事歸汝陰。康靖一日單車特往過之，時年幾八十矣。留劇飲逾月，日於汝陰縱遊而後返。前輩掛冠後，能從容自適，未有若此者。文忠嘗賦詩云：『古來交道愧難終，此會今時豈易逢。出處三朝皆白首，凋零萬木見青松。公能不遠來千里，我病猶堪嚼一鍾。已勝山陰空興盡，且留歸駕爲從容。』因榜其遊從之地爲『會老堂』。明年文忠欲往睢陽報之，未果行而薨。兩公名節，固師表天下，而風流襟義又如此，誠可以激薄俗也。」

蘇頌蘇魏公文集卷一四歐陽文忠公挽辭二首序：「某到東陽累月，不聞中朝士大夫新作，頗有孤陋之歎。忽得潁上故人書，録公會老堂唱和詩詞爲示，遠方見之，不勝企聳，輒遍和以寄獻。未幾，聞公訃音，且思昨寓書時，乃公夢謝之月。因愴前事，作哀辭二篇，以述感舊懷德之思焉。」

吴景旭歷代詩話卷五六「玉堂」條：「許彦周詩話曰：『會老堂口號云：「金馬玉堂三學

士，清風明月兩閑人。」初謂「清風」、「明月」，古今通用語，後讀南史謝譓傳：「入吾室者，但有清風；對吾飲者，惟當明月。」文忠公文章固優，辭亦精致如此。吴旦生曰：「李肇翰林志云：『居翰苑者，皆謂凌玉清、遡紫霄，豈止於登瀛州哉！亦曰登玉堂焉。』石林燕語云：『學士院正廳曰玉堂，蓋道家之名。』繼古叢編云：『天上神仙璧記之地，亦名玉堂；名山仙人所居之地，亦有玉堂。』然余按漢之待詔者，或在公車，或在金馬門，或在宦者，或在黄門。時李尋待詔黄門，哀帝使侍中往問災異，對曰：『臣尋位卑術淺，偶遇蒙賢待詔，食大官，衣御府，久污玉堂之廬。』顔師古注云：『玉堂殿在未央宫。』蓋玉堂本是殿名，而待詔者有直廬在其側耳。據此，則漢時已有其稱，豈必取義於道家邪？宋淳化二年十月，翰林學士蘇易簡有劄子乞御書『玉堂之署』，太宗乃以紅羅飛白四字賜之，其後以『署』字犯英廟諱，故元符中只云玉堂。紹興末，學士周麟之又乞高宗御書『玉堂』二字，揭於直廬。已而議者謂玉堂乃殿名，不得爲臣下直舍，當如承明故事，請曰『玉堂之廬』可也。」

附録二　存目詞

（據唐圭璋全宋詞、李栖歐陽修詞研究及其校注整理）

調名	首句	出處	附注
望梅花	春草全無消息	宋黄大輿梅苑卷五	和凝詞，見花間集卷六
斷句	綺羅纖縷見肌膚	胡偉宫詞	歐陽炯浣溪沙詞，見花間集卷五
斷句	金井轆轤聞汲水	歐陽修鵯鶋詞詩句，見居士集卷九	陳元龍詳注周美成片玉集卷九蝶戀花詞注
斷句	釵裁艾虎	歲時廣記卷二一	楊無咎齊天樂，見逃禪詞
瑞鶴仙	臉霞紅印枕	張綖草堂詩餘別録卷一	陸淞詞，見宋周密絶妙好詞卷一

(續表)

調名	首句	出處	附注
斷句	玉京此去春猶淺	楊金刊草堂詩餘後集卷上李邴小沖山詞注	汪存步蟾宫，見明陳耀文花草粹編卷六
憶王孫	同雲風掃雪初晴	武陵逸史類編草堂詩餘卷一	李重元詞，見宋黄昇唐宋諸賢絶妙詞選卷七
青玉案	一年春事都來幾	武陵逸史類編草堂詩餘卷一	無名氏詞，見草堂詩餘前集卷上
如夢令	門外緑陰千頃	京本通俗小説西山一窟鬼	晁端禮詞，見閑齋琴趣外篇卷四
憶秦娥	花深深	古杭雜記	鄭文妻詞，見古杭雜記
斷句	海棠經雨胭脂透	明王世貞弇州山人詞評	王雱或無名氏詞，見宋曾慥樂府雅詞拾遺卷上(倦尋芳慢)、楊金刊草堂詩餘前集卷上(錦纏道)

（續表）

調名	首句	出處	附注
浣溪沙	午醉西橋夕未醒	明長湖外史續選草堂詩餘卷上	晏幾道詞，見小山詞
浣溪沙	雨過殘紅濕未飛	錢允治類選箋釋草堂詩餘卷一	周邦彦詞，見片玉詞卷三
浣溪沙	小院閑窗春色深	韓俞臣本草堂詩餘卷一	李清照詞，見樂府雅詞卷下
浣溪沙	漠漠輕寒上小樓	明沈際飛草堂詩餘續集卷上	秦觀詞，見淮海居士長短句卷中
浣溪沙	香靨凝羞一笑開	明沈際飛草堂詩餘續集卷上	秦觀詞，見淮海居士長短句卷中
浪淘沙	簾外五更風	明沈際飛草堂詩餘續集卷上	無名氏詞，見詞林萬選卷四
千秋歲	柳花飛盡	明沈際飛草堂詩餘續集卷下	明楊基詞，見眉庵集卷一二
錦纏道	燕子呢喃	楊金刊草堂詩餘正集卷二宋祁詞注：一刻歐陽	無名氏詞，見草堂詩餘前集卷上

（續表）

調名	首句	出處	附注
獻衷心	見好花顔色	清吴綺、程洪記紅集卷二	歐陽炯詞，見花間集卷六
浣溪沙	二月春光壓落梅	清沈長垣歷代詩餘卷六	晏幾道詞，見小山詞
朝中措	暮山環翠遶層闌	清沈長垣歷代詩餘卷一七	李之儀詞，見姑溪詞
錦堂春	樓上縈簾弱絮	卓人月古今詞統卷六	趙令畤詞，見宋黄昇唐宋諸賢絶妙詞選卷六

附録三　傳記

宋史歐陽修傳

歐陽修，字永叔，廬陵人。四歲而孤，母鄭，守節自誓，親誨之學，家貧，至以荻畫地學書。幼敏悟過人，讀書輒成誦。及冠，嶷然有聲。宋興且百年，而文章體裁，猶仍五季餘習。鏤刻駢偶，淟涊弗振，士因陋守舊，論卑氣弱。蘇舜元舜欽、柳開、穆修輩，咸有意作而張之，而力不足。修遊隨，得唐韓愈遺稿於廢書簏中，讀而心慕焉。苦志探賾，至忘寢食，必欲並轡絶馳而追與之並。舉進士，試南宮第一，擢甲科，調西京推官。始從尹洙遊，爲古文，議論當世事，迭相師友，與梅堯臣遊，爲歌詩相倡和，遂以文章名冠天下。入朝，爲館閣校勘。范仲淹以言事貶，在廷多論救，司諫高若訥獨以爲當黜。修貽書責之，謂其不復知人間有羞恥事。若訥上其書，坐貶夷陵令，稍徙乾德令、武成節度判官。仲淹使陝西，辟掌書記。修笑而辭曰：「昔者之舉，豈以爲己利哉？同其退不同其進可也。」久之，復校勘，進集賢校理。

慶曆三年，知諫院。

時仁宗更用大臣，杜衍、富弼、韓琦、范仲淹皆在位，增諫官員，用天下名士，修首在選中。每進見，帝延問執政，咨所宜行。既多所張弛，小人翕翕不便。修慮善人必不勝，數爲帝分別言之。

初，范仲淹之貶饒州也，修與尹洙、余靖皆以直仲淹見逐，目之曰「黨人」。自是，朋黨之論起，修乃爲朋黨論以進。其略曰：「君子以同道爲朋，小人以同利爲朋，此自然之理也。臣謂小人無朋，惟君子則有之。小人所好者利祿，所貪者財貨，當其同利之時，暫相黨引以爲朋者，僞也。及其見利而爭先，或利盡而反相賊害，雖兄弟親戚，不能相保，故曰小人無朋。君子則不然，所守者道義，所行者忠信，所惜者名節。以之修身，則同道而相益，以之事國，則同心而共濟，終始如一，故曰惟君子則有朋。紂有臣億萬，惟億萬心，可謂無朋矣，而紂用以亡。武王有臣三千，惟一心，可謂大朋矣，而周用以興。蓋君子之朋，雖多而不厭故也。故爲君但當退小人之僞朋，用君子之真朋，則天下治矣。」

修論事切直，人視之如仇，帝獨獎其敢言，面賜五品服。顧侍臣曰：「如歐陽修者，何處得來？」同修起居注，遂知制誥。故事，必試而後命，帝知修，詔特除之。

奉使河東。自西方用兵，議者欲廢麟州以省饋餉。修曰：「麟州天險不可廢；廢之，則河內郡縣，民皆不安居矣。不若分其兵，駐並河內諸堡，緩急得以應援，而平時可省轉輸，於策爲便。」由是州得存。又言：「忻、代、岢嵐多禁地廢田，願令民得耕之，不然，將爲敵有。」朝廷下其議，久乃行，歲得粟數百萬斛。凡河東賦斂過重民所不堪者，奏罷十數事。

使還，會保州兵亂，以爲龍圖閣直學士、河北都轉運使。陛辭，帝曰：「勿爲久留計，有所欲言，言之。」對曰：「臣在諫職得論事，今越職而言，罪也。」帝曰：「第言之，毋以中外爲間。」賊平，大將李昭亮、通判馮博文私納婦女，修捕博文繫獄，昭亮懼，立出所納婦。兵之始亂也，招以不死，既而皆殺之，脅從二千人，分隸諸郡。富弼爲宣撫使，恐後生變，將使同日誅之，與修遇於内黄，夜半，屏人告之故。修曰：「禍莫大於殺已降，況脅從乎？既非朝命，脱一郡不從，爲變不細。」弼悟而止。

方是時，杜衍等相繼以黨議罷去，修慨然上疏曰：「杜衍、韓琦、范仲淹、富弼，天下皆知其有可用之賢，而不聞其有可罷之罪，自古小人讒害忠賢，其説不遠。欲廣陷良善，不過指爲朋黨，欲動摇大臣，必須誣以顓權，其故何也？去一善人，而衆善人尚在，則未爲小人之利；欲盡去之，則善人少過，難爲一一求瑕，惟指以爲黨，則可一時盡逐，至如自古大臣，已被主知而蒙信任，則難以他事動摇，惟有顓權是上之所惡，必須此説，方可傾之。正士在朝，群邪所忌，謀臣不用，敵國之福也。今此四人一旦罷去，而使群邪相賀於内，四夷相賀於外，臣爲朝廷惜之。」於是邪黨益忌修，因其孤甥張氏獄傅致以罪，左遷知制誥、知滁州。居二年，徙揚州、潁州。復學士，留守南京，以母憂去。服除，召判流内銓，時在外十一年矣。帝見其髮白，問勞甚至。小人畏修復用，有詐爲修奏，乞澄汰内侍爲奸利者。其群皆怨怒，譖之，出知同州，帝納吴充言而止。遷翰林學士，俾修唐書。奉使契丹，其主命貴臣四人押宴，曰：「此非常制，以卿名重故爾。」

知嘉祐二年貢舉。時士子尚爲險怪奇澀之文，號「太學體」，修痛排抑之，凡如是者輒黜。畢事，向之囂薄者伺修出，聚噪於馬首，街邏不能制；然場屋之習，從是遂變。

加龍圖閣學士、知開封府，承包拯威嚴之後，簡易循理，不求赫赫名，京師亦治。旬月，改群牧使。唐書成，拜禮部侍郎兼翰林侍讀學士。修在翰林八年，知無不言。河決商胡，北京留守賈昌朝欲開横壟故道，回河使東流。有李仲昌者，欲導入六塔河，議者莫知所從。修以爲：「河水重濁，理無不淤，下流既淤，上流必決。以近事驗之，決河非不能力塞，故道非不能力復，但勢不能久耳。横壟功大難成，雖成將復決。六塔狹小，而以全河注之，濱、棣、德、博必被其害。不若因水所趨，增堤峻防，疏其下流，縱使入海，此數十年之利也。」宰相陳執中主昌朝，文彦博主仲昌，竟爲河北患。

臺諫論執中過惡，而執中猶遷延固位。修上疏，以爲「陛下拒忠言，庇愚相，爲聖德之累」。未幾，執中罷。狄青爲樞密使，有威名，帝不豫，訛言籍籍，修請出之於外，以保其終，遂罷知陳州。修嘗因水災上疏曰：「陛下臨御三紀，而儲宫未建。昔漢文帝初即位，以群臣之言，即立太子，而享國長久，爲漢太宗。唐明宗惡人言儲嗣事，不肯早定，致秦王之亂，宗社遂覆。陛下何疑而久不定乎？」其後建立英宗，蓋原於此。

五年，拜樞密副使。六年，參知政事。修在兵府，與曾公亮考天下兵數及三路屯戍多少、地理遠近，更爲圖籍。凡邊防久缺屯戍者，必加蒐補。其在政府，與韓琦同心輔政。凡兵民、官吏、財利之要，中書所當知者，集爲總目，遇事不復求之有司。時東宮猶未定，與韓琦等協定大議，語在琦傳。英宗以疾未親政，皇太后垂簾，左右交構，幾成嫌隙。韓琦奏事，太后泣語之故。琦以帝疾爲解，太后意不釋，修進曰：「太后事仁宗數十年，仁德著於天下。昔温成之寵，太后處之裕如；今母子之間，反不能容邪？」太后意稍和，修復曰：「仁宗在位久，德澤在人。故一日晏駕，天下奉戴嗣君，無一人敢異同者。今太后一婦人，臣等五六書生耳，非仁宗遺意，天下誰肯聽從。」太后默然，久之而罷。

修平生與人盡言無所隱。及執政，士大夫有所干請，輒面諭可否，雖臺諫官論事，亦必以是非詰之，以是怨誹益衆。帝將追崇濮王，命有司議，皆謂當稱皇伯，改封大國。修引喪服記，以爲：「『爲人後者，爲其父母服。』降三年爲期，而不没父母之名，以見服可降而名不可没也。若本生之親，改稱皇伯，歷考前世，皆無典據。進封大國，則又禮無加爵之道。故中書之議，不與衆同。」太后出手書，許帝稱親，尊王爲皇，王夫人爲后。帝不敢當。於是御史吕誨等詆修主此議，争論不已，皆被逐。惟蔣之奇之説合修意，修薦爲御史，衆目爲奸邪。之奇患之，則思所以自解。修婦弟薛宗孺有憾於修，造帷薄不根之謗摧辱之，輾轉達於中丞彭思永，思永以告之奇，之奇即上章劾修。神宗初即位，欲深護修。訪故宫臣孫思恭，思恭爲辨釋，修杜門請推治。帝使詰思永、之奇，問所從來，辭窮，皆坐黜。修亦力求退，罷爲觀文殿學士、刑部尚書、知亳州。明年，遷兵部尚書、知青州，改宣徽南院使、判太原府。辭不拜，徙蔡州。

修以風節自持，既數被汙衊，年六十，即連乞謝事，帝輒優詔弗許。及守青州，又以請止散青苗錢，爲安石所詆，故求歸愈切。熙寧四年，以太子少師致仕。五年，卒，贈太子太師，謚曰文忠。

修始在滁州，號醉翁，晚更號六一居士。天資剛勁，見義勇爲，雖機阱在前，觸發之不顧。放逐流離，至於再三，志氣自若也。方貶夷陵時，無以自遣，因取舊案反覆觀之，見其枉直乖錯不可勝數，於是仰天歎曰：「以荒遠小邑，且如此，天下固可知。」自爾，遇事不敢忽也。學者求見，所與言，未嘗及文章，惟談吏事，謂文章止於潤身，政事可以及物。凡歷數郡，不見治跡，不求聲譽，寛簡而不擾，故所至民便之。或問：「爲政寛簡，而事不弛廢，何也？」曰：「以縱爲寛，以略爲簡，則政事弛廢，而民受其弊。吾所謂寛者，不爲苛急；簡者，不爲繁碎耳。」修幼失父，母嘗謂曰：「汝父爲吏，常夜燭治官書，屢廢而歎。吾問之，則曰：『死獄也，我求其生，不得爾。』吾曰：『生可求乎？』曰：『求其生而不得，則死者與我皆無恨。夫常求其生，猶失之死，而世常求其死也。』其平居教他子弟，常用此語，吾耳熟焉。」

修聞而服之終身。

爲文天才自然，豐約中度。其言簡而明，信而通，引物連類，折之於至理，以服人心。超然獨騖，衆莫能及，故天下翕然師尊之。獎引後進，如恐不及，賞識之下，率爲聞人。曾鞏、王安石、蘇洵、洵子軾、轍，布衣屏處，未爲人知，修即遊其聲譽，謂必顯於世。篤於朋友，生則振掖之，死則調護其家。

好古嗜學，凡周、漢以降金石遺文、斷編殘簡，一切掇拾，研稽異同，立説於左，的的可表證，謂之集古録。奉詔修唐書紀、志、表，自撰五代史記，法嚴詞約，多取春秋遺旨。蘇軾敘其文曰：「論大道似韓愈，論事似陸贄，記事似司馬遷，詩賦似李白。」識者以爲知言。

子發字伯和，少好學，師事安定胡瑗，得古樂鍾律之説，不治科舉文詞，獨探古始立論議。自書契以來，君臣世系，制度文物，旁及天文、地理，靡不悉究。以父恩，補將作監主簿，賜進士出身，累遷殿中丞。卒，年四十六。蘇軾哭之，以謂發得文忠公之學，漢伯喈、晉茂先之流也。

中子棐字叔弼，廣覽强記，能文辭。年十三時，見修著鳴蟬賦，侍側不去。修撫之曰：「兒異日能爲吾此賦否？」因書以遺之。用蔭，爲秘書省正字，登進士乙科，調陳州判官，以親老不仕。修卒，代草遺表，神宗讀而愛之，意修自作也。服除，始爲審官主簿，累遷職方員外郎、知襄州。曾布執政，其婦兄魏泰倚聲勢來居襄，規占公私田園，强市民貨，郡縣莫敢誰何。至是，指州門東偏官邸廢址爲天荒，請之。吏具成牘至，棐曰：「孰謂州門之東偏而有天荒乎？」却之。衆共白曰：「泰横於漢南久，今求地而緩與之且不可，而又可却邪？」棐竟持不與。泰怒，譖於布，徙知潞州，旋又罷去。元符末，還朝。歷吏部、右司二郎中，以直秘閣知蔡州。蔡地薄賦重，轉運使又爲覆折之令，多取於民，民不堪命。會有詔禁止，而佐吏憚使者，不敢以詔旨從事。棐曰：「州郡之於民，詔令苟有未便，猶將建請。今天子詔意深厚，知覆折之病民，手詔止之。若有憚而不行，何以爲長吏？」命即日行之。未幾，坐黨籍廢，十餘年卒。

論曰：三代而降，薄乎秦、漢，文章雖與時盛衰，而藹如其言，曄如其光，皦如其音，蓋均有先王之遺烈。涉晉、魏而弊，至唐韓愈氏振起之。唐之文，涉五季而弊，至宋歐陽修又振起之。挽百川之頹波，息千古之邪説，使斯文之正氣，可以羽翼大道，扶持人心，此兩人之力也。愈不獲用，修用矣，亦弗克究其所爲，可爲世道惜也哉！

（載宋史卷三一九）

附録四　序跋與著録

闕名歐陽文忠公近體樂府跋

荆公嘗對客誦永叔小闋云：「五綵新絲纏角粽，金盤送，生綃畫扇盤雙鳳。」曰：「三十年前見其全篇，今才記三句，乃永叔在李太尉端愿席上所作十二月鼓子詞，數問人求之不可得。」嗚呼！荆公之没二紀，余自永平幕召還，過武陵，始得於州將李君誼，追恨荆公之不獲見也。誼，太尉猶子也。□□□□年中秋日金陵□□□□。

（載中華再造善本歐陽文忠公集近體樂府卷二）

朱松歐陽文忠公近體樂府跋

政和丙申冬，余還自京師，過歙州，太守濠梁許君頌之席上，見許君舉荆公所記三句，且云此詞才情□餘，它人不能道也。後十二年，建炎戊申，偶得此本於長樂同官方君。後四年，辛亥紹興二月朔，自尤溪避盜宿龍爬，以待二弟，適無事，謾録於此。吏部員外郎朱松喬年。

（載中華再造善本歐陽文忠公集近體樂府卷二）

羅泌六一詞跋

情動於中而形於言，人之常也。詩三百篇如「俟城隅」、「望復關」、「摽梅實」、「贈勺藥」之類，聖人未嘗删焉。陶淵明閑情一賦，豈害其爲達，而梁昭明以爲白玉微瑕，何也？公性至剛，而與物有情，蓋嘗致意於詩，爲之本義，温柔寬厚，所得深矣。吟詠之餘，溢爲歌詞，有平山集盛傳於世，曾慥雅詞不盡收也。今定爲三卷，且載樂語於首，其甚淺近者，前輩多謂劉煇僞作，故削之。元豐中，崔公度跋馮延巳陽春録，謂皆延巳親筆，其間有誤入六一詞者，近世桐汭志、新安志亦記其事。今觀延巳之詞，往往自與唐花間集、尊前集相混，而柳三變詞亦雜平山集中，則此三卷或甚浮豔者，殆非公之少作，疑以傳疑可也。郡人羅泌校正。

（載中華再造善本歐陽文忠公集近體樂府卷三）

毛晉六一詞跋

廬陵舊刻三卷，且載樂語於首，今删樂語，匯爲一卷。凡他稿誤入，如清商怨類，一一削去。誤入他稿，如歸自謠類，一一注明。然集中更有浮豔傷雅，不似公筆者，先輩云：疑以傳疑可也。古虞毛晉記。

（載宋六十名家詞本六一詞）

繆荃孫 近體樂府跋

歐公近體樂府三卷，在全集一百三十一之一百三十三，共二百零四闋。二卷有續添，有又續添。三卷有續添。二卷有金陵□□□跋，有朱松跋。三卷有羅泌跋。宋刊本，每半葉十行，行十六字。高六寸二分，廣四寸八分。白口單邊，上有字數，下有刻工姓名。蝴蝶裝。歐公集，汴京、江、浙、閩、蜀皆刊之，而無定本。周益公解相印，會郡人孫謙益，承直郎丁朝佐，徧蒐舊本，旁採先賢文集，互加編校，起紹熙辛亥春，迄慶元丙辰夏，成一百五十三卷，别爲附録五卷，可繕寫模印。惟居士集經公決擇，篇目素定，而參校衆本有增損其辭至百字者，有移易後章爲前章者，皆已附注其下。自餘去取因革，粗有依據。或不必存而存之，各爲之説，列於卷末，以釋後人之惑。樂府分爲三卷，且載樂語於首。據泌跋，即泌所手定。是此本慶元二年刊於吉州，元、明均有翻刻，此則祖本也。朱松，字喬年，朱子之父。孫謙益，字彦撝。羅泌，字長源。皆郡人。泌跋云世傳公詞曰平山集。此曰近體樂府。汲古名之曰六一詞，似誤以跋中六一詞爲詞名者。且刻此三卷，又不盡依舊刻，毛氏往往如此，宣統辛亥閏月，江陰繆荃孫跋。

（載景宋吉州本歐陽文忠公近體樂府）

鄭文焯六一詞跋

汲古本與宋槧無甚出入，獨題號與分卷，以意更易。又前有樂語，及採桑子曲西湖念語一則，卷末羅泌校録後數行，並續添水調歌頭和蘇子美滄浪亭詞一闋，悉删去，不知所謂。近得吴伯宛景宋刻本，乃覩舊製，爰取以斠訂毛本一過。此記似又見舊本。按宋槧附文集，有羅泌敘云：「今定爲三卷，且載樂語於首。」今毛跋删樂語，都爲一卷，又集前刊羅序，以意改三卷爲一卷，並去「且載樂語」句，及泌校正後數行，豈所見非宋本？抑徑情去取，以自行其是耶？所謂先輩云「以疑傳疑」者，即在泌後跋中有是語，是知子晉固見泌之兩敘，特節録之耳。

（載詞學季刊第二卷第三號）

陶湘景刊宋金元明本詞敘録

景宋吉州本歐陽文忠公近體樂府三卷。

清學部圖書館善本書目：歐陽文忠公集一百五十三卷，宋刊本，每半葉十行，行十六字，高六寸二分，寬四寸八分，白口，單邊，上有字數，下有刻工姓名。每卷末：熙寧五年秋七月男發等編定，紹熙二年三月郡人孫謙益校正。有元人收書印記。

湘案：京師圖書館所存内閣大庫書歐陽公集宋刊殘本凡三部，存卷互有參差。其第二部存一百二十五之一百三十三，後三卷爲近體樂府，宣統間伯宛在圖書館時，景寫付刊，後來諸本皆發端於此。

（載景刊宋金元明本詞）

林大椿歐陽文忠公近體樂府跋

歐陽文忠公近體樂府三卷，以元時重刊宋本歐陽文忠公全集之第百三十一卷汔第百三十三卷傳録，即在雜著述十九卷中。原書以羅泌校正跋語綴於卷末，考全集累代校刊姓名，羅泌校刊在慶元二年間，爲宋人校刊歐陽氏全集之最晚出者也。毛晉汲古閣本六一詞匯爲一卷，並刪節羅跋移至卷首，更變次第，爲明世刊書之通弊，無足駭怪。兹編依據元槧，以毛本及乾隆丙寅間廬陵祠堂本覆校之，别爲校記一卷。至集中往往羼入他人之作，觀羅跋，則在當時已然，不自今始。案歐陽氏文章氣節，照耀一世，當時咸以退之相推許，而歐陽氏亦以文以載道自命。蘇軾之序曰：「歐陽子論大道似韓愈，論事似陸贄，記事似司馬遷，詩賦似李白，此非予言也，天下之言也。」其文章世有定論矣。然間作小詞，造境夐絶，迥非南宋諸家所能追及。興趣神韻，言有盡而意無窮。顧世人每以涉艷之作，視爲歐陽氏之小疵。宋曾慥曰：「歐公一代儒宗，世所矜式，當時小人或作艷曲，謬爲公詞。」羅泌曰：「此三卷，或甚浮艷者，殆非公之少作，疑以傳疑可也。」又曰：「其甚淺近者，前輩多謂劉煇僞作，故削之。」觀曾、羅二跋，似若歐陽氏者，不宜有此抒情之作，是蓋偏曲陋儒之膚見，於歐陽氏之詞品無與焉。獨藝苑卮言稱永叔詞勝於詩，真啓發前人所不敢言。元人吴師道吴禮部詩話云：「歐公小詞，間見諸詞集。陳氏書録云：『一卷，其間多有與陽春、花間相雜者，亦有鄙褻之語一二厠其中，當是仇人無名子所爲。』近有醉翁琴趣外篇，凡六卷，二百餘首，所謂鄙褻之語，往往而是，不止一二也。前題東坡居士序，近八九語，辭氣卑陋，不類坡作，益可以證詞之僞。」元代距宋未遠，其議論傳襲有緒，或世人所指疵爲僞作者，其多在醉翁琴趣外篇六卷中耶？兹既依據羅泌校定之三卷本，此外間有散見於諸選本爲本集所未收者，概不補增，因選本皆不標識所自出，不如屏置，以杜混雜。全集首揭年譜一篇，因涉繁冗，故改録韓琦所撰之墓志，其於歐陽氏之生平，亦窺過半矣。中華民國十七年，端午，閩侯林大椿識於北京。

（林大椿校歐陽文忠公近體樂府三卷）

冒廣生六一詞校記（虞山毛氏汲古閣本）

歐詞宋本世傳有慶元二年吉州本近體樂府三卷，又醉翁琴趣外篇六卷。毛刻與近體樂府同出一源，但多删汰。兹重補定，並加校勘。琴趣錯字最多，世稱俗本，第溢出七十餘首，其中雜入曲子。校勘既竟，悉爲附録。

又，同書

毛子晉跋：「凡他稿誤入，如清商怨類，一一削去。誤入他稿，如歸自謡類，一一注明。」

按：卷中玉樓春「池塘水緑」、「燕鴻過後」、「紅條約束」、「春葱指甲」、「珠簾半下」五首，毛刻六一、珠玉兩詞兩存，並未削淨。馮延巳玉樓春雪雲乍變、清平樂雨晴煙晚、芳草渡、更漏子，張先長相思、御街行、千秋歲、行香子諸詞，並未一一注明。據羅泌跋云：世傳公詞曰平山集，而歐陽文忠集中詞稱近體樂府。毛改其名曰六一詞，實無根據，不獨不盡依舊刻也。疚齋寫記。

又，同書

戊寅八月，避兵上海。以宋吉州本歐陽文忠公近體樂府、又宋本醉翁琴趣校汲古閣本六一詞。補毛删樂語及詞十首，從近體樂府補十三首，從醉翁琴趣補七十三首，從草堂詩餘、花草粹編補七首，合之毛本百七十一首，爲二百八十首，殆可稱爲足本。其與他家集中互見者，即借他家以爲校正。行年六十六，途遥齒截，歐公當我年，已解脱一切，而吾尚日伏案頭，尋此冷淡生活，真可笑人也。二十二日寫畢記。如皋冒廣生疚齋寓福煦路之模範村中。

（原載同聲月刊第二卷第四至五號，一九四二年四月十五日至五月十五日）

陳振孫直齋書録解題卷二一

六一詞一卷，歐陽文忠公修撰。其間多有與花間、陽春相混者，亦有鄙褻之語一二厠其中，當是仇人無名子所爲也。

四庫全書總目六一詞提要

六一詞一卷，宋歐陽修撰。修有詩本義，已著録。其詞，陳振孫書録解題作一卷；此爲毛晉所刻，亦止一卷，而於總目中注「原本三卷」。蓋廬陵舊刻兼載樂語，分爲三卷。晉删去樂語，仍並爲一卷也。曾慥樂府雅詞序有云：「歐公一代儒宗，風流自命，詞章窈眇，世所矜式。乃小人或作艷曲，謬爲公詞。」蔡絛西清詩話云：「歐陽詞之淺近者，謂是劉煇僞作。」名臣録亦云：「修知貢舉，爲下第舉子劉煇等所忌，以醉蓬萊、望江南誣之。」則修詞中已雜他人之作。又元豐中崔公度跋馮延巳陽春録，謂其間有誤入六一詞者，則修詞又或竄入他集。蓋在宋時已無定本矣。晉此刻亦多所釐正，然諸選本中，有梅堯臣少年遊「闌干十二獨凴春」一首，吴曾能改齋漫録獨引爲修詞。且云：「不唯聖俞、君復二詞不及，雖求諸唐人温、李集中，殆難與之爲一。」則堯臣當别有詞，此詞斷當屬修。晉未收此詞，尚不能無所闕漏。又如越溪春結語：「沉麝不燒金鴨，玲瓏月照梨花。」係六字二句，集内尚沿坊本，誤玲爲冷，瓏爲籠，遂以七字爲句，是校讎亦未盡無訛，然終較他刻爲稍善，故今從其

本焉。（載四庫全書總目卷一九八）

丁丙善本書室藏書志

六一詞一卷，明鈔本，鑑止水齋藏書。宋歐陽修撰。修晚號六一居士。陳振孫書録載其詞一卷，毛晉並廬陵舊刻三卷爲一卷，前有羅泌序。此明人鈔本，前無羅敘。永叔詞温柔逎麗，與花間、陽春抗衡。集中有鄙褻之語，陳直齋謂是仇人無名子所爲。間誤入馮延巳作，蓋二人筆意相類耳。有「許宗彦印」，白文方印。（載善本書室藏書志卷四〇）

陶湘景宋本琴趣外篇三家敘録

湘案，四庫提要稱「琴趣外篇」宋人中如歐陽修、黄庭堅、晁端禮、葉夢得四家詞，皆有此名，並晁補之而五。然其時所見，衹汲古刻補之一集。武進董大理始得毛鈔歐陽、二晁三家，伯宛據以摹刊。勞顨卿曾見山谷琴趣，以篇次分標，明刻卷耑。辛酉歲，海鹽張太史元濟始得宋槧山谷琴趣三卷與歐陽公琴趣後三卷。湘假以補完，而歐公琴趣末葉仍有缺字。蓋毛鈔即從此宋本出，益足徵流傳有緒也。原本半葉十行，行十八字。寫刻精整，蓋出南宋中葉。別有汪閬源藏舊鈔趙彦端介庵琴趣外篇六卷，朱侍郎刻入彊村叢書，以非原本，未能並摹。今可考者凡六家，惟石林琴趣未見。據直齋解題，石林詞亦三卷，有江陰曹鴻注。其標題新異，意當時欲匯爲總集，而蒐采名流頗有甄擇，非如長沙百家詞欲富其部帙多有濫吹者比，洵宋詞之珍秘矣。

（載景刊宋金元明本詞）

傅增湘藏園群書經眼録

晁氏琴趣外篇六卷，學士晁補之無咎；閑齋琴趣外篇六卷，濟北晁元禮次膺；醉翁琴趣外篇六卷，文忠公歐陽修永叔。影寫宋刊本，半葉十行，行十八字。鈐有「宋本」、「希世之珍」及毛氏父子印、汪閬源印、曹楝亭印。惟醉翁一册衹有曹氏印，恐是補鈔。此書字畫精湛，楮墨明麗，與真宋刻無異，真銘心絶品。昔爲袁寒雲所得，因題三琴趣齋。今歸白堅甫。戊寅。

（載藏園群書經眼録卷一九）

夏承燾四庫全書詞籍提要校議

六一詞一卷，宋歐陽修撰。曾慥樂府雅詞序有云：「歐公一代儒宗，風流自命，詞章窈眇，世所矜式。乃小人或作艶曲，謬爲公詞。」蔡絛西清詩話云：「歐陽詞之淺近者，謂是劉煇僞作。」名臣録亦云：「修知貢舉，爲下第舉子劉煇等所忌，以醉蓬萊、望江南誣之。」則修詞中已雜他人之作。按：劉煇僞造歐詞，宋人已有辨之者，直齋書録解題十七劉狀元東歸集下云：「大理評事鉛山劉煇之道撰。煇，嘉祐四年進士第一人。始在場屋有聲，文體奇澀，歐公惡之，下第。及是在殿廬得其賦，大喜，既唱名，乃煇也，公爲愕然。蓋與前所試文如出二人手，可謂速化矣。世傳煇既黜於歐公，怨憤造謗，爲猥褻之詞。今觀楊傑志煇墓，稱其祖母死，雖有諸叔，援古誼以適孫解官承重服；又嘗買田數百畝，以聚其族而餉給之；蓋篤厚之士也，肯以一試之淹，而爲此憸薄之事哉？」又詞苑叢談王銍默記載望江南雙調「江南柳，葉小未成陰」一首，謂修以此被盜甥之疑。叢談辨之曰：「歐公詞出錢氏私志，蓋錢世昭因歐公五代史中多毀吴越，故詆之，此詞不足信也。」近人況周頤蕙風詞話四又得此詞出處，謂實是宋高宗作。其説曰：「按周淙輦下紀事云：『德壽宫劉妃，臨安人，入宫爲紅霞帔，後拜貴妃；又有小劉妃者，以紫霞帔轉宜春郡夫人，進婕妤，復封婉容；皆有寵，宫中號妃爲大劉娘子，婉容爲小劉娘子。婉容入宫時，年尚幼。德壽賜以詞云：「江南柳。嫩緑未成陰。攀折尚憐枝葉小，黄鸝飛上力難禁。留取待春深。」』德壽之詞與默記所傳歐公之作，廑小異耳。錢世昭私志稱彭城王錢景臻爲先王；景臻追封當建炎二年；世昭爲景臻之孫，恤之猶子。以時代考之，亦南宋中葉矣。竊疑後人就德壽詞衍爲雙調，以誣歐公，世昭遂録入私志，王銍因載之默記。」今案：依直齋之説，此詞非煇僞造，大抵可信，北宋士夫如范仲淹、司馬光亦爲艷詞，不必爲歐陽修諱。況周頤引輦下紀事之文，謂出於宋高宗，然安知非高宗書歐詞戲贈宫人，時人不省，乃以爲高宗自作。況氏又疑默記記修自白之表及錢穆父誚修之語，亦後人假託，謂「竊意歐陽文集中，未必有此表」。案歐陽文忠全集九十三載乞根究蔣之奇彈疏劄子共十餘篇，有「閨門内事」、「禽獸不爲之醜行」等語，雖不及此詞與錢穆父所誚語，想即爲此事作。時在治平四年，修年六十一矣。詞人綺語，攻擊之者乃資爲口實；醉翁琴趣中艷體若「江南柳」者尚多，吾人讀詞，固不致信以爲真也。

（録自夏承燾集第二册唐宋詞論集）

附録五　總評

李之儀姑溪居士集卷四〇跋吴思道小詞：長短句於遺詞中最爲難工，自有一種風格，稍不如格，便覺齟齬。……晏元獻、歐陽文忠、宋景文則以其餘力遊戲，而風流閑雅超出意表，又非其類也。嚼味研究，字字皆有據，而其妙見於卒章，語盡而意不盡，意盡而情不盡，豈平平可得髣髴哉！

蘇象先丞相魏公譚訓卷四：（蘇頌）喜晏元獻、歐文忠小詞，以爲有騷雅之風，而不古不俗，尤愛聲韻諧偶，然未嘗自作一篇。

楊繪時賢本事曲子集：歐陽文忠公，文章之宗師也。其於小詞，尤膾炙人口。

李清照詞論：至晏元獻、歐陽永叔、蘇子瞻，學際天人，作爲小歌詞，直如酌蠡水於大海，然皆句讀不葺之詩爾，又往往不協音律。

嚴有翼藝苑雌黄：柳之樂章，人多稱之，然大概非羈旅窮愁之詞，則閨門淫媟之語。若以歐陽永叔、晏叔原、蘇子瞻、黄魯直、張子野、秦少游輩較之，萬萬相遼。彼其所以傳名者，直以

言多近俗，俗子易悦故也。（苕溪漁隱叢話後集卷三九引）

王灼碧雞漫志卷二：晏元獻公、歐陽文忠公風流藴藉，一時莫及，而温潤秀潔亦無其比。……歐陽永叔所集歌詞，自作者三之一耳。其間他人數章，群小因指爲永叔，起暖昧之謗。

張侃張氏拙軒集卷五：香奩集，唐韓偓用此名所編詩，南唐馮延巳亦用此名所製詞，又名陽春。偓之詩淫靡類詞家語，前輩或取其句，或剪其字，雜於詞中。歐陽文忠嘗轉其語而用之，意尤新。

徐度却掃篇卷五：（柳永）詞雖極工致，然多雜以鄙語，流俗人尤喜道之。其後歐、蘇諸公繼出，文格一變，至爲歌詞，體制高雅。

劉克莊後村大全集卷一〇八再題黄孝邁長短句：昔和凝貴顯時，稱曲子相公。韓偓抗節唐季，猶以香奩爲累。惟本朝廬陵、臨淄二公，於高文大册之外，時出一二，存於集中者可見也。

林希逸竹溪鬳齋十一稿續集卷二八學記：和靖曰：「歐公文章，一時宗師，只爲不見道，故有憾於晁文元。」又曰：「作小詞，語不擇，爲人所慕，賦題通變使民不倦，爲人所譏。」此皆程門之論。

方岳秋崖集卷三八跋陳平仲詩：詞自歐、蘇爲一節，長短句也，不絲不簧，自成音調，語意到處，律吕相忘。晏叔原諸人爲一節，樂府也，風流藴藉，如王謝家子弟，情致宛轉，動盪人心，而極其摯者，秦淮海。

曾慥樂府雅詞序：歐公一代儒宗，風流自命，詞章幼眇，世所矜式。當時小人，或作艷曲，謬爲公詞，今悉删除。

羅大經鶴林玉露丙編卷二：楊東山嘗謂余曰：「文章各有體，歐陽公所以爲一代文章冠冕者，……雖遊戲作小詞，亦無愧唐人花間集。」

蔡絛西清詩話：歐陽詞之淺近者，謂是劉煇僞作。

吴師道吴禮部詩話：歐公小詞，間見諸詞集。陳氏書録云「一卷，其間多有與陽春、花間相雜者，亦有鄙褻之語一二厠其中，當是仇人無名子所爲」。近有醉翁琴趣外篇，凡六卷二百餘首，所謂鄙褻之語，往往而是，不止一二也。前題東坡居士序，近八九語，所云散落尊酒間，盛爲人所愛，尚猶小技，其上有取焉者。辭氣卑陋，不類坡作，蓋可以證詞之僞。

趙文青山集卷二吴山房樂府序：觀歐、晏詞知是慶曆、嘉祐間人語。觀周美成詞，其爲宣和、靖康也無疑矣。聲音之爲世道邪？世道之爲聲音邪？有不自知其然而然者矣。悲夫！

朱晞顔瓢泉吟稿卷五跋周氏塤篪樂府引：洎宋歐、蘇出，而一掃衰世之陋，有不以文章而直得造化之妙者，抑豈輕薄兒紈絝子游詞浪語而爲誨淫之具者哉？

薛應旂方山文録卷九：唐自李白而下，率多填詞，慢調迨宋益靡，厥能引括風雅，以不失乎古之遺音，則自永叔、子瞻、希文、元晦之外，不多見也。

王世貞藝苑卮言附録卷九：永叔、介甫俱文勝詞，詞勝詩，詩勝書。子瞻書勝詞，詞勝畫，畫勝文，文勝詩。然文等耳，餘俱非子瞻敵也。魯直書勝詞，詞勝詩，詩勝文。少游詞勝書，書勝文，文勝詩。

俞彦爰園詞話：唐詩三變愈下，宋詞殊不然。歐、蘇、秦、黄，足當高、岑、王、李。南渡以後，矯矯陡健，即不得稱中宋、晚宋也。惟辛稼軒自度粱肉不勝前哲，特出奇險爲珍錯供，與劉後村輩俱曹洞旁出。學者正可欽佩，不必反唇並捧心也。

鄒祇謨遠志齋詞衷：余常與文友論詞，謂小調不學花間，則當學歐、晏、秦、黄。花間綺琢處，於詩爲靡，而於詞則如古錦紋理，自有黯然異色。歐晏藴藉，秦、黄生動，一唱三歎，總以不盡爲佳。

任繩隗百木齋全集卷一學文堂詩餘序：顧又謂：詞者，詩之餘也，大雅所不道也。故六代之綺靡柔曼，幾爲詞苑濫觴。自唐文三變，燕、許、李、杜諸子，變而愈上，遂障其瀾而爲詩。宋人爲詩，大家如歐、蘇、秦、黄，不能力追初唐，多淫哇細響，變而愈下，遂泛其流而爲詞。此主乎文章風會言之也。或又以永叔名冠詞壇，當時謗其與女戚贈答，大爲清流所薄；晏元獻天聖賢輔，乃至以作小詞致譏。此較乎立德與立言重輕之異也。以余衡之，要皆豎儒之論耳。

阮元揅經室集三集卷五王竹所詞序：詞人之作小令，以五代十國爲宗，守其派者，有晏氏父子、歐陽公、張先、秦觀、賀鑄、毛滂諸人。

昭槤嘯亭雜録卷二：自古忠臣義士皆不拘小節，如蘇子卿娶胡婦，胡忠簡狎黎女，皆載在史策。近偶閲范文正公、真西山公、歐陽文忠公諸集，皆有贈妓之詩。數公皆所謂天下正人，理學名儒，然而不免於此。可知粉黛烏裙無妨於名教也。因偶題詩云：「希文正氣千秋在，歐九文章天下知。至竟二公集俱在，也皆有贈女郎詞。」

沈雄古今詞話詞話上卷：弇州詞評曰：永叔、長公，極不能作麗語，而亦有之。永叔如「當路遊絲縈醉客，隔花啼鳥喚行人」，長公如「彩索身輕常趁燕，紅窗睡重不聞鶯」，勝人百倍。

又，同書詞品上卷：倚聲集曰：小令不學花間，當效歐、晏、秦、黄。夫花間之綺琢處，於詩爲靡，於詞如古錦，暗然異色。若歐、晏，則饒蘊藉，秦、黄，則最生動，更有一唱三歎之致。

又，同書詞評上卷：元豐中，崔公度跋馮正中陽春録，其間有入六一詞者。今柳三變詞，亦有雜入平山堂集者，則浮艷者皆非公作也。

江順怡詞學集成卷五：華亭宋尚木徵璧曰：「吾於宋詞得七人焉：曰永叔，其詞秀逸。曰子瞻，其詞放誕。曰少游，其詞清華。曰子野，其詞娟潔。曰方回，其詞新鮮。曰小山，其詞聰俊。曰易安，其詞妍婉。他若黄魯直之蒼老而或傷於穨，王介甫之劖削而或傷於拗，晁無咎之規檢而或傷於樸，辛稼軒之豪爽而或傷於霸，陸務觀之蕭散而或傷於疏，此皆所謂我輩之詞也。」

馮煦蒿庵論詞：宋初大臣之爲詞者，寇萊公、晏元獻、宋景文、范蜀公與歐陽文忠並有聲藝林，然數公或一時興到之作，未爲專詣。獨文忠與元獻，學之既至，爲之亦勤，翔雙鵠於交衢，馭二龍於天路。且文忠家廬陵，而元獻家臨川，詞家遂有西江一派。其詞與元獻同出南唐，而深致則過之。宋至文忠，文始復古，天下翕然師尊之，風尚爲之一變。即以詞言，亦疏雋開子瞻，深婉開少游。本傳云：「超然獨騖，衆莫能及。」獨其文乎哉，獨其文乎哉！

郭麐靈芬館詞話卷一：詞之爲體，大略有四：風流華美，渾然天成，如美人臨粧，却扇一顧，花間諸人是也，晏元獻、歐陽永叔諸人繼之。

周濟介存齋論詞雜著：永叔詞只如無意，而沈著在和平中見。

周濟宋四家詞選目録序論：韓、范諸鉅公，偶一染翰，意盛足舉。其文雖足樹幟，故非專家。若歐公則當行矣。

又，同書：詞筆不外順逆反正，尤妙在復、在脱。復處無垂不縮，故脱處如望海上三山妙發。温、韋、晏、周、歐、柳，推演盡致。南渡諸公，罕復從事矣。

劉熙載藝概卷四：馮延巳詞，晏同叔得其俊，歐陽永叔得其深。

陸鎣問花樓詞話：歐陽公，宋代大儒，詩文外，喜爲長短調。凡小詞多同時人作，公手輯以存者，與公無涉。一時忌公者藉口以興大獄。司馬温公，兒童走卒咸共尊仰。輕薄子揑造艷詞以爲公作，轉相傳誦。小人之無忌憚如此。

謝章鋌賭棋山莊詞話卷一：小調不學花間，則當學歐、晏、秦、黄，總以不盡爲佳。

又，同書卷一一：宋人亦何嘗不尚艷詞，功業如范文正，文章如歐陽文忠，檢其集，艷詞不少。蓋曼衍綺靡，詞之正宗，安能盡以鐵板銅琵相律，惟其艷而淫而澆而俗而穢則力絶之。

又，同書卷一二：北宋多工短調，南宋多工長調。北宋多工軟語，南宋多工硬語。然二者偏至，終非全才。歐陽、晏、秦，北宋之正宗也。

又，同書續編卷三：小令，唐如漢，五代如魏、晉，北宋歐、蘇以上如齊、梁，周、柳以下如陳、隋，南渡如唐，雖才力有餘而古氣無矣。

張德瀛詞徵卷六：汪蛟門謂宋詞有三派，歐、晏正其始，秦、黄、周、柳、姜、史之徒極其盛，東坡、稼軒放乎其言之矣。

沈曾植菌閣瑣談：歐陽文忠詞名近體樂府，周益公詞亦名近體樂府，慕藺之意歟？兩公同籍吉州，同謚文忠，事業文章，後先照耀，益公集編次之法亦全用歐集例也。

又，同書：歐樂府羅泌跋云：「公性至剛，而與物有情，吟詠之餘，溢爲歌詞，有平山集盛行於世，曾慥雅詞不盡收也。」按今之六卷琴趣外編，疑即平山集之類，歐集校語於平山、琴趣略無徵引，不知何故。

又，同書：醉翁琴趣，頗多通俗俚語，故往往與樂章相混。山谷俚語，歐公先之矣。琴趣中若醉蓬萊、看花回、蝶戀花詠枕兒、惜芳時、阮郎歸、愁春郎、滴滴金、卜算子第一首、好女兒令、南鄉子、鹽角兒、憶秦娥、玉樓春、夜行船，皆摹寫刻摯，不避褻猥。與山谷詞之望遠行、千秋歲、江城子、兩同心諸作不異。所用俗字，如漁家傲之「今朝斗覺凋零噷」、「花氣酒香相厮釀」，宴桃源之「都爲風流噷」，減字木蘭花之「撥頭惚利」，玉樓春之「艷冶風情天與措」，迎春樂之「人前愛把眼兒劄」，宴瑶池之「戀眼噥心」，漁家傲之「低難奔」，亦與山谷之用「䯼、尿」俗字不殊。殆所謂小人謬作，託爲公詞，所謂淺近之詞，劉煇僞作者，厠其間歟。名臣録謂劉煇作醉蓬萊、望江南以誣修，今故在琴趣中，集中盡去此等詞，是也。琴趣中山谷諢詞皆汰不録，而醉翁僞作一無所汰，爲不可解耳。

尤侗西堂雜俎三集卷三：坡公大江東去卓絶千古，而六一婉麗，實妙於蘇。

魏際瑞魏伯子文集卷一鈔所作詩餘序：宋人如柳永、周邦彦輩，填詞鄙濁，有市井之氣。惟歐陽永叔、秦淮海、晏同叔可稱清麗，蘇子瞻猶其亞也。珠圓玉潤，一歸大雅，則歐陽公之作，爲不可及矣。吾故曰：「宋人之詞，農人之布粟也；唐人之詞，美人之珠玉也。宋人之詞如其文，唐人之詞如其詩。宋詞如唐詩者，永叔一人而已。」

毛奇齡西河文集卷二六中州吴孫庵詞集序：宋人以詞傳，若張先、若秦觀、若周、若柳、若晏同叔，皆不善他體；歐陽永叔、蘇子瞻，即善他體矣。歐詞不減張，而小遜於秦、蘇，則遂有起而誚之者。

陳廷焯詞壇叢話：歐陽公詞，飛卿之流亞也。其香艷之作，大率皆年少時筆墨，亦非盡後人僞作也。但家數近小，未盡脱五代風氣。

陳廷焯白雨齋詞話卷一：北宋詞，沿五代之舊，才力較工，古意漸遠。晏、歐著名一時，然並無甚强人意處，即以艷體論，亦非高境。

又，同書卷一：晏、歐詞雅近正中，然貌合神離，所失甚遠。蓋正中意餘於詞，體用兼備，不當作艷詞讀。若晏、歐不過極力爲艷詞耳，尚安足重。

又，同書卷一：文忠思路甚雋，而元獻較婉雅。後人爲艷詞，好作纖巧語者，是又晏、歐之罪人也。

又，同書卷一：張子野詞，古今一大轉移也，前此則爲晏、歐，爲温、韋，體段雖具，聲色未開。

又，同書卷五：金聖歎論詩詞，全是魔道，又出鍾、譚之下，其評歐陽公詞一卷，穿鑿附會，殊乖大雅，且兩宋詞家甚多，獨推歐公爲絶調，蓋猶是評水滸、西廂之伎倆耳。以論詞之例論曲，尚不能盡合，况以論曲論傳奇之例論詩詞，烏有是處？

又，同書卷八：晏元獻、歐陽文忠皆工詞，而皆出小山下。

又，同書卷八：温、韋，創古者也。晏、歐繼温、韋之後，面目未改，神理全非，異乎温、韋者也。

又，同書卷八：詞有表裏俱佳，文質適中者，温飛卿、秦少游、周美成、黄公度、姜白石……是也。詞中之上乘也。有質過於文者，韋端己、馮正中、蘇東坡、賀方回、辛稼軒……亦詞中之上乘也。有文過於質者，李後主、牛松卿、晏元獻、歐陽永叔、晏小山、柳耆卿……是也，詞中之次乘也。

胡薇元歲寒居詞話六一詞條：歐陽永叔六一詞，工絶。今集中多淺近之詞，則公知貢舉時，不取怪異之文，下第舉子劉煇等忌之，作醉蓬萊、望江南詞，雜刊集中以謗之。然而淺俗語、污巇佻薄之詞，固可一望而知也。他日刊公集者，吾願爲之湔洗，以還舊觀。

陳鋭褒碧齋詞話：宋以後無詞，猶之唐以後無詩，詞故詩之餘也，晏、范、歐、蘇、後山、山谷、放翁，皆極一時之盛。

宋翔鳳樂府餘論：耆卿蹉跎於仁宗朝，及第已老，其年輩實在東坡之前。先於耆卿，如韓稚圭、范希文作小令，惟歐陽永叔間有長調，羅長源謂多雜入柳詞，則未必歐作。余謂慢詞當始耆卿矣。

况周頤蕙風詞話續編卷一：王文簡倚聲集序：『……有詩人之詞，唐、蜀、五代諸人是也。有文人之詞，晏、歐、秦、李諸君子是也。有詞人之詞，柳永、周美成、康與之之屬是也。有英雄之詞，蘇、陸、辛、劉是也。至是，聲音之道乃臻極致，而詩之爲工，雖百變而不窮。』

蔣兆蘭詞説：詞家正軌，自以婉約爲宗。歐、晏、張、賀，時多小令，慢詞寥寥，傳作較少。

徐士鑾宋艷卷六引吴禮部詩話：歐公小詞，間見諸詞集，陳氏書録云「一卷，多有與陽春、花間相雜者，亦有鄙褻之語一二厠其中，當是仇人無名子所爲」。……蝶訪曰：水腐而後蠛蠓生，酒酸而後醯雞集，理之自然也。若歐陽文忠平生絶不作一綺語艷詞，彼無名子亦無由而託，況蛇杯弓影，恍惚無憑，而點綴鋪張，宛如目覩，傳諸後世，真僞難分。是以君子當自慎也。

王國維人間詞話：詞之雅鄭，在神不在貌。永叔、少游雖作艷語，終有品格。方之美成，便有淑女與娼妓之别。

王國維人間詞話删稿：詩至唐中葉以後，殆爲羔雁之具矣。故五代、北宋之詩，佳者絶少，而詞則爲其極盛時代。即詩、詞兼擅如永叔、少游者，詞勝於詩遠甚。以其寫之於詩者，不若寫之於詞者之真也。

又，同書：詞之最工者，實推後主、正中、永叔、少游、美成，而後此南宋諸公不與焉。

又，同書：唐五代之詞，有句而無篇。南宋名家之詞，有篇而無句。有篇有句，唯李後主降宋後之作，及永叔、子瞻、少游、美成、稼軒數人而已。

又，同書：美成詞多作態，故不是大家氣象。若同叔、永叔，雖不作態，而一笑百媚生矣。此天才與人力之別也。

鄭騫成府談詞：醉翁琴趣外篇中多諧謔鄙俚之作，忌者僞構，坊賈妄編，二種成分皆有之。然其中亦有真摯自然之詞爲近體樂府所未收者，須分別觀之。

又，同書：珠玉詞緣情體物細妙入微處，爲六一所不及；六一情調之奔放，氣勢之沈雄，又爲珠玉所無。

又，同書：晏、歐詞雖不能如蘇、辛之幾於每事皆可寫入，而堂廡氣象決非花間所能籠罩。張皋文尊體之説，爲詞壇正論，諭於五代宋初求能尊體者，正中、二主與晏、歐皆是。能深刻真摯以寫人生即是尊體，非必纏綿忠愛。陳廷焯白雨齋詞話不解此旨，乃僅以艷詞目晏、歐，真顛倒之論。

汪東唐宋詞選評語：宋初巨公，斷推歐、晏。珠玉承五代之緒，六一開北宋之風。擬諸詩家，其猶子昂、九齡之於唐代乎。

吴梅詞學通論：宋初大臣之爲詞者，寇萊公、宋景文、范蜀公與歐陽公，並有聲藝苑。然數公或一時興到之作，未爲專詣。獨元獻與文忠，學之既至，爲之亦勤，翔雙鵠於交衢，馭二龍於天路。且文忠家廬陵，元獻家臨川，詞之有西江派，轉在詩先，亦云奇矣。公詞純疵參半，蓋爲他人竄易。蔡絛西清詩話云：「歐詞之淺近者，謂是劉煇僞作。」名臣録亦云：「修知貢舉，爲下第舉子劉煇等所忌，以醉蓬萊、望江南誣之。」是讀公詞者，當別具會心也。至生查子元夜燈市，竟誤載淑真詞中，遂啓升庵之妄論，此則深枉矣。

顧隨駝庵詞話卷五西江月調太俗：西江月調太俗。歐公、蘇公所作尚佳，南宋則推稼軒。此調之俗一因小説中用俗了；一因此調本身即俗，蓋因六言故。……以王維寫六言尚不能免於俗，何況我輩。然此乃就無天才者而言，假設真是天才，思想高深，雖頂俗的調子也能填得很好。如老譚之戲，原多爲開場戲，可是被老譚唱成大軸子戲了。西江月調原很俗，可是被歐、蘇、辛作好了。

又，同書卷五作品是個性流露：正中、大晏、六一作品皆是個性流露，自與古人不同，不用説不學，就是學也掩没不了自己本來面目，此因個性太强。學古人而失去自己本來面目者，他自己就根本没有本來面目。……在文學史上，這種情形現象必發生於一種文體最盛時期。如盛唐諸公之詩個個不同，詞在北宋、曲在元初亦然。

又，同書卷五詞之一祖三宗：詞之「一祖」乃李後主。詞之「三宗」乃馮正中、晏同叔、歐陽修。馮正中，沉著，有擔荷的精神。中國人缺少此種精神，而多是逃避、躲避，如「偶過竹院逢僧話，又得浮生半日閑」。……馮正中「和淚試嚴粧」（菩薩蠻），雖在極悲哀時，對人生也一絲不苟。

又，同書卷五馮晏歐陽短處：馮正中、大晏、歐陽修三人共同的短處是傷感。無論其沉著、明快、熱烈，皆不免傷感。此蓋中國抒情詩人傳統弱點。傷感不要緊，只要傷感外還有其他長處。若只是傷感便要不得。抒情詩人之有傷感色彩是先天的、傳統的，可原諒。惟不要以此爲其長處。而平常人最喜欣賞其傷感，認短爲長。

又，同書卷五宋代文詩詞奠自六一：宋代之文、詩、詞，皆奠自六一，文改駢爲散，詩清新，詞開蘇辛。或以爲蘇辛豪放，六一婉約，非也。詞原不可分豪放、婉約，即使可分，六一也絶非婉約一派。大晏與歐比較，與其説歐近於五代，不如説大晏更近於五代，歐則奠定宋詞之基礎。蓋以文學不朽論之，歐之作在詞，不在詩文。

又，同書卷五歐陽修詞非承五代：胡適以爲歐陽修詞承五代作風，不然。馮延巳、大晏、六一，三人作風極相似，而又個性極强，絶不相同。如大晏多藴藉，馮便絶無此種詞。惟三人傷感詞相近。其實其傷感亦各不同：馮之傷感沉著（傷感易輕浮）；大晏的傷感是淒絶，如秋天紅葉；六一的傷感是熱烈（傷感原是淒涼，而歐是熱烈）。故胡適以爲歐詞承五代，非也。

又，同書卷五六一繼往開來：六一，繼往開來。此四字是整個功夫。一種文學到了只能繼往不能開來，便到了衰老時期了。六一詞若但是沉著，但是明快，則只是繼往，何得爲「三宗」之一？寫的少也罷，小也罷，主要是古人所没有的纔行。六一詞不欲以沉著名之，不欲以明快名之，名之曰熱烈，有前進的勇氣。大晏是正中的蜕化，六一是馮、晏二人之進步。没有苦悶就没有蜕化和進步，「不憤不啓，不悱不發」。大晏只是如蟬之蜕出，六一則如蟬之上到高枝大叫一氣。如其「遊人日暮相將去，醒醉喧嘩，路轉堤斜，直到城頭總是花」，（採桑子）這即是大叫。再如「堤上遊人逐畫船，拍堤春水四垂天，緑楊樓外出鞦韆」，（浣溪沙）第一句步步行之，第二句平著發展，第三句向高處發展。（打氣要足，而又不致「放炮」——打氣太多車胎爆裂。）

又，同書卷五六一詞如夏蟬：六一詞如夏天的蟬，秋蟬是淒涼的，夏蟬是熱烈的。

又，同書卷五蘇辛乃詞中之狂：蘇辛乃詞中之「狂」，白石猶不失爲狷。惡意的「狂」乃狂妄、瘋狂，好意的「狂」乃是進取，狂者是向前的，向上的。而六一實開蘇辛之先河。「晏歐清麗復清狂」，晏，清麗；歐，清狂。

又，同書卷五中國詩偏於含蓄藴藉：中國詩偏於含蓄藴藉，西洋詩偏於沉著痛快。詞自五代至北宋，多是含蓄。南唐二主沉著而不痛快，此蓋與時代有關。六一以沉著天性遇快樂環境，助其意興，「狂」得上來。

又，同書卷五六一詞情調熱烈：一本六一詞不好則已，好就好在此熱烈情調，不獨傷感詞爲然。大晏詞是秋天，歐詞是春夏，所惜以春而論，則是暮春。藝術之能引人都不是單純的，即使是單純的也是複雜的單純，如日光之色，合而爲白。如酒，苦、辣而香、甜，總之是酒味，有人喝酒上癮，没人吃醋上癮。六一詞熱烈而衰颯，衰颯該是秋天，而歐詞是春天。

又，同書卷五稼軒得六一詞衣鉢：六一詞能得其衣鉢者，僅稼軒一人耳。無論色彩濃淡、事情先後、音節高下，皆有關。六一詞調子由低至高，只稼軒似之。

又，同書卷五靜中之動：六一亦有其寂寞的、靜的詞，不過靜中仍是動。如採桑子之「群芳過後西湖好」、「畫船載酒西湖好」與「何人解賞西湖好」幾首：「羣芳過後西湖好，狼籍殘紅，飛絮濛濛，垂柳闌干盡日風。」「行雲却在行舟下，空水澄鮮，俯仰留連，疑是湖中別有天。」「何人解賞西湖好，佳景無時，飛蓋相追，貪向花間醉玉卮。誰知閑憑闌干處，芳草斜暉，水遠煙微，一點滄洲白鷺飛。」其寫動固爲他人所無，其寫靜亦與他人不同。欲解此「垂柳闌干盡日風」，須想：柳是何生物，闌干是何地，盡日風是何情調。吹人？吹柳？皆吹？人柳合一？「盡日風」，愈靜愈動。「緑槐陰裏黃鶯語」（應天長），則是愈動愈靜。

又，同書卷五抒情詩人多帶傷感氣氛：抒情詩人多帶傷感氣氛。六一詞之熱烈，也是比較言之，其中亦有衰颯傷感作品。

又，同書卷五歐詞之版本：歐詞之版本：歐詞選本以宋曾慥樂府雅詞所選最精且多。琴趣外篇所收非皆歐作，中有極淺薄者。俗非由於不雅，乃由於不深。

又，同書卷八晏歐蘇詩詞有感覺有感情：蘇（東坡）之成爲詩人因其在宋詩中是較有感覺的。歐陽修在詞中很能表現其感覺，而作詩便不成。陳簡齋、陸放翁在宋詩人中尚非木頭腦袋，有感覺、感情。蘇詩中感覺尚有，而無感情，然在其詞中有感情——可見用某一工具表現，有自然不自然之分。大晏、歐陽修、蘇東坡詞皆好，如詩之盛唐。

又，同書卷八歐詞不受佛教影響：其後不受佛教與禪宗影響者，兩宋有歐陽修。歐與退之頗近。退之以孟子自命，「予豈好辯哉，予不得已也」。韓在唐亦欲正人心，見邪説，歐則頗以退之自命，亦辟佛。在詩史上，歐陽氏與宋詩的成立關係甚深，蓋當時歐陽地位甚高，登高一呼，易成一種運動、一種風氣。任何一種文學的改變皆如此。歐陽當時亦欲倡詩之革新運動，於是有蘇黄輩出。而以客觀眼光觀之，歐詩上既不能比唐詩，下又不能比蘇黄，反而是其詞了不得。吾人對其詩可存而不論。

又，同書卷八開闔變化：陶淵明、李太白、杜工部、韓退之、歐陽修、辛棄疾，六人中陶乃晉人，不在唐宋詩人之内，歐陽修詩不足論，所餘四人各人有各人風格，作風不同。吾人欲求其共同點，則是——開闔變化。

沈軼劉繁霜榭詞札：宋初之詞，以五代積弊深，擴更不易，荏苒百餘年始見眉目。早期之詞，除張先、賀鑄、梅堯臣幾家漸帶清氣外，大都不脱積習。歐陽修之詞，歷來選家所取部分稍見清澄，其餘類不過在風花雪月、離别酒燭、兒女巾帨、春秋梳掠中，顛倒使用，絶無更新氣象。大晏擯斥柳永，而珠玉詞亦重遜小山。轉折之際，涇渭所關，不容或混。

詹安泰無庵説詞：歐、晏並稱，歐詞清深，晏詞和美，小晏運以巧思，尤多麗句，故較易學。

朱庸齋分春館詞話卷三：晏幾道後，以小令擅名者唯納蘭性德一人而已。小令本以抒情含蓄爲妙，而納蘭有摯情，善用白描，不過求婉曲，而情致感人。其學南唐二主，學歐、晏，均得其神理，清新雋逸，不斤斤於字面摹擬也。

朱庸齋分春館詞話卷五：柳永詞繼承與發展雲謡集字句樸素、感情真切之風格，其鳳歸雲「戀帝里」尤相類。歐、晏則從花間、南唐小令之士大夫詞一脈而來，故其調幾全爲小令，其風格亦自婉雅温麗。

又，同書卷五：少游詞蕪雜，有辭語塵下者，就其佳構而論，可以清、新、婉、麗四字概括之。其用筆輕靈，深得歐、晏之典雅；而筆隨情變，又爲歐、晏所無。

夏承燾瞿髯論詞絶句：風庭淚眼亂紅時，井水傳歌到四陲。壇坫從他笑歐柳，風花中有大家詞。

吴熊和批點全宋詞：近體樂府與琴趣外篇，二書有雅俗之殊。（手稿）

附録六　互見詞輯評

歸自謡（**何處笛**）

俞陛雲唐五代兩宋詞選釋：揮毫直書，不用回折之筆而情意自見。格高氣盛，嗣響唐賢。（評馮延巳詞）

歸自謡（**春豔豔**）

陳作楫陽春集箋：按「愁眉斂，淚珠滴破燕脂臉」與韋莊「恨重重，淚界蓮腮兩線紅」，同一風韻。較後主「多少淚，斷臉復横頤」爲雋。（評馮延巳詞）

長相思（**深畫眉**）

黄昇唐宋諸賢絶妙詞選卷一：長相思一詞，非後世作者所及。（評白居易詞）

曹錫彤唐詩析類集訓卷一〇：此首言夫夢巫臺未歸，以自明其思之長也。相思皆據吴姬而言。（同前）

陳廷焯白雨齋詞話卷七：香山長相思云「暮雨瀟瀟郎不歸，空房獨守時」（香山此詞絕佳，惟上半闋詞近鄙褻），絕不費力，自然淒警。若「黄昏却下瀟湘雨」（朱淑真詞），便見痕跡。（同前）

陳廷焯雲韶集卷一：上半闋仿佛一篇神女賦，下半闋勝讀回文織錦詩。長相思調，只應如此顯豁呈露，斷推合作。（同前）

俞陛雲唐五代兩宋詞選釋：先言其粧飾，風鬟霧鬢，約步而來，次言其情思，虚帷聽雨，其寥寂可知。轉頭以巫山高低，聯合上下文之「陽臺」「暮雨」，句法細密。長相思本嗣響樂府，此首音節，饒有樂府之神。（同前）

阮郎歸（角聲吹斷）

陳廷焯別調集卷一：託物見意。（評馮延巳詞）

生查子（含羞整翠鬟）

卓人月古今詞統卷三：雁柱二語，摹彈箏之神。（評張先詞）

黄蘇蓼園詞選：按「一一」字從「頻」字生來，「春鶯語」從「得意」字生來。前一闋寫得意時情懷，無限旖旎；次一闋寫别後情懷，無限淒苦；胥於箏寓之。凡遇合無常，思婦中年，英雄末路，讀之皆堪下淚。（同前）

清商怨（關河愁思）

卓人月古今詞統卷四：音節之間，如有所咽而得舒。陸雲賦：「眷南雲以興悲，蒙東雨而涕零。」江總詩：「心逐南雲去，身隨北雁來。」（評晏殊詞）

楊慎詞品卷二「南雲」條：庚溪以江淹詩「心逐南雲去，身隨北雁來」答之，不知陸機思親賦有「指南雲以寄欽」之句，陸雲九愍云：「眷南雲以興悲」，「南雲」當是用陸公語也。（同前）

蝶戀花（六曲欄干）

譚獻譚評詞辨卷一：金碧山水，一片空濛，此正周氏所謂有寄託入、無寄託出也。「滿眼遊絲兼落絮」是感，「一霎清明雨」是境，「濃睡覺來鶯亂語」是人，「驚殘好夢無尋處」是情。（評馮延巳詞）

陳廷焯白雨齋詞話卷一：正中蝶戀花首章云：「濃睡覺來鶯亂語，驚殘好夢無尋處」，憂讒畏譏，思深意苦。（同前）

陳廷焯大雅集卷一：憂讒畏譏，思深意苦，信其言，不必論其人也。（同前）

陳廷焯雲韶集卷一：雅秀工麗，是歐公之祖。字字和雅，字字秀麗，詞中正格也。（同前）

唐圭璋唐宋詞簡釋：此首，情緒亦寓景中。「六曲」三句，闌外景；「誰把」兩句，簾內景。闌外楊柳如絲，簾內海燕雙棲，是一極富麗極幽靜之金屋。而鈿箏一聲，驟驚雙燕，又是靜中極微妙之興象。下片，「滿眼」三句，因雨而引起惜花情緒。「濃睡」兩句，因夢而引起惱鶯情緒。鎮日凄清，原無歡意，方期睡濃夢好，一晌貪歡，偏是鶯語又驚殘夢，其惆悵爲何如耶。譚復堂評此詞如「金碧山水，一片空濛」，可謂善會消息矣。（同前）

蝶戀花（遥夜亭皋）

沈際飛草堂詩餘正集：（數點二句）片時佳景，兩語留之。愁來無著處，不約而合。（評李煜詞）

沈謙填詞雜説：「紅杏枝頭春意鬧」、「雲破月來花弄影」，俱不及「數點雨聲風約住。朦朧淡月雲來去」。（同前）

卓人月古今詞統卷九：何不寄愁天上，埋憂地下。（評李冠詞）

陳廷焯白雨齋詞話卷五：王介甫謂張子野「雲破月來花弄影」，不及李世英「朦朧淡月雲來去」。此僅就一句言之，未觀全體，殊覺武斷。即以一句論，亦安見其不及也。（同前）

張德瀛詞徵卷一：詞之訣曰情景交煉。宋詞如李世英「一寸相思千萬緒，人間没個安排處」，情語也。（同前）

蝶戀花（簾幕風輕）

沈際飛草堂詩餘正集卷二：得「未見心事」句、「餘花落」句，並不尋常。（評晏殊詞）

蝶戀花（獨倚危樓）

賀裳皺水軒詞筌：小詞以含蓄爲佳，亦有作決絶語而妙者。如韋莊「誰家年少足風流，妾擬將身嫁與，一生休。縱被無情棄，不能羞」之類是也。牛嶠「須作一生拚，盡君今日歡」抑亦其次。柳耆卿「衣帶漸寬終不悔，爲伊消得人憔悴」亦即韋意而氣加婉矣。（評柳永詞）

蝶戀花（誰道閑情）

陳廷焯白雨齋詞話卷一：始終不渝其志，亦可謂自信而不疑，果毅而有守矣。（評馮延巳詞）

陳廷焯白雨齋詞話卷八：可謂沉著痛快之極，然却是從沉鬱頓挫來，淺人何足知之。（同前）

陳廷焯雲韶集卷一：起得風流跌宕。「爲問」二句映起筆。「獨立」二語，仙境？凡境？斷非凡筆。（同前）

吴世昌羅音室詞劄：末二句湊，與上片似非一時所作。下片「新愁」即上片「惆悵」，語意重複。「花前病酒」與「平林人歸」何涉？（同前）

蝶戀花（幾日行雲）

張惠言詞選：忠愛纏綿，宛然騷辨之義。延巳爲人，專蔽嫉妒，又敢爲大言。此詞蓋以排間異己者，其君之所以信而弗疑也。（評馮延巳詞）

譚獻譚評詞辨卷一：行雲、百草、千花、香車、雙燕，必有所託。（同前）

陳廷焯白雨齋詞話卷一：「淚眼倚樓頻獨語，雙燕來時，陌上相逢否？」忠厚惻怛，藹然動人。（同前）

陳廷焯雲韶集卷一：遺辭運筆，如許松爽，情詞並茂，我思其人。（同前）

況周頤蕙風詞話卷三：纖餘瑣述：元好問清平樂「飛去飛來雙乳燕，消息知郎近遠」用馮延巳「雙燕來時，陌上相逢否」句意。彼未定其逢否，此則直以爲知，唯消息近遠未定耳。妙在能變化。（同前）

陳作楫陽春集箋：譚復堂云：「行雲、百草、千花、雙燕，必有所託。」按此牢愁鬱抑之氣，溢於言外，當作於周師南侵，江北失地，民怨叢生，避賢罷相之日，不然，何憂思之深也。後主之「一寸相思千萬縷，人間没個安排處」，與之同慨。身世之悲，先後一轍。永叔之「雙燕歸來細雨中」，「夢斷知何處」，「江天雪意雲撩亂」，元獻之「憑闌總是銷魂處」，「垂楊只解惹春風，何曾繫得行人住」等句，均由此脱化。北宋詞人，得陽春神髓如此之類，不勝覼舉。（同前）

俞平伯唐宋詞選釋：看燕子飛來，不知在路上碰見他麽？想得極癡；却未必真有這話，與上「頻獨語」不連讀。（同前）

劉永濟唐五代兩宋詞簡析：此詞因心中所思之人久出不歸，遂疑其别有所歡，故曰：「香車繫在誰家樹？」後半闋前三句，言消息不知；後二句，言愁思甚苦也。其中既有猜忌，又有留戀與希冀之意。其情感極其曲折，此張惠言所謂「忠愛纏綿」，能使其君信而弗疑也。（同前）

吴世昌讀唐宋詞選：正中蝶戀花「幾日行雲何處去」，下片云：「淚眼倚樓頻獨語。雙燕來時，陌上相逢否？」注云：「看燕子飛來，不知在路上碰見他麽？想得極癡；却非真有這話，不宜連上『頻獨語』讀。」然則上文「獨語」又是説些甚麽？强作解人，令人作嘔。此三句標點應爲：「涙眼倚樓頻獨語：雙燕來時，陌上相逢否？」（同前）

漁家傲（楚國細腰）

沈際飛草堂詩餘别集卷三：言下神領意得。（評晏殊詞）

玉樓春（池塘水緑）

劉攽中山詩話：晏元獻尤喜江南馮延巳歌詞。其所自作，亦不減延巳。樂府木蘭花皆七言詩，有云：「重頭歌詠響璁琤，入破舞腰紅亂旋。」「重頭」、「入破」皆管絃家語也。（評晏殊詞）

張宗橚詞林紀事卷三：東坡詩「尊前點檢幾人非」，與此詞結句同意。往事關心，人生如夢，每讀一過，不禁惘然。（同前）

俞陛雲唐五代詞兩宋詞選釋：極美滿之風光，事後回思，都成陳迹。元獻生當盛世，雍容臺閣，而重醉花前，尚有舊人零落之感。若生逢叔季，衣冠第宅轉眼都非，寧止何戡感舊耶？（同前）

玉樓春（雪雲乍變）

王國維人間詞話：馮正中玉樓春詞：「芳菲次第長相續，自是情多無處足。尊前百計得春歸，莫爲傷春眉黛蹙。」永叔一生似專學此種。（評馮延巳詞）

一叢花（傷春懷遠）

沈際飛草堂詩餘别集卷三：「不如桃杏」，則不如者多矣，有傷深情。（評張先詞）

賀裳皺水軒詞筌：唐李益詞曰：「嫁得瞿塘賈，朝朝誤妾期。早知潮有信，嫁與弄潮兒。」子野一叢花末句：「沉恨細思，不如桃杏，猶解嫁東風。」此皆無理而妙，吾亦不敢定爲所見略同，然較之「寒鴉數點」，則略無痕迹矣。（同前）

清平樂（雨晴煙晚）

龍榆生研究詞學之商榷：上半闋四句用仄韻，聲情促迫，下半闋四句三叶平韻，音節乃較舒徐。似宜「怨而不怒」之情，始與曲情相應。（評馮延巳詞）

應天長（一彎初月）

陳廷焯雲韶集卷一：「風不定」三字中，有多少愁怨，不禁觸目傷心也。結筆淒婉，元人小曲有此淒涼，無此温婉。古人所以爲高。（評馮延巳詞）

俞陛雲唐五代兩宋詞選釋：詞寫春夜之愁懷。「初月」、「雲鬢」二句，先言黄昏人倦，「珠簾」三句更言樓靜聽風。下闋聞柳堤汲井，曉夢驚回，皆昨夜之情事，至結句乃點明更闌酒醒，愁病交加。通首由黄昏至曉起回憶，次第寫來，柔情宛轉，與周清真之蝶戀花詞由破曉而睡起，而送别，亦次第寫來，同一格局。其結局點睛處，周詞云「露寒人遠雞相應」，從行者著

想。此言春愁兼病，從居者著想，詞句異而寫怨同也。（評李璟詞）

詹安泰李璟李煜詞：這詞是描寫一個女人傷春傷別的心情。開首寫她心情很不愉快，懶得對鏡梳粧，接著寫她所處的環境：樓高人靜，風吹花落，越發引動青春易逝之感。這都是從現場生活作精細的刻劃。以下更加强了描寫的廣度和深度：説在那柳蔭下芳草中共同遊樂的人，現在夢想也不可到，這就把境界擴大了；説昨夜曾燈前對酒，意圖消除愁悶，可是夜深酒醒，春愁更增，比病還要難受，這就把情味加深了。通過這樣的各個方面的描寫，這傷春傷別的女人的生活現象和内心活動便很突出地呈現在讀者的眼前。這是很簡鍊、深刻的寫法。這詞結構的完整性也是值得注意的：開首説早起，結尾説昨夜，首尾很密切的貫通著，正由於昨夜的酒醒愁多，今早纔無心梳洗（這種寫法，傳統上叫逆寫，因先説現在，再説過去，在次序上是逆溯）；上段結尾寫風花不定，下段接著説柳堤芳草，也聯繫得很緊。既然感到風飄花落的難堪，進一步就自然會依戀著過去的趁時遊樂的生活了。這樣的寫法，雖然不是一個什麼公式，但「首尾相救，過片不斷」，就詞的結構的完整性來説，還是值得注意的。（同前）

應天長（緑槐陰里）

張德瀛詞徵卷三：否，一音方矩切，一音方久切。五代時韋端己應天長以「否」叶「語」，馮正中蝶戀花以「否」叶「去」，張泌菩薩蠻以「否」叶「暮」。宋詞則從上韻者十之九，從下韻者僅十之一。（評韋莊詞）

漁洋精華録集釋　［清］王士禛著
李毓芙、牟通、李茂肅整理
聊齋志異會校會注會評本　［清］蒲松齡著　張友鶴輯校
敬業堂詩集　［清］查慎行著　周劭標點
納蘭詞箋注　［清］納蘭性德著　張草紉箋注
方苞集　［清］方苞著　劉季高校點
樊榭山房集　［清］厲鶚著　［清］董兆熊注
陳九思標校
劉大櫆集　［清］劉大櫆著　吴孟復標點
儒林外史彙校彙評　［清］吴敬梓著　李漢秋輯校
小倉山房詩文集　［清］袁枚著　周本淳標校
忠雅堂集校箋　［清］蔣士銓著　邵海清校
李夢生箋
甌北集　［清］趙翼著　李學穎、曹光甫校點
惜抱軒詩文集　［清］姚鼐著　劉季高標校
兩當軒集　［清］黄景仁著　李國章校點
惲敬集　［清］惲敬著　萬陸、謝珊珊、林振岳
標校　林振岳集評
茗柯文編　［清］張惠言著　黄立新校點
瓶水齋詩集　［清］舒位著　曹光甫點校
龔自珍全集　［清］龔自珍著　王佩諍校點
龔自珍詩集編年校注　［清］龔自珍著　劉逸生、周錫䪖校注
水雲樓詩詞箋注　［清］蔣春霖著　劉勇剛箋注
人境廬詩草箋注　［清］黄遵憲著　錢仲聯箋注
嶺雲海日樓詩鈔　［清］丘逢甲著　丘鑄昌標點

湯顯祖戲曲集	[明]湯顯祖著　錢南揚校點
白蘇齋類集	[明]袁宗道著　錢伯城校點
袁宏道集箋校	[明]袁宏道著　錢伯城箋校
珂雪齋集	[明]袁中道著　錢伯城點校
隱秀軒集	[明]鍾惺著　李先耕、崔重慶標校
譚元春集	[明]譚元春著　陳杏珍標校
張岱詩文集(增訂本)	[明]張岱著　夏咸淳輯校
陳子龍詩集	[明]陳子龍著 施蟄存、馬祖熙標校
牧齋初學集	[清]錢謙益著　[清]錢曾箋注 錢仲聯標校
牧齋有學集	[清]錢謙益著　[清]錢曾箋注 錢仲聯標校
牧齋雜著	[清]錢謙益著　[清]錢曾箋注 錢仲聯標校
牧齋初學集詩注彙校	[清]錢謙益著　[清]錢曾箋注 卿朝暉輯校
李玉戲曲集	[清]李玉著 陳古虞、陳多、馬聖貴點校
吴梅村全集	[清]吴偉業著　李學穎集評標校
歸莊集	[清]歸莊著
顧亭林詩集彙注	[清]顧炎武著　王蘧常輯注 吴丕績標校
安雅堂全集	[清]宋琬著　馬祖熙標校
吴嘉紀詩箋校	[清]吴嘉紀著　楊積慶箋校
陳維崧集	[清]陳維崧著　陳振鵬標點 李學穎校補
秋笳集	[清]吴兆騫撰　麻守中校點

清真集箋注	[宋]周邦彦著　羅忼烈箋注
石林詞箋注	[宋]葉夢得著　蔣哲倫箋注
樵歌校注	[宋]朱敦儒著　鄧子勉校注
李清照集箋注(修訂本)	[宋]李清照著　徐培均箋注
陳與義集校箋	[宋]陳與義著　白敦仁校箋
蘆川詞箋注	[宋]張元幹著　曹濟平箋注
劍南詩稿校注	[宋]陸游著　錢仲聯校注
放翁詞編年箋注(增訂本)	[宋]陸游著　夏承燾、吴熊和箋注　陶然訂補
范石湖集	[宋]范成大撰　富壽蓀標校
于湖居士文集	[宋]張孝祥著　徐鵬校點
稼軒詞編年箋注(定本)	[宋]辛棄疾撰　鄧廣銘箋注
姜白石詞編年箋校	[宋]姜夔著　夏承燾箋校
後村詞箋注	[宋]劉克莊著　錢仲聯箋注
雁門集	[元]薩都拉著　殷孟倫、朱廣祁校點
揭傒斯全集	[元]揭傒斯著　李夢生標校
高青丘集	[明]高啓著　[清]金檀注　徐澄宇、沈北宗校點
唐寅集	[明]唐寅著　周道振、張月尊輯校
文徵明集(增訂本)	[明]文徵明著　周道振輯校
震川先生集	[明]歸有光著　周本淳校點
海浮山堂詞稿	[明]馮惟敏著　凌景埏、謝伯陽標校
滄溟先生集	[明]李攀龍著　包敬第標校
梁辰魚集	[明]梁辰魚著　吴書蔭编集校點
沈璟集	[明]沈璟著　徐朔方輯校
湯顯祖詩文集	[明]湯顯祖著　徐朔方箋校

樊南文集	[唐]李商隱著 [清]馮浩詳注 錢振倫、錢振常箋注
皮子文藪	[唐]皮日休著 蕭滌非、鄭慶篤整理
鄭谷詩集箋注	[唐]鄭谷著 嚴壽澂、黄明、趙昌平箋注
韋莊集箋注	[五代]韋莊著 聶安福箋注
李璟李煜詞校注	[南唐]李璟、李煜著 詹安泰校注
張先集編年校注	[宋]張先著 吴熊和、沈松勤校注
二晏詞箋注	[宋]晏殊、晏幾道著 張草紉箋注
梅堯臣集編年校注	[宋]梅堯臣著 朱東潤編年校注
歐陽修詩文集校箋	[宋]歐陽修著 洪本健校箋
歐陽修詞校注	[宋]歐陽修著 胡可先、徐邁校注
蘇舜欽集	[宋]蘇舜欽著 沈文倬校點
嘉祐集箋注	[宋]蘇洵著 曾棗莊、金成禮箋注
王荆文公詩箋注	[宋]王安石著 [宋]李壁箋注 高克勤點校
王令集	[宋]王令著 沈文倬校點
蘇軾詩集合注	[宋]蘇軾著 [清]馮應榴注 黄任軻、朱懷春校點
東坡樂府箋	[宋]蘇軾著 [清]朱孝臧編年 龍榆生校箋
欒城集	[宋]蘇轍著 曾棗莊、馬德富校點
山谷詩集注	[宋]黄庭堅著 [宋]任淵、史容、 史季温注 黄寶華點校
山谷詩注續補	[宋]黄庭堅著 陳永正、何澤棠注
山谷詞校注	[宋]黄庭堅著 馬興榮、祝振玉校注
淮海集箋注	[宋]秦觀撰 徐培均箋注
淮海居士長短句箋注	[宋]秦觀著 徐培均箋注

孟浩然詩集箋注(增訂本)	[唐]孟浩然著　佟培基箋注
王右丞集箋注	[唐]王維著　[清]趙殿成箋注
李白集校注	[唐]李白著　瞿蜕園、朱金城校注
高適集校注(修訂本)	[唐]高適著　孫欽善校注
杜詩趙次公先後解輯校	[唐]杜甫著　[宋]趙次公注 林繼中輯校
杜詩鏡銓	[唐]杜甫著　[清]楊倫箋注
錢注杜詩	[唐]杜甫著　[清]錢謙益箋注
岑参集校注	[唐]岑參著　陳鐵民、侯忠義校注
戴叔倫詩集校注	[唐]戴叔倫著　蔣寅校注
韋應物集校注(增訂本)	[唐]韋應物著　陶敏、王友勝校注
權德輿詩文集	[唐]權德輿撰　郭廣偉校點
韓昌黎詩繫年集釋	[唐]韓愈著　錢仲聯集釋
韓昌黎文集校注	[唐]韓愈著　馬其昶校注 馬茂元整理
劉禹錫集箋證	[唐]劉禹錫著　瞿蜕園箋證
白居易集箋校	[唐]白居易著　朱金城箋校
柳宗元詩箋釋	[唐]柳宗元著　王國安箋釋
柳河東集	[唐]柳宗元著　[宋]廖瑩中輯注
元稹集校注	[唐]元稹著　周相録校注
長江集新校	[唐]賈島著　李嘉言新校
三家評注李長吉歌詩	[唐]李賀著　[清]王琦等評注
樊川文集	[唐]杜牧著　陳允吉校點
樊川詩集注	[唐]杜牧著　[清]馮集梧注
温飛卿詩集箋注	[唐]温庭筠著　[清]曾益等箋注
玉谿生詩集箋注	[唐]李商隱著　[清]馮浩箋注 蔣凡校點

《中國古典文學叢書》已出書目

詩經今注	高亨注
楚辭今注	湯炳正、李大明、李誠、熊良智注
司馬相如集校注	[漢]司馬相如著　金國永校注
揚雄集校注	[漢]揚雄著　張震澤校注
張衡詩文集校注	[漢]張衡著　張震澤校注
阮籍集	[魏]阮籍著　李志鈞等校點
陶淵明集校箋(修訂本)	[晉]陶潛著　龔斌校箋
世説新語箋疏(修訂本)	[南朝宋]劉義慶撰　余嘉錫箋疏　周祖謨等整理
世説新語校釋	[南朝宋]劉義慶撰　[南朝梁]劉孝標注　龔斌校釋
鮑參軍集注	[南朝宋]鮑照著　錢仲聯增補集説校
謝宣城集校注	[南朝齊]謝朓著　曹融南校注集説
文心雕龍義證	[南朝梁]劉勰著　詹鍈義證
詩品集注(增訂本)	[梁]鍾嶸著　曹旭集注
文選	[梁]蕭統編　[唐]李善注
玉臺新咏彙校	吴冠文　談蓓芳　章培恒彙校
王梵志詩集校注(增訂本)	[唐]王梵志著　項楚校注
盧照鄰集箋注	[唐]盧照鄰著　祝尚書箋注
駱臨海集箋注	[唐]駱賓王著　[清]陳熙晉箋注
王子安集注	[唐]王勃著　[清]蔣清翊注
陳子昂集(修訂本)	[唐]陳子昂撰　徐鵬校點